新世纪
高等学校教材

新闻传播学系列教材

传媒经营管理

总主编　　屠忠俊

本册主编　吴　锋

参编人员　卢家银　王文锋　马　庆

　　　　　吴　楣　柯根松

北京师范大学出版集团
BEIJING NORMAL UNIVERSITY PUBLISHING GROUP
北京师范大学出版社

图书在版编目（CIP）数据

传媒经营管理/吴锋主编. —北京：北京师范大学出版社，
2013.7（2019.12重印）

（新世纪高等学校教材　新闻传播学系列教材）
ISBN 978-7-303-15400-5

Ⅰ. 传…　Ⅱ. ①吴…　Ⅲ. ①传播媒介－经营管理－高等学校
－教材　Ⅳ. G206.2

中国版本图书馆 CIP 数据核字（2012）第 215681 号

营　销　中　心　电　话　010-58805072　58807651
北师大出版社高等教育与学术著作分社　http://xueda.bnup.com

出版发行：北京师范大学出版社　http://www.bnup.com
　　　　　北京新街口外大街 19 号
　　　　　邮政编码：100875
印　　刷：天津中印联印务有限公司
经　　销：全国新华书店
开　　本：730 mm×980 mm　1/16
印　　张：24
字　　数：415 千字
版　　次：2013 年 7 月第 1 版
印　　次：2019 年 12 月第 3 次印刷
定　　价：39.00 元

策划编辑：王　强　　　　　责任编辑：王　强　于　乐
美术编辑：毛　佳　　　　　装帧设计：毛　佳
责任校对：李　菡　　　　　责任印制：马　洁

编写说明

　　编写一本适合新时期高校新闻传播、数字媒体等专业需求的《传媒经营管理》教材是我们多年的夙愿。2011年秋季，在华中科技大学屠忠俊教授的倡议和指导下，我们成立了《传媒经营管理》教材编写小组。在借鉴现有《传媒经营管理》教材优点的基础上，本书力求有所创新，反映传媒经营管理领域的最新动态和理论成果。从执行情况来看，本书的特点有三。一是篇章结构更加精练、紧凑。本书试图打破图书、报刊、广播、电视和网络等不同媒介的界限，将其统合在一个整体的构架中进行描述，尤其值得一提的是，本书将不同媒介种群的各项业务进行了高度概括，利用"传媒产品的生产流程"一个章节，综合阐述复杂多样的媒介生产流程。二是紧跟时代步伐，吸取了一些最新的研究成果，本书编写中吸纳了云计算、物联网、三网融合等最新科技理念，还将"长尾理论"、"众包"、"免费"等国外最新理论成果吸纳进来，目的是跟踪前沿新知，更新知识结构。三是拓展和深化了传媒经营管理的知识领域，本书用专章论述了传媒经营管理的博弈机制及其基本规律，并对传媒经营管理的历史演进和传媒奖励制度进行了阐述，这是既往教材中较为薄弱或不曾涉及的。

　　本书适合作为新闻传播学、数字媒体等专业的基础课教材，也可作为相关专业的研究生教材。

　　本教材是同行合作编写的成果。屠忠俊教授对本教材的提纲和篇章结构进行了多次修改和审定，各参加者承担的具体编写任务如下：

　　江南大学数字媒体学院吴锋博士负责第一章、第二章、第五章、第六章和第十章第三节的撰写工作；中国青年政治学院新闻系卢家银博士负责第九章和第十章第一节、第二节的撰写工作；中国传媒大学博士、湖南理工学院新闻传播学院副教授王文锋负责第四章的撰写工作；武汉大学编辑出版学博士、武汉黄鹤楼漫天游文化传播有限公司吴楣负责第七章的撰写工作；武汉纺织大学传媒学院马庆副教授负责第三章的撰写工作；华中科技大学新闻评论研究中心柯根松负责第八章的撰写工作。

　　在以上各位撰写初稿的基础上，吴锋做了统筹、统稿工作，就文字表述、篇章顺序等做了进一步的修订与整合，达到前后一致、逻辑顺畅的目标。为适应多媒体教学需要，还根据教材内容制作了PPT课件，供教材使用者参考采用。

　　作为教育部直属的国家"211工程"重点建设大学，江南大学高度重视教材工作，本书得到教育部中央高校基本科研业务费（江南大学自主科研计划项目、江南大学出版基金，编号：JUSRP11229）的支持，特此致谢！

　　由于时间和水平所限，本书可能有不足之处，敬请读者批评指正。

编者
2013 年 3 月

目　录

第一章 绪 论

自人类社会诞生以来，就有了管理活动。在人类社会生产中，为减少生产成本和能源消耗，劳动者对其生产流程有时间上的工序衔接和轻重缓急顺序的安排以及对产品成本利润的核算等，这些管理活动和具体的生产操作糅合在一起，构成科学的劳动过程。在现代社会，大型先进制造装备大工业和社会化大生产使管理者从生产劳动中脱离出来，形成一个独立的社会阶层，管理活动演变成一种集知识、经验、天赋、组织和领导能力于一身的高度复杂的社会劳动。在社会化大生产中，管理完全渗透于社会生产的全过程，管理的好坏直接影响企业的经济效益。在生产力诸要素中，如果说劳动者、劳动资料和劳动对象是实体性要素，科学技术是放大性要素，那么，组织管理则是运筹性要素，是当代企业经营的重要引擎，因而有"科学技术是第一生产力，管理应是第二生产力"的论断。[①] 有学者还指出，科学技术和管理技术应统称为"广义技术"，中国广义技术创新在经济增长中总的贡献在 40%左右，其中技术创新的贡献约占广义技术创新总贡献的 30%，管理创新的贡献约占广义技术创新总贡献的 70%。[②] 可见，管理创新是当前中国企业发展的核心驱动力之一。中国媒体虽然曾长期被界定为文化事业单位，但建立适应市场经济条件下的现代传媒企业制度，实行"企业化管理"，已是不可逆转的趋势，管理水平的高低是影响其社会效益和经济效益优劣的关键因素之一。

一般认为，近代新闻传媒业诞生于 17 世纪的欧洲，源于工业革命的推动以及近代印刷技术的勃兴，报刊作为一种大众传媒率先登上历史舞台。据德国古腾堡印刷博物馆提供的最新证据，1605 年诞生于德国的《通告报》（*Relation*）被认定为世界上最早的印刷报纸。[③] 由于技术和设备落后，最初

---

① 兰徐民、罗斌：《论管理是第二生产力》，载《生产力研究》，2002（3）。

② 李子奈、鲁传一：《管理创新在经济增长中贡献的定量分析》，载《清华大学学报》（哲学社会科学版），2002（2）。

③ 在有关国外新闻事业的教科书中，世界上第一份印刷报纸一般都是以 17 世纪初出现的欧洲国家报纸为标志，如荷兰安特卫普的《新闻报》（1609），德国的《通告报》（1609），英国的《每周新闻》。这是根据《大英百科全书详编》（1980 年版第 15 卷第 236 页）的认定。因此，过去一般认为世界上最早的印刷报纸诞生在 1609 年。但 2005 年德国古腾堡印刷博物馆提供了新证据，馆藏的珍稀文物证实了世界上最早的报纸在 1605 年就已经出现。

的报纸生产相当简陋,只需一人或数人就可以经营一份报纸。经过 400 余年的科技变革和发展积累,报刊由最初只有少数人能享受的"奢侈品"变成今天大多数人常用的信息消费品,报刊业由最初的小作坊生产变成大规模的信息传播产业。今天的报刊,无论是信息量、印刷版数、读者数量,还是从业人数以及报刊社经营资产总额等方面,都已经发生了几何级的裂变。在报刊媒介高度发达的基础上,媒介类型亦得到极大的丰富和扩展。进入 20 世纪初期,广播媒介伴随着第一次世界大战的枪炮声迅速传遍全球,人类由平面媒介时代步入电波媒介时代。到 20 世纪中期,也是源于战争(即第二次世界大战)的刺激,电视——这种人类历史上影响最大的媒介,正式登上历史舞台。到 20 世纪后期,互联网媒介以迅雷不及掩耳之势席卷全球,人类正式步入数字媒介时代。在西方国家,经过联合、兼并、收购等形式的资本运作,传媒进一步朝集团化、融合化和全球化方向发展;在中国,虽然短期内还面临诸多限制,但传媒跨地区、跨行业、跨媒体发展的大趋势已经不可逆转。① 媒介生产的现代化、媒体规模的巨型化以及传媒市场环境的多变化,使得传媒业经营决策面临日益复杂的挑战。因此,过去那种依靠常识判断的推论方式已经不够,必须经由科学的理论指导,找出更为科学的观察、测量与归纳的方法。于是,一门专门研究传媒业经营中的计划、组织、控制和决策活动的学科——"传媒经营管理"应运而生。涂尔干曾高度赞扬社会分工的意义,并指出,社会劳动分工即使不是社会团结的唯一源头,至少也是主要因素。社会的凝聚主要依赖劳动分工维系,社会构成之本质也由分工决定。因为分工需要秩序、和谐与社会的团结,进而在一定程度上促进了社会的整合。② 由此言之,专业分工是传媒业进步之重要表征,专业分工与整合共同存在于传媒经营活动的始终。高明的决策者必须在充分了解和尊重专业领域特性的基础上,妥善进行均衡与取舍,进而以最小的资源投入换来最大的回报。在这方面,国内学者屠忠俊在《报业经营管理》一书中,率先对报

---

① 林如鹏在研究中指出,跨媒体、跨地区、跨行业是中国媒介集团做大做强的必由之路。近年来,已经有报社做了尝试,如 2003 年南方报业传媒集团与光明日报报业集团合作,在北京创办《新京报》,实现了跨地区发展;2006 年,成都传媒集团宣告成立,集团中包含了报纸、广播和电视等多种媒体,实现了跨媒体发展。此外,国内多数报业集团介入房地产、物业、信息咨询等行业,实现了跨行业发展。参见林如鹏:《跨媒体、跨地区、跨行业——中国媒介集团做大做强的必由之路》,载《新闻大学》,2002(4)。

② [法]埃米尔·涂尔干:《社会分工论》,渠东译,42~43 页,北京,生活·读书·新知三联书店,2000。

业经营管理问题做了开创性研究①；周鸿铎等的《广播电视经营与管理》对广播电视业的经营管理问题进行了专题研究②。在国外，罗伯特·皮卡特教授从微观层面入手，深入研究了传媒公司的财务和经济问题，其成果《传媒管理学导论》被译成中文在中国出版发行。③

目前，传媒经营管理已经成为国内新闻传播界的"显学"，大多数新闻传播学专业均开设"传媒经营管理"课程。从 20 世纪 90 年代到 2010 年，国内出版的题名"媒介经营管理"的论著或教材，有 40 余种。在参考前人研究成果的基础上，本书引入管理学的基本理论，结合中国传媒业的发展"业"情，对传媒经营管理的基本规律、历史演进、生产流程、市场营销、外部环境及其伦理规范进行探讨，为管理者的经营决策提供理论的依据。

第一节 "传媒经营管理"的基本概念

任何一门学科的构建都必须依赖于一套基本的概念体系，这套概念体系被该学科的主流研究者或学术共同体所认同，并被广泛使用。显而易见，"概念"的表达则须依赖明细、严谨的专门词语，即术语。关于此，美国著名哲学家、逻辑学家和多领域科学家 C·S·皮尔士专门提出了"术语伦理学"，从哲学上探讨科学术语问题并明确倡导科学术语使用规则。他指出，作为一种科学，越是复杂，术语的重要性就越为凸显。"存在一种关于词语的伦理学，因为词语是一种社会构制。科学本身也是社会性事务，如果没有对于所用术语的公共理解，就不可能实现科学的繁荣"。他还指出，"词语有其义务，同样有其权利，它们不容践踏"。皮尔士将滥用词语斥为"完全糟糕的道德行为"，并强调：术语的应用上，要尽量避免遵循任何武断性的建议，避免把本来为土话、方言的词语和短语用做术语；科学研究必须尽量保持术语传统上的连续一贯，不至于在流传中发生变异。④皮尔士所论术语伦理学虽是针对哲学而言，但对传媒经营管理学科来说，亦完全适用。作为一门新兴的、严谨的学科，传媒经营管理学科中的概念表述必须符合术语伦理

---

① 屠忠俊：《报业经营管理》，北京，新华出版社，1992。

② 周鸿铎等：《广播电视经营与管理》，北京，经济管理出版社，2005。

③ ［瑞典］罗伯特·皮卡特：《传媒管理学导论》，韩俊伟等译，北京，人民邮电出版社，2006。

④ 张留华：《皮尔士论术语伦理学》，载《自然辩证法研究》，2006（12）。

学规范，尽力避免含混不清、界说不明等病症，构建一套界说严谨、规范有序的概念系统。当然，传媒经营管理学科的概念系统十分庞大，包含较多的子系统和子概念，此处先对该学科中的两组基础概念（"媒介、媒体与传媒"和"经营管理"）进行辨析，其余概念将在后文中逐步展开论述。

一、"媒介"、"媒体"与"传媒"的概念

"媒介"、"媒体"与"传媒"是新闻传播学中使用频率最高的术语之一，同时也可能是使用最为混乱的术语之一。一方面，绝大多数新闻传播现象都与媒介、媒体或传媒有着天然的关联，进一步说，媒介、媒体或传媒是新闻传播活动的载体，离开了媒介、媒体或传媒，新闻传播活动就成了无本之木，故而描述或研究新闻传播活动，自然就无法绕开媒介、媒体或传媒这组基本概念。另一方面，由于术语伦理的缺失和语际翻译的失误[①]，媒介、媒体或传媒亦经常出现通用、误用或滥用等情形，尽管使用者可能是无意为之，但最终导致概念的含混不清，妨碍了专业术语的公共理解，进而在一定程度上阻碍了学科建设和科学研究的发展。

（一）"媒介"的概念

"媒介"一词通常做名词使用。将"媒介"拆分为"媒"和"介"两个字来看：所谓"媒"，在先秦时期是指"媒人"或"媒婆"，指从中谋合使两姓之家结为儿女亲家的专业人士。媒人在中国出现的时间很早，在周代即已经出现，《孟子·滕文公下》曰："不待父母之命，媒妁之言，钻穴隙相窥，逾墙相从，则父母国人皆贱之。"可见，"媒"最初是撮合男女婚事的中间人。所谓"介"，则一直是指居于两者之间的关联体或工具，也指在两者或两者以上的人或事物间，从中介入参与其中的活动或组织，表达一种动作状态。单从字面上看，"媒"和"介"当属近义词，都有促使两个主体发生关联之意。将两个词语联合使用，则进一步强化了原来单字的意义。考证表明，将"媒介"作为一个联合词语使用最早见于《旧唐书·张行成传》："观古今用人，必因媒介。"在这里，"媒介"是指使双方发生关系的人或事物，用以表征中国官场中特有的"关系学"图景——在官僚行政科层体制中，欲获取职位之升迁，通常需要"媒介"的参与，方可顺畅。在生活中，一个主体的存在还涉及自我与他人、个体与社会的关系，主体不能把自我看做原子式的个体，而是看做与其他主体的"共在"。一个主体的存在实际上与"他

---

① 屠忠俊主编：《现代传媒经营管理》，1页，武汉，华中科技大学出版社，2011。

者"有着密不可分的关系，一个主体实际上不可避免地要与另一个主体开展交往和对话，正如胡塞尔所言，"世界不是为孤立的个体而存在，而是为人的共同体而存在"。主体与主体之间的互动和交往需要某种中间承载者，或言之，这种中间承载者可以更好地为主体之间的交互活动提供便利，甚至起到催化剂的作用——这就是"媒"或"介"的存在意义。概言之，从普遍意义上说，媒介是指使双方（人或事物）发生关联的中间承载者。

在学术发展中，"媒介"的内涵和外延有泛化的倾向。媒介最初是病毒学、艺术学中的概念，后来则演变为多学科共同使用的概念。在麦克卢汉看来，"媒介是人体的延伸"。媒介即万物，万物皆媒介，而所有媒介都可以与人体发生某种联系，如石斧是手的延伸，车轮是脚的延伸，书籍是眼的延伸，广播是耳的延伸，衣服是皮肤的延伸等。媒介无时不有，无处不在，堪称人类物质文明和精神文明成果的总和。在 20 世纪中期以前，"媒介"的泛化使用较为普遍，广泛使用于艺术学、生物学、传播学等领域。但从 20 世纪中后期开始，由于大众传媒的快速发展，使得它在新闻传播学中的专业性得到极大的强化，进而逐步出现了狭义上的"媒介"界说。尽管如此，在新闻传播学视角中，媒介的意义仍然包含多个维度。据统计，国内外新闻传播界关于媒介的定义多达 100 余种。甘惜分在《新闻学大辞典》中指出："媒介是用来表达含义的静态或动态的任何物体或物体排列。例如，烟火信号、击鼓、里程碑、树皮上的刻痕、跳舞、陶器上的花纹、军号、纸上的墨迹等。"① 目前学术界具有代表性的界说有：（1）巴特勒的"传播形式说"，即"媒介是一个简单方便的术语，通常用来指所有面向广大传播对象的信息传播形式，包括电影、电视、无线电广播、报刊、通俗文学和音乐"。②（2）戴维·桑德曼的"传播渠道与内容及从业者"说，即"当我们说到'大众媒介'的时候，我们往往不仅指大众传播的渠道，而且指这些渠道的内容，甚至还指那些为之工作的人们的行为"。（3）邵培仁的"符号和实体说"，媒介是指"介于传播者与受传者之间的用以负载、传递、延伸特定符号和信息的物质实体"，它包括书籍、报纸、杂志、广播、电视、电影、网络等及其生产、传播机构。（4）屠忠俊的"七层次说"，即媒介是处于信息传送者和信息接受者之间，是承载、运输信息和意义的工具。他还强调媒介是一个多层

① 甘惜分主编：《新闻学大辞典》，59 页，郑州，河南人民出版社，1993。
② ［英］戴维·巴特勒：《媒介社会学》，赵伯英、孟春译，12～13 页，北京，社会科学文献出版社，1989。

次的复杂概念，并将其划分为七个层次：第一，传输数据或信号的物理中介，即传输媒介，如电缆、光纤等；第二，存储作为隐态信息的数据或信号的物理载体，即存储媒介，如纸张、光盘、数字存储器等；第三，将数据或信号转化为显态信息向人的感知器官呈现的物理界面，即显示媒介，如扬声器、显示屏、电视机等装置；第四，具有作用于人的感官的特定物理形态的符号，即感知媒介，如语言、文字、造型艺术符号等；第五，将符号根据表述特定意义的需要加以集结组合，并予以物化包装以便流通的信息产品，即媒介产品，如通讯稿、报纸、广播电视节目、短信等；第六，生产、流通特定媒介产品的专业社会机构，即媒介组织，如报社、广播电台、电视台等；第七，媒介产品或媒介组织的总和，即媒介产业。①

上述几种关于媒介的定义从不同视角揭示了媒介的内涵和外延，有其科学和可取之处。但是，按照术语伦理学的规定，当社会环境发生变迁而导致原概念内涵与外延的调整时，就必须发明新的术语或对概念进行新的界说。同时，"概念"是逻辑思维的基本单元，对某一概念的精确界说，还必须研判概念对象的本质属性。故而研判"媒介"定义，既要考量这一概念的生态语境，又要研析概念的本质属性。

在新闻传播学科群中，"媒介"赖以存在的社会语境是什么呢？我们认为至少需要考虑两个基本要件：一是"信息社会"的语境，即必须将媒介放在信息社会的大系统中去考察，当今媒介的价值是在新闻和信息传播业高度发达、新闻和信息需求渗透至社会的所有层面的情境中凸显的，强调媒介作为新闻和信息传播活动的承载者，才是当今"媒介"概念的中心指涉和社会价值。二是"大众传播"的语境，必须把媒介放在新闻与信息传播的生产链条中去考察，它是以专业化、标准化、流程化和规模化为特征的现代大生产，是有计划、有组织的新闻和信息传播活动。故而，新闻传播学中的媒介是特指为新闻和信息传播服务、位于传者和受众之间的中介载体。当然，由于当今新闻和信息传播活动的复杂性、多样性和多变性，这种中介载体的表现形式又是多元化的。它通常被视为某种媒介产品，如报纸、期刊、电视节目；也可是媒介机构，如报社、电视台；还可是某种工具，如电视机、收音机等。由于科学技术和社会生活演进的加快，媒介表现形式还在进一步丰富和拓展，因而媒介的表现形式是多变的，不可能实现完全归纳的目标。但是，概念的基本要求是要有概括性、严密性、抽象性、逻辑性和相对的稳定

---

① 屠忠俊主编：《现代传媒经营管理》，3 页，武汉，华中科技大学出版社，2011。

性，这就要求我们进一步剖析媒介的本质属性，对概念的指涉对象进行深入思考，进一步研判媒介的基本属性，才能对多层次的媒介概念加以具象化的展示。

"属性"源自拉丁文 adtribuere，意即归属、赋予。古希腊亚里士多德最早把世界区分为个别的实体和它们的属性。在中世纪，托马斯·阿奎那和其他经院哲学家基本上接受了亚里士多德对实体和属性的区分，认为属性是精神实体或物质实体必有的，是事物的本性。① 一般认为，"属性"是指特定对象本身所固有的性质，是事物必然的、基本的、不可分离的特性，又是事物某个方面质的表现。一定质的事物常表现出多种属性，有本质属性和非本质属性的区别。同时，一类对象往往具有多方面的本质属性，人们可以根据需要从特定方面、不同的角度去研究某一对象。据此，我们认为，媒介虽然有非常广泛的指涉对象，但就其本质属性而言，主要有四种类型，由此可划分为四个层面的属性，如表 1-1 所示。

表 1-1　媒介的四重属性及媒介的四个层次

层次	属性表述	涵盖列举
第一层次	科技属性，媒介即技术，缘于现代科学技术革命而引发的媒介物理性态的变化	存储媒介：印刷纸、硬盘、光盘等 传输媒介：电报、光纤、电话网、无线移动网等 显示媒介：电视机、收音机、显示屏等
第二层次	内容属性，媒介即信息，运用文字、图片、声音等多种符号表达特定意义及其生成模式	平面信息：图书报刊上的语言文字内容 声音信息：收音机传达的声音内容 声像信息：电视机传达的图文声像内容
第三层次	商品属性，媒介即商品，用于交换的劳动产品及为提高效益而开展的组织、经营活动	媒介产品：报纸、期刊、广播电视节目 媒介组织：报社、电视台等组织单位及其运营
第四层次	文化属性，媒介即文化，长期的媒介生产与管理活动所积淀的行业特性、价值观、伦理与规范等	媒介行业特性 媒介行业价值观 媒介行业伦理与规范

---

① 蒋永福等主编：《东西方哲学大辞典》，721～722 页，南昌，江西人民出版社，2000。

　　媒介的四重属性实际上是从四个维度对这一概念的基本属性进行全方位的概括和抽象。下面依次从上述四个层面进行解析。

　　在现代社会，媒介的第一层属性是其科技属性，所谓"媒介即技术"。现代媒介是科学技术牵引和推动的产物。"科学技术是第一推动力"，一部媒介发展史在很大程度上就是媒介技术的发展史。媒介技术对于人类的作用，正如麦克卢汉所说，"媒介是人体的延伸"，它延长了人的眼睛、耳朵、手等，无线电广播相当于人的口舌和耳朵的延伸、电影和电视相当于人眼睛的延伸、电子计算机相当于人脑的延伸等，五彩斑斓的世界图景通过媒介（技术）进入人们的视野。高速印刷技术的问世，使得报刊的大规模发行甚至超大规模发行成为可能，进而迎来了现代报刊的黄金时代；无线电波传输和接收技术的问世，使得声音传播得以便捷地翻山涉水乃至跨越国门，迎来了广播的黄金时代；声像传输技术和电视显示技术的成熟，使得图文声像的多媒体传输得以实现，人类迈进声画兼具的"电视时代"；计算机技术、互联网技术和移动通信技术的问世，数字信号无处不在，将人类带入数字媒体时代。由此可见，媒介的三大核心技术——存储技术、传输技术和显示技术的快速革新，引发媒介物理性态的变化，大大便利了人们接触、使用媒介的便利性，进而渗透到社会生活的方方面面。

　　媒介的第二层属性是其内容属性，所谓"媒介即信息"。在很大程度上说，受众接触和使用媒介，并不是感知媒介本身，而是对附着在媒介上的内容感兴趣。媒介之所以对受众非常重要，在于它直接满足人们在精神上"吃进负熵"，进而消除人们对外部世界认知的不确定性。日常生活中的"看电视"，并不是看电视屏幕本身，而是在看电视屏幕上的内容节目。媒介上意涵丰富的内容符号，具有多元的价值意义。通过"消费"这些新闻或信息资源，受众得到资讯服务或娱乐消遣，实现媒介与受众的心灵对话和场景互动，进而赋予本来无生命的媒介以有生命的意义，媒介的人文价值才能得到真正的彰显。

　　媒介的第三层属性是其商品属性，所谓"媒介即商品"。在现代社会，媒介是用来交换的劳动产品，即商品。在世界范围内，绝大多数的媒介产品都是需要付费的。尽管有免费报纸和公共电视节目，但实际上，免费的背后也都有某一特定利益主体来支付成本。媒介需要按照商品和市场的逻辑来进行运营。一方面，媒介产品要适应市场和社会的需要，不断提升和变革产品形态，达到适销对路的目标。另一方面，媒介的传播活动需要考虑成本和产出，需要实现高效的目标。这就需要成立专业的组织，通过经济实体的科学管理和专业经营，实现既定的利润或其他的经济目标。

媒介的第四层属性是其文化属性，所谓"媒介即文化"。媒介的文化属性在本质上是媒介的精神特质。经过几百年的发展，媒介本身也积累了丰富的精神财富，如媒介从业者或管理者的核心价值观、媒介个体或行业的职业理念、显性或隐性的制度体系及行业的伦理规范等，随着媒介的历史演进而成为一道独特的文化景观。

应当指出，以上四个层面是不可分割、相互关联的统一体。科技属性属于媒介的物理特性，是媒介赖以存在的硬件条件；内容属性属于媒介的信息特性，反映的是媒介赖以存在的软件条件；商品属性属于媒介的经济特性，反映的是媒介赖以存在的制度或组织条件；文化属性属于媒介的精神属性，反映的是媒介赖以存在的文化条件。

（二）"媒体"的概念

"媒体"也是一个在新闻传播学中使用频率极高的词语。美国于 1943 年在《战后公共图书馆的准则》一书中首次应用该词，以后逐渐扩大应用范围，成为新闻传播、电子信息、数字技术等领域的常用词汇。关于媒体的概念，目前学术界主要有以下三种观点：

第一，媒体与媒介同义说。即媒体与媒介之间可以通用，媒体即媒介，两者在本质上没有什么区分，或者没有必要区分，大体上是可以作为同义词使用。如谢新观认为，"媒体"亦称"媒介"或"中介"，是信息传播过程中赖以实现其目的的信息载体、设备和传播形式。[①] 它既可以是传播信息的工具或手段，又不限于工具或手段，它可以利用人类发明创造的某种媒体，为传播某种信息服务，它又可以以自身的规律和特点对社会发展和人类文明施加影响，起推动作用。此外，认为媒体和媒介是同义词的另一个根据是，两者都属于外来词语，都是由英文单词 media 或 medium 翻译过来的，两个词语之所以不同，仅仅是由于语言翻译过程中出现的语际书写问题，没有必要纠缠两者的区别。

第二，介质说。中国移动通信联合会指出，"媒体"又称"介质"，是承载信息的载体。[②] 根据国际电信联盟的定义，媒体有以下五种类型：（1）感觉媒体。声音、文字、图形和图像等，物质的质地、形状、温度等。（2）表

---

① 谢新观主编：《远距离开放教育词典》，285 页，北京，中央广播电视大学出版社，1999。

② 李进良、倪健中主编：《信息网络辞典》，173 页，北京，东方出版社，2001。

示媒体。为了加工感觉媒体而构造出来的一种媒体，如语音编码、图像编码等各种编码。（3）表现媒体。感觉媒体与通信电信号进行转换的一类媒体，它又可分为输入表现媒体和输出表现媒体。（4）存储媒体。用于存放表示媒体的一类媒体，如硬盘、光盘等。（5）传输媒体。用来将表示媒体从一处传送到另一处的物理传输介质，如各种通信电缆、微波、无线电波、红外线等。人们所说的媒体是感觉媒体；但多媒体技术所处理的媒体是表示媒体。显然，按照这种说法，媒体实际上仅仅是狭义的媒介，即仅属于传播介质意义上的媒介。

第三，组织实体说。屠忠俊指出，有必要对媒体与媒介进行严格区分，媒介强调的是信息传输的"居间"、"中介"这一面的意思，表达的是 medium 的"用"。媒体是对媒介组织的代称，是采集、选择、输送、流布信息的组织机构和技术手段的集合物，是作为经营活动的组织实体或经济实体。[①]本书赞同这种观点，媒体主要是指媒介组织机构，通常是经济实体，如报社、电台、电视台、网站等。

（三）"传媒"的概念

关于传媒的定义，目前学界惯常的看法是"简称说"，即传媒是"传播媒介"的简称，将传媒与媒介等同起来。[②]但屠忠俊指出，传媒既可指称媒介，又可指称媒体，还可以笼统兼指媒介与媒体。[③]实际上，"传媒"在更大程度上是新闻传播界一个约定俗成的术语，也是为了满足书写便利性的需要，当在学术研究中出现兼及媒介或媒体的场合，或者没有必要严格区分媒介与媒体的场合，可以使用"传媒"的称呼。此外，传媒还特别指称新闻传播行业，故而有"传媒业"之说（有时"传媒"就是"传媒业"的简称），但一般并无"媒介业"或"媒体业"的说法。

综上所述，基于术语伦理学规范和语际书写的原则，我们认为，媒介与媒体是有区别的。新闻传播学中的媒体主要是指从事新闻与信息传播的组织机构，亦包含这些机构的从业者及其生产活动。新闻传播学中的媒介则是特指为新闻和信息传播服务、位于传者和受众之间的中介载体，并包含上文论述的四个层次的具体表现形式。传媒是新闻传播界一个约定俗成的术语，也

---

① 屠忠俊主编：《现代传媒经营管理》，4 页，武汉，华中科技大学出版社，2011。

② 于根元主编：《现代汉语新词词典》，95～96 页，北京，北京语言学院出版社，1994。

③ 屠忠俊主编：《现代传媒经营管理》，4 页，武汉，华中科技大学出版社，2011。

是为了满足书写便利性的需要，它既可指称媒介，又可指称媒体，还可以笼统兼指媒介与媒体，抑或是传媒行业的代称。

二、"经营管理"的概念

"经营管理"是日常生活中的一个常用词语。从词语结构上说，它有两种意涵阐释的方向：一是将其视为并列词语，从"经营与管理"角度进行阐释；二是将其视为偏正短语，把经营作为管理的定语即"经营性管理"加以阐释。

（一）"管理"与"经营"的概念

1. "管理"的概念

管理是一个复杂的术语，利用中国学术期刊全文数据库"学术定义"工具搜索发现，仅国内学术界对管理的定义就有 163 种。[①] 管理有广义和狭义之分，广义的管理是指人类社会各种组织为了实现特定的目标而进行有效的组织与治理活动，广义管理存在于人类社会生活的所有方面。狭义的管理主要是指企业管理，因为在各种管理活动中，企业管理的理念较为先进，方法较为规范，目标较为具体，是各种管理活动的范本。但即使是狭义的管理，其含义也是充满争议的。不同的学者从不同的视角研究管理问题，从而得出了许多关于管理的不同解释。西方学者基于不同的视角对管理给出了多种解释：一是科学主义学派，重视科学方法在管理中的运用，如科学管理的创始人泰勒认为，管理就是确切地知道你要别人去干什么，并让他使用最有效的方法去干，他还倡导运用实验方法来研究提升工场生产效率的路径。另一名科学主义学派的代表伯法在利用科学工具提升管理水准方面走得更彻底，他认为管理是用数学模型来表示计划、组织、控制、决策等合乎逻辑的程序，求出最优的解答，以达到系统所追求的目标。二是经验主义学派，认为管理是基于生产实践经验之上的组织技能，如法约尔认为，管理就是实行计划、组织、指挥、协调和控制。三是人本主义学派，这一学派重视人的管理在生产中的作用，如梅奥认为，管理就是做人的工作，其主要内容是以研究人的心理、生理和社会环境的相互影响为中心，激励员工的行为动机，调动人的积极性。而孔茨认为，管理就是设计和保持一种良好的环境，使个人在群体中高效率地完成既定的目标。

---

① 这是 2007 年 12 月利用中国学术期刊全文数据库"学术定义"工具搜索的结果，这一定义的数量每年都在快速增加之中。

在中国，学术界在汲取西方管理理论的基础上对管理的含义做了阐发和归纳，代表性的说法有三种：一是"过程说"，如卢莉芳认为管理（主要指企业管理）是指管理者对企业用来生产商品或服务的基本投入物，包括由各个层次劳动者组成的人力资源和相应的土地、工业产权、资金等构成的非人力资源的优化组合并促进其整体高效运转的过程。① 二是"要素说"，如陈维明认为管理是指人类在改造世界的过程中为了达到一定目标所从事的对系统的一种协调活动，管理者、管理对象和管理手段是管理过程的三个主要要素。② 三是"目标说"，如钱蒙指出企业管理是指通过计划、组织、控制、激励和领导等环节，有效地使用企业所拥有的人力、物力、财力、时间和信息资源，以达到企业设定的发展目标。③

我们认为，随着人类认知水平的提升和知识的爆炸式增长，对管理概念进行单一视角的总结、局部性的经验描述或者宏大叙事模式的终极界定都显得苍白无力。科学的"管理"定义应该既有稳定性和特质性的表征，又有延展性和开放性的隐喻；既有静态性的归纳与抽象，也有动态性的推演与兼容。一言以蔽之，管理是一个复合性、多层次的概念。

2. "经营"的概念

从词源上讲，"经营"最早出现在《诗经·小雅·北山》"旅力方刚，经营四方"中，乃"运筹治理"之意。早期的经营与国家管理有密切关系，有计划、组织和筹划等多重意涵。在现代社会，经营有广义和狭义之分。广义的经营包括对经济、文化等各项事业的经办营谋、筹划等活动。狭义的经营是指企业经营，即企业在商品经济条件下，根据外部环境和内部条件，面向市场，确定经营目标，合理组织产、供、销，为满足社会需要，争取最大经济效益而进行的一系列经济活动。主要内容包括树立正确的经营思想、确定经营目标和经营方针、制定经营战略和经营策略、进行经营预测、作出经营决策、编制经营计划、建立经营组织、开展经营分析和经营诊断等。企业经营主要是要解决企业发展方向和目标等根本问题，正确处理企业外部环境、内部条件和经营目标之间的动态平衡，对企业的生存发展具有决定性影响。

---

① 卢莉芳：《从人的管理到生产力的转化》，载《化工管理》，1997（4）。

② 陈维明：《高师教育管理的普遍性与特殊性》，载《黑龙江高教研究》，1997（6）。

③ 钱蒙：《树立适应市场经济的企业管理观念》，载《广西经济管理干部学院学报》，2000（1）。

因此，现代企业的各项活动都以经营为中心。①

　　分析了"经营"与"管理"两个概念后，我们要追问"经营"与"管理"两个并列概念之间到底是什么关系呢？目前学术界有多种观点：第一种观点认为，经营包含了管理，换言之，经营比管理更为广泛，包括管理、技术、商业、财务、会计、安全等活动，涉及企业生产、流通、分配、消费的全部过程。② 同时，法约尔曾指出，无论企业规模的大小，其经营都有六项不同的职能：技术职能、营业职能、财务职能、安全职能、会计职能和管理职能。③ 故而，经营的概念比管理的概念大。第二种观点认为，管理包含了经营，经营实质是管理的一种形式，以经营决策为中心的管理是企业生产的关键环节。④ 因为经营仅仅是企业管理的一种职能，主要是指供应和销售活动，涉及的是企业流通领域里的问题。第三种观点认为，经营与管理互有区别也有紧密联系。经营是指企业对产品的生产、供给、销售等涉及企业发展方向、方针问题的预测、决策。管理则解决企业生产的效率问题，通过对生产过程的计划、组织、指挥、协调、控制，以提高生产效率。⑤ 在企业管理中，经营与管理是相辅相成的，它们的目的都是为了使企业获得尽可能大的经济效果。

　　综观国内外关于"经营"与"管理"的概念界定，我们认为，经营与管理两个概念既有相同点又有相异点，但两个概念的相同或相通点大于其相异点。或者说，这两个概念在内涵与外延上有相当程度的叠合之处，生硬地强调两者的区别缺乏充分的证据。实际上，经营与管理是相互渗透的，"经营中的科学决策过程便是管理的渗透"，而管理中贯彻经营意识也是管理的题中应有之义。在有的国家，如日本，经营学基本可看做管理学。当然，从学理层面上讲，目前国内外学术界关于"管理"的学理体系已经较为完善，而

---

① 农业大词典编辑委员会编：《农业大词典》，838 页，北京，中国农业出版社，1998。

② 马国泉等主编：《新时期新名词大辞典》，209～310 页，北京，中国广播电视出版社，1992。

③ 武广华等主编：《中国卫生管理辞典》，288～289 页，北京，中国科学技术出版社，2001。

④ 刘建明、张明根主编：《应用写作大百科》，70 页，北京，中央民族大学出版社，1994。

⑤ 宋书文主编：《管理心理学词典》，267 页，兰州，甘肃人民出版社，1989。

关于"经营"的学理体系尚显单薄①，故而本书在传媒经营管理的学科体系建构中多借鉴或"移植"管理学的概念及理论体系。

　　有趣的是，在西方传媒的学科构建中，一般有"传媒经济学"或"传媒管理学"的称呼，几乎没有"传媒经营管理"之说，即一般并不把"经营"与"管理"并列联合起来。但在中国传媒界，把"经营"与"管理"联起来合称"经营管理"，已是约定俗成的传统。这背后还有什么特殊的隐喻呢？这就不得不进一步探析"经营性管理"概念的由来。

（二）"经营性管理"的概念

　　"经营性"也是一个常用的属性界定词语，现实中有"经营性租赁"、"经营性项目"、"经营性贷款"、"经营性资产"、"经营性收入"、"经营性用地"等表述。在中国的文化业及传媒业中，"经营性管理"概念的出场有着十分特殊的历史背景。众所周知，传媒既具有属于上层建筑的事业属性，也同时具有属于经济基础的产业属性。然而，在新中国成立后，由于政治因素的作用，对传媒产业属性的研究一直处于非主流地位，②并且一度成为研究的禁区③。随着"三大改造"的完成和计划经济体制的确立，从中央到地方形成了单一的公有传媒体制；"文化大革命"时及之后一段时间，全国传媒的广告经营活动几乎停止。可以说，在这个时期传媒只有管理活动，而无经营活动，在传媒实践中也没有所谓"经营管理"合称的说法。

　　但是，自1987年起，国家提出"发展有计划的商品经济"，并逐步减少对媒体的财政拨款。各级媒体要实现"自收自支"，就不得不开始"创收"（实际上是"经营"的通俗说法），开始重视广告等经营活动。1992年开始社会主义市场经济体制改革后，政府不仅逐步停止对部分媒体的财政拨款，而且要求媒体单位"照章纳税"，把媒体推向了市场。在这种情形下，媒体的

---

　　① 从目前的掌握资料来看，经营学的研究才刚刚开始，虽然2000年出版了《科学经营原理》一书（肖刚著，中国科学技术出版社），但经营学理论的研究和推广还有很多路要走。甚至说，"经营学"能否独立成为一门学科，还是个问题。

　　② 丁淦林、方厚枢主编：《20世纪中国学术大典·新闻学传播学出版学》，102～114页，福州，福建教育出版社，2005。

　　③ 20世纪50年代，国内学术界对报业经营问题的研究较少，复旦大学王中教授在《新闻学原理大纲》（1956）中提出：任何政党的机关报都有两面性，党报和任何报纸一样，获得报纸必须付出一定代价，通过买卖关系到达宣传对象手中。但王中教授在1957年受到批判，并且受到不公正的待遇。在这样的研究环境下，有关报业经营最基本的商品属性都不许涉及，研究者噤若寒蝉也就不足为奇了。

经营活动得到高度重视，"经营管理"合称的说法先是在传媒业界，而后在新闻传播学界流行开来。

伴随着新闻传媒界的经营实践，政府逐步顺应、认可并肯定这些创新活动。2000年，中共中央在关于制定"十五"计划的建议中引入"文化产业"的概念，标志着中国对于文化产业的认可。2002年，党的十六大报告正式将文化事业和文化产业区分开来，明确提出"积极发展文化事业和文化产业"。2007年，党的十七大报告进一步对二者作了论述，并强调要解放和发展文化生产力、提高国家文化软实力。其总体构想是将文化事业和文化产业科学区分开来，分别定位为"公益性"和"经营性"，进而把文化单位区分为公益性文化事业单位和经营性文化单位。① 原因在于：从总体上看，人民群众的文化需求可以分为两部分，一部分是体现人民群众文化权益的基本文化需求；另一部分是多样化、多层次、多方面的文化需求。人民群众的基本文化权益具有公益性、均等性、基本性、便民性等属性。因此，要以政府为主导，以公共财政为支撑，以公益性文化事业单位为骨干，以全民为服务对象，以基层特别是农村为重点，构建覆盖城乡的公共文化服务体系，以这种宗旨而设立的单位一般属于事业单位的范畴。对于人民群众多样化、多层次、多方面的文化需求，主要靠市场来满足，通过发挥市场机制的作用，能够更好地配置社会资源，使优秀文化产品大量涌现，使更多的人接受优秀文化的教育，不仅能够实现经济效益，也能够更好地实现社会效益，以这种宗旨而设立的单位一般称"企业"。②

由于传媒业是文化业的核心组成部分，既然文化业有事业与产业之分，传媒业亦有传媒事业和传媒产业之别。传媒事业主要是指公益性、以政府财政扶植为主的传媒业，现实当中的绝大多数党报党刊、纯宣传性质的广播电视节目或频道、政府官方网站等即属此类。对于这类媒体，由于其核心旨意不是效率问题，而是公平公正的问题，故而对这类媒体的绩效考核或政策管制，只能用非经营性的原则来考量，而不能以经营性指标来衡量。所谓传媒产业则是指实施自主经营、独立核算、自负盈亏规则，以市场为导向的传媒业，现实中的非时政类报刊、绝大多数广播电台、商业性网站和电信运营商等即属此类。对于这类媒体，既然是服从于市场经济原则，本来就具有逐利

---

① 周正刚：《科学区分文化事业与文化产业》，载《人民日报》，2010-12-08。

② 吴工晖：《为什么要把文化单位区分为公益性文化事业单位和经营性文化单位?》，载《红旗文稿》，2011 (1)。

性和竞争性，故而可以使用经营性原则来评估和考核。

进入 21 世纪初，政府在政策导向上开始明确经营性媒体和非经营性媒体之界限。政府对互联网媒介采取了严格区分经营性互联网和非经营性互联网的政策。2000 年 9 月 25 日公布实施的《互联网信息服务管理办法》中明确规定："互联网信息服务分为经营性和非经营性两类。经营性互联网信息服务，是指通过互联网向上网用户有偿提供信息或者网页制作等服务活动。非经营性互联网信息服务，是指通过互联网向上网用户无偿提供具有公开性、共享性信息的服务活动。国家对经营性互联网信息服务实行许可制度；对非经营性互联网信息服务实行备案制度。"但是，由于中国的传媒业体制改革相对滞后，传统传媒业在相当长的一段时间内没有明确事业和产业的界限。例如，报刊业施行所谓"事业单位、企业化管理"的模式，报刊社长期游走在"事业"和"企业"之间，时而为事业、时而为企业，又可同时集事业和企业两种体制于一身，在本质上是一种模棱两可、含混交叉的弹性管理体制。但这种近乎"混沌"的政策为中国报刊业经营改革注入了强大的动力，改革开放后的 30 年中国报刊业获得了飞速发展。但是，毕竟这种混沌管理模式不适应市场经济建设的需要，故而官方又提出了"非时政类报刊"的说法。所谓非时政类报刊主要包括中央和地方党报党刊所办的都市报、晚报；所有企业法人办的报刊，如出版集团办报、报业集团办报等；还有诸如中石油、中石化等大公司办的行业报刊。按照《中央各部门各单位非时政类报刊出版单位转制工作基本规程》的要求，这类报刊必须在 2012 年年底前完成"转企改制"，并规定，"经营性文化事业单位转制为企业，自进行工商登记注册之日起享受税收优惠政策"。在广播电视方面，由于中国广播电视受到十分严格的政府管制，其管理体制改革还滞后于报刊社，各广播电台是从属于各级广播电视局（厅）的附属单位，虽然近年来广播电视的产业化进程较快，但广播电视的事业和产业区分问题尚未提上改革议程。但从发展趋势上看，传媒事业和传媒产业的区分、经营性活动和非经营性活动的分野乃大势所趋，不可逆转。

单从术语伦理规范角度，我们有理由将传媒的管理区分为"非经营性管理"和"经营性管理"。前者是着眼于提供公共文化服务、满足人民群众公共文化基本需求的公益性管理活动；后者则是着眼于提升运营效益，强化竞争意识并以营利为目的的管理活动。前者以公益性、均等性、基本性和便利性等作为基本原则；后者在坚持社会效益的前提下则以市场性、逐利性、竞争性为基本取向。

三、"传媒经营管理"的概念

通过上述对"媒介、媒体和传媒"与"经营管理"两组概念的解析，我们认为，所谓传媒经营管理是在把握媒介的基本属性和媒体组织特性的基础上，旨在提升传媒运营效益与竞争力并以营利为目的的管理活动的总称。全面把握这一概念需要着重考虑两点：一是传媒经营管理在本质上是一种管理活动，但须把握媒介的基本属性、媒体组织的特性和传媒行业的特殊规律，这是传媒经营管理区别于其他行业管理学的重要依据。二是传媒经营管理的核心是提升传媒运营效益与竞争力并以营利为目的，侧重于关注经营性的管理活动。当然，在中国传媒实践中，由于传媒业体制改革滞后，在总体上尚未实现事业与产业的区分，故而经营性管理与非经营性管理通常还是交叉存在，难以严格区分。例如，时政类报刊仍然按照"事业单位、企业化管理"的体制运行。实际上，即使是时政类报刊，亦非完全公益性质。中国的党报党刊均有经营广告之权利和义务，经济效益如何仍是衡量时政类报刊管理优劣的重要标准。因而，在中国，传媒的经营管理活动，实际上是以经营性管理为主，同时又兼顾非经营性管理的活动。

第二节 传媒经营管理学科的建构

按照《中国百科大辞典》的定义，"学科"主要有两种含义：广义上的学科是指学科的分类，或一定科学领域或一门科学的分支，如自然科学部门中的天文学、数学、物理学等，社会科学部门中的社会学、教育学、史学等。这种定义主要是从学术研究、学术理论或专业知识体系构建的视角来界说的。狭义上的学科是指教学的科目，如普通中小学的政治、语文、物理、化学、外国语、历史、地理、音乐、图画、体育等课程。这种界说主要是从课程教学的角度出发，将学科纳入学校教育教学体系，则学科成为学校的教学科目，是学校课程体系的组成部分，它是指根据教学目的的要求和科学本身的体系，从各门科学知识中选择出最基本的知识。或者说是按照学生身心发展的水平和一定年龄阶段学生的接受能力以及教学法的要求，加以合理地安排、组织而成的科学基础知识的体系。[①] 本书定位于教材，是配合高等院

① 中国小学百科全书总编辑委员会教育卷编辑委员会：《中国小学教学百科全书·教育卷》，80～81页，沈阳，沈阳出版社，1993。

校新闻传播专业教学而编写，故而采纳狭义上的学科定义。所谓传媒经营管理学科是依据高等院校新闻传播学专业建设需要而开设的一门以阐述传媒经营管理领域的基本概念与理论的基础性知识结构体系，其宗旨是使受教者在理论上把握传媒经营管理活动的基本规律及运行特性，以满足其职业发展或学术探究之需要。

由于传媒及其经营管理活动的复杂性，构建一个科学合理、多方认可的学科框架并非易事。当前，传媒经营管理领域呈现出"百花齐放、百家争鸣"的态势，有关学术著作、教材、研究报告和案例分析可谓汗牛充栋，数不胜数，学界对传媒经营管理的界定、知识体系的建构以及研究方法的运用等问题，仍然存在着一系列不同意见。[①] 本书定位于传媒经营管理学科的专业教材，从这个角度来看，一个科学合理的学科框架至少需要满足这样几个条件：第一，逻辑严谨。所构建的学科框架必须在逻辑上能够自圆其说，条理清晰，具有不可辩驳的逻辑力量。整体框架在逻辑上前后呼应，各部分内容具有内在的相互联系，且能构成一个严密的结构体系。第二，内容精当。所构建学科框架的知识体系不求面面俱到，但必须涵盖该学科领域重要的概念、命题、理论（或学说），或者说它必须反映特定时期内该领域的主要范式，即由该领域重大的科学成就造成的"科学共同体"所制定的一整套理论、定律、规则和方法等。[②] 第三，传承与拓新并举。所构建的学科框架既要继承该领域原有的知识资源，体现学科框架的连续性，又要因应学科发展的需要，汲取学科领域的最新营养，体现学科框架的拓新性。此外，学科框架的构建还与该学科的理论基础以及构建者的价值取向有紧密关系，下面对此加以阐述。

一、建构传媒经营管理学科的几种观点

（一）传媒类型说

所谓"传媒类型说"是指依据媒介历史演进的逻辑顺序，针对不同媒介经营管理活动的具体特性和运行规律进行分领域或分类阐述，而后将这些不同媒介领域的研究成果统合起来，就成了传媒经营管理的学科构架。"传媒类型说"的出场主要是基于以下两个基本假设：一是基于"媒介特性差异"假设。由于不同种群媒介自身的属性差异较大，如报刊的印刷与发行流程、

---

① 邵培仁、陈兵：《媒介管理学概论》，前言，北京，高等教育出版社，2010。
② 孙鼎国、王杰主编：《西方思想3000年》，中卷，1182页，北京，九洲图书出版社，1998。

广播电视的拍摄编辑与物理信号传输流程和互联网的全数字化处理流程等在技术层面有相当差异，这种差异反映了不同种群媒介之间的"不可通约性"。同样，由于不同种群媒介在基本属性和生产流程等方面的差异，直接导致不同媒介的经营管理活动的差异。因而，传媒经营管理的学科构建首先要在各媒介种群领域进行细分性的建构，如报业经营管理、广播电视经营管理、新媒介经营管理等，只有将这些分支学科建立起来，并得到充分发展，才有可能进行综合性的传媒经营管理学科构建。二是基于媒介历史演进的历史逻辑依据。由于媒介的产生、发展和壮大有着历史的逻辑顺序，而人类的科学探索和理论认知总是逻辑与历史的统一，学术研究的进展亦有历史的演进规律，特定时期的知识构建只能依据特定时期的媒介发展实情，学科框架的铺设也只能反映现实，而难以超越现实，故而构建传媒经营管理学科就必须按照媒介发展的历史阶梯来进行"对位"描述，具体来说，包括如下历程：

第一，是报业经营管理的学科构建。基于媒介历史演进的逻辑假设，不同的媒介发展阶段对应于不同的媒介经营管理形态。新闻学研究长期囿于"报学"，在很大程度上受到新闻实践和媒介发展的限制。在这种背景下，传媒经营管理学科的构建，最初也就是报业经营管理学科的构建。众所周知，工业革命以来的数百年时间里，报业得到充分的发展，同时关于报业的学术研究取得了丰厚的理论成果。在中国，20 世纪初就已经有学者开始关注报业经营管理的学科构建问题。① 徐宝璜在《新闻学》（1919）中用 4 个章节，分别论述了新闻纸之广告、新闻社之组织与设备、新闻纸之销路等报业经营管理问题，其篇幅约占全书的 1/3。戈公振在《中国报学史》（1927）中对当时国内外报业经营管理状况做了概括，并在"报业之现状"一章中阐述了报馆之组织、广告、发行、销数、印刷、纸张、用人、法律等问题。当然，上述研究中，都还只是将报业经营管理作为新闻学之一部分而简要论述。最早出现的专门以传媒经营管理为研究对象的著作是 1936 年出版的《报业管理概论》②。该书首次对报业管理进行了较为系统化的阐释，分别论述了报业组织的法律问题、报业组织的实际问题、印刷工场管理、材料管理、人事和财务管理、发行与广告推广的应用、报业的理财政策 7 个方面。作为中国报业管理领域的开山之作，该书既有欧美发达国家报业经营管理先进经验之引鉴，

---

① 丁淦林、方厚枢主编：《20 世纪中国学术大典·新闻学传播学出版学》，102～114 页，福州，福建教育出版社，2005。

② 刘觉民编著：《报业管理概论》，上海，商务印书馆，1936。

又有当时中国报业经营管理实践之总结，书中的很多观点即使在21世纪来审视亦不过时。1946年，上海正中书局出版的詹文浒的专著《报业经营与管理》，是此期报业经营管理研究的又一力作，该书首次将报业的经营与管理问题对接起来，与21世纪初的学科构建框架已经十分接近。这两本专著代表了民国时期中国报业经营管理研究的最高水平。

新中国成立后，在相当长一段时间内，传媒经营管理研究成为学术禁区，学科建设工作中断。直到20世纪80年代末期，随着思想解放的推进，报业经营管理问题才得到重视。1992年，屠忠俊的《报业经营管理》① 由新华出版社出版，该书对报业经营管理的基本理论进行了阐述，包括报纸的商品性、报纸企业化经营管理、报社技术改造等9个部分，就相关问题进行了较为翔实的阐述，尤为重要者，作者在书中借鉴了经济学和管理学中常用的量化分析方法，运用了许多数学公式，在方法论层面确立了该学科的管理学传统。该书被认为是报业经营管理的入门教材，也是新中国成立以来该领域的奠基之作。

第二，广播电视经营管理的学科构建。20世纪的两次世界大战分别催生了两种媒介，即广播和电视。但在中国，广播电视经营管理学科的构建却较晚，直到20世纪90年代，有关电视经营管理的研究才正式登场。1990年，周鸿铎出版了《广播电视经济学》。该书引鉴经济学的相关理论，超前性地提出了"广播电视经济"这一概念，并进行了系统化的阐述，对于传媒经济理论的建立具有开创意义。1992年，武之芳和朱金贵的《中国广播电视管理学概论》正式出版。至此，中国广播电视媒介经营管理学科基本构建起来。进入21世纪以后，又先后有周鸿铎等的《广播电视经营与管理模式》②、刘立刚等的《广播电视经营管理》③ 等论著出版。但总体上说，学界关于广播电视经营管理的研究还较为薄弱，理论厚度和广度远不及报业经营管理学科所达到的水准。

第三，新媒介经营管理理论的构建。20世纪80年代起，互联网媒介先在发达国家兴起，后迅速扩散至中国。但新媒介经营管理理论的构建则是21

① 据屠忠俊回忆，该书是他承接哲学社会科学"七五"期间国家社科重点项目"新闻事业与现代化建设"子课题"报业经营管理"的研究成果。参见屠忠俊：《报业经营管理·前言》，1页，北京，新华出版社，1992。

② 周鸿铎等：《广播电视经营与管理模式》，北京，经济管理出版社，2005。

③ 刘立刚等：《广播电视经营管理》，北京，中国广播电视出版社，2006。

世纪初的事情。2009 年，高丽华出版了《新媒体经营》①一书，阐述了以网络媒体和手机媒体为代表的新媒体的发展与经营情况，分析了网络媒体的盈利模式及搜索引擎、电子商务、即时通信、数字娱乐、无线增值等业务应用，系统地阐述了在 3G 环境下手机媒体的盈利模式和手机电视、手机报、无线广告、精准营销等手机媒体的业务应用。该书结构清晰、资料齐全，堪称国内新媒介经营管理领域的首创之作，但学理构建的力度尚显薄弱。不过，国内专门研究新媒介经营管理的论著或教材十分稀缺，相关研究者亦较少，该领域的"学术共同体"尚未成型。

20 世纪中期以来，在科技的强力推动下，媒介种群的更替异常迅猛。在不到 50 年的时间里，相继诞生了电视、网络、手机等新的媒介种群。新兴的媒介迅速挤入新闻传播的主流地位，在传媒市场上与传统报刊媒体分庭抗礼，产生了深刻的社会影响。遗憾的是，与新兴媒介发展一日千里的形势相比，新闻传播学术研究的发展相对滞后，主流学者仍然醉心于传统平面媒体经营管理学理的研究，而关于新兴媒介经营管理的理论构建与深层反思严重匮乏。直到 21 世纪初，中国新闻学界仍有人感叹"传统新闻学一直没有冲出报学的藩篱"②。到 2010 年，关于广播电视和新媒介经营管理的研究总体上仍较薄弱，学科建设明显滞后。故而，当前国内传媒经营管理的学科建设在很大程度上仍然是"报业经营管理"占据主流和主导。尽管已经出版了部分名为"传媒经营管理"之论著或教材，但在总体上仍未能走出报业经营管理的藩篱。这种现实也在客观上为传媒经营管理学科建构的"媒介类型说"提供了佐证依据。

（二）要素说

"要素说"是指撇开不同媒介种群特性的差异性，运用抽象与思辨的方法，对报刊、广播电视和新媒介的经营管理进行统合阐述，其构建模式又有以下两种视角：

第一，将传媒生产流程简化为几个最基本的要素，据此来构建传媒经营管理的学科框架。这种学科框架构建的理由在于，传媒经营管理是围绕传媒的生产活动展开的，或者说，传媒生产活动的性质在很大程度上决定了传媒经营管理的内容和方向。既然经营管理的最初意旨是为了保障和促进传媒生产活动有序、高效地进行，以实现综合效益的最大化，那么，围绕传媒生产

---

① 高丽华编著：《新媒体经营》，北京，机械工业出版社，2009。
② 郝雨：《新闻学："绝望"与"新生"》，载《社会科学报》，2003-07-03。

流程要素、传媒运营业务的节点来构建传媒经营管理的学科框架就是顺理成章的事情。实际上，这种学科框架构建的思路也是早期传媒经营管理学科体系建设的惯常模式。在刘觉民于 1936 年出版的《报业管理概论》一书中，这种"要素主义"的取向就已经十分明显；自 20 世纪 90 年代末期到 21 世纪初国内出版的传媒经营管理学科领域的论著或教材，大多也是依据这种思路来阐述的。综合看来，学界通常将传媒的生产流程解析为如图 1-1 所示的构架。

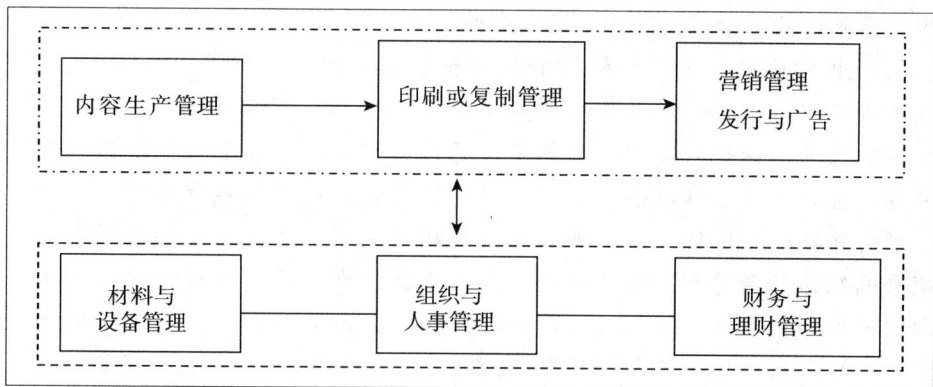

图 1-1 传媒生产流程要素图

从图 1-1 可知，传媒的生产流程要素可用两条线索来描述：第一条线索可称之为"明线"，即传媒业务的生产流程，主要包含内容生产管理、印刷或复制管理及营销管理（包含发行和广告两个程序）三个关键"节点"。这条线索具有明显的流水线性质，生产流程的节点具有明确的先后顺序，呈现环环相扣、紧密协作的特性。第二条线索可称之为"暗线"，即为传媒业务生产流程服务的要素，主要包含材料与设备管理、组织与人事管理、财务与理财管理三个关键"节点"。这条线索是伴随着明线而产生的一切活动，因为所有的传媒生产活动，不管是简单还是复杂，不管是在何种空间或时间条件下进行，都会消耗材料或设备，都会产生财务或理财信息，都会牵涉到组织或人事问题，它虽然没有明线的先后顺序，却贯穿在传媒生产活动的始终。

第二，引借普通管理学中的管理要素框架来构建传媒经营管理的学科体系。在西方学术界，管理学经过几百年的发展，已经形成了较为成熟的理论构架。如果承认管理学一般理论的普适性，就可以以普通管理学的学理体系为蓝本，来推导或演绎传媒经营管理的学科框架。有学者认为，既然将管理学视为传媒经营管理的学理基础，可将传媒经营管理视为管理学的子学科，进而借用管理学的框架来构建传媒经营管理的学科体系。西方经典管理学将一般意义上的管理表述为"管理者围绕经营目标而开展的组织、计划、决策、控制和领导等活动的总称"，并依据管理的五大核心要素来构建管理学的基本框架。这就为按照"管理要素"的模式构建传媒经营管理的学科体系提供了学理依据。自 20 世纪 90 年代中后期开始，国内相继出现了超越不同媒介种群特性，从普遍管理学视角来构建传媒经营管理学科框架的尝试。较有代表性的论著或教材有支庭荣的《媒介管理》①，邵培仁、陈兵的《媒介管理学概论》②，严三九、黄飞珏编著的《媒介管理学概论》③。这些教材基本上是依据管理学框架来铺设传媒经营管理的学科体系，包括媒介管理的基本概念、媒介组织、媒介领导、媒介市场分析、媒介策划、媒介产品的行销、媒介的生产管理和媒介的财务管理、媒介战略管理、媒介计划与决策、媒介人力资源管理、广告经营管理等章目。

（三）复合层次说

"复合层次说"是从"传媒类型说"和"要素说"发展而来的。第一，"传媒类型说"所建构起来的学科框架（报业经营管理、广播电视经营管理和新媒介经营管理等）呈支离破碎的分属形态，难以形成统一的构架，学界仍然试图构建一个超越不同媒介特性的、统合形态的传媒经营管理学科图景。第二，"要素说"虽然超越了不同媒介的特性，在建构统合性的传媒经营管理学科体系方面迈出了可贵的一步，但问题在于，当今传媒经营管理活动日趋复杂化和多元化，套用管理学的五要素模式所建构起来的传媒经营管理框架无法全面反映传媒经营管理活动的整体概貌，也难以跟上传媒经营管理活动变迁加剧的步伐。在这种背景下，复合层次说正式登场。所谓"复合层次说"是运用经验概括和思辨抽象的方法，对现代传媒经营管理总体图景进行深入的解析与归纳，构建一个多视角、多维度的多层次框架，进而全方位展示传媒经营管理学科的整体构架。在这方面，屠忠俊主编的《现代传媒经营管理》一书进行了难得的尝试。他在该书前言中指出，现代传媒经营管理学科体系的构建，可按照"操作性—理论性"、"宏观—微观"、"媒介—媒

---

① 支庭荣：《媒介管理》，广州，暨南大学出版社，2004。
② 邵培仁、陈兵：《媒介管理学概论》，北京，高等教育出版社，2010。
③ 严三九、黄飞珏编著：《媒介管理学概论》，重庆，西南师范大学出版社，2007。

体"及"媒介历史演进（即报纸—广播—电视—网络—移动通信）"四个维度来进行构建。① 这种观点为本书构建传媒经营管理的学科框架提供了重要参考。

二、传媒经营管理学科的理论基础

理论基础是构建学科体系过程中不可回避的重大问题。任何一门学科都有它的理论基础，都是从一定的理论前提出发发展而来的。或者说，任何一门学科的形成，除了本学科自身发展所具有的客观要求之外，都必然有一套比较完善的学科理论基础。所谓"理论基础"是指一门学科在研究其对象和范畴时作为基本立论的理论依据。② 或者说，是指对构建学科理论与方法起着支撑或指导作用的理论。③ 一般来说，理论基础是构建一门新的学科体系中所借用的最基本的假设、方法论及学术传统。理论基础在很大程度上决定了某一学科的地位和性质。作为一门新兴学科，传媒经营管理学科体系的构建显然需要引用和借鉴其他学科中成熟的理论体系或方法论，进而在理论上为这一学科的学理性和合法性提供了有效支撑。

在学术界，从构建学科体系所依据的理论基础来看，传媒经营管理的学科体系构建主要有两种模式：一种是以新闻传播学为理论根据的学者所构建的传媒经营管理学科体系；另一种是以经济学、管理学及市场营销学等作为理论根据所构建的传媒经营管理学科体系。与此相应，传媒经营管理学科的理论基础问题历来有两种视角：一种是"新闻传播学的视角"，既然传媒经营管理是新闻传播学的子学科，那么其理论基础就是新闻传播学的若干基本理论；另一种是"非新闻传播学的视角"，即传媒经营管理学科的理论基础不是来源于新闻传播学，而是来源于经济学、管理学或市场营销学等学科的基本理论。下面分别进行论述。

（一）新闻传播学的理论基础

在学术界，有人主张将新闻传播学的若干基本理论作为传媒经营管理学科的理论基础。理由是：从一般意义上说，传媒经营管理当属新闻传播学的子学科，传媒经营管理学科的根本特性不在于其"经营"或"管理"的特

---

① 屠忠俊主编：《现代传媒经营管理》，3～4页，武汉，华中科技大学出版社，2011。

② 陈池波：《农村土地管理系统论》，载《农业现代化研究》，1995（6）。

③ 张亚连、田冠军：《论环境会计的理论基础》，载《会计之友》，2005（6）。

性，而在于"传媒"的特性，解释传媒现象的主要理论依据应当从新闻传播学中挖掘学理资源；或者说，经济学、管理学或市场营销学等仅仅能够解释一般意义上的经济、管理或营销现象，而无法阐释媒介、媒体或传媒的特殊规律。周鸿铎曾撰文专门论述了这个问题，他指出，虽然传媒经营管理"这门新兴学科包含着许多经济学方面的问题，比如媒介的经济属性、产业功能、经济管理等，但是仅仅承认这一点是很不够的，媒介活动的许多问题是不能解决的"。"这一学科的本质是应用传播学中的一门新兴学科，只有从应用传播学的角度去分析传媒现象，才能保证传媒经济的科学性，才能科学地回答或解决媒介活动中出现的各种现象和各类问题"。他还提出了三个理由："一是单一的媒介经济论是同单一的政治论相对立的，当人们强调媒介具有唯一宣传功能的条件下，单一的媒介经济论是不会被人接受的；二是单一的媒介经济论是有悖于媒介产业发展规律的，不能充分体现媒介实体的特点；三是单一的媒介经济论对于媒介活动中的许多问题是难以解决的。"[①]

一般来说，不管是国内还是国外的新闻传播院系专业中，通常都会开设传媒经营管理之类的课程，传媒经营管理学科确实与新闻传播学科有着天然的"亲缘"关系，新闻传播学的核心概念、理论假设在很大程度上为构建传媒经营管理学科体系提供了丰富的知识资源。作为一门新兴学科，传媒经营管理也确实需要来自新闻传播学科的养分。例如，新闻学中的新闻、新闻价值等基础概念，新闻学中的媒介产品双重出售假说等都是传媒经营管理的重要理论来源；又如传播学中的实证研究方法及"议程设置"、"舆论领域"、"两级传播"、"创新扩散论"等理论假说也是传媒经营管理学科中可资借鉴的重要理论基础。总之，这种观点认为，在研究传媒经营管理中的具体问题时，首先要考虑其作为新闻传播学子学科的性质，优先引介新闻传播学的相关概念、假设或理论。不过，也有学者指出，新闻学和传播学本身尚属新兴学科，传媒经营管理学科中的诸多问题仅仅依靠新闻传播学自身的概念和理论模型难以进行科学的阐释或透彻的解析，故而有必要引入经济学、管理学及市场营销学中的概念或理论。

（二）经济学、管理学及市场营销学的理论基础

在中外学术界，也有观点认为，无须过多考量媒介、媒体或传媒的特殊

---

① 周鸿铎：《传媒经济不是经济学科——我的传媒经济理论形成过程》，载《现代传播》，2006（1）。

性，可将传媒经营管理视为经济学、管理学或市场营销学的分支学科，直接引介经济学、管理学或市场营销学中的概念、假设或理论来构建传媒经营管理学科的理论框架。部分学者指出，尽管传媒经营管理学科确有传媒行业的特殊性，但与其他行业并无本质区别，普通经济学、管理学和市场营销学的理论构架和研究方法已经非常成熟，且大体上适用于阐释传媒业的经营管理问题。在部分西方高等院校里，传媒经营管理被划归到经济管理学科，并在商学院或管理学院之下进行教学和研究。例如，世界传媒经济学大会的创始人罗伯特·G·皮卡德教授，先后任芬兰土尔库经济与工商管理学院媒体中心主任、瑞典延雪平大学国际商学院传媒转型与管理中心主任，他是经济学教授而非新闻传播学教授，他的《传媒经济学》（1989）、《报纸出版产业》（1997）、《传媒市场演变》（1998）、《传媒管理学导论》（2006）等均是引介经济学或管理学相关理论来构建传媒经营管理的学科框架的。

在中国，也有不少学者认为，传媒经营管理学科的理论基础主要是来源于经济学的基本理论、假设和方法。支庭荣等人曾撰文指出，"从学科学术史的角度看，国外的传媒经济研究已有半个世纪的历史。国内的传媒经济研究则大体经历了基于政治经济学阶段，基于管理经济学阶段，基于产业经济学阶段"。经典经济学为传媒经营管理研究提供了丰富的理论资源和方法论支撑，这些理论也适用于解释日新月异的传媒经济现象。虽然"目前看来，传媒经济学或许仍然无法成长为主流经济学的宠儿，但无论如何，也不应当看做主流经济学的弃儿"。"学术共同体对于媒介经济论的理解一步一步向核心的经济学领域挺进，一直处于不断扩大和丰富中"。[1] 实际上，目前传媒经营管理学科中已经处处弥漫着经济学、管理学或市场营销学的气息。经济学中的需求分析、成本分析、边际分析方法等已经获得广泛应用；管理学中的管理过程理论、决策理论、经理角色理论、权变理论以及 X 理论和 Y 理论等为传媒学者所广泛援引；市场营销学中的 4P 理论[2]、4C 理论[3]及整合营

---

[1]　支庭荣、谭天、吴文虎：《传媒经济不是经济学的弃儿——与周鸿铎教授商榷》，载《现代传播》，2006（5）。

[2]　4P 理论是一种经典营销理论，即 Product（产品）、Price（价格）、Place（渠道）、Promotion（促销）。杰瑞·麦卡锡教授在其《营销学》中最早提出了这个理论。

[3]　4C 理论是由美国营销专家劳特朋教授在 1990 年提出的，它以消费者需求为导向，重新设定了市场营销组合的四个基本要素：Consumer（消费者）、Cost（成本）、Convenience（便利）和 Communication（沟通）。

销传播理论（IMC）① 等也得到传媒界的重视和汲取。

当然，也有学者指出，简单地将经济学、管理学和市场营销学的相关概念与理论移植到传媒经营管理学科并不妥当。因为"传媒经济现象过于复杂，难以与政治、社会、文化因素相分离，难以对它进行独立的观察和精确的测量"②，缘于此，传媒经济领域不太容易为主流经济学家提供合适的研究场域。除了诺贝尔奖获得者科斯等人外，关注传媒领域的接受严格经济学训练的学者确实不多。不管是国内还是国外，传媒经营管理学科在经济学、管理学或市场营销学中"比较边缘化"，主流的经济学者往往缺席传媒经济研究，使得传媒经营管理学科的研究者目前还很少能够与主流经济学对话。这也就是说，在经济学、管理学或市场营销学领域中，传媒经营管理问题并不占有重要地位，对传媒经济、传媒管理及媒介营销等问题的深层把握和持续关注，还是要依靠新闻传播领域的研究者来实现。

三、传媒经营管理学科构建的价值取向

与学科的理论基础紧密相关的则是学科构建的价值取向。学科构建者的价值取向不同，其构建的学科框架体系自然迥异。在人文社会科学研究领域，以马克斯·韦伯为代表的西方学者主张必须遵循"价值中立"原则——在学术研究中研究者应当尽可能避免自己先在的价值倾向，从而力图在学术立场上保持中立。因为只有这样，一个以学术为业的人才能进行客观的知识分析，确定事实，并研究事实间的逻辑关系。如果说，"价值中立"主要强调在事实领域的自然科学研究中，应当尊重存在本身而不要将它们都价值化，进而提升研究的客观性、科学性和公正性，那么，这种研究信念本身是可取的。但是，人文社会科学研究由于具有更多的"人文"性质，从而常常表现出政治的或道德的价值取向。实际上，不仅人文社会科学难以做到价值

---

① 整合营销传播（Integrated Marketing Communication，IMC），1992 年，第一部 IMC 专著《整合营销传播》问世，作者是美国西北大学教授唐·舒尔茨及其合作者斯坦利·田纳本、罗伯特·劳特朋。整合营销传播一方面把广告、促销、公关、直销、包装、新闻媒体等一切传播活动都涵盖到营销活动的范围之内；另一方面则使企业能够将统一的传播资讯传达给消费者。所以，整合营销传播也被称为"Speak With One Voice（用一个声音说话）"，即营销传播的一元化策略。

② 支庭荣、谭天、吴文虎：《传媒经济不是经济学的弃儿——与周鸿铎教授商榷》，载《现代传播》，2006（5）。

中立，就是自然科学也存在价值判断问题。① 此外，在一项具体的研究中，"价值偏见"不仅不可能从根本上消除，而且，有时候也是开展研究的必要措施，如经济学者在研究中时常强调的"研究前提"——经济理论中隐含着某些被认为是不言而喻的先验断定，即一些不曾自觉意识到的、没有经过证实就被直接加以使用的命题。② 这种假设对于科学研究的顺利开展就起到了很好的铺垫作用。因而，在构建传媒经营管理学科框架的过程中，不仅不必刻意规避价值判断，反而要申明研究者的信念和立场，并提出合理的基本假设，便于学科框架的铺设。

对社会问题（包括传媒经营管理问题）的研究，向来有两种基本视角：一种是基于"结构和功能"的视角，即承认当下社会系统的合法性和合理性，假设管理对于社会发展与进步是有益的。因而，学术研究者的使命就是要研究社会系统的结构和功能，探知其运行的基本规律，进而推动社会朝向科学、健康、既定的轨道发展。例如，结构功能主义的代表人物帕森斯认为，社会是具有一定结构或组织化形式的系统；构成社会的各个组成部分，以其有序的方式相互关联，并对社会整体发挥相应的功能；社会整体以平衡的状态存在着，其组成部分虽然会发生变化，但经过自我调节整合，仍会趋于新的平衡。③ 结构功能主义假定任何再现的和制度化的活动都履行某种长期的功能，并为社会的正常运转做出贡献。按照这种研究视角，现代传媒经营管理首先被认为是合法的，学者研究的目的是要探寻传媒经营管理的基本规律，进而更好地提升传媒经营管理的水平。目前学术界关于传媒经营管理的研究及其学科框架建构的尝试大多是基于结构和功能的视角而进行的。例如，罗伯特·皮卡特教授的《传媒管理学导论》一书，应用商业理念和分析方法对各类传媒公司的经济和财务结构问题进行阐述，"以期能够帮助管理者做出有远见的决策，以期能够帮助其他人理解管理者做出的选择"，达到"改进和理解传媒产业的决策和实践"和"有效的经营管理运作"的目的。④

自 20 世纪 50 年代起，一些新左派知识分子开始对结构功能主义"醉心于为资本秩序提供辩护的意识形态"提出了批评，于是，出现了另一种基于

---

① 李承贵：《20 世纪中国人文社会科学研究方法回眸与检讨》，载《南昌大学学报》（社会科学版），1999（4）。

② 王效民、王树春：《经济哲学与科学哲学》，载《理论探索》，1998（3）。

③ 刘润忠：《试析结构功能主义及其社会理论》，载《天津社会科学》，2005（5）。

④ ［美］罗伯特·皮卡特：《传媒管理学导论》，韩骏伟等译，2～3 页，北京，人民邮电出版社，2006。

"解构和批判"的视角，即否认当下管理的合法性和合理性，对管理的功能和性质进行质疑和批判，进而对现行管理框架进行根本的颠覆。例如，以冲突理论为主要代表的宏观社会学派，指责帕森斯等人的结构功能分析方法过于重视秩序、和谐和稳定，却忽视了冲突、强制和变迁，认为社会理论应更加注意社会变迁中的暴力、革命、权力等因素及其重要作用，使理论分析更加切合社会变动的现实。[①] 传播政治经济学派代表人物葛瑞认为，功能机制在社会层面涉及有害环境，在个体层面涉及焦虑或心理失衡，但无法准确分辨何时及在何种情境下大众传播会为个体和社会带来正面或负面影响。[②] 格林与默多克则指出，媒介的政治经济学取向从四个方面有别于主流经济学：第一，政治经济学取向是系统的，经济并非独立领域，而是与政治、社会和文化相互关联；第二，这一取向是历史的，格外关注国家、司法与媒介角色的长期变迁；第三，这一取向的关注核心在于私人企业与公众介入的平衡；第四，即最重要的一点在于这一取向并不局限于效率等技术问题，而是聚焦于正义、平等、公共福利等基本的道德问题。[③] 按照这种思路，现行传媒经营管理的根本框架被质疑或否定，学者的使命就是要对现行的传媒经营体制保持足够的警惕与敏感，对传媒经营管理中的不合理、不科学或不公正现象及时加以检省和审视。不过，目前学术界尚未有从批判视角构建传媒经营管理学科框架的尝试，只是有一些零散的研究成果。

我们认为，结构和功能视角侧重于对现行社会现象进行相对静态的研究，在解释一段时期内稳定发展的社会系统问题上效果比较显著；而解构和批判视角侧重于对传媒变迁、传媒权力等问题的解释，在解释特定时期社会剧烈变迁问题上更为有效。值得关注的是，近年来，结构功能主义和政治经济学派均认识到自身的某些缺陷，开始汲取对方的合理观点，以修正自身的缺陷。从冲突到对话，两个学派的观点也开始呈现出某些融合的迹象。诚如杨茵娟所言，"传播研究应当融合而非分割不同的方法、视角和智慧，如果传播研究吸收不同甚至对立的取向，将典范冲突转化为典范对话以建立对于

---

① 刘润忠：《试析结构功能主义及其社会理论》，载《天津社会科学》，2005（5）。
② 杨茵娟：《从冲突到对话——评传播研究典范：结构功能主义、政治经济学与文化研究》，载《国际新闻界》，2004（6）。
③ 杨茵娟：《从冲突到对话——评传播研究典范：结构功能主义、政治经济学与文化研究》，载《国际新闻界》，2004（6）。

传播及社会生活的共同理解，则传播研究将会走向更广阔的前景"。① 视角的整合不仅可以消解双方的冲突，而且可以为媒介经营管理研究开辟一条全新的道路，为当下的媒介变革提供更好的解释模式。

尽管本书倡导"结构功能"和"解构批判"视角的融合，但一般来说，在现代社会，一个相对稳定的社会系统还是常态，毕竟绝大多数人都崇尚和平，尊重和谐，提倡对话。虽然结构功能主义的基本信仰——即社会系统永久不变——也并非合理，但社会系统在某一时间段内基本上是稳定的。因而，本书主要选取结构功能的视角，适当汲取政治经济学派的某些观点，以此来构建传媒经营管理的学科体系。

四、传媒经营管理学科框架的建构

本书构建传媒经营管理学科框架主要是基于以下两个基本假设。

第一，可将传媒经营管理学科视为模糊数学中的"论域"。众所周知，经典集合论的基本前提是在某一范围内某一元素只有属于或不属于某个集合两种情形，非此即彼，非彼即此。经典集合概念精确地描述了像自然数、某班级同学这类清晰事物，但无法描述诸如媒介、媒体、传媒之类的不清晰事物，因为它们没有严格意义上的确定的外延。现实事物外延的不确定性就叫做模糊性。1965 年，美国控制论学者札德鉴于复杂系统的复杂性与精确描述之间的矛盾，提出"推广"经典集合概念，用模糊集合描述复杂事物的模糊性，开辟了全新的研究领域。模糊集合理论把模糊性引入集合论，得到模糊集合概念，其基本前提是承认论域上的元素从属于某个集合到不属于该集合是逐步过渡而非突然改变的。从这一假设出发，把"属于"这个概念模糊化，承认元素可以部分地属于集合；把"属于"概念定量化，引入隶属度概念，把模糊性表述为隶属度的连续渐变性。具体来说，论域 X 上的模糊集合 A 可以通过它的特征函数 μ_A 来描述，μ_A 叫做 A 的隶属函数。函数值 μ_A (x) 代表元素 X 对 A 的隶属度。μ_A (x) ＝1＝100％，表示 X 百分之百地隶属于 A；μ_A (x) ＝0，表示 X 百分之百不属于 A，当 $0<\mu_A$ (x) <1 时，表示 X 部分地属于 A，μ 值记 X 属于 A 的程度。当论域 $X=\{x_1, x_2\cdots, x_n\}$ 为有限集时，X 上的模糊集合 A 可表示为：

$$A=\frac{\mu_1}{x_1}+\frac{\mu_2}{x_2}+\cdots+\frac{\mu_n}{x_n}$$

---

① 杨茵娟：《从冲突到对话——评传播研究典范：结构功能主义、政治经济学与文化研究》，载《国际新闻界》，2004（6）。

或表示为模糊向量 $A=(\mu_1, \mu_2, \cdots, \mu_n)$。除集合的并、交、补运算均可推广到模糊集合外，还定义了有界和、有界差等模糊集合特有的运算。对给定阈值 $0\leqslant\lambda\leqslant 1$，当 $\mu_A(x)\geqslant\lambda$ 时，认为相对 λ 而言 X 属于 A，否则，便不属于 A。于是模糊集合 A 可以用一个经典集合 $A\lambda=\{x \mid x\in X$，且 $\mu_A(x)\geqslant\lambda\}$ 来近似表示，称为 A 的 λ——截集。

札德上述成果已应用于医学、气象、生物、农业、林业系统和知识工程等方面，对构建传媒经营管理的学科框架亦有重要借鉴价值。作为一门新起的学科，传媒经营管理是新闻学、传播学、经济学、管理学、市场营销学等学科交叉、融合而成的一个新的学科领地。它的学科框架类似于模糊数学意义上的"模糊集合"：一方面，传媒经营管理学科需要借鉴和引用新闻传播学、经济学、管理学及市场营销学等学科的概念、理论和研究方法，与这些学科有着一定交叉、叠合的空间，因而不可避免地有着其他学科的某些投射或影子；另一方面，由于传媒经营管理学科并非简单套用或照搬其他学科的概念、理论或研究方法，而是对上述学科中的相关概念做了改造、修正或再构，故而又呈现出自身学科的某些特性。换言之，传媒经营管理学科与新闻传播学、经济学、管理学及市场营销学等学科之间的关系，既不是简单的"属于"的关系，也不是绝对的"不属于"的关系，而是在属于和不属于之间有着连续渐变性，具体的问题对应着具体的隶属度。唯其如此，才能恰当地解释传媒经营管理学科与其他相关学科之间的"隶属"关系的性质。

第二，可将传媒经营管理学科视为一个复杂的层次结构，依据层次论方法进行解析。按照系统论的观点，各种现象或实体的连续性和间断性是其固有的属性，复杂的研究对象是连续性和间断性的统一。现象或实体连续性中断就会形成具有不同质量规定的层次。我们把传媒经营管理活动视为一个复杂的活动过程，按照层次论方法，其连续性的终端便形成了不同的层次界面：首先，从纵向过程来看，传媒经营管理活动连续性的中断形成"历史—现状—趋势"的过程阶梯层次。本书在构建传媒经营管理学科框架中就有传媒经营管理的历史、现状与发展趋势这一维度。其次，从横向结构来看，传媒经营管理活动连续性的中断会形成横向层次或平行层次，为构建传媒经营管理学科提供了"微观—中观—宏观"的层次框架。所谓宏观层面的研究，即从国家或政府管理规制的视角，研究国家规制经营管理活动的基本规则，对国家和媒体双方的权利与义务加以界定，以建构有效的宏观管理规范。这种层面的研究带有行政规制的意涵，多数是从法律、法规的角度开展研究。中观层面的研究，即从传媒行业自律与行业竞争的视角，研究传媒经营管理自律的基本规范和报刊业竞争的基本策略，以提升整个传媒行业的管理效益。微观层面的研究，即从单个媒体的视角出发，研究新闻媒体如何以最少的发行投入获取最大的综合效益。最后，从交叉运行状况来看，传媒经营管理活动连续性的中断会形成纵横交错层次，为构建传媒经营管理学科提供了"理论—实务—环境"的层次框架。当然，这种纵横交错层次的内容亦可简化归结到纵向层次和横向层次维度中去，如传媒经营管理的理论和现实问题可归结到"历史—现实"维度中去，而传媒经营管理实务则可归结到"微观—中观—宏观"维度中去。

由上所述，传媒经营管理学科框架的构建可以依据上述两个基本假设来铺设：一方面将传媒经营管理学科视为一个"模糊集合"，这个开放的"论域"既需要汲取新闻学和传播学的概念和理论，又需要吸收经济学、管理学和市场营销学等学科的相关理论和研究方法，这种全方位的科学交叉和深度融合为构建传媒经营管理学科框架奠定了坚实的概念、理论和方法的基础。另一方面，将传媒经营管理学科视为一个立体化的复合对象，借用层次论方法，对传媒经营管理进行多视角、多层次的透视和解析，进而构建一个形式完美、层次清晰、逻辑严密的学科框架。按照这种构想，再依据由理论到实务、由微观到宏观、由现状到未来的逻辑顺序，可以将传媒经营管理的学科框架描摹为"理念—组织—业务—市场—环境"的图式。

"理念层"的传媒经营管理位于最内层，属于传媒经营管理基本理论的铺设，它关注的是传媒经营管理的价值取向与精神内核，主要包括基本理论概述、传媒经营管理中的基本矛盾及其运行规律、历史演进规律梳理的阐述等问题，这些内容在本书的第一、二、三章中加以论述。"组织层"的传媒经营管理位于"内—中"结合层，它关注的是传媒组织的架构组合形态和资源配置模式，是为实施传媒经营管理活动做好组织准备，主要包括组织结构、组织制度、组织团队和组织培训等要素，这些内容将在第四章中加以论述。"业务层"的传媒经营管理位于中层，它关注的是传媒经营管理的生产流程和业务技能，是传媒经营管理提升效益的关键，主要包括媒介产品内容制作、复制与印刷、营销推广和信息化建设等内容，这些内容将在第五、六章中加以论述。"市场层"的传媒经营管理位于"中—外"结合层，它关注的是多家媒体参与市场竞争条件下的传媒运营模式和基本规律，主要包括市场调查、市场价格、市场促销和受众行为等方面，这部分内容将在第七章中加以论述。"环境层"的传媒经营管理位于外层，它关注的是传媒经营管理活动与外部环境之间的信息与能量的交换模式，借以维系传媒经营的可持续发展，主要包括传媒经营环境和宏观规制、传媒经营行业伦理及行业奖励制度等因素，这些内容将在第八、九、十章中加以论述。这5个层面之间既相互区别又相互联系，既各有侧重又互为补益，共同构成传媒经营管理的全部内容。传媒经营管理学科的层次框架如表1-2所示。

表 1-2　传媒经营管理学科框架表

层　次	章	内　容
理念层面	第一章	绪论
	第二章	传媒运营的博弈机制及其基本规律
	第三章	传媒经营管理的历史演进
组织层面	第四章	传媒组织
业务层面	第五章	媒介产品的生产流程
	第六章	传媒发展中的科学技术
市场层面	第七章	传媒市场
环境层面	第八章	传媒经营环境
	第九章	传媒经营管理的法律规制
	第十章	传媒行业的伦理规范与奖励制度

　　在确定上述框架的基础上，还需要将本书的范围做进一步的限定。众所周知，信息传播者传播的情境、前提不同，受众的理解就会不同。英国语言学者李奇认为语境对确定语义有三大作用：语境消除信息中的歧义和多义、语境指出某些指称词的所指、语境能提供说话人和作者省略的信息。① 马林斯科把语境分为三类：话语语境、情景语境和文化语境。话语语境即"语言语境"，情景语境指"使用语言的一般环境"，文化语境则指"作为语言基本渊源的文化现实和人们的生活习惯"。② 总之，理解话语的意义，不仅要考虑话语语境，还要考虑社会的文化特点。不仅语言学上如此，传媒经营管理研究也是如此。传媒经营管理作为一个特殊的社会现象，受到社会大环境的制约，不同历史时期和不同国家的传媒运营模式有较大差异，因而，需要对本

————————

① G. Leech. *Semantics：The Study of Meaning*. Penguin Books Ltd. Harmondsworth，Middlesex，1974。

② 刘辰诞：《教学篇章语言学》，87页，上海，上海外语教育出版社，1999。

书的时间范围、空间范围和主体范围进行限定。

第一，时间限定。因而本书主要是针对当代中国社会语境下的传媒经营管理现象。对于古代传媒经营管理和其他国家的传媒经营管理问题虽有涉及，但并非本书之重点。首先是历史的差异，在不同历史时期，传媒经营管理模式差异甚大。在中国古代，由邸吏向地方传达朝政的"报告"或"情报"，这些官方文书（"报告"或"情报"）称为"邸报"。例如，唐玄宗开元年间发行的《开元杂报》，它没有固定的刊期和报头，只是当时流传于社会的手抄件，不是印刷品，发行量极少，一般老百姓无法企及。① 北宋末至南宋初期，出现了非官方的小报。发行小报的有各地驻京城的进奏官、官府的个别官员和一些坊肆主人，小报的内容主要是"朝廷之差除，台谏百官之奏章"。② 但这些小报是非法的，政府管理得更是非常严格，稍有不慎即会有杀头之祸。此外，古代报纸主要靠驿站来发送，虽然最快日速可达400里，如《宋史·舆服六》载："金字牌者日行四百里，邮置之最速递也，凡敕书及军机要切则用之，由内侍省发遣焉。"但这主要用于军事情报的传递，一般报纸从中央到地方需耗时数月。可见，古代传媒受到政府的严格管制，加之古代发行渠道落后，与现代传媒经营管理不可同日而语。

第二，空间限定。中国和西方国家的传媒经营管理有着重要的语境差异。一是体制的差异。例如，"自办发行"一词，在英语中几乎找不到对应的词语，原因在于，在西方发达国家，报刊社一般是私有的，具有完整的市场主体身份，报刊社拥有自主发行权是很自然的事情。但中国由于有"邮发合一"的背景，报刊社属于事业单位，但又实行企业化经营，故而有"自办发行"一说。二是文化背景的差异。例如，西方发达国家的报纸投递员多是作为报社的"独立签约人"身份，以学生为主体，且以兼职为主，因而有"报童"一说。原因在于，西方国家的小孩崇尚经济独立，小孩课外兼职司空见惯。但在中国，由于父母对子女非常溺爱，加之学生也无兼职的习惯，因而中国的发行投递员一般是专职，几乎没有学生兼职投递报纸的现象。此外，西方发达国家，如美国的报纸投递员通常能够得到读者给予的不菲的"小费"，再加上报社给予的投递费，因而投递员的报酬是比较高的；但在中国，投递员从无"小费"一说，这些都是文化背景差异使然。

第三，主体限定。本书既然将传媒经营管理定位于新闻传播学的分支学

① 江红：《中国古代官报——邸报》，载《出版史料》，2005（3）。
② 闻言：《中国古代报纸发展概述》，载《河北学刊》，1995（2）。

科，侧重从媒体组织的经营战略出发，来研究传媒经营管理问题。故而本书的研究必须考虑报刊新闻传播业的基本规律，考量传媒经营管理的全部流程，要关注新闻传播产品的时效性，考虑内容生产、发行与广告等业务之间的关联性，注重传媒经营的经济和社会效益等。还需要说明的是，虽然本书将涉及不同媒介种群的经营管理问题，但限于篇幅和时间，本书将重点阐述新闻出版、广播电视和互联网等的经营管理问题。对于其他媒介的经营管理虽然有所触及，但并非本书的重点。

第三节　学习传媒经营管理学科的意义

　　新中国成立以来，中国传媒经营管理学科建设大致经历了三个时期：一是从新中国成立初到 1978 年，是中国传媒经营管理学科建设的中断或停滞期，受"阶级斗争为纲"等"左"倾思潮的影响，不仅新中国成立前学术界所奠定的良好基础未能得到传承和发扬，而且传媒经营管理一度被视为"学术禁区"，国内学术界对传媒经营管理的学科建设中断，全国新闻学专业教育中基本上取消了相关课程的设置。二是从 1978 年到 20 世纪 90 年代初期，是传媒经营管理学科建设的恢复期，"媒介的商品属性"、"媒介经济"等议题先后登场，一些学术先驱先后开始重建适合中国国情的传媒经营管理体系。三是从 20 世纪 90 年代末期至 21 世纪初，是传媒经营管理学科的快速发展期，国内相继出现了相对稳定的研究队伍，传媒经营管理正式进入新闻传播专业课程设置体系，并一度成为新闻传播界的显学。但是，由于传媒经营管理学科建设的历程较短，学科基础还不够牢固，学科话语体系尚不完善，关于传媒经营管理学科地位的合法性问题仍受到极大的挑战。有新闻传播学者认为，传媒经营管理的学理体系及价值取向与新闻传播学的核心旨趣相去甚远，因而主张将传媒经营管理学科排除在新闻传播学科群之外，将其学科建设或课程设置方案转移至商学院或经济管理学院相关专业领域。我们认为，这种观点看似有理，实属误导。实际上，若新闻传播学者不关注和重视传媒经营管理学科建设，势必导致该学科建设的滞后或缺位，不利于传媒经营管理实践的开展。同时，在新闻传播学中开展传媒经营管理的学科建设，不仅有利于该学科的发展，有利于培养全面的新闻传播人才，更有利于促进传媒经营管理实践的发展。

一、当代传媒人的必备素质

　　有种观点认为，传媒经营管理学科就是为从事传媒管理工作服务的，只有传媒经营管理者或者即将成为传媒经营管理者才有学习之必要。传媒经营管理者或即将成为传媒经营管理者必须学习传媒经营管理学科的基本知识固然正确，但若认为非传媒经营管理者就不必学习该学科知识，那就是"望文生义"。实际上，不光是传媒经营管理者，所有传媒人都必须具备基本的传媒经营管理素质，否则就不能称其为一个合格的传媒人。

第一，传媒经营管理活动牵涉到所有传媒人，只有深刻领悟传媒经营管理活动的规律，才能更加自觉地做好本职工作。现代传媒生产活动是一个统一的整体，每个传媒人或部门都与传媒经营管理活动有着撇不开的关系。当今传媒经营规模越来越大、专业分工越来越细，现代传媒的生产活动已经演变成一种复杂的大系统，其中包含若干子系统，各个子系统之间既相对分离又紧密关联，共同构成一个完整的传媒生产链条。与此相应，传媒中的每个人或各个业务部门既相互分离又要高效融合，才能保障传媒生产活动的正常开展。在传媒生产实际中，有的从业者因为不了解传媒生产的完整作业流程，缺乏严格的时间"节点"意识，随意拖延交稿（节目）时间，结果延误了媒介产品上市时间，影响媒体的经营效益。

第二，传媒经营管理的基本原则贯穿在所有传媒人工作的始终，是传媒人的一项基本素质。例如，传媒经营管理中的"成本—收益"分析、"需求"分析等对所有传媒从业者或部门均有指导意义。有的传媒从业者缺乏传媒经营的成本意识，媒介产品的生产成本大大超过收益，使得媒体背上沉重的经济负担。这里有一个情境假设：假若南极洲发生了一起谋杀案，中国某地级市报社记者获知该新闻线索，欲向报社申请前往采访。尽管该新闻确有新闻价值，尽管该记者也是从职业理想出发所提出的"正当"要求，但实际上，社长或总编辑能够批准他去采访吗？答案几乎是否定的，因为一个中小型媒体肯定会考虑采访的成本与收益，与该新闻能够创造的收益相比，其成本显然太大，远远超出了报社的经济承受能力。这就是说，即使是一个普通的传媒从业者，亦需具备基本的传媒经营管理常识，否则就不能称其为一个合格的传媒人。

第三，现代传媒生产中的诸多复杂现象和疑难问题，需用传媒经营管理知识才能提供科学的阐释。例如，如何识别报纸的真实发行量？为什么会出现"卖报纸不如卖废报"的怪现象？2004年某报大幅改版和扩版，并推出优惠销售举措，一份对开40版报纸零售价仅2角（出厂实际批发价为1角），报纸发行量快速攀升到40万份，报社十分惊喜，但认真调查后才发现大量报纸根本未经读者阅读，而是直接进入废品收购站。又如，2008年，某报为庆祝创刊50周年推出4开200版特刊，当天特意加印了数十万份投放发行市场。但结果，很多读者反映无法在报摊上买到当天报纸。经过查证，因当天报纸重达 1 千克，把报纸当做废旧报纸销售比卖新报纸的利润还要高，于是，一些无良报贩故意囤积报纸，直接送往废品收购站！出现这种结果，主要是决策者缺乏传媒经营管理的常识，未能进行成本核算，亦未能提前做好市场监控预案，最后出现"南辕北辙"的尴尬结果。可见，只有对传媒产品及其市场运营的复杂性和特殊性进行科学研究，进行深入的观察、测量和核算，才能提供精确全面的成本信息，制定细化市场管理的控制措施，才能为传媒决策提供有效依据。

二、壮大中国传媒经济的重要途径

进入 21 世纪以来，文化问题日益成为中国政治和经济生活中的重大课题。党中央相关文件明确指出，"文化越来越成为民族凝聚力和创造力的重要源泉、越来越成为综合国力竞争的重要因素、越来越成为经济社会发展的重要支撑"。"没有文化的积极引领，没有人民精神世界的极大丰富，没有全民族精神力量的充分发挥，一个国家、一个民族不可能屹立于世界民族之林"。[①] 党中央将文化发展问题上升到"国家软实力"的高度，把文化大发展大繁荣界定为当前和今后中国一项重要的战略任务，提出建设社会主义文化强国的宏伟目标，并要求大力发展公益性文化事业，保障人民基本文化权益；推动文化产业跨越式发展，使文化产业成为国民经济支柱性产业，构建现代文化产业体系。尽管各界对文化业及文化产业的界说尚存争议，但传媒业作为文化业的核心这一点是不容置疑的。传媒业的发展水平关系到建设文化强国愿景的实现，关系到国家文化安全，关系到中国的文化实力。加强传媒经营管理的学习和研究，培育高素质的专业人才，是促进中国传媒业发展的重要途径。

放眼世界，中国文化产业处于弱势地位。2010 年的统计表明，在国际上，美国的文化产业在世界文化市场所占比例高达 43%，欧盟占 34%，日本占 10%，而中国文化产业所占比例不到 4%。作为文化产业的核心组成部分，中国传媒业面临的问题更加突出：媒体传播能力不强、引导能力偏弱，在中外信息交流中处于弱势地位。更为严重的是，中国传媒产业管理水平偏低，经营效益不高，与国际上的大型传媒集团相比有着巨大的差距。在报业方面，以美国最大的报业集团甘奈特报业集团和中国最大的报业集团广州日

---

① 《中共中央关于深化文化体制改革、推动社会主义文化大发展大繁荣若干重大问题的决定》（2011 年 10 月 18 日中国共产党第十七届中央委员会第六次全体会议通过）。

报报业集团相比较，据 2008 年的数据计算发现，广州日报报业集团的年度总收入仅相当于美国甘奈特报业集团的十分之一。在电视产业方面，2011年，中国中央电视台的广告收入不到同期美国哥伦比亚广播公司总收入的七分之一。在出版业方面，有数据表明，2010 年，全国 500 多家出版社的收入总和，不及德国贝塔斯曼集团一家的年收入。还有统计显示，全世界每 100本图书，85 本由发达国家流向不发达国家；全世界每 100 小时音像制品，74小时由发达国家流向不发达国家；美国生产的电影占全球影片数量的 10%，却占用了全世界 50% 的观影时间。中国传媒经营管理水平落后与传媒经营管理学科建设和专业教育滞后不无关系。面对此种情境，只有强化传媒经营管理的学术研究，加快普及专业知识，尤其要在新闻传播相关专业中增加课程比重，提升其学科地位，才能适应新时期传媒业发展的需要，为建设传媒强国提供坚实的人才保障。

本章参考文献

1. 高丽华编著．新媒体经营．北京：机械工业出版社，2009
2. 刘觉民编著．报业管理概论．上海：商务印书馆，1936
3. 刘立刚等．广播电视经营管理．北京：中国广播电视出版社，2006
4. 邵培仁，陈兵．媒介管理学概论．北京：高等教育出版社，2010
5. 屠忠俊．报业经营管理．北京：新华出版社，1992
6. 屠忠俊主编．现代传媒经营管理．武汉：华中科技大学出版社，2011
7. 严三九，黄飞珏编著．媒介管理学概论．重庆：西南师范大学出版社，2007
8. 支庭荣．媒介管理．广州：暨南大学出版社，2004
9. 周鸿铎等．广播电视经营与管理模式，北京：经济管理出版社，2005
10. ［美］罗伯特·皮卡特．传媒管理学导论．韩骏伟等译．北京：人民邮电出版社，2006

本章思考题

1. 试分析媒介、媒体与传媒三者之间的关系。
2. 如何理解传媒经营管理的学科性质？
3. 试分析媒介的四重属性及其相互关系。
4. 简述传媒经营管理的学科结构。
5. 选择一家美国的大型报业集团和中国的报业集团或电视传媒集团，就两者的经营状况进行比较分析。

第二章　传媒运营的博弈机制及其基本规律

辩证唯物主义告诉我们，世界上的各种现象都是物质运动的表现形式。任何事物内部都是矛盾的统一体，矛盾是事物发展变化的源泉和动力。物质的运动轨迹是多种力量相互作用或相互影响的结果。并且，事物运动或发展的走向，往往是由几组基本矛盾或主要矛盾决定的。这几组主要矛盾或基本矛盾的存在从根本上影响着事物运动的基本形式，决定着其运动的基本规律。在现代社会，缘于传媒种类的多样化、媒介组织的科层化、媒体规模的巨型化等特性，使得传媒经营活动呈多变量、多维度、多层次的复杂格局。但在看似运动无序、力量混杂、形式多变等现象背后，有几组基本矛盾，也正由于这几组基本矛盾的博弈模式，从根本上决定和制约着现代传媒运营的基本规律。面对纷繁复杂的传媒经营管理活动或现象，有必要首先了解和把握其背后的基本矛盾和基本规律，透过现象看本质，为阐释和解析各种传媒经营管理现象做好理论铺设。

现代传媒经营管理活动背后有多种隐含的对立统一关系，它们之间的交叉运行构成一幅复杂的博弈机制图景。概括来说，主要有以下几组博弈机制：第一，传媒利益相关者之间的博弈机制。为了实现自身利益的最大化，传媒背后的利益主体，主要是传媒投资者、政治集团和社会公众三者之间的博弈，在传媒经营中具体表现为经济效益、政治效益和社会效益三者之间的复杂关系。第二，传媒组织内部的博弈机制。传媒经营管理还经常面临着"内容采编业务"与"经营性业务"之间的博弈、"基础性业务"和"拓展性业务"之间的博弈。第三，新旧媒介种群之间的博弈机制。从纵向维度来看，缘于媒介种类的分化，新旧媒介之间的博弈也是一组不可忽视的基本矛盾。第四，传媒经营多种盈利模式之间的博弈机制。从经营手段上看，传媒经营还面临着盈利模式取舍的博弈，经营者只有选择适当的盈利模式，才能实现盈利的经营目标。

第一节　传媒利益相关者之间的博弈机制

在现代社会，传媒不是一个孤立的存在，其经营管理活动受到多种利益主体直接或间接的影响，进而制约着传媒的运营活动及其运行规律。那么，传媒经营管理背后的利益主体有哪些？其价值诉求为何？又是如何作用于传媒经营管理活动过程的呢？这就是下面要阐述的传媒利益相关者的三角博弈结构。

一、传媒利益相关者的三角博弈结构

将传媒视为现代社会大系统中的经济组织，则其生存和发展便受到利益相关者的制约。美国学者弗里曼在《战略管理：一种利益相关者的方法》一书中指出，利益相关者是能够影响一个组织目标的实现，或者受到一个组织实现其目标过程影响的所有个体和群体。[①] 这种界说还较为宽泛和笼统，为了进一步明确具体的指涉对象，弗氏还依据利益相关者对经济组织产生影响的程度进行了细分：第一，持有公司股票的一类人，如董事会成员、经理人员等，称为所有权利益相关者；第二，与公司有经济往来的相关群体，如员工、债权人、内部服务机构、雇员、消费者、供应商、竞争者、地方社区、管理结构等，称为经济依赖性利益相关者；第三，与公司在社会利益上有关系的利益相关者，如政府机关、社区以及特殊群体，称为社会利益相关者。弗氏的"利益主体三分"对于我们认识和理解传媒背后的利益博弈具有重要的参考价值。丁和根在研究传媒制度绩效问题时对传媒制度背后的利益主体进行了区分。他提出，中国传媒制度的利益主体有三个：第一，党和政府的利益目标函数偏向于其执政地位的巩固；第二，作为市场主体的媒体及其经营者和员工，其利益目标函数更偏向于经济绩效，而且，在本质上媒体的利益追求与一般企业并无多大的区别；第三，作为社会成员的广大受众，其目标函数主要指向知情权、参与权和监督权被满足的程度。[②] 丁和根关于传媒制度利益主体的划分模式更符合中国的国情，为分析传媒背后的利益博弈提供了一个参照框架。

综合以上两种框架，我们认为，参与传媒利益博弈的相关主体主要有三个：传媒组织及其直接利害关系者、政治集团和社会公众。传媒组织及其直接利害关系者主要包括媒体出资方、经营管理人及其员工，他们对传媒运营活动的价值评估遵循效率的原则，谋求经济效益的最大化，通常表现为投资的回报率及员工的薪酬水平。政治集团则是对传媒组织有直接或间接影响的政党（包括执政党和在野党）、政府及其他政治联盟，它们对传媒经营活动价值评估遵循政治权衡的原则，谋求集团政治效益的最大化，如宣传政党的政治观点、传达政府决策等。社会公众既包括传媒的直接受众也包括其他民

① 转引自赵辉：《企业利益相关者问题研究》，11～13页，武汉，崇文书局，2009。

② 丁和根：《中国传媒制度绩效研究》，52页，广州，南方日报出版社，2007。

众，他们对传媒经营活动的价值评判遵循公平原则，谋求社会效益的最大化，一般包括公众的知情权、参与权和监督权以及保障弱势群体的利益等。可见，参与传媒组织利益博弈的主要是上述三大利益主体，并分别对应于三种价值诉求——经济效益、政治效益、社会效益。三者之间的利益博弈机制可用图 2-1 表示。

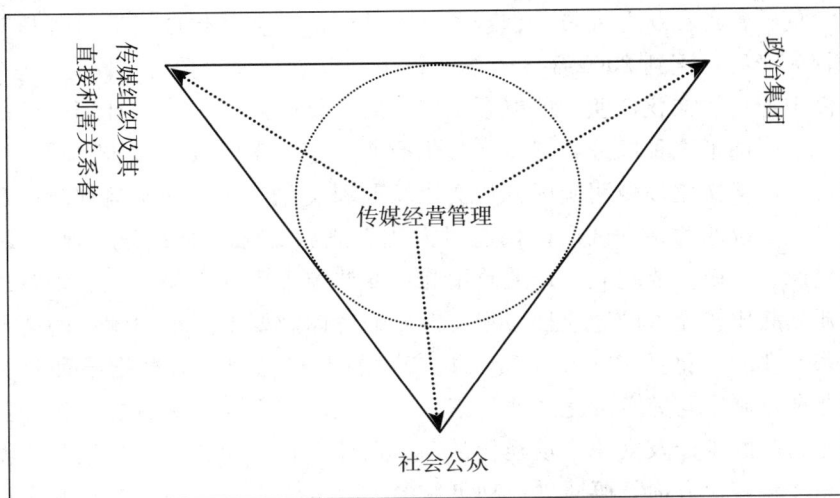

图 2-1 传媒利益相关者的三重博弈机制图

（一）传媒组织及其直接利害关系者与经济效益

在西方发达国家，大多数传媒组织自诞生起就是完全商业化的经济组织，追求经济利益最大化是其市场经营的惯常法则。传媒组织是市场经济中的法人主体，与一般的商业组织并无本质差异。传媒组织在运营上秉持自主经营、自负盈亏、自我约束、自主发展之理念，并将效率和利润视为优先考量的目标取向。传媒组织的出资人或投资者就是媒体的股东，依股份占有比重获取相应的经营收益。传媒的经营管理者或经理人，则依据经营绩效享有合理薪酬。员工根据企业考核制度获取劳动报酬。在这种背景下，传媒组织的出资人、经理人及员工，是参与传媒利益博弈的第一责任人，也是第一受益人，传媒经营管理绩效的优劣直接与这些利益相关者挂钩。

在中国，尤其是新中国成立后相当长的一段时间内，缘于传媒业的意识形态属性，被纳入文化事业单位的轨道，其经济主体地位问题成为一个难以落实的问题。20 世纪 50 年代，中国社会主义改造基本完成之后，文化机构（包括报社、广播电台等）统统成了国有事业单位，施行计划经济的管理模式。改革开放之后，尽管不少文化机构已经实行"事业单位、企业化管理"，使它们成为创收的经济实体，但在观念上，在很长一段时间内一直把文化当做"事业"看待。自20世纪80年代中期开始，个体和私营性质的文化市场企业得到快速发展。进入20世纪90年代，中国文化市场体系已经初步成型，成为社会主义市场经济体系中的一个重要组成部分。庞大的文化企业吸纳了大量经营者和从业人员，创造了巨大的经济效益。但政府对这种情势的认知较为滞后，直到2001年3月的"第十个五年计划纲要"，才第一次在中央文件中使用"文化产业"的概念，把发展文化产业列入国家计划。党的十六大终于明确了这种区分，把发展文化产业写进了党的政治报告。党的政治报告第一次把文化领域明确区分为文化事业和文化产业，开始清理政府和文化企事业单位的关系，试图建构起对文化事业和文化企业的分类管理模式。在文化产业方面，要建立以产业政策为主要调控手段的文化产业宏观管理体制，建立起比较完善的适应社会主义市场经济体制要求的全国统一的文化市场体系。政府文化部门主要负责文化产业的战略规划、信息指导和政策协调，并通过制定和完善文化产业政策，对文化产业实施宏观调控，指导和协调文化产品的生产及文化市场经营活动，保证文化产业快速、健康、协调发展。在文化事业方面，要建立一种可靠的、稳定的经费来源机制和制定必要的扶持政策，同时，要深化文化企事业单位内部改革，形成一种促进文化企事业自我发展的新机制。党的十六大报告标志着党对文化问题的认识更加合乎实际，它有利于调动政府和市场两个积极性，使文化事业和文化产业都得到发展，并将其管好、管活。这实际上是承认了不同的文化经营主体可以有不同的利益诉求，或者是允许不同的文化运营主体追求不同的核心利益。

　　一般认为，传媒业属于文化业的范畴，或者说，新闻传媒是文化业的重要组成部分。[①] 实际上，传媒业是传播速度最快、社会影响最大、受众面积最广的文化载体，堪称文化业的核心组成部分。改革开放以来，随着政府拨款的逐步减少，甚至"断奶"，中国大多数传媒组织在微观层面进行了体制和机制上的改造和创新，逐步走上了"准商业化"运营的轨道。进入21世纪后，传媒组织的经济诉求更为明显，大多数媒体已经有了明确的经营额及利润的考核指标。媒体经营不善则有被兼并、重组或清算破产的可能。仅在2009年3月，由人民日报社主办的有30年历史的《市场报》停刊，有15年历史的《中国足球报》停刊。同年6月，山西科技报社印刷厂亦因长期亏损

---

① 丁士：《文化强国建设中的传媒产业》，载《新闻战线》，2012（3）。

而被太原市中级人民法院宣布破产清算。同年 9 月，由中华全国新闻工作者协会主办的有 16 年历史、发行量最高曾达到 10 万份的《中华新闻报》宣布停刊清算，报社员工根据协议获取一定补偿后被解散。[①] 经营不善、严重资不抵债和投资方的撤资等是这些传媒组织停办的主要原因。这表明，在中国目前的条件下，传媒组织自身、传媒组织的出资人及其经营管理者均有明确的经济利益诉求。

（二）政治集团与政治效益

政治集团是在政治上具有利害关系的个人、团体为了实现自己的利益或达到共同的目的而形成的联盟。在现代社会，比较正式的、有组织、有纪律的政治集团是政党。当今世界各国普遍采用政党政治的国家体制，政党作为一定阶层、集团利益的代言人，通常需要控制或借助一些媒体作为舆论宣传载体。政治集团对媒体的控制或影响有以下两种形式：

第一，间接手段，通常是运用软性的经济手段来间接影响媒体的经营管理活动。例如，通过发放政府津贴或设立政党基金等形式，直接为媒体提供经费支持；政府或政党通过采购媒体的广告版面或时段等形式，为媒体提供大量经费支持。也有运用法律、法规等行政手段为媒体提供方便，如有的国家制定倾向于保护媒体市场垄断的法规，使得媒体资源逐步向少数大型传媒集团集中；也有的国家为保护媒体的多样性，对小型媒体给予特殊资助等。不管是经济手段还是法律、法规手段，政府或政党通过这种软力量，可间接对媒体的经营管理活动施加影响。

第二，直接手段，如政府或政党直接主办或掌管媒体，从政治、经济诸层面直接控制媒体的经营管理。在西方资本主义国家，资产阶级夺取政权后，曾有过一段"政党报刊"时代。所谓政党报刊，是指报刊作为政党的机关报，主要目的是讨论政治经济问题而不是刊登新闻。依附于党派的报刊，公开宣扬所归属党的主张，为自身利益辩护。而不同阵营的报刊互相辩论，一定程度上反映了政党报刊的本质：与其说是新闻传播媒介，不如说是舆论宣传的工具。[②] 如美国新闻史上就有为期 70 年的所谓"政党报刊时期"。1789 年 4 月 15 日，由汉密尔顿出资，在当时的首都纽约创办了半周刊《合

[①] 田国垒：《首个倒闭中央级报纸停办　员工抱一起痛哭》，载《中国青年报》，2009-09-21。

[②] 马凌：《美国建国初期政党报刊的形成》，载《哈尔滨工业大学学报》（社会科学版），2002（12）。

众国公报》（*Gazette of the United States*，1789—1818），主笔是教师出身的约翰·芬诺①，汉密尔顿本人和约翰·亚当斯经常为之撰稿。《合众国公报》后来逐步演变为联邦党人的代言报纸。两年后，弗雷诺在杰斐逊的授意下，于1791年10月31日创办了半周刊《国民公报》（*National Gazette*，1791—1793）。杰斐逊从各个方面扶植弗雷诺的报刊：资金方面，他不仅提供印刷合同，还把自己的资金借给对方；内容方面，他提供了源源不断的消息，甚至偶尔亲自做翻译和编辑工作；征订方面，他不遗余力地在亲友中做宣传，甚至以回扣相诱，表现得颇像一名客户服务代表。《国民公报》后来逐步演变为代言报纸。即使在现代资本主义国家，虽然不少报纸标榜"超然独立"，事实上仍然在不同程度地受到政党的影响；一些报纸仍然被打上了政党的烙印，如在美国，包括《纽约先驱论坛报》、《芝加哥论坛报》、《洛杉矶时报》和《旧金山纪事报》等被视为共和党方面在主要大城市的喉舌报。而《巴尔的摩太阳报》、《芝加哥太阳时报》和《圣路易邮电报》等则被视为民主党的喉舌。

在无产阶级革命运动以及近现代社会主义国家中，党报的政治利益诉求更为明显。当代社会主义国家中的党报理论认为，党报的基本职责是宣传党的主张，指导党的工作。恩格斯指出，"党刊的任务是什么呢？首先是组织讨论，论证、阐发和捍卫党的要求，驳斥和推翻敌对党的妄想和论断"②。马克思和恩格斯的党报思想主要包括以下一些观点：党报党刊是党的重要思想武器和政治阵地，是党存在和发展的标志；党报党刊必须遵守和阐述党的纲领和策略，按党的精神进行编辑工作；党报党刊应当真正代表和捍卫无产阶级和人民大众的利益；党报党刊要成为党内批评的强大武器，敢于开展新闻批评是一个党有力量的表现；党报党刊要处理好与党的领导机关的关系，在党的领导和监督下开展工作；党组织要加强对党报党刊工作的领导和监督。

由于党报和党的日常工作紧密联系，社会主义国家的党报直接推行"权力发行"。在苏联，《共青团真理报》是苏联列宁共产主义青年团中央委员会机关报，由共青团各级组织直接干预发行，其发行量最高时曾达到2000万

---

① ［美］迈克尔·埃默里、埃德温·埃默里：《美国新闻史：大众传播媒介解释史》，展江、殷文主译，77页，北京，新华出版社，2001。

② 恩格斯：《共产主义者和卡尔·海因岑》，见《马克思恩格斯全集》，4卷，300页，北京，人民出版社，1958。

份。1912 年创刊的《真理报》系苏联共产党中央的机关报，20 世纪 70 年代其发行量达 1300 万份。全盛时期的《真理报》有几个显著特点：它有严格的选题计划，重头文章早在一周、一个月甚至一个季度以前就已确定，一般不随便更改计划；其 60% 的篇幅是提前两天以上安排好的，头版不是留做最新近新闻用，而是专门用来刊登党的新闻、社论、经济成就和外国贵宾来访的消息；它不存在商业市场，无须招揽广告；报纸对消息报道的选择不是对政治事件的反映，而是对政治程序和政治上轻重缓急次序的反映。20 世纪 90 年代苏联解体后报纸停刊，俄罗斯联邦独立后，《真理报》宣称不再属于任何党派，成为集体经营的独立的政治性报纸。[①] 但几经周折复刊后发行量大为缩水，只有几十万份。

在中国近现代社会中，政党报刊更是扮演着重要角色。最早的政党报刊可以追溯到维新运动前夕。为了扩大维新思想的宣传，1895 年夏季，维新派的政治团体强学会在北京正式成立。强学会定期举办演讲会，议论时政，购买译书供会员阅读。由于"变法"形势的发展，两江总督张之洞等相继入会，强学会影响日益扩大。1895 年，康有为在北京创办《万国公报》，强学会成立以后，《万国公报》改名为《中外纪闻》。这份刊物不以营利为目的，免费赠送在京官员，宣传维新变法思想。后来资产阶级革命派和共产党领导的革命斗争无不把政党报刊作为重要的宣传工具。国民党从兴中会、同盟会、中华革命党乃至中国国民党，每阶段都有机关刊物，《中央日报》是 1928 年北伐完成之后在南京创立的党营报纸，1949 年随同国民党迁台，在台湾地区继续发行。在台湾戒严、报禁期间，《中央日报》仍担任党报的角色，有庞大的政府公费订户，客源稳定，因此风光一时。1988 年 1 月 1 日报禁解除，《中央日报》增加为六大张，但党报色彩未除，立场保守，可读性差，地位逐渐滑落，竞争力锐减。到 2006 年，《中央日报》累积亏损已达新台币 8 亿多元，总负债 8100 多万元，不但是负资产，平均每月亏损约 844 万元，2006 年 6 月 1 日纸质版《中央日报》停办。[②]

在中国共产党的发展历程中，无论是革命军事运动时期还是经济建设时期，均强调政党媒体要把政治效益放在首位。党的主要负责人甚至亲自过问媒体的稿件、编辑、改版和发行工作，强调党对媒体的绝对领导权。中国报纸有中央，省级（自治区、直辖市），地（市）级三级党报。

---

① 张丹：《〈真理报〉的历史变迁和经验教训》，载《新闻与传播研究》，2001（3）。
② 杨素：《〈中央日报〉挥别历史》，载《凤凰周刊》，2006（17）。

总之，各种政治集团通常利用直接或间接手段影响媒体的经营管理。其目的是利用媒体传播平台宣传政治集团的路线和主张，营造对政治集团发展有利的舆论氛围。

（三）社会公众与社会效益

大众传媒通常被赋予"社会之公器"之美誉，但由于传媒背后多重利益主体价值取向的差异，现代大众传媒在某些层面发生了变异。《富媒体 穷民主：不确定时代的传播政治》一书对该现象进行了深入剖析。

美国（包括世界其他一些国家）已经形成了一个媒体与民主之间的悖论——作为公共机构的大众传媒，由于政府"鼓励"公司联合与集中，从而导致传媒市场由少数几家大公司主导的局面，追逐利润成为传媒公司的第一法则，传媒公司借助高科技无限放大了媒体的传播功能，它们制作那些迎合受众的节目，而这些节目大多流于低级趣味，缺乏"公共性"。它们将公民"浸泡"在娱乐节目的世界中，这样，公民既失去了关心公共问题的兴趣，也失去了判断是非的能力。因此，民主政治文化在媒体高度发达的美国社会却极度萎缩，这就是作者所说的"政治疏离"现象，民主也因此变成了一种"没有公民"的政治游戏。[①]

作者麦克切斯尼进一步指出，媒体变成了一种"反民主"的力量。第一，媒体沦落为公民的政治权利的"杀手"，而公民权利本不应受像媒体这样的非政治因素的干扰。第二，媒体运用其巨大财力影响决策，从而使"多数统治原则"蜕变成"少数统治原则"，造成自由民主向极权政治退化。其实，媒体不仅可能对公共民主权利造成伤害，还制造了"媒体歧视"，如报刊发行向"有点权、有点钱、有点闲"等富人区域倾斜，广播电视热衷于富豪节目。反之，面向弱势群体、落后地区的媒体品种则明显稀缺。

概而言之，商业化或市场化传媒组织强调的是经济效益，政治集团强调的是政治效益，这两者对传媒经营管理的影响甚大，但若没有社会效益的张扬，势必影响社会公平公正。一个完善的社会应该发展起一种代表全社会大多数人共同利益的制衡力量，让社会公众有足够的知情权、表达权和舆论参与权，校正社会的发展方向，维持社会机体的平衡健康。如何校正或补救这些问题呢？目前，学术界认为主要有两种可能的思路：

第一，运用科学技术，尤其是借助新兴数字媒体技术和互联网的力量。

---

① ［美］罗伯特·W·麦克切斯尼：《富媒体 穷民主：不确定时代的传播政治》，谢岳译，1页，北京，新华出版社，2004。

2003 年，美国新闻学会媒体中心出版了由谢因·波曼与克里斯·威理斯联合提出的"We Media（自媒体）"研究报告，率先提出了"自媒体"概念，即"普通大众经由数字科技强化、与全球知识体系相连之后，一种开始理解普通大众如何提供与分享他们本身的事实、他们本身的新闻的途径"。美国专栏作家丹吉尔默在《自媒体：草根新闻，源于大众，为了大众》一书中深入阐述了自媒体的基本规律，指出自媒体是为个体提供信息生产、积累、共享、传播内容兼具私密性和公开性的信息传播方式，它包括但不限于个人微博、个人日志、个人主页等，还有播客、博客等，其中最有代表性的托管平台是美国的 Facebook 和 Twitter、中国的腾讯社区（Qzone）和微博（Weibo）等。现代科技催生了大量"自媒体"或"微媒体"平台，这些新媒体的出现，给公众提供了越来越广阔的话语平台，它超越了传统媒体的"把关人"限制，营造了另一个"自由狂欢"的舆论世界。社会公众通过这些参与公共舆论，形成舆论的"自组织"力量——舆论自组织的形成和发展机制通常是在特定条件下，系统自动的由无序走向有序，由低级有序走向高级有序，进而形成强大的舆论力量。在现实社会中，也确有许多公共舆论事件是缘于网民的推动，并最终引发了极高的关注度。但也有研究者认为，基于互联网和数字技术而兴起的新媒体归根结底处于碎片化的状态，在媒体品牌影响力、社会知名度、舆论公信力等方面仍远逊于传统的报刊、广播电视等主流媒体。

第二，创办公益性的"公共媒体"。吕文凯指出，"公共媒介在整个媒介生态系统中的缺位是现阶段我国传播机构预警功能弱化、社会问题丛生的重要因素。因此新一轮的新闻改革必须考虑再造一些公共媒介以尽快完善我们的媒介生态系统"。吕文凯认为，"在市场经济环境中，一个相对完善的媒介生态系统必须包含公共媒介结构，只有担当公共空间职能的这一部分媒介才能自觉承载真正的公众舆论的诉求，表达公众的价值理性。作为连接社会与国家、公民与政府之间的桥梁，它在促进社会公正、捍卫普遍利益方面发挥着不可匹敌的巨大作用。纯粹的官方媒介以及纯粹的私人商业媒介都不可避免地存在着追求自身利益最大化的内在冲动，尽管他们都标榜自己如何公正"。[①] 孙旭培则建议创办一种"国有民办"的非机关报的报纸——公共报纸，这种报纸是"不隶属于哪一个党政部门的公共报纸，可以在对宪法和法

---

① 吕文凯：《公共媒介与社会健康发展——关于我国新一轮新闻改革的理论思考》，载中国新闻研究中心网 http://www.cddc.net，2004-04-13。

律负责的前提下，传播新闻和履行舆论监督之责。公共报纸既可以防止机关报高度集权的弊病，也可以防止商业性报纸追求黄色、暴力的流弊，当是我国未来报业发展的重要途径之一"。① 他还提议在一些大城市中，可以创办几家有别于机关报的公共报纸，这种报纸可以由国家企业和个人捐助以及各种基金会提供资助。这种公共报纸不是对某一机关负责，而是对宪法和法律负责。他还认为，在我们这样的社会主义国家，办几家这样的公共报纸并不难。比如国家提供一个停办的报社的房产、设备，然后每年提供 20％左右的经费，其余经费由报纸从社会捐助、广告和多种经营中获得。公共报纸不是由政府经营的报纸，也不是国有企业，可以由政府代表、人大代表、人民群众团体的代表和新闻界的代表组成董事会。其社长或总编，由新闻评议会推荐人选，由董事会聘任。新闻评议会可以由党政代表、新闻界代表和社会其他各界代表各占三分之一组成。② 当今世界，虽然许多国家和地区出现了诸如美国公共广播公司（PBS）、英国广播公司（BBC）、日本放送协会（NHK）之类的公共广播，但这些媒体是否属于真正意义上的公共媒体值得商榷。也有人认为，真正意义上的"公共媒体"可能仅是一种理想，公共媒体的经营管理问题仍是未来一段时间内需要探索和解决的问题。③

二、政治效益、社会效益、经济效益的对立统一

上文已经提出，不同利益主体对传媒经营管理活动影响及价值诉求不同，传媒组织及其直接利益相关者关注的是经济利益，政治集团关注的是政治效益，社会公众关注的是社会效益。接下来的问题是：三种利益主体所关注的经济效益、政治效益和社会效益是如何统一于传媒经营管理活动中的？这三者之间的关系如何？如果三者是可以相互兼容的关系，那么在多大程度上可以兼容？如果三者之间存在冲突，那么又是如何表现出来的？

在传媒经营管理活动中，确实面临权衡传媒组织及其直接利益相关者、政治集团和社会公众三者关系的难题。不同利益主体所关注的经济效益、政治效益和社会效益三者之间的关系非常复杂：一方面，由于人类整体利益的

---

① 柴葳、王永亮：《孙旭培：甘为新闻改革铺路奠基》，载中国新闻研究中心网 http：//www.cddc.net，2003-12-15。

② 孙旭培：《传播学的本土化与国际化》，http：//www.zjol.com.cn/05cjr/system/2002/07/29/001187850.shtml，2002-07-29。

③ 从目前现有的公共媒体——公共电视的运营状况来看，其运营效率也不够理想，社会影响力也十分有限。如果公共报纸问世，如何确保其运营效率也是一个棘手的难题。

一致性，不同利益主体在长期的利益博弈中逐步通过协商谈判达成一定妥协，形成一种相对均衡的状态，使得不同利益主体及其所坚持的价值诉求有了共同之处，具有协和一致的可能性，这就是三者统一于传媒经营管理活动的"兼容"现象。另一方面，由于各种利益主体的价值取向和利益诉求迥异，其评价传媒经营管理活动的标准就会有相左之处，这时就会出现三者之间的"非兼容"现象。

从世界及中国大多数的传媒经营管理事件来看，不同利益主体的价值诉求在一般情况下是可以兼容的，传媒组织的经济效益诉求、政治集团的政治效益诉求和社会公众的社会效益诉求三者能够统一于传媒经营管理活动的全过程。多重利益主体的价值诉求的"兼容"在国内有较多例证，如《广州日报》虽属党报，但由于生态环境、领导者改革智慧等多种因素的合力作用，使得该报不仅能够实现比较好的经济效益，而且能够兼顾政治效益和社会效益，实现了三者的完美统一。此外，《北京日报》、《深圳特区报》、《厦门日报》、《无锡日报》、《沈阳日报》和《长江日报》等政党媒体也实现了良好的"兼容效益"。在电视媒体方面，中央电视台及大多数省级电视台都实现了经济效益、政治效益和社会效益三者之间的有机融合。

应当指出，缘于不同利益主体价值诉求取向的差异，传媒经营管理活动中的"非兼容"现象，或者说不同利益主体之间在经营管理取向上的冲突也是客观存在的。对于政治集团主办的政党媒体而言，由于它主要追求政治效益，在政治效益方面表现突出，但在经济效益方面表现不佳。例如，国内不少党报的经济效益较差，主要依靠子报、子刊的经营利润来补贴，即报界通常所说的"子报养母报"现象。同时，政党媒体的社会效益兼容度也较差，表现在党报必须依靠红头文件和强行摊派才能保持一定的发行量，尽管如此，多数省份的党报发行量仍呈现下滑态势；多数党报的阅读率也是比较低的，部分党报未经读者的有效阅读而直接作为废纸处理。无论是从发行量还是社会影响力来看，部分政党媒体确实出现了"边缘化"现象。

市场化媒体（或意识形态属性不强的商业化媒体）则与政党媒体有较大差异。在传媒经营管理中它们往往采用市场化运作机制，是传媒市场的创利主体，在经济效益方面有突出表现，但在政治效益和社会效益方面的兼容度较差，表现在部分媒体刊载虚假广告，误导消费者；媒体内容格调不高，黄色新闻泛滥，在一定程度上毒化了社会风气。此外，市场化媒体在经营上奉行"二八法则"①，媒体经营重点面向富人区，导致城乡报纸普及水平的差距越来越大，城市和农村的"信息沟"问题较为严重。

综上所述，传媒经营管理活动需要权衡利益相关者之间的关系。媒体相关利益主体所主张的经济效益、政治效益和社会效益之间是对立统一的关系，在大多数情况下三者可以较好地"兼容"，和谐共处；但缘于各方利益主体价值取向上的差异，三者之间的冲突也是客观存在的。虽然传媒组织及利益相关者、政治集团和社会公众的价值取向各异，但传媒经营管理者需要通盘考虑，审慎权衡各方利益诉求。传媒组织追求经济利益最大化本身无可厚非，但必须在法律、法规划定的框架中运营，不能触碰传媒市场监管的底线。同时，在中国，传媒经营管理要接受党的领导，遵守党的宣传纪律，自觉宣传党和政府的路线、方针和政策。此外，传媒的经营管理活动还需考虑社会伦理和道德规范，并致力于舆论监督，维护社会公众的知情权、表达权和舆论参与权，自觉维护社会公平、正义，促进社会和谐。

第二节　传媒组织内部的博弈机制

从系统论角度看，传媒组织是社会大系统中的一个局部系统，传媒经营管理活动受到外部利益相关者的影响和制约。同时，传媒组织自身又是一个复杂体系，其内部各子系统之间也有着几对基本矛盾，其中最主要的有以下几个方面：第一，缘于业务属性及价值取向的差异，传媒的内容采编业务与经营性业务之间有着复杂的博弈机制。第二，缘于规模经济和范围经济的取舍，传媒经营中基础性业务与拓展性业务之间亦有着复杂的博弈机制。这两个对立统一的矛盾贯穿于传媒组织内部经营管理活动的始终。

一、传媒"内容采编业务"与"经营性业务"的博弈机制

依据业务性质的差异，新闻传媒内部的业务可细分为内容采编业务和经营性业务。所谓内容采编业务主要是从事新闻媒体内容制作环节的业务，包含新闻采访和编辑（含文字编辑、图片编辑和版块编辑）等具体业务。在媒

---

① 1897年，意大利经济学家帕累托在从事经济学研究时，偶然注意到19世纪英国人财富和收益间存在着一种模式。他发现部分财富流向了少数人手里，当然，这不足为奇。然而，他同时发现了两个非常重要的事实：其一，某一族群占总人口的百分比和该族群所享有的总收入或财富之间，有一种不平衡的数字关系；其二，这种不平衡模式会重复出现，即20%的人口享有80%的财富。

体的内容生产活动中，因为新闻牵涉到公共利益，新闻采编本身不能与经济利益挂钩，须秉持客观公正原则，坚持公益性的最高准则。所谓经营性业务主要是从事媒体经营环节的业务，包含媒体产品复制（印刷）、传输（发行）、广告销售等环节的业务。无论是复制印刷、传输发行业务，还是广告销售业务，本身均具有明确的经济收益指向，以经济效益最大化为原则，营利性是其根本性质。在新闻媒体的经营管理中，缘于两者在性质上的差异，使得它们之间存在既对立又统一的复杂关系。

（一）内容采编业务与经营性业务的对立

在一般的企业生产经营中，产品的设计、制作和营销推广是高度一体化的，紧密关联。企业内各部门、产品生产各阶段的协调和关联程度是衡量一个企业现代化水平的重要标志。但在全球传媒界，无论是东方还是西方，都有一个通行的惯例——"两分开"，即新闻媒体的内容采编业务与经营业务要分开运行，两者的业务性质不能混同，机构设置不能交叉重叠，运营过程不能相互关联。"两分开"规律是传媒经营管理与其他企业经营管理之间重要的区别。那么，传媒界为什么要强调"两分开"，在实践中又是如何落实"两分开"的呢？

1. 西方传媒界"两分开"传统的形成

在西方传媒界，虽然并无专门制定传媒经营管理的"两分开"法律、法规，但却是各界奉为圭臬的金科玉律，任何媒体都不得触犯。在早期，由于传媒的规模很小，一个报社可能只有数人，一人身兼数职，并无明确的职业划界，亦无采编与经营分离之说。但随着传媒经济的发展和媒体规模的快速扩张，尤其是人们逐步认识到新闻媒介产品是不同于一般商品的特殊商品，它的产品不是满足人们的物质需求，而是影响人的精神世界。传媒产品的重要价值在于提供公正、客观的新闻与信息，传媒产品的内容采编本身不能等同于商业经营，必须保持不偏不倚的规范才能赢得受众的信赖，才能生产出具有公信力的媒介内容产品。于是，新闻传媒界逐步形成了这样的惯例：一个传媒组织里有两个并行的团队：一个是新闻内容采编团队，主要负责新闻采访和编辑报道。不管传媒经营是盈利还是亏损，新闻采编成员都拿固定的薪水。同时，美国媒体的记者和编辑都有一套严格的职业守则，其中最重要的就是"不得接受采访对象的任何恩惠"，"不得接受企业提供的免费旅游"等，否则记者协会会吊销其从业资格证。另一个是经营团队，主要负责媒体的广告、发行等经营性业务，其薪酬与经营绩效挂钩。在传媒运营中，两者并行不悖、互不干扰、独立运行。一般来说，搞经营的人不干涉新闻事务，搞新闻的也不过问经营事务。① 在美国，虽然报社的总编辑大多是由发行人提名，但发行人原则上也不能对总编辑的办报事务随便干涉。

经过几百年的积累，"两分开"法则已是西方传媒经营管理中的核心价值观。其最主要的信念有：第一，把新闻和广告混淆起来是不可想象的，也是不被接受的，这是对公众的欺骗。第二，编辑、记者不得与采访对象有任何利益关系，否则就是对采编职业的亵渎。这种价值观在专业教育中也得到了反映，如美国的大多数新闻学院只教授新闻采访、写作和编辑领域的学问，而经营管理方面的课程则纳入企业管理一类，属于商学院教授和研究的对象。新闻学院和商学院的目标和职能不同，两者无法混同在一起。这是美国高等教育界的传统。

2. 中国采编与经营"两分开"实践

1949 年中华人民共和国成立后，新闻传媒的管理体制发生了重大变化，所有的新闻媒体都纳入党和政府的统一领导范围，成为事业单位。在计划经济时代，新闻媒体主要负责新闻宣传职责，没有明确的经营性指标和任务。媒体运营的经费由政府全额拨款，报刊发行依靠政府或各级宣传部门依据计划指标进行行政摊派订阅。在"文化大革命"中，全国新闻界基本上停止了广告刊登业务。在这种背景下，新闻传媒既然连经营职能都没有，就谈不上也不可能提出"两分开"政策。

随着改革开放和商品经济的发展，中国新闻传媒的经营性业务快速发展。首先是广告经营规模迅速扩张，成为新闻媒体重要的经济支柱。从 1978 年到 2000 年，全国新闻媒体的广告经营额年均增长率超过 15％。中央电视台在建台之初曾完全依靠国家拨款，但改革开放后广告收入呈直线上升，仅央视春晚、元宵节等几个大节日广告就有过亿元的收入。2004 年中央电视台广告总收入达到 80 亿元，2007 年则突破 100 亿元，2008 年更是达到 161 亿元，创下了央视广告收入的历史巅峰。② 同时，政府方面对新闻媒体的投入亦逐年减少，虽然新闻媒体定性为事业单位，但在财务核算体制上由财政全额拨款发展到差额财政拨款，后来发展到财政"断奶"——由新闻媒体完全自收自支。③ 部分经济实力较强的新闻媒体甚至发展成为纳税大户，如 1997

① 廉振孝：《美国报业的办报经营两分开》，载《新闻战线》，2007（11）。

② 傅洋：《2008 年北京市纳税千强企业公布　央视再居第一》，载《北京晚报》，2009-04-14。

③ 方兴福：《立足文化资源　布局产业项目》，载《传媒天地》，2011（5）。

年广州日报社在广州地方税 94 个纳税大户中位居第 4 位①；2006 年起中央电视台曾连续多年位居北京市地税千强纳税的榜首。其次，印刷和发行等业务也成为媒体重要的经济来源。改革开放后，国家逐步放开了对新闻纸、印刷、发行等环节的指令性价格管制，由各新闻媒体按市场规律自行定价，此举调动了新闻出版单位的积极性，全国报刊印刷总量和发行总量得到飞速提升，2005 年中国日报发行总量已经位居世界首位。印刷、发行等也成为新闻媒体创收的重要途径。

　　虽然改革开放后中国新闻传媒的经营性业务得到了极大发展，其经营职能也逐步得到明确，但采编和经营"两分开"的理念一直未得到重视。新闻媒体虽然分设了编辑部、广告部和发行部，却未能落实采编和经营分开的规则。在新闻传媒界，编辑或记者参与广告或发行业务，在事实上是许可的。这种管理模式在新闻传播实践中引起了诸多问题：一是由于新闻媒体没有明确禁止采编人员参与经营，新闻传播"潜规则"盛行，如"采编人员心思不是完全放在办报上，而是热衷于拉广告、跑创收；报纸版面上有偿新闻时隐时现，断断续续；名为联办栏目，实为出卖版面"。② 二是由于法律、法规滞后，直接导致新闻腐败。"有偿新闻"、"有偿不闻"③、借舆论监督诈骗等丑闻频频发生。这种情形引起了政府部门的高度重视。自 20 世纪 90 年代末期起，国内有识之士呼吁尽快建立采编与经营业务两分开体制，咸阳日报社等媒体率先开启了制度化尝试，并取得积极效果。④ 2005 年 9 月 20 日原国家新闻出版总署颁布《报纸出版管理规定》，明确规定：报纸采编业务和经营业务必须严格分开。新闻采编业务部门及其工作人员不得从事报纸发行、广告等经营活动；经营部门及其工作人员不得介入新闻采编业务。

（二）采编业务与经营业务的统一

　　新闻媒体的采编业务与经营业务之所以要坚持"两分开"原则，缘于两者在价值取向上的差异：媒体的内容采编业务尤其是新闻采编业务通常是非

---

① 古志英：《广州日报从吃国家补贴到成为纳税大户》，见广州市政协学习和文史资料委员会编：《广州文史》，72 辑，50 页，广州，广州出版社，2009。

② 赵金荣：《体制实施"两分开"质量效益双提高：咸阳日报社广告经营改革的做法》，载《报刊之友》，1999（6）。

③ 有关单位发生丑闻后，媒体记者前去报道，为防止丑闻扩大化，给记者一笔"封口费"，使其不予报道。有偿不闻具有隐秘的特征，但社会影响更为恶劣。

④ 赵金荣：《体制实施"两分开"质量效益双提高：咸阳日报社广告经营改革的做法》，载《报刊之友》，1999（6）。

功利性的，应秉持客观、公平、正义原则，致力于构建媒体的公信力。经营性业务通常包含功利性因素，应遵循效益优先、利润至上原则，追求媒体品牌价值的市场价值及其货币表现。正是从这个意义上说，中外新闻传媒界就采编业务与经营业务"两分开"逐步达成了共识。在传媒经营管理中坚持两分开原则，主要是指新闻采编业务部门及其人员不能直接插手或涉足商业性项目，不能以其掌管的舆论宣传平台或舆论监督工具来换取经济利益，进而影响新闻报道的客观公正性，形成新闻腐败，削弱新闻媒体的公信力。同时，经营业务部门及其人员也不能以新闻报道形式或以新闻宣传名义从事经营活动，防止新闻宣传和经营业务的混淆。但是，采编业务和经营业务就应该完全分离、毫不相干吗？

我们认为，采编业务和经营业务的分离是相对的，不是绝对的，两者之间仍然存在着天然的联系。第一，从媒体品牌的整体性上看，新闻采编业务和经营业务都从属于新闻媒体的整体品牌战略规划，都需要依靠媒体的品牌，又都从不同层面建构着媒体的品牌形象。新闻采编业务部门及其人员需要依靠媒体的品牌，获得公众的认可支持，并以其客观公正的新闻报道、活泼清新的版式等塑造着媒体的知名度和美誉度。媒体的经营性业务部门及其人员依靠媒体的品牌制定广告交易价格，从事经营项目，又以高效务实、公平合理的交易规则等从另外一个侧面塑造媒体的知名度和美誉度。第二，从管理绩效角度看，新闻采编业务的经济效益在很大程度上要依靠经营业务体现出来，或者说采编业务的经济价值要依靠经营业务来衡量和评判。新闻采编的内容定位是否合理，媒体内容在受众市场上的欢迎程度如何，新闻采编的质量优劣等，在很大程度上要靠媒体在市场上的经营指标及经营效果来评判。一般来说，良好的新闻采编能够带来良好的经济效益。反之，一个媒体产品在传媒市场上无人问津，应者寥寥，则必须反思其新闻采编的思路和取向。第三，从媒体业务的整体流程与链条来看，新闻采编业务和经营业务都是媒体经营业务总体生产流程链条上的不同环节，在流程上是相互依赖、相互影响、相互制约的。

综上所述，缘于业务性质的差异，采编业务和经营业务应该坚持"两分开"原则，坚决杜绝有偿新闻、有偿不闻等新闻腐败现象。同时，采编和经营业务"两分开"并不意味着"两脱节"，更不能人为割裂两大业务之间的有机联系。"分开"，分而不断"联动"，联而不乱，这才是采编与经营"两分开"制度设计的初衷。[①]

二、传媒"基础性业务"与"拓展性业务"的对立统一

上面论述了传媒经营管理中内容采编业务与经营性业务之间的关系，而传媒的经营性业务也是一个庞大的系统，通常又有基础性经营业务与拓展性经营业务之分。在市场经济条件下，传媒的经营性业务是媒体经营者可以自由选择、自主决定并自担风险、自我约束、自我发展的市场行为。一个传媒组织究竟选择何种经营业务或项目，既有传媒经营的质的规定性或必然性，又有传媒经营面临环境的随机性或偶然性。一方面，世界范围内的传媒经营的业务项目选择有共性的一面，媒体大多将发行、广告等作为主营业务项目，也可称为传媒经营中的基础性业务。另一方面，缘于各地政治、经济、文化等条件的差异，传媒经营的业务项目选择也有差异性的一面，传媒经营者可以根据自身面临的环境条件或资源优势选择某些个性化的经营项目，即所谓拓展性业务。在传媒经营实践中，如何处理这两者的关系呢？

（一）传媒经营的基础性业务

传媒经营的基础性业务，或者说传媒经营的主业，是指依据传媒业的根本特性而展开的经营业务。传媒业也被视为内容产业，其基础性业务一般包括两大类：第一，版权复制发行业务。既然传媒业是内容产业，那么，内容信息售卖自然是其最原始、最根本的业务范围，通常也被称为传媒的"一次销售"业务。例如，报纸的印刷、发行业务，电影、电视节目或唱片的复制发行业务等，它们售卖的是传媒的内容信息。第二，广告售卖业务。这是传媒行业的特殊优势，也是传媒产品的独到之处。传媒产品在内容售卖的基础上还可以进行二次售卖。"二次销售"在传媒经营中已经成为一种共识。这种理论认为，媒体第一次销售的产品为有价值的新闻信息，获得特定受众群的注意力；第二次销售的是受众群的注意力，获得广告收益。两次售卖是新闻传媒业与其他行业的重要区别。

一般认为，版权复制发行和广告售卖是传媒经营的基础业务，传媒经营的首要任务是做好发行和广告业务的经营。或者说，把发行和广告规模做大做强，是传媒经营的基本任务。这种经营思路的依据是"规模经济"。规模经济又称"规模利益"，指在一定科技水平下随着传媒产品生产能力的扩大，使其长期平均成本下降的趋势，即长期费用曲线呈下降趋势。或者说，给定

①　范以锦：《"分开"，分而不断"联动"，联而不乱——南方报业创建采编与经营两分开机制初探》，载《新闻战线》，2005（10）。

技术的条件下（指没有技术变化），对于某一传媒产品（无论是单一产品还是复合产品），如果在某些产量范围内平均成本是下降或上升的话，我们就认为存在着"规模经济"。

（二）传媒经营的拓展性业务

传媒经营的拓展性业务，也称"多种经营"、"增值经营"或"多元化业务"等，通常是指传媒经营中除版权复制发行和广告销售以外的各种业务。其经营范围具有很大的弹性空间，且与媒体自身的资源禀赋及所处的外部环境有很大的关联性。其理论根据是"范围经济原理"。范围经济是指由厂商的范围而非规模带来的经济，即当同时生产两种产品的费用低于分别生产每种产品时，所存在的状况就被称为范围经济。只要把两种或更多的产品合并在一起生产比分开来生产的成本要低，就会存在范围经济。范围经济是多种经营项目或服务由同一企业提供所产生的协同效应，或是一个企业同时生产多种产品形成的经济性。

传媒经营中的"范围经济"现象还缘于资源闲置与充分利用。传媒生产具有较强时效性，而设备投入有极高的标准，如报纸的印刷设备必须在数小时内完成巨量的印刷任务，但报社印刷任务完成后，设备就处于闲置状态，若不加以利用则造成巨大浪费。解决媒体资源的"闲"与"忙"的矛盾，提升媒体资源的运营价值，按照范围经济的思路开展多种经营是一个现实的选择。例如，利用报刊发行渠道资源优势就可以开展多种相关"副业"经营项目——废旧报刊回收业务、夹报广告业务、分类广告收集、速递业务、物流配送等业务。媒体开展这些多种经营项目可以增加媒体的创收渠道，实现资源优势的增值。

（三）基础性业务与拓展性业务的对立与统一

由于媒体的人力、物力和财力有限，在传媒经营中基础性业务和拓展性业务之间存在一定的冲突和对立。经营者将经营重心放在基础性业务中，则拓展性业务会有所忽视；将经营重点放在拓展性业务中，则有可能削弱基础性业务的中心地位。在这种背景下，惯常的经营取向是：传媒经营的中心应放在基础性业务，即版权复制发行及广告售卖业务上。媒体只有在基础性业务获得了较好发展，经济基础较为雄厚的背景下，才能有机会进入拓展性业务领域。在传媒经营中，当基础性业务与拓展性业务发生"竞合"时，应优先保证基础性业务项目的经营，否则就是本末倒置。

但是，媒体也可能走向另一个极端：将传媒经营队伍全部布局在基础性业务之中，而荒废了在拓展性业务领域的经营，从而使媒体丧失了良好的市场机会。在市场经济条件下，媒体作为独立的经济实体，亦应高度重视拓展性业务。拓展性业务的优势在于：可以充分挖掘媒体的潜在资源，变媒体的品牌价值为现实的经济价值；可以防止资源浪费，提高媒体资源（尤其是相关硬件设备）的利用率；可以捕捉更多的市场机会，分享热门经济的红利；拓展性业务的开展可为媒体提供更多的创收和创利机会，形成多点支撑的良好格局，进而提高媒体经营的抗风险能力。在某些特殊情况下，拓展性项目的经营或利润甚至可能超过主业，成为媒体的经济支柱。

关于拓展性业务的边界问题，有两种观点：一种观点认为，传媒的多种经营应当与主业有一定关联性，不能盲目进入关联性不强的多元化产业项目。另一种观点认为，传媒经营中到底选择何种多种经营项目取决于媒体的资源优势尤其是人力资源优势，究竟选择关联性业务还是非关联性业务，要具体问题具体分析，不能一概而论。

总之，基础性业务和拓展性业务之间存在一定的冲突和对立，但经营者应巧妙调和两者关系，使两者之间相互支持、相互配合，达到良性经营的目标。

第三节 媒介种群的分化与融合

当今的新闻传媒业是一个包含多种媒介种群的复杂行业系统，主要包括：印刷媒介，主要包括图书、报纸、期刊等平面媒介种群；视听媒介，主要包括广播、电视、电影和纪录片等视听媒介种群；数字媒介，主要包括互联网、移动媒体等数字媒介种群。此外，还包括通讯社等新闻与信息专业采集机构。在传媒经营管理中，这些种类繁多的媒介种群之间的利益博弈，也是经营者必须面临的复杂问题。从理论上看，多种媒介种群之间的利益博弈有两种表现形式：一是冲突性的不相容格局，可称为"媒介排斥"；二是互补性的兼容格局，可称为"媒介共生"。

一、不同媒介种群之间的利益博弈

（一）媒介种群的历史演进

现代媒介是科学技术进步的产物，科技史上的每一次重大科技发明都会催生新的媒介种群。17—18世纪，在欧美工业革命浪潮中，现代印刷技术及其设备的发明和使用，直接催生了印刷媒介的大发展。这一时期先是出现了不定期出版的图书，后来出现了定期出版的期刊，而后终于诞生了时效性极强的日报，以报纸为代表的大众媒体掀起了人类新闻传播史上的第一次革命。世界上最早的日报是 1650 年 7 月 1 日在德国莱比锡创刊的《莱比锡日报》；世界上最早的晚报是 1696 年 6 月 20 日在英国伦敦创刊的《新闻通讯信箱》。到 19 世纪中期，以"便士报"为代表的廉价报纸登上历史舞台。19 世纪末到 20 世纪初，发行量达百万份的报纸及报业集团的问世，使得报纸迎来了黄金发展期。

报纸具有便于保存、易于传阅的优势，更有庄重严肃的视觉效果，但随着社会变革的加剧和人们生活节奏的加快，报纸的时效性仍难以满足人们对新近信息的需求。进入 20 世纪初，物理电子技术的突破性发展，催生了广播媒介。1920 年 11 月 2 日在美国匹兹堡开播的 KDKA 广播电台是公认的世界上第一个商业电台。广播的问世，突破了新闻信息传播的空间限制，使得声音得以在全球范围内传播。但其仅仅传播声音而不能传播图像的缺憾，促使科学家进一步探索新的传播介质。20 世纪三四十年代，电视技术及其应用在英国和美国有了长足的发展。1936 年 11 月 2 日，英国广播公司在伦敦郊外的亚历山大宫，播出了一场颇具规模的歌舞节目，并首次开办每天 2 小时的电视广播。虽然当时全伦敦只有 200 多台收视电视机，但它标示着世界电视事业开始发迹。1936 年对柏林奥林匹克运动会的报道，更是新生的电视媒介的一次展示。此后，价格昂贵的电视在英国中上层家庭开始普及。1937 年，英国广播公司播映英王乔治五世的加冕大典时，英国已有 5 万观众在观看电视。1939 年，"第二次世界大战"爆发时，英国约有 2 万家庭拥有了电视机。1939 年 4 月 30 日，美国无线电公司通过帝国大厦屋顶的发射机，传送了罗斯福总统在世界博览会上致开幕词和纽约市市长带领群众游行的电视节目，成千上万的人拥入百货商店排队观看这个新鲜场面。"第二次世界大战"结束时，美国约有 7000 台电视机。1960 年美国首次直播了共和党尼克松和民主党肯尼迪间的首场电视辩论，数千万美国观众收看。

广播电视是人类新闻传播史上的伟大进步，电视亦被誉为 20 世纪人类最伟大的发明之一。但是，广播电视仍属于单向传播模式，且最初只能传输物理模拟信号。要突破这种局限，就要依靠数字媒介。1969 年 10 月 29 日，美国斯坦福大学和加州大学洛杉矶分校的计算机首次实现链接，第一个使用包交换技术的阿帕网诞生。到 20 世纪 80 年代，互联网开始步入商业应用阶段，电子邮件、虚拟社区、新闻组等样式开始进入普通受众的视野。到 20 世纪 90 年代，另一种基于数字媒介技术的移动通信媒体——手机开始扩展并迅速普及开来。由于互联网媒介和移动通信媒介所采用的技术渐趋一致，两种媒介的融合亦日益深化，手机短信和微博等微型媒介开始登上历史舞台。

（二）不同媒介种群之间的"媒介排斥"及其表现

纵观 400 多年的媒介种群演进史，不难发现：媒介种群的演进并不是内部分化或裂变的"父子关系"式的演进轨迹，而主要是来源于外部科技变革所驱动的外生型演进路径。换言之，媒介种群的演变不同于一般遗传学意义上的历史演进，新的媒介种群并非从旧的媒介种群内部承袭并裂变出来，而是完全依托于外部科技等因素而成长起来的新式媒介。例如，广播电视媒介并非从报刊印刷媒介中直接分化演变而来，而是借助于现代物理电子技术之手而催生出来。同样，数字媒介亦非直接从广播电视媒介中分化而来，而是借助于互联网和数字技术催生而来。显然，报刊印刷媒介与广播电视媒介、广播电视媒介与数字媒介之间皆非"父子因袭关系"。既然新的媒介种群并不是直接从旧的媒介种群中脱胎而来，它们之间就少有天然的利益纠葛或情感姻缘，故而市场竞争中多种媒介种群之间的利益冲突是在所难免的。

一般来说，在一个相对稳定的时期内，特定区域内的受众规模和传媒市场规模具有相对的稳定性，不同类型的媒介种群参与市场竞争，其利益博弈是客观存在的。所谓"媒介排斥"是指在一定区域内，异种媒介之间存在竞争或不相容现象，如果一种媒介获得的市场份额较多，则另外几种媒介获得的市场份额就相对减少；反之亦然。媒介排斥的表现形式主要有以下几个方面：

1. 传媒市场中不同媒介种群的直接竞争

在特定时期内，在某一特定区域传媒市场中，受众总量和广告总量是既定的，不同种类的媒介之间可能展开激烈的竞争。较为直接的竞争形式是人力资源的竞争、受众市场规模的竞争、广告市场的竞争等；较为隐秘的竞争形式是受众媒介接收终端的竞争、传播规则制订权的竞争、传媒品牌的竞争等。不管是直接竞争还是间接竞争，都会对传媒经营活动构成巨大影响。例如，广州市内聚集了广州日报报业集团、南方报业传媒集团和羊城晚报报业集团三家报业集团，三者均拥有发行量过百万的报纸品牌，实现了对当地受众的全方位覆盖，强势的报纸媒介种群对当地电视媒体的经营构成巨大的压力。又如长沙市聚集了湖南广播电视集团和长沙广播电视集团两大强势电视媒体，尤其是湖南卫视在当地受众中的强势覆盖，对当地报纸媒体的经营活动亦构成巨大的挑战。

2. 新旧媒介种群之间的替代效应

在媒介种群的历史演进中，新的媒介种群对旧的媒介种群是否存在替代效应呢？一般认为，新的媒介种群在某些层面替代旧的媒介种群是可能的，也是必然的。所谓新媒介对旧媒介的替代效应，是指由于新兴媒介采取了更为先进的技术，具有更大的便利性或经济性，并能够更灵活地满足受众的信息需求，故而新兴媒介具有更快的普及速度，在一定程度上夺取了旧媒介的市场空间（主要是发行和广告市场）。例如，电视媒介诞生后，由于电视兼具视听效果，可以在很大程度上替代广播的传播功能，故而电视媒介的发展和普及对广播媒介构成极大威胁，使得广播媒介被挤出传媒市场的中心位置。又如，20 世纪 90 年代以来，发达国家的报纸发行量呈微弱下滑态势，电视的影响力也开始削弱，这在很大程度上是被互联网、手机等新兴媒介替代的结果。在中国，报刊媒介自 2005 年起增长乏力，部分地区的纸质报刊发行量开始下滑，也是由于受到互联网和手机等数字媒介的冲击。

不同媒介种群的替代效应还有另一个表现，即媒介内容上的同质化现象。在现代社会，大众媒介的主要内容是新闻，而特定时间段内的新闻报道具有相当的同质化因素。有论者指出，同一区域的新闻媒体在新闻的来源问题上，往往都是相同的，政府部门举办的活动，主办者想扩大宣传效果，经常是主流媒体一家不漏地通知。社会新闻也大同小异，公、检、法、司、质检、医院、工商等部门一旦有新闻，也会各家媒体一律通知。在媒体共同扩充版面和频道的背景下，外地新闻（包括世界新闻）成了新闻的另一主要内容，而这类稿件的来源，各家编辑只有从新华社等有限的渠道获得，这就形成了不同媒体之间新闻源趋同的局面。[①] 在内容大致相同的背景下，受众从资源节约的角度出发只能选择某一种媒介，而不可能同时选择多种媒介。此外，某些媒介的内容设计也在客观上导致媒介之间的替代。广播媒介上流行"新闻和报纸摘要"节目，电视媒介相继办起了"读报节目"，这明显是抢夺报纸媒介的受众。报纸媒介为了对抗电视媒介的视觉冲击，抓住受众的"读图"需求，热衷使用大图片，甚至办起了图片报等。这表明不同媒介种群之间的替代效应是客观存在的。

3. 传媒市场中不同媒介种群的市场份额分配

媒介排斥还可能影响某一区域的媒介市场格局，使得某一区域内的媒介市场呈某种梯队分布模式。美国波士顿顾问公司创始人布鲁斯·亨德森据此

---

① 孟又新：《如何应对媒体同质化》，载《新闻窗》，2005（4）。

提出了"三四律"。他认为，在一个稳定的竞争性市场中，有影响力的竞争者数量绝不会超过 3 个。其中，最大竞争者的市场份额不会超过最小者的 4 倍。这一规则遵循两个条件：第一，在任意两个竞争者之间，2∶1 的市场份额似乎是一个均衡点。在这个均衡点上，无论哪个竞争者要增加或减少市场份额，都显得不切实际，而且得不偿失。这是一个通过观察得出的经验性结论。第二，市场份额小于最大竞争者的 1/4 就不可能有效地参与竞争。这也是一个经验性结论，但不难从经验曲线的关系中推断出来。上述两个条件最终将导致这样的市场份额序列：每个竞争者的市场份额都是紧随其后的竞争者的 1.5 倍，而最小竞争者的市场份额不会小于最大者的 1/4。从数学原理上讲，要同时满足上面这两个条件，就不应有 3 个以上的竞争者存在。根据布鲁斯·亨德森的经验结论，在某一特定区域中，不同媒介种群在市场上呈梯队分布格局，而且只能有 3 个梯队，其中第一梯队媒介的市场份额是第二梯队媒介的 1.5 倍，是第三梯队媒介的 4 倍，除此之外的媒介都将难以生存。

二、不同媒介种群的共生与融合

上面重点阐述了不同媒介种群之间的对立性，下面来看不同媒介种群之间的统一性。不同媒介种群之间固然存在冲突与对立，但仅仅看到两者之间的非兼容性也是不够的，传媒经营管理者还必须看到两者之间的共生性。在中国，不同种类媒介的统一性可以从以下几方面来解析。

（一）中国传媒行业的特殊背景与制度安排

在中国，从历史和官方制度设计角度看，不同媒介种群之间的统一性是主导和主流。新中国成立以来，传媒业是按照计划经济时代的"条块分割"模式来构建的，这种制度设计的初衷是不同媒介种群之间分工明确、各司其职、相互促进、共同发展。这种制度设计体现在行政管理体制上，不同媒介种群分别隶属于不同的行政主管部门：在通讯社方面，新华社是唯一的国家通讯社，归国务院直接管辖。中国新闻社以海外华侨、外籍华人和港澳台同胞为主要服务对象，向境内外媒体提供供稿服务，由国务院侨务办公室主管。在图书、报刊方面，原国家新闻出版总署及各级新闻出版局负责管理平面媒介，包括出版社、报社、期刊社以及出版、印刷、发行等相关行业事务。在广播电视电影方面，原国家广播电影电视总局及各级广电厅局负责管理广播电视和电影事务。当然，在数字媒介方面，缘于数字媒介本身具有较强的跨界属性，目前国内行政管理界限尚未厘清，存在行政职能交叉重叠之处。在动漫与游戏领域，文化部、原新闻出版总署、原国家广播电影电视总局、工业与信息化部均有管辖权；在网络媒体方面，原新闻出版总署、国务院新闻办公室、文化部、工业与信息化部等均有管辖权。尽管如此，以上各部门在数字媒介管理方面还是有一定区分的，如新闻类网站一般由原国家新闻出版总署负责资质审批，商业性网站直接由国务院新闻办公室审批，工业与信息化部则主要负责网站接入审批，文化部主要负责数字媒介终端实体（如网吧等）的审批。总的来说，在传统媒介领域，行政管理条块分割明晰，政府试图构建一个分工合理、平等和谐、共同发展的媒介市场。

从媒介市场实情看，中国传媒市场也基本上是按照政府的制度设计而行事，不同媒介种群之间大体上还是泾渭分明，呈差异化竞争之态势，如大多数广播电视集团并不将报刊和图书视为主业，而大多数报业集团也未将发展电视业务视为主业。可见，在中国，由于政府从宏观层面规定了不同媒介种群的经营范围，不同媒介种群之间呈错位发展的态势，大抵还是一个"井水不犯河水"的差异化局面。2013 年 3 月，国务院公布了新一轮中央政府机构改革计划，原国家新闻出版总署与原国家广播电影电视总局合并为国家新闻出版广电总局，上述局面可能会有改变。

（二）不同媒介种群的不可替代性

在科学技术高度发达的背景下，不同媒介种群之间是否可以彼此替代呢？我们认为，不管科学技术如何发展，不同媒介种群之间并非可以完全相互替代。尽管在媒介传播内容层面上存在部分同质化现象，但不同媒介种群仍然有着不可忽视的优势，使其不能被其他媒介完全替代。分析一种媒介是否会被其他媒介所替代，关键是看它是否有独一无二的特性或优势。对此，我们以几种主要媒介种群为例，进行具体阐述。

1. 报纸媒介的独特价值

报纸媒介（这里主要是指纸质的报纸）是一种古老的传统媒介，在新兴数字媒介高度发达背景下，"报纸消亡论"甚嚣尘上。那么，报纸到底会不会被完全替代？或者说，报纸媒介有没有独一无二的特性或优势呢？确实，报纸的部分优势已经不复存在，如报纸媒介传播的及时性不如广播，报纸媒介传播符号的丰富性不及电视，报纸媒介的保存性优势可以被网络所取代等。但是，报纸仍有容易被忽视的天然优势：第一，报纸适合在自然光的环境下阅读，在信息接收环节对受众的身体伤害程度最低，具有环保优势。第二，印刷报纸媒介在受众消费过程中无须电能，具有节能优势。第三，报纸媒介的信息编排和版面布局传达了一种空间顺序语言，让受众产生庄重严肃、真实可信的心理皈依感。报纸媒介的这些独特性都是其他媒介不能替代的。

2. 广播媒介的独特价值

广播在 20 世纪 20—60 年代曾一度非常繁荣，占据主流媒介位置。而后兴起的电视普及后，广播迎来了低潮。但是，20 世纪 90 年代后，广播重新找到了它的价值和存在依据。随着家庭轿车在发达国家和新兴经济体的普及，城市交通拥挤日益严重，人们每天花费在交通工具上的时间大大增加。在这种背景下，一个新的受众群体——"动众"诞生了。动众，简单说就是移动中的受众，或者说是接收移动媒介信息的受众，是随着移动媒介的出现和逐渐普及而诞生的新一代受众群①，包括乘坐含有移动媒介的交通工具如私人汽车、公共汽车、出租车、地铁、列车等的乘客。动众是广播媒介挖掘的传播对象，由于广播媒介的切入，受众在出行的同时能够轻松摄取外界的丰富信息，进而改变了出发地和目的地之间单调的等待状态，填补了心理上的空虚。广播媒介锁定"动众"这一目标受众群，实现广播的"窄播化"，并采取为移动群服务的相应举措，得到了广泛认可，重新找到了它在受众心目中的独特位置。此外，由于广播媒介传播具有不受空间限制的优势，在国际新闻传播体系中，广播的独特价值仍不可替代，成为一些国家构建国家形象的重要工具。

3. 电视媒介的独特价值

过去，电视传播的是模拟信号，即信息参数在给定范围内表现为连续的信号，或在一段连续的时间间隔内其代表信息的特征量可以在任意瞬间呈现为任意数值的信号。它要求电路要对这种信号不失真地进行放大或处理，因而对元器件及电路参数和外界条件的要求非常严格。模拟信号虽然具有直观且容易实现等优点，但其传输距离较短，传递容量小，保真性较差。模拟通信中，为了提高信噪比，需要在信号传输过程中及时对衰减的传输信号进行放大，信号在传输过程中不可避免地叠加上的噪声也被同时放大。随着传输距离的增加，噪声累积越来越多，致使传输质量严重恶化。自 20 世纪末开始，数字传输技术逐步成熟并获得应用推广。数字信号是用若干个明确定义的离散值表示的时间离散信号，具有以下特点：第一，抗干扰能力强，无噪声积累。由于数字信号的幅值为有限个离散值（通常取两个幅值），在传输过程中虽然也受到噪声的干扰，但当信噪比恶化到一定程度时，即在适当的距离采用再生的方法，再生成没有噪声干扰的和原发送端一样的数字信号，可实现长距离、高质量的传输。第二，便于存储、处理和交换。数字通信的

---

① 夏德勇、朱曼华：《受众的新形态——动众初论》，载《新闻爱好者》，2010（12）。

信号形式和计算机所用信号一致，都是二进制代码，因此便于与计算机联网，也便于用计算机对数字信号进行存储、处理和交换，可使通信网的管理、维护实现自动化、智能化。第三，便于构成综合数字网和综合业务数字网。采用数字传输方式，可以通过程控数字交换设备进行数字交换，以实现传输和交换的综合。在三网融合的背景下，电话业务和各种非话业务都可以实现数字化，构成综合业务数字网。由于上述优势，传统的模拟信号逐步被数字信号替代，电视媒介迈进数字媒介时代。美国、英国、日本等发达国家已经相继颁布法律法规，模拟信号向数字电视转型已经基本完成。在中国，2010年，东部地区、中部地区县级城市，西部地区大部分县级以上城市的有线电视基本完成数字化过渡，2015年将停止模拟广播电视的播出。当前，电视兼具传统媒介和数字媒介的双重优势：一方面，它具有信息报道及时、传播画面形象逼真、权威品牌深入人心等传统媒介的优势；另一方面，它具有易于传输、便于储存等数字媒介的优势。

4. 网络媒介的独特价值

网络媒介是当今影响最大的媒介之一。与其他媒介相比，其主要优势表现在以下几个方面：第一，网络媒介依托于良好的交互设计技术，是互动效果最好的媒介。第二，随着数字技术的快速普及，民众依托网络媒介搭建的微博、博客、播客等自媒体平台等，实现自我表达的愿望，使得网络媒介成为个性化特色最鲜明的媒介。第三，受惠于数字技术，网络媒介在信息储存、分类、检索等方面，具有其他媒介无可比拟的优势。

由上观之，不同媒介均能够在某些特殊情境下满足受众需求的独特优势，具有不可替代的存在价值。不同媒介属性的差异化使得媒介融合共存、互补发展成为可能。从人类的整体需求来看，不同媒介种群之间的和谐发展，增加了人们使用媒介的便利性，满足了人类多样化的媒介信息需求。

（三）不同媒介种群的"共生效应"

自然界有这样一种现象：当一株植物单独生长时，虽然日照和土壤等资源丰富，却经不住风沙侵袭，抗旱能力弱，通常难以生长；而与众多植物一起生长时，则根深叶茂，生机盎然，迅速成长为一个庞大的群体。人们把生物界中这种相互影响、相互促进的现象，称之为"共生效应"。共生不仅是一种生物现象，也是一种社会现象。在人类社会活动中，也广泛存在这种共生现象。英国卡文迪许实验室从1901年至1982年先后培养出25位诺贝尔奖获得者；麻省理工学院、哈佛大学和牛津大学等世界著名学府也更容易产生诺贝尔奖获得者，这些便是"共生效应"的范例。在现代企业经营中，生产过程具有配套性的企业之间都存在明显的共生关系，而且它们都有共同的特征，即共生系统中的任一成员都因这个系统而获得比单独生存更多的利益，即有所谓"1+1>2"的共生效益。

袁纯清研究指出，"共生是指共生单元之间在一定的共生环境中按某种共生模式形成的关系"①。我们认为，传媒经营管理中的"共生效应"，主要是指传媒产业链中的配套协作、不同媒介专业人才的跨媒介共享以及媒介经营中的竞争性合作等现象。在一个特定区域中，若媒介种群数量较少，难以吸引强大的资本，更难聚集一流的人才；加之单一媒介种群之中严重的同质化竞争，在很大程度上抑制了媒介市场的发展。反之，若一个区域的多种媒介种群聚集，则更容易吸引大型资本，便于聚集一流的人才团队；不同媒介之间的资本和人才流动更促使经营采用先进技术和设备，创新媒介内容组合模式，进而从根本上提升区域媒介的整体竞争力。

媒介共生效应在传媒经营中有多方面的例证。在美国，以好莱坞为中心的文化娱乐产业吸引了全球的资本，聚集了全球一流的明星，良好的共生氛围使其成为全球娱乐产业的中心。在印度，影视基地宝莱坞及南部地方语言电影产区聚集了大量的娱乐人才，形成了完整的产业链，每年制作电影逾1000 部，2007 年实现收入 24 亿美元，已成为可与美国好莱坞相媲美的世界级电影产业基地。在中国北京、上海、深圳等地，由于资金充裕，传媒人才集中，产业配套设施完整，电视、报纸、期刊、网络等媒介均得到高度发展，呈现一片繁荣景象。

（四）传媒的包容性发展理念

1997 年，印度学者瑞斯南基于本国实践提出了"包容式创新"的概念，鼓励个人、企业、组织都投入知识创新过程。逆向创新在印度发挥着重要作用，大量创新和新创意源于金字塔底层市场和草根阶层。早在 1966 年，亚洲开发银行就提出"要对地区的和谐增长做出贡献"，这可视做其包容性增长思想的萌芽。2007 年，亚洲开发银行正式提出"包容性增长"的概念，而"包容性"本身也是联合国千年发展目标中提出的观念之一。2008 年 5 月，世界银行增长与发展委员会发表《增长报告：可持续增长和包容性发展战略》，进一步明确提出要维持长期及包容性增长，并相信通过建立包容性、确保增长效益为大众所广泛共享，可以取得巨大成果。此后，包容性发展作为一种经济社会发展理念进入各国公众的视野。

---

① 袁纯清：《共生理论——兼论小型经济》，7 页，北京，经济科学出版社，1998。

从词源上看，包容性发展是"包容性"和"发展"两个词的组合，其核心是发展，但是这种发展不是排斥性的，而是包容性的发展。包容性发展强调发展主体的人人有责、发展内容的全面协调、发展过程的机会均等、发展成果的利益共享，是一种更加全面、更趋公平、更具人文关怀，因而也更具可持续性的新发展理论。① 把包容性发展理念演绎到传媒发展领域，就是强调不同媒介种群的包容性存在，新旧媒介在经营业务上共融互补，共享新技术的发展机遇，共享媒介市场成果。它包括三点理念：一是强调发展主体的包容性，即发展是重要目标，不同媒介种群均需主动参与发展、共同发展，并在发展机会上拥有均等性，享受同等待遇。二是强调发展过程的公平性，即从发展过程的机会均等化着手，努力创造更多的政策和发展机会，并保证不同媒介种群发展的机会公平、环境公正，共同遵守媒介发展规则。尤其是在媒介政策规制层面，强调反歧视、反垄断、反欺诈，着力营造公平诚信的市场条件和竞争氛围。三是强调发展成果的共享性，从发展结果层面强调分配上的公平与和谐，包含共享科技革命带来的媒介发展机遇，共享媒介市场繁荣局面。

综上所述，不同媒介种群之间既有冲突性的利益博弈关系，又有兼容性的和谐共生关系。这种看似对立实则统一的关系可从两个层面加以阐释：

一是从局部的、短期的、静态的层面审视，不同媒介种群之间确实存在利益冲突，它们之间的关系类似于零和博弈。或者说，不同媒介种群之间存在非合作博弈，参与博弈的各方，在严格竞争下，双方不存在合作的可能，一方的收益必然意味着另一方的损失，博弈各方的收益和损失相加总和永远为"零"。零和博弈的结果是一方吃掉另一方，一方的所得正是另一方的所失。例如，在特定时间段内，某个区域的受众和广告市场总量是既定的，不同媒介参与市场瓜分，必然存在残酷的竞争，而那些市场应对能力较弱，综合实力较差的媒介则可能被实力强大、经营有方的媒介挤出区域市场，达到寡头垄断的目标。

二是从整体的、长远的、动态的层面审视，不同媒介种群之间又存在共生共荣、相互依赖的合作关系，它们之间的关系类似于非零和博弈。非零和博弈是一种非合作下的博弈，博弈中各方的收益或损失的总和不是零值，它区别于零和博弈。在这种状况下，某一方的所得并不与他人的所失的大小相等，所以博弈双方存在"双赢"的可能，进而合作。在中国，由于在制度设

---

① 高传胜：《论包容性发展的理论内核》，载《南京大学学报》，2012（1）。

计层面对不同媒介的功能结构即经营范围做了差异化的划界与规定，加之不同媒介本身亦有各自独特的属性，具有不可替代的存在价值，故而存在和谐共生、共同发展的可能。在这种情境下，参与媒介市场博弈对局各方不再是完全对立的，某种媒介的所得并不一定意味着其他媒介要遭受同样数量的损失。也就是说，博弈参与者之间不存在"你之得即我之失"这样一种简单的关系。其背后隐含的一个理念是，参与者之间可能存在某种共同的利益，进而实现相互影响、相互促进的"双赢"或者"多赢"目标，这就是媒介包容性发展的核心旨意。

在现代传媒经营管理实践中，管理者既要看到不同媒介种群之间的冲突性，又要看到它们之间的兼容性，为媒介组织的发展创造最佳的外部条件。

第四节　传媒经营盈利模式的取舍

在现代社会，大多数传媒组织都是独立核算、自负盈亏的"企业型"经济主体①，其可持续发展必须以盈利为前提，而盈利的关键在于找到合理的盈利模式。同时，传媒组织的盈利模式不同，其经营取向及评价标准亦有较大差异。那么，究竟何谓传媒组织的盈利模式？传媒组织的盈利模式有哪些？不同盈利模式有哪些优势与弊病？这是传媒经营管理中经常碰到的问题。

一、盈利能力与盈利模式

从一般意义上说，盈利能力是指企业获取一定水平的盈利，并维持盈利水平的持久性和稳定性的能力。② 不论是投资人、债权人还是企业经理人及其从业人员都特别重视和关心企业的盈利能力。故而提升盈利能力是企业的关键使命，企业只有努力提高盈利能力，才能提高经济效益，实现财务管理的基本目标。企业的生存与发展必须具备盈利的效率性和稳定性两个要件。所谓效率性是指盈利水平要高，以低投入换来高回报，同时项目导入期不能过长、项目的盈利见效要快；所谓稳定性是指盈利能力要具备可持续性，回报的间隔周期不能过长，回报额也不能出现过大的波动。缺乏任意一个要

---

① 这里的企业型经济主体，是相对于政党报纸或公共报纸等非营利性媒体而言的。在中国就是指无政府财政拨款，自主经营、自负盈亏的媒体单位。

② 邓永勤、彭清清：《盈利持久性和稳定性的报表分析》，载《湖南大学学报》（社会科学版），2000（10）。

件，企业就无法生存，直至被市场淘汰。美国《财富》杂志刊登的数据显示，美国大约有 62% 的企业寿命不超过 5 年，只有 2% 的企业能存活 50 年；中小企业平均寿命不到 7 年，大企业平均寿命不足 40 年；一般的跨国公司平均寿命为 10～12 年；世界 500 强企业平均寿命为 40～42 年，世界 1000 强平均寿命为 30 年。另有统计显示，中国的集团公司平均寿命为 7～8 年，小企业平均寿命为 2～9 年。[①] 毫无疑问，企业短命的主因是盈利能力不高、盈利稳定性不强。改革开放以来，中国的新闻媒体由事业单位逐步转变为准企业单位。随着政府为媒体提供的补贴逐步减少甚至取消，绝大多数新闻媒体开始步入"独立核算、自负盈亏"的轨道，成为"企业型"经济实体。《商务早报》、《生活时报》、《南方体育》、《球报》、《今日快报》、《中华新闻报》、《市场报》等相继停刊，其最主要的原因也在于盈利能力过低或者无持续盈利能力。

企业盈利的关键在于找到合理的盈利模式。盈利模式是指经济体（项目）通过投入经济要素后获取现金流的方式和获取其他经济利益手段的总和，其核心是获得现金流入的途径组合。[②] 由于各行业宏观与微观经济环境的变化以及各个行业经营模式的多样性，没有一个单一的特定盈利模式能够保证在各种条件下都产生优异的财务结果。美国埃森哲咨询公司研究分析了 70 家企业的盈利模式，没有发现一个始终正确的盈利模式，但却发现成功的盈利模式至少具有独特价值、难以模仿、脚踏实地等共同的特点。[③] 根据王滨的研究，盈利模式可以从盈利途径、盈利方式、业务结构和成本控制这四个方面进行理解。[④] 盈利途径是指所有能给企业带来盈利来源的业务，盈利途径越多，企业的盈利能力也就越强。盈利方式通常表示企业在利用盈利途径获得收入的时候所要借助的媒介或采取的手段。在传统的盈利途径没有改变的时候，更好更优良的盈利方式也可以增强盈利能力。各种业务在收入中所占的比例可以表示为业务结构，合理的业务结构可以使企业的收入结构更为均衡，以便更好地抵抗风险。成本控制直接影响收益，良好的成本控制能力直接关系到盈利水平。一个盈利能力优秀的经济主体，应当尽可能多地开发多元化的盈利途径，采取尽可能新的盈利方式，形成合理的业务结构，最

[①] 王立志：《企业养生理论探讨》，载《外国经济与管理》，2002（3）。

[②] 王滨：《我国券商盈利模式的现状及改善对策》，载《当代经济》，2005（5）。

[③] 夏志琼：《创造盈利模式》，载《国际融资》，2006（2）。

[④] 王滨：《我国券商盈利模式的现状及改善对策》，载《当代经济》，2005（5）。

大限度地做好成本控制。但在现实条件中，一个企业很难同时在上述诸方面均做到最优，在具体经营实践中可能只能在一个或几个方面取得突破。

二、新闻媒体的盈利模式

企业经营各种业务的核心目标是实现盈利，而盈利最终要靠具体的经营业务来实现，各项业务收益的多寡及其构成状况直接影响企业的盈利。与业务结构紧密相关的概念是业务盈利结构，所谓业务盈利结构是指构成企业收益的不同业务项目的有机搭配与比例。[1] 业务盈利结构是评判企业盈利模式的关键标志，传媒组织亦然。分析新闻媒体的盈利模式，首先要分析它的业务盈利结构。

前面已经指出，新闻媒体的生产经营活动可以分为两个层面：第一个层面是"基础性业务"，即围绕传媒产品本身开展的价值增值活动，它包括两个系统：采编和印刷复制两个环节是传媒产品的生产准备活动，属资源投入系统，该环节一般不具备盈利条件；发行、广告两个环节能够获得收益与回报，属产出系统，是媒体盈利的基本来源。第二个层面是"拓展性业务"，即传媒组织利用"采编—印刷复制—发行—广告"经营链所形成的信息与资本优势延伸产业链，向行业的上游和下游拓展，甚至向其他行业扩展的经营活动。在中国，新闻媒体的拓展性业务通常被称为"多种经营"。于是，新闻媒体是否盈利以及盈利能力的高低取决于发行经营收入、广告经营收入和多种经营收入三者的具体情况。在传媒经营实践中，每种业务均有"盈利"和"不盈利"两种情形，交叉组合后，其盈利模式就有 8 种，如表 2-1 所示。

表 2-1　新闻媒体的盈利模式组合表[2]

类别	1	2	3	4	5	6	7	8
发行经营	盈利	不盈利	盈利	不盈利	盈利	盈利	不盈利	不盈利
广告经营	不盈利	盈利	盈利	盈利	不盈利	盈利	不盈利	不盈利
多种经营	不盈利	不盈利	不盈利	盈利	盈利	盈利	盈利	不盈利
盈利模式名称	发行依赖	广告依赖	双主业	半多元化		多元化	非主业盈利	整体不盈利

---

① 王苏龙：《商业企业的盈利结构分析》，载《商业研究》，1998（2）。

② 说明：本表属于组合表，而非标准的损益表。因为在标准的损益表中，业务只有盈利和亏损两种状态，但从传媒经营实际来看，有特殊之处，如广告经营本身并不存在亏损问题，因为一般情况下媒体的生产成本由发行经营分摊。在本表中，"不盈利"表示该项业务的"盈利为 0"或"亏损"两种情况。

在表 2-1 中，第 8 种营利模式不成立，将第 4 和第 5 种盈利模式合并，于是，就有 6 种盈利模式。本研究分别为其作出命名，下面逐一进行分析。

（一）发行依赖盈利模式

表 2-1 中的第 1 种盈利模式可称为发行依赖盈利模式。该盈利模式与一般企业的盈利模式类似，即主要靠媒介产品销售收入盈利，广告和多种经营收入较少或可忽略不计。其盈利的路径是：媒介产品以高于生产成本的价格销售，媒体从销售价格与生产成本的差价中获利。报纸最初被称为"新闻纸"，就是售卖"新闻"，靠发行盈利。中国古代的民间小报虽不刊载广告，但报纸售价较贵，仍成为有利可图的行业。17 世纪在日本江户街头出现的"读卖瓦版"①，依靠刊载灾害、战争、神童、怪异之事等来招揽读者，靠报费获利。在这种盈利模式中，媒体虽然不刊载广告，但媒介产品售价高于其生产成本，依靠发行即可获得一定利润，以公式表示：

$$媒体利润＝发行总收入－生产总成本$$

在传媒经营中，发行依赖盈利模式也被称为"一次销售"盈利模式，也是媒体最原始的盈利模式，或者说是媒体的"元"盈利模式。这种盈利模式的优点是媒体生产流程简洁，收回投资的时效快，经营风险较小；缺点是盈利模式单一，媒体抗风险能力较弱。在传媒经营中，图书、期刊、电影、唱片、纪录片及部分报纸（主要是教育辅导类、体育类、文摘类、老年类等专业性报纸）等采用这种盈利模式。

（二）广告依赖盈利模式

表 2-1 中的第 2 种情形是广告依赖盈利模式。媒介产品以低于成本的价格销售，此环节虽然亏损，但媒介廉价发行所获得的受众注意力为实施广告传播提供了良好条件，进而具备了售卖广告的机会。其盈利路径是：通过廉价销售甚至免费赠送媒介产品的方式以换取受众"注意力"，这个一次售卖的过程中媒体是亏本的；媒体再将读者注意力销售给广告主，以广告销售收入补偿发行亏损并获取利润。在广告依赖模式下，媒体的盈利模式发生了重

---

① 这种单面新闻印刷品用黏土做成瓦坯，在上面雕以文图，经烧制定型后，印在纸上而成，故被称为"瓦版"。又因贩卖者沿街边读边卖，故正式名称为"读卖瓦版"。读卖瓦版虽算不上正式的报纸，但由于它已具有现代报纸的某些基本特征，如以报道新闻为主、印刷发行等，而且存在时间较长，所以被认为是日本报纸的雏形或萌芽状态。参见郑超然、程曼丽、王泰玄：《外国新闻传播史》，401 页，北京，中国人民大学出版社，2000。

大变化，媒介产品的销售由简单的"一次销售"变成了"两次销售"，如图 2-2 所示。

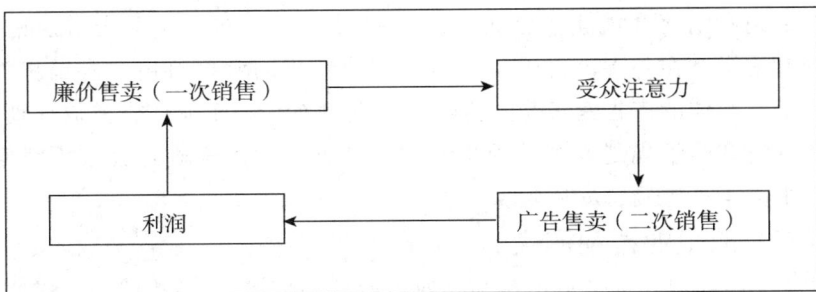

图 2-2 媒介产品的两次销售图

在 19 世纪初期以前，发行依赖盈利模式几乎是所有媒体惯常的盈利模式。1833 年本杰明·H·戴经营首份廉价报纸——《太阳报》打破了这种格局。该报以每份 1 美分的价格售出，即报纸以低于生产成本的价格售卖，通过巨大的发行量吸引广告主，而后靠广告收入弥补了发行亏损，并赚取利润。以《太阳报》为代表的廉价报纸是广告依赖盈利模式的开创者。这种转型带来的好处是丰富和提升了媒介产品的信息含量，扩展了媒体的经营边界，实现了媒体和企业的联姻。

广告依赖盈利模式是当前和今后相当长时期内多数媒体的盈利模式。在传媒经营中，大多数报纸、广播、电视和网络等媒体均属于广告依赖盈利模式。在传媒市场上，绝大多数廉价发行的报纸是依靠售卖广告版面来弥补发行亏损并盈利。广播媒介的节目绝大多数供听众免费收听，同样依靠广告来弥补节目制作成本并盈利。在数字媒介时代，虽然观众需缴纳一定的收视费才能进入数字电视网，但收视费主要用于传输电视节目的网络维护费用，且远低于电视节目的制作成本，大多数电视台还是依靠广告收入来弥补制作成本。在网络媒介方面，由于网民业已养成"免费阅读"的习惯，大多数网络信息均属于免费性质，也是依靠广告等其他收入来弥补。需要指出的是，广告依赖盈利模式也有风险：第一，引发了媒体新闻信息传播和广告信息传播的矛盾。从服务广告主的立场出发媒体试图多刊登广告，期望受众关注广告信息，并将广告充斥于各个版面或时段，形成"强制性广告传播"；但大多数读者购买媒介产品的动机主要是阅读新闻和与己有关的公共服务信息，因而新闻和公共信息的阅读率（收视率或收听率）要远远高于广告信息的阅读率（收视率或收听率）。① 第二，媒体由"一次销售"变为"两次销售"，增加了销售环节，增加了传媒经营的风险。原来报纸依靠一次销售即可完成，现在却要两次销售才能实现销售目标，销售环节的增多无疑会增加销售成本。同时，媒体在一次销售中预先假设廉价销售的亏损将由二次销售弥补，但事实上，媒体的广告销售受到传媒市场竞争态势、企业广告投放周期、宏观经济环境和政策规制等多种因素影响，具有较大的不确定性或不稳定性，这无疑加大了传媒经营的风险。

（三）双主业盈利模式

表 2-1 中的第 3 种情形可称为"双主业盈利模式"。该模式中，媒体的两大主业——发行和广告皆盈利，而多种经营不盈利，基础性业务优势明显，媒体总体上有良好的业绩。国内的《参考消息》和《环球时报》等媒体接近于该模式。它们不仅发行本身盈利，而且广告收入也较为可观。《环球时报》最初定位于靠发行盈利，报纸平均 16 版，零售价 1 元，订阅价每份 0.9 元，发行本身即有一定收益。随着发行量的扩大，广告收入日益攀升，2004 年其广告收入首次超过发行收入，达到 2.6 亿元；报社实现了从发行依赖盈利模式到双主业盈利模式的转型。② 在双主业盈利模式下，该报的盈利能力和抗风险能力增强。2006 年被称为国内都市报的"寒冬之年"，但该报逆市而动，从 2006 年 1 月起由周报改为日报，每周星期一至星期五连续出版，星期一至星期四 16 版，星期五 24 版。改版后，2006 年上半年《环球时报》订户比 2005 年同期增长 55.3％，零售量也有上升，单期发行量均达 200 万份，报社迎来了新一轮大发展。

（四）半多元化盈利模式

表 2-1 中的第 4 种和第 5 种情形可称为"半多元化盈利模式"。该模式有两种情形：一是发行与多种经营盈利，广告经营不盈利；二是广告与多种经营盈利，发行不盈利。半多元化盈利模式主张在重视媒体传统主业（发行与广告）的前提下，积极利用媒体的优势资源开展多种经营，拓展经营领域。在西方国家，媒体多为私营或股份制企业，追求经济效益最大化是其首要目标。媒体不满足于仅仅依靠发行或广告盈利，利用其品牌优势积极拓展经营

---

① 王晓华对报纸的版面阅读率和广告阅读率进行了研究，得出了上述结论。王晓华：《广告效果测定》，34～37 页，长沙，中南大学出版社，2004。

② 钟家斌、赵鹏：《环球时报：读图时代的内容经营》，载《青年记者》，2007（8）。

范围，向受众服务、信息咨询、物业、地产等多种经营领域延伸。在中国，随着传媒市场经济体制改革的深入，媒体必然要拓宽经营范围，寻找更多的经济增长点。于是，开展多种经营（也称为增值经营），实施"三跨"战略——跨媒体、跨地域、跨行业①，成为各媒体经营的常态。这样，在发行和广告收入之外，又增加了多种经营这一收入来源，使得媒体经营的收入来源呈现出多元化的发展趋势。例如，互联网媒体原来主要依靠广告作为收入来源，进入 21 世纪后越来越多的网站开始利用网站的受众资源开展在线游戏、动漫阅读等增值经营项目，找到了新的利润来源。在半多元化盈利模式中，媒体有一个主业盈利，又有多种经营项目的利润来源，是一种较为安全的盈利模式。

（五）多元化盈利模式

表 2-1 中的第 6 种情形可称为"多元化模式"。该模式中，发行、广告和多种经营三者均呈盈利状态，这是媒体最为理想的盈利状态。多元化盈利模式使媒体的盈利结构由广告与发行"两点支撑"的格局，转变为广告、发行和多种经营的多点支撑、共同发展的繁荣局面。一般而言，该盈利模式的实现必须同时满足四个条件：第一，媒介产品定价高于成本，且当地受众具备接受高定价的经济条件。例如，日本主要大报的日常版面为 40 版，单份报纸售价 150 日元，月报费达 4500 日元，报社 60％以上的利润直接来自发行收入。这是因为日本国民自明治维新以来形成了读报习惯，认为不读报就无法跟上形势。又如在以色列，一份报纸的售价约 30 元人民币，该售价在中国是不可想象的。但 2011 年以色列人均 GDP 超过 3 万美元，成人识字率高达 95％，加之该国长期处于临战状态，政治和军事新闻较多，受众对报纸的依赖度较高。第二，媒体的覆盖面广、受众总量大，达到了广告传播要求的覆盖水平。日本《读卖新闻》和《朝日新闻》的平均发行量接近或超过 1000 万份，对广告主有足够的吸引力。第三，媒介产品发行的市场秩序较好，恶性竞争得到有效遏制。例如，日本的报纸发行价格由政府制定，报社不能随意变动，避免了因各家报社降价而导致的"价格大战"。第四，媒体能够开展跨媒介、跨地域、跨行业的多种经营。日本的报社可以经营新闻社、电视台和广播，并可实现跨地区发展，在政策上没有障碍。有了上述四个条件，多元化盈利模式就成为了可能。

在理想多元化模式中，发行、广告和多种经营多业并举，形成"三足鼎

---

① 林如鹏：《跨媒体、跨地区、跨行业——中国媒介集团做大做强的必由之路》，载《新闻大学》，2002（4）。

立"之势，这就能够较好化解媒体业务经营单一的风险，盈利的效率性和稳定性较高，因而这一模式是最为理想的盈利模式。

（六）非主业盈利模式

表 2-1 中的第 7 种情形可称为"非主业盈利模式"，该模式中媒体的主业（发行和广告）均不盈利，但其非主业（多种经营）盈利。按照报界的传统观点，媒体做不好主业就不能称为"传媒"业了，但在特定的情形下，该模式也是存在的。例如，一些企业主办的媒体，其核心目的并非要靠发行来盈利，而是要依靠报纸来提升企业的知名度和美誉度，借此实现企业的营销目标。

三、传媒经营盈利模式的取舍博弈

以上对媒体的 6 种盈利模式及其特征做了简要分析。除最后一种情形是媒体应尽量避免外，其余几种模式皆有存在之可能。归结而论，决策者有两种选择取向，即集中型战略和多元化战略。集中型战略认为媒体的业务虽然多样，但应突出优势，重点发展能够为媒体创造最大效益的业务，使得媒体的盈利结构趋向集中，广告依赖盈利模式和发行依赖盈利模式即属此类。多元化战略则强调媒体在重视传统优势业务的同时，多业并举，促进媒体收入来源的多元化，以降低经营风险，半多元化盈利模式和理想多元化盈利模式即属此类。集中型战略能够突出媒体特长，但若外部环境变动，由于业务较为单一，媒体总收益容易发生波动，风险较大；多元化战略虽然能够为媒体带来多个利润增长点，在一定程度上促进了媒体的均衡发展，但涉足较多新行业，若在人才和管理上未能做及时调整，也会面临一定风险。故而传媒经营的盈利模式是多元的，盈利模式本身并无优劣之分，媒体需根据自身资源优势做出取舍。不管选择何种盈利模式，必须以经营效益最优化为目标。

需要说明的是，媒体的盈利模式选择还要考虑外部和内部环境的变化。或者说，媒体的盈利模式并非一成不变的，随着时空条件的变化，媒体的盈利模式可能发生变化。《南方周末》是国内发行量最大的周报之一，它运用提价策略使其盈利模式经历了三次转型：第一阶段是从 1984 年到 20 世纪 90 年代中期，《南方周末》走的是发行依赖盈利模式的路径。该报创办之初是一份休闲娱乐报，编辑特点是题材新颖大胆，内容轻松活泼，熔知识性、趣味性于一炉，可读性强。这种形式在当时还非常少见，它像一丝春风，给走出"文化大革命"、渴望丰富精神生活的人们带来惊喜和暖意，不仅受到广东本地读者的欢迎，而且很快向全国发行。当时该报对开 8 版，销售单价 0.5 元，虽然广告收入较少，但发行量超过 40 万份，依靠发行获得了丰厚的收益。第二阶段是从 1996 年到 2007 年，《南方周末》走上广告依赖盈利模式的轨道。1996 年该报由对开 8 版扩至对开 16 版，售价提至每份 1 元。从这时起，《南方周末》一直保持着百万份以上的发行量，报纸广告收入快速攀升，发行处于亏损状态。1998 年，《南方周末》平均版数扩为 24 版，单价提为 1.5 元。这次提价后，虽然报纸发行本身仍然亏损，但由于优化了发行结构，剔除了一些广告回报力较弱的发行量，因而提升了报纸的广告盈利能力。从 2004 年起，《南方周末》扩版为 32 版，单份零售价提至 2 元。本轮提价中，报纸发行虽然仍是亏损，但亏损比例下降，而广告创利能力仍然保持在较高水平，因而报纸的创利能力得到稳步提升。第三阶段是 2008 年后，在报纸版面保持不变的基础上，《南方周末》将单价提至 3 元，接近"发行盈利"的目标。经过多轮提价，《南方周末》的盈利模式发生了巨变，实现了由广告依赖盈利模式向多元化盈利模式的转型，为报纸的可持续发展创造了良好条件。《南方周末》总编辑向熹从该报的多次提价中得出结论：内容优秀的报纸必须改变商业模式。报纸有发行和广告两个市场，发行是第一市场，广告是第二市场，改变盈利模式就要从第一市场上获得收益，即从发行市场上获得收益。[①]《南方周末》的成功经历表明：传媒经营的盈利模式还具有变动性，媒体应根据外部和内部环境的变化适时调整经营策略，更新盈利模式，以实现更好的利润目标。

本章参考文献

1. 丁和根. 中国传媒制度绩效研究. 广州：南方日报出版社，2007
2. 童兵. 马克思主义新闻经典教程. 上海：复旦大学出版社，2002
3. 屠忠俊. 新闻事业管理. 武汉：武汉大学出版社，2001
4. 吴飞. 大众传媒经济学. 杭州：浙江大学出版社，2003
5. 吴廷俊. 中国新闻传播史稿. 武汉：华中理工大学出版社，1999
6. 吴文虎主编. 新闻事业经营管理. 北京：高等教育出版社，1999
7. 吴信训等. 现代传媒经济学. 上海：复旦大学出版社，2005
8. 赵辉. 企业利益相关者问题研究. 武汉：崇文书局，2009
9. ［美］罗伯特·W·麦克切斯尼. 富媒体 穷民主：不确定时代的传播政治. 谢岳译. 北京：新华出版社，2004
10. ［美］迈克尔·埃默里，埃德温·埃默里. 美国新闻史：大众传播媒介解

---

① 向熹：《〈南方周末〉欲实现发行盈利》，载《南方传媒研究》，2008（10）。

释史. 展江，殷文主译. 北京：新华出版社，2001

11. ［美］曼昆. 经济学原理. 梁小民译. 北京：机械工业出版社，2003

本章思考题

1. 试分析传媒的经济效益、政治效益、社会效益及其相互关系。

2. 论述传媒"内容采编业务"与"经营性业务"之间的对立统一关系。

3. 举例分析媒介市场中的"媒介共生"现象。

4. 分析报纸和电视盈利模式的异同。

5. 以你所熟悉的一家媒体为例，分析其盈利模式。

第三章　传媒经营管理的历史演进

一百多年前，法国政治思想家托克维尔在其成名作《论美国的民主》一书中有过这样一段话："一个人生到世上来，他的童年是在欢乐和玩耍中默默无闻地度过的；接着，他逐渐长大，开始进入成年；最后，世界的大门才敞开让他进来，使他同成年人往来。到这时候，他才第一次被人注意研究，被人仔细观察他在成年才冒出的恶习和德行的萌芽。如果我没弄错的话，我认为这个看法是个极大的错误。应当追溯他的过去，应当考察他在母亲怀抱中的婴儿时期，应当观察外界投在他还不明亮的心智镜子上的初影，应当考虑他最初目击的事物，应当听一听唤醒他启动沉睡的思维能力的最初话语，最后，还应当看一看显示他顽强性的最初奋斗。只有这样，才能理解支配他一生的偏见、习惯和激情的来源。可以说，人的一切始于他躺在摇篮的褡褓之时。"[①]

托克维尔对美国民主的研究摒弃了我们常见的对宏大理论的建构与论述，转而叩问历史，希望从最初的历史土壤中获得一种启示。这种回到历史原点的叩问实则是一种对过往的反思。哲学家苏格拉底在雅典受审时曾说过，"未经反省的人生，并不值得过。"人生的价值与意义就在于时刻反思自己的过去。传媒业发展到今日，何尝不需要这样时常对历史的反思呢？本章试图对传媒经营管理的历史演进轨迹进行梳理、反思与观照。

第一节　近代报刊媒介经营管理的历史演进

据原新闻出版总署在 2011 年 9 月公布的 2010 年全国新闻出版业的基本情况，中国在 2010 年共出版报纸 1939 种，平均期印数 21437.68 万份，总印数 452.14 亿份，总印张 2148.03 亿。其中，全国性和省级报纸 1052 种，占报纸总品种的 54.25%，总印数占 68.33%；地、市级报纸 871 种，占报纸总品种的 44.92%，总印数占 32.07%。与 1978 年我国改革开放之初，全国只有报纸 186 种，总印数在 160 亿左右相比，分别增长了 10 倍与近 3 倍。中国已成为世界上报纸发行总量最大的报业市场，并且数字内容产品日益丰

---

① ［法］托克维尔：《论美国的民主》，上卷，30 页，董果良译，北京，商务印书馆，1988。

富，通过数字化和互联网传输的报刊已有 3 万多种。①

中国传媒业是世界传媒产业发展的一个缩影，在传媒业不断变革与持续发展的今天，这个被称之为"朝阳产业"、"环保产业"的新型产业，从它在近代出现起，其经营与发展如同它对言论自由的争取那样，经历了崎岖不平的发展历程。

一、从贵族报刊到廉价报刊：双重出售模式的出现

报刊的诞生史，是社会各种力量不断角斗、博弈的历史。当代著名传播学者麦奎尔曾总结说，政府对新闻自由的干预控制和媒体对此进行的反干预、反控制，常常构成传播领域的基本冲突，之所以如此，是因为报刊是人类思想与言论自由的载体。

世界上第一批报纸出现于 17 世纪的德国，1615 年，艾莫尔在德国创办《法兰克福新闻》，被视为德国，也是世界上最早的"真正意义上的报纸"。在此之后的一百多年间，德语地区前后共出版了 3494 种报刊，但此时的报刊并未产生较大的社会影响。这是因为当时德国政治制度落后、经济不发达，国家又长期处于四分五裂的状态。虽然德国最早出现了印刷新闻纸和像《法兰克福新闻》这样定期出版的周报，但由于缺乏政治的稳定与经济上的支撑，后继的新闻业发展极为缓慢。

由于封建专制，德国的主要邦国，如奥地利与普鲁士出版的报纸绝大多数都是官报或经特许出版的报纸。官报大多由皇室直接出版，特许报纸则由出版商出版，但也多具备官方色彩，且一份报纸的出版历程相当艰难。1703年，奥地利皇室出版了官报《维也纳报》。此后几十年里，再无其他报刊被允许出版。1704 年，普鲁士一位姓福斯的出版商在柏林创办了他的小报纸，经过长达几十年的努力，直到 1785 年才成为官方特许的《柏林政治和学术问题王国特权报》。我们仅从报名中的"特权"二字就可以读出报纸作为一种稀缺的政治资源，是由官方独家垄断的，是属于社会上层的贵族报刊。

除了官方的特许出版制度，封建王权背景下的统治者对报刊的经济管控也十分严格。在霍亨索伦王朝的普鲁士王国时期，除了官报，禁止一切民间报刊出版，并在经济上实行广告垄断制度，由各城市的官方出版附带部分商业新闻的广告报，其他出版物一律不得刊登广告。而报刊也无须为经营而发愁，只需要在信息内容发布上听从当权者的安排，自觉接受书报检查官的检

---

① 2008 中国传媒创新报告课题组：《2008 中国传媒创新报告》，载《传媒》，2009(1)。

查，便可以定期获得政府给予的津贴。正是在这种情况下，报刊的读者只局限于为数不多的上层贵族，而与一般百姓无缘。

一直到 1904 年，德国才出现了第一家真正意义上的大众报纸，这是由印刷商乌尔施泰因在柏林创办的《柏林午报》。它在当时有许多耳目一新的举措，比如头版全部是图片和大字标题，在经营上也开展以街头零售为主的方式。从此以后，德国的大众报刊开始兴起，到"第一次世界大战"爆发前，莫泽、舍尔、乌尔施泰因分别以《柏林日报》、《柏林地方新闻》、《柏林晨邮报》为核心报纸，形成大众化报刊的报团。其中乌氏报团最大，《柏林晨邮报》在 1913 年发行 40 万份，该报团于 1918 年还买下了历史悠久的《福斯报》。

在西方新闻传播业发展史中，英国渐进式商业新闻传播业发展模式很有代表性。陈力丹认为，英国新闻传播业的推进，也是各种力量不断博弈、斗争、妥协的结果，但这种斗争的形式不是"你死我活"的激烈场面，而是不断由"量变"到最后"质变"的结果。[1] 英国在中世纪就已经有许多手抄新闻，这些手抄新闻由于数量少，主要供贵族阅读，如爱德华三世时的米诺特、伊丽莎白一世时的怀特，都是当时颇有名气的手抄新闻人。随着地理大发现而带来的现代化进程，德国人的印刷术和印刷新闻纸传播到世界各地，英国才开始出现册式的新闻书。

从 1528 年起，英国的王室开始对出版业实行了一系列的管制措施，其中最重要的是建立皇家出版特许制，并于 1557 年建立皇家特许出版公司，将新闻出版业作为一种特权行业严格控制在政府的管制之下。从那时起一直到 1861 年最后一项知识税被废除，报刊作为一种贵族的消费品一直存在了 300 多年。1861 年，随着最后一项知识税——纸张税的废除，以前只属于上层贵族的报刊，成为一般工人也能买得起的便士报，大众化报刊时代已经到来。马克思在他的《资本论》手稿中多次论证了以下这个观点："在这里可能存在一些变化，例如，报纸就包括在英国城市工人的必要生活资料之内。"[2]

政府对报刊在政治和经济上的解禁与松绑，使得报刊发展的"春天"真正来临了。这意味着，报刊主必须把办报作为一种同其他商业行为一样的产

① 陈力丹：《世界新闻传播史》，24 页，上海，上海交通大学出版社，2007。
② 马克思：《经济学手稿（1861—1863 年）》，见《马克思恩格斯全集》，48 卷，12 页，北京，人民出版社，1985。

业来经营，争取读者赢得利润。世界上几个主要国家的报刊，都经历了由贵族垄断到政党报刊再到大众化报刊这样的历史过程。英国的大众化报刊出现于 19 世纪中期，代表性的如 1855 年由斯雷创办的《电讯报》，开始售价为 2 便士，在转手另一商人利维后，售价改为 1 便士，开始注重新闻与评论，并以大众喜闻乐见的形式出现，迅速打开了市场。此后到了 1888 年，英国著名的大众化报刊《每日电讯报》发行量高达 30 万份，成为当时世界上发行量最大的报纸。

美国便士报的出现稍早于英国，这是因为美国报业的发展站在了一个较高的起点上，相对而言，比欧洲诸国在争取新闻自由、出版自由上更少曲折，更多顺利一些。1833 年，第一份便士报《纽约太阳报》由本杰明·戴在纽约创办。报纸的内容主要是当地发生的事情及暴力新闻，取材也无很大的特别之处，但读者阅读起来饶有兴趣，最重要的一点是该报售价低廉，在短短 6 个月里，《纽约太阳报》的发行量就达到了 8000 份左右。

德国大众化报纸的出现更晚一些，大约出现于 1865 年的德国柏林，当时广告商莫泽首创《广告电讯报》，获得成功后再于 1871 年创办《柏林日报》，它们所走的是纯粹的商业报纸的经营之路。此后，1883 年出版商舍尔创办《柏林地方新闻》，两年后改为日报，因为接近百姓生活，发行量大增。这应该是德国新闻史上大众化报纸的滥觞期。中国的大众化报纸也出现于 19 世纪 70 年代，那是由在上海的英国商人美查等 4 人集资 1600 两白银创办的《申报》，因为定价低廉，内容充实耐读，很快就击败了在上海报刊市场垄断了 10 年之久的《上海新报》，成为上海乃至全国的第一商业大报。

大众化报纸的出现，带来了报业经营上的一次革命，最重要的是报刊盈利及营销模式的变化。那么，与贵族报刊时期无须担心报纸的销售相比，廉价报纸如何盈利呢？

在许多人眼中，报业的经济运作与盈利过程简直是个谜，"报纸出版者的举动十分奇怪。他们卖那些'煮熟的松树'的价格要比买进它们时低三分之一。这似乎是一次魔术表演：出版者们卖出他们的产品比买进原料时更为便宜，而他们却获利数以十亿计的美元。广告主也急切地把数以十亿计的美元投到这个好似无利可图的交易上，而他们也获利数以十亿计的美元。所有这些最后都是为了读者的利益，读者不费什么却有所得"。①

————————

　　① ［美］本·巴格迪坎：《传播媒介的垄断》，林珊等译，146 页，北京，新华出版社，1986。

对于报纸营销的这个特点，范以锦有过很清晰的解释，他说："一般企业的产品，只要将产品推销出去了，就会直接产生利润。而报纸要产生利润，必须经过二次销售才能实现……第一次售卖是亏本的，是将整张报纸卖出去，实际上是在营销'影响力'，有了影响力，广告客户产生浓厚兴趣后便投放广告。报社进行第二次销售，'卖'一些版面，也就是客户交了广告费，报社就给版面刊发广告。"①

范以锦所揭示的报纸营销的谜底，实际上就是报纸的双重出售模式，它并非是将报纸作为纸张卖给读者，对读者而言，报纸的纸张无足轻重，读者所关心的是纸张上登载的内容，因此报社第一次售卖实现的是"内容售卖"，而报纸发行量的大小、读者的关注程度才是报社真正能实现盈利的"秘密"。在完成了内容售卖后，吸引广告商的广告投放，从而实现了将读者注意力转卖给广告商的过程，这就是"第二次售卖"。简而言之，双重出售是指新闻机构以低于成本价格，甚至免费赠送产品，同时按价格原则向广告客商出售广告并获得利润，以维持自身的生存与发展的独特经营模式。

最早出现便士报的美国，这种奇特的营销方式进入人们视线后立刻引来了大量的关注。就以《纽约太阳报》为例，该报为了招徕读者，在内容上下了很大力气，版面更多地关注劳工阶层，并以有趣的方式予以呈现。报刊进入到了民众的生活之中，同时由于报刊发行的增加，广告商们也开始蠢蠢欲动。因为报纸巨大的发行量能让那些得不到销售的商品得到宣传的机会。美国第一个广告代理商沃尔尼·B·帕尔森于1849年开始充当报纸与商人之间的联系人，很快便获得了成功。广告收入的增加也促使报刊主编和发行人有可能扩大报道范围，增加报道内容，并在扩大再生产上加大投入。《纽约太阳报》在1837年由摩西·Y·比奇接手后，购买了当时新型的霍式蒸汽驱动圆压印刷机，这种机器每小时能印4000份报纸，成为当时最先进的印刷设备。

总之，大众化报刊在19世纪中期的出现，让报刊不再只是权贵们的特权商品，而且成为普通大众的日常读物，这是言论自由的伟大胜利。同时，让报刊这种特殊的商品进入到市场流通过程中，由此也开创了新的报刊售卖方式。

二、从报刊联合体到通讯社：规模经济与专业分工的发展

19世纪中期大众化报刊的出现与发展，使得报刊的出版者开始思考如何

---

① 范以锦：《传媒营销的特点及创新》，载《今传媒》，2008（4）。

更好地经营的问题。他们或许没有想到，这个以往只是权贵们的特权产品，在进入市场成为普通人读物之后，会给社会以及报刊本身带来多么深刻的变革。

大众化报刊出现之后，有三种因素制约着报纸的发展，它们是读者、传播系统和生产的改进。在19世纪中期，这三个因素都对报纸的发展产生了巨大影响。随着公众识字率的提高以及市面上各类出版物越来越多，公众的眼界变得更开阔了。传播系统的发展达到了办报者做梦也想不到的程度。蒸汽印刷机这一自动印刷术的先导以及造纸术的完善，帮助改变了报业的性质。在采集新闻方面，越来越多的报社发现，当它们在面对世界上突发的重大新闻时，依靠单个报社的采访力量越来越显得力不从心，发展规模与通力协作成为市场扩大后的必然之举。

在美国，1836年克雷格在波士顿首先开展收集来自欧洲的新闻然后卖给国内报纸的业务。他乘船出海迎接邮船，取得新闻后，再用信鸽进行远距离传递新闻，《纽约先驱报》的负责人贝内特就经常订购他的新闻。到了1848年5月，美国纽约6家报纸的负责人，包括《纽约先驱报》的贝内特和赫德森、《信使问询报》的韦布及其助手亨利·雷蒙德、《论坛报》的格里利、《太阳报》的比奇、《快报》的伊拉斯塔斯和詹姆斯·布鲁克斯、《商业新闻报》的黑尔等，达成了一项协议。协议的内容是希望通过在波士顿的电报代理人，共同获取外国的新闻。一周后，雷蒙德代表"联合通讯社"签订了一项合同，规定每拍发3000字的新闻支付电报费100美元，并声明新闻将同时发给费城和巴尔的摩的报纸。[①]

这就是后来著名的"美联社"的前身。通过报社间的联合，共同采集新闻，联合分担费用，用市场的行为来应对新闻出售生意越来越好而带来的挑战，这是大众化报刊进一步发展的必然结果。

美国的"联合通讯社"并非是世界上第一个出现的"报刊联合体"。欧洲是世界上现代通讯社的发源地，下面所介绍的是欧洲的几个主要通讯社的发展历程。

（一）哈瓦斯通讯社

世界上最早诞生的通讯社，目前一般认为是由法国人哈瓦斯于1835年组建的以自己名字命名的哈瓦斯通讯社。实际上在此之前，法国已出现过几

---

① ［美］迈克尔·埃默里、埃德温·埃默里：《美国新闻史：大众传播媒介解释史》，展江、殷文主译，135页，北京，新华出版社，2001。

家通讯社，但因经营不善，维持不长，而未产生世界性影响。

1826 年，哈瓦斯组建了一个新闻社，提供新闻和翻译外国报纸的材料，其订户主要为外交官及贸易、金融界人士。他建议报界订用稿件，却遭到拒绝。8 年后，法国出现了廉价报纸。与政党报纸不同，廉价报纸不重言论，而重消息。根据这种变化，哈瓦斯于 1835 年正式创办哈瓦斯通讯社，招聘记者，采集新闻并开办翻译外国报纸新闻文章的业务。一些廉价报纸纷纷加入客户的行列。哈瓦斯本人和哈瓦斯通讯社由此在法国新闻界确立了重要地位。巴尔扎克于 1840 年在他主编的《巴黎杂志》上写道："一般人都认为巴黎有好多家报纸，但是说老实话，严格点说，全巴黎只有一家报纸，那就是曾在卢梭大街开过银行的哈瓦斯先生经营的'哈瓦斯通讯社'编发的新闻稿。这家通讯社的办事处坐落在邮局前面，因此，世界各地的报纸都会很快就到了哈瓦斯的手里。换言之，哈瓦斯先生比巴黎的任何人都要最先获知世界各地的消息。从这个意义上说，除外交机关外，哈瓦斯无所不知，无事不晓。"

为了提高服务的时效性，哈瓦斯通讯社不断地利用新的技术手段来改进现有的传递系统，扩张业务范围。1840 年，哈瓦斯开始驯养信鸽，展开了布鲁塞尔—巴黎和伦敦—巴黎的信鸽传递业务。1845 年又在罗马、布鲁塞尔、维也纳、马德里及美国等地设立分社。当有线电报实用化后，哈瓦斯通讯社又于 1848 年开通了巴黎与布鲁塞尔间的电报传递业务。第二帝国时期，哈瓦斯通讯社以其新闻的准确、快速而赢得了世界性的声誉。1857 年，它又与法国广告机构和地方报刊签约，以通讯社提供的新闻交换各报社的若干广告版面，然后将版面出售给各广告客户。这种将通讯业务与广告业务合并起来的方法极为成功，它既扩大了通讯社新闻在社会上和报界的影响，又解决了通讯社进一步发展的资金需求，从而使该社在新闻界站稳了脚跟。1859 年，哈瓦斯社又与英国路透社、德国沃尔夫通讯社签订交换新闻的合同，不久又开始利用连接欧美大陆的大西洋海底电缆。哈瓦斯通讯社的业务已经扩大到了世界性的规模。

（二）沃尔夫通讯社

沃尔夫通讯社是德国通讯社的始祖，也是世界上最早及规模最大的通讯社之一。创办者伯恩纳德·沃尔夫曾在法国哈瓦斯通讯社短暂工作过，1848 年回德国接任柏林《国家日报》社长。为了降低该报的采访成本费用，于 1849 年成立了沃尔夫通讯社。该社业务发展极为顺利、迅速，1856 年，与路透社交换经济及股票行情；3 年后，又与路透社、哈瓦斯通讯社及纽约美联社共同签约，相互交换政治及经济新闻。但是，由于当时欧洲大陆电讯联系尚未畅通，所以直到 19 世纪 60 年代，沃尔夫社才能为德国的报纸及商业公司经常性地提供消息服务。

1866 年，由于路透社得到普鲁士汉诺威王朝的授权许可，铺设了由德国北部海岸到英国英格兰的海底电缆，沃尔夫通讯社愤而退出上述合约，与路透社、哈瓦斯通讯社展开了激烈的竞争。至 1869 年，由于路透社通过海底专用电缆，将新闻传到印度及远东各地，声势大振，如日中天。沃尔夫通讯社相形之下，显得势孤力单了。

（三）路透社

路透社的创立者保罗·朱利叶斯·路透，原是一个德籍犹太人，出生于德国卡尔塞。路透早年做过银行职员，曾在柏林开过书店，后来又到法国巴黎，在哈瓦斯通讯社当翻译。1849 年离开该社，在德国的亚琛设立通讯机构，利用信鸽向布鲁塞尔传递商业及股票行情，但效果并不理想。他打算在巴黎建立一个综合性的欧洲通讯社，可法国政府拒绝合作。1850 年，英吉利海峡海底电缆铺设成功。第二年，路透接受友人的建议于伦敦正式创办了路透社。当时的路透社极为简陋，除路透本人外，只雇了一个 12 岁的小孩。其传播的内容，大部分以商业消息为主，订户多为银行家及证券经纪人，后来才逐渐增加政治及外交消息，开始了现代意义上的消息报道。

和哈瓦斯通讯社初期的遭遇一样，路透社开始也得不到伦敦报界的支持，处境艰难。路透以为，如没有报纸订户，通讯社就没有前途。1858 年，伦敦《广知晨报》在路透的鼓动下，成为该社的第一个报纸订户。紧接着《每日电讯报》、《前锋晨报》、《晨间邮报》、《标准报》等相继成为路透社的经常客户。在激烈的竞争面前，《泰晤士报》也不得不采用路透社的消息了。在得到伦敦报界的支持后，路透社的业务迅速发展起来。美国的南北战争、欧洲的法德关系，成了其国际报道的重点。同时，路透社还将触角伸向了未被开垦的亚洲、非洲、大洋洲，并同欧洲其他两大通讯社展开竞争。通过激烈的竞争，在 1870 年前，路透社终于确立了自己的优势地位。

从上述四大通讯社的起源看，世界上最早的通讯社都出现在欧美国家，这是由于欧美国家的大众报刊出现较早，市场化程度的提高促进了对规模经营的需要才出现的。1886 年，日本出现了亚洲第一个通讯社——新闻用达会社。拉丁美洲的第一个通讯社是 1900 年建立的阿根廷通讯社。非洲的第一个通讯社是英国人于 1910 年创办的南非路透社（实际上是路透社在南非设立的分社），真正由非洲人自己创办的通讯社直到 1941 年才在埃塞俄比亚诞生。

"第二次世界大战"以后，尤其是 20 世纪 60 年代，随着越来越多的亚非国家实现了民族独立，一大批新兴通讯社如雨后春笋般涌现。目前，除极少数国家和地区外，世界上绝大多数国家和地区都已建立了通讯社，有的国家和地区的通讯社甚至有几十家、上百家之多（如美国）。通讯社已经成为全球新闻事业的重要组成部分，在各国及国际新闻传播中具有不可替代的重要作用。

此外，从世界通讯社发展史看，它们在经营管理上对于传媒业的发展主要有以下几方面的贡献：

第一，通讯社的专业化生产实现了新闻业的分工，促进了传媒业的发展。在传统模式下，一家报社拥有新闻业的几乎全部功能，既是新闻的发现者、采写者，也是新闻产品的发布者与销售者。传媒之间的分工与交流很少进行。随着通讯社的出现，带来了全新的传媒经营模式，它们专门为报刊提供稿件，新闻的采写和编辑开始实现专业化，促使新闻业内部出现社会分工，提高了传媒的生产力水平。

第二，通讯社专业化的生产带来了报社交易费用的降低。新闻媒介之所以需要通讯社，原因在于通讯社可以降低交易费用，提高经营效率。从通讯社发展的历史看，通讯社的竞争力与优势有两个：一个是通讯社庞大的网络资源；另一个是通讯社的加工能力。所谓网络资源，是指通讯社的新闻信息搜集网和传播网。一个通讯社要想保持足够有力的市场地位、权威地位和竞争能力，就必须拥有足够强大、高效率的新闻信息搜集网和传播网。至于加工能力，是指通讯社的新闻信息加工能力，这是其他新闻媒介不擅长或难以做得更好的一种能力。通讯社通过这两种能力批发式地向用户提供信息，就可以极大地降低自己和用户的交易成本，实现信息交易的双赢。

第三，通讯社的专业化经营带来了自身核心能力的提升。核心能力是指一个企业由于长期从事某一专业领域而拥有的资源与经验，并在此基础上形成了自己与同行的差异。通讯社核心能力的提升十分明显地体现在运用庞大的信息网，以最快的速度报道新闻事件上。而这一优势是专业分工所带来的。

第二节　广播电视媒介经营管理的历史演进

广播电视是 20 世纪以来对人类社会生活影响最大的媒介。与纸质媒介不同，广播电视是电子传播媒介，即将声音、文字、图像等信息转变为连续的电子信号，通过有线或无线的方式传播出去，供受众收看收听的传播媒介。

广播电视的出现有赖于世界上许多科学家的共同努力。1864 年，苏格兰数学家麦克斯韦提出了著名的电磁波理论，1887 年德国物理学家赫兹验证了麦克斯韦关于电磁波发生和接收的理论，由此为发展无线电广播的应用奠定了基础。真正对无线电应用作出开拓性贡献的是俄国人波波夫和意大利青年发明家马可尼，他们在 1895 年宣告发明了无线电传送技术。在随后的几十年中，加拿大人费辛顿在美国通用电气公司的帮助下，于 1915 年生产出当时最好的交流电发射机。英国的贝尔德在 1925 年 4 月，在伦敦向公众展示了第一台机械电视机。

1920 年 10 月 27 日，世界上第一个广播电台 KDKA 在美国宾夕法尼亚的匹兹堡市正式创办。几年后，在中国的上海，美国人奥斯邦开办了中国第一家无线广播电台。电视则在 20 世纪二三十年代首先在英国、美国和德国等少数几个国家率先出现。1929 年，英国广播公司开始试播无声电视，到了 1935 年，英国广播公司建立了电视节目机构。

广播电视的发展至今已历经百年，在这一百多年的发展历程中，其经营管理的经验值得我们好好去借鉴。

一、广播电视媒介的技术革新

从广播电视的发展史可以看出，相较于报刊，广播电视的发展更依赖于近代以来科学技术的进步，从最初的电能的发明与运用、无线电的发现、音频视频的运用到当下数字技术的采纳。我们看到，技术革新是广播电视媒介发展的关键。

以中国广播电视的发展为例，30 多年来，中国广播电视经历了卫星广播电视技术到有线电视网络技术再到数字技术应用的"发展三部曲"。

（一）卫星广播技术的应用

新中国成立后，人民广播事业得到迅速发展和壮大。但由于广播电视节目的技术传送手段落后，严重影响覆盖网的建设。在 20 世纪 80 年代中期以前，中央电视台的节目，只能靠微波和高山台差转接力方式向下传送；而中国 70％的国土是山区，因此环节多、质量差、覆盖面小。广播电视节目传送这一长期困惑广播电视事业进一步发展的难题，一直到 1985 年中国开始利用通信卫星向全国传送广播电视节目才得到了根本性的解决，从此中国广播电视事业发生了革命性的变革。

卫星广播电视是 20 世纪 70 年代的新技术，是人造地球卫星的一项重大应用成果。它具有覆盖面积大、容量大、传输质量好、投资省、见效快等优势，对于幅员辽阔、地形复杂的中国来说，它是解决广播电视节目传输和覆盖的最有效的手段。中国从 20 世纪 70 年代中期就致力于发展卫星广播，直到 1984 年 4 月中国第一颗试验通信卫星"东方红 2 号"发射上天，成功地进行了广播电视节目传送试验。继而经中央批准，从 1985 年起实现了卫星广播的实际应用。

从 1985 年起，卫星广播电视从中央发展到地方，从电视发展到广播，从 C 频段发展到 Ku 频段，从模拟传送发展到数字传送，从转播发展到直接入户，从而使中国在卫星数字广播电视的应用上进入了世界先进行列。

卫星广播的迅速发展，扩大了广播电视节目的覆盖面。1985 年中国广播电视覆盖率仅为 68％，到 2006 年，中国有广播电台 267 座，广播节目 2442 套；电视台 296 座，电视节目 2984 套，国内广播和电视覆盖率分别达到 95.03％和 96.24％。[①] 卫星广播的迅速发展给受众提供了几十套优质的广播电视节目。现在，即便是边陲小岛，人们打开电视机就能收到内地各省的电视节目（通过有线电视），而且图像质量和在大都市收看的一样好。卫星广播的迅速发展还使中国中央电视台和国际广播电台的各套节目优质地传送到五大洲，为在当地"落地"提供了保证。

（二）数字技术的应用

新中国成立后相当长一段时间内广播电视台播出的广播和电视节目，采用的是模拟技术，即广播电视节目的信号波形是模拟信息变化而连续变化的。模拟广播电视的显著缺陷是经过多次复制和长距离的传输，图像和声音的损伤会积累。

随着数字处理、数字储存、数字传输技术的日益成熟，20 世纪 90 年代全球数字化浪潮的兴起，数字广播电视技术，包括制作、播出、传输、发射和接收各环节也趋于成熟。

中国广播电视从模拟到数字的过渡始于 20 世纪 90 年代初，首先是广播和电视中心设备的数字化更新。在中央台、国际台和经济发达地区的电台率先推广使用了数字化的音频制作、播出设备。1997 年国际台的新业务楼建成播出时，实现了全数字化的节目播出。中央电视台也大力推动数字化进程，全数字化演播室、非线性编辑系统、数字录像机被大量采用，数字 SNG 和数字转播车的投入使用，不但进一步提高了电视节目的制作质量，而且增强

---

① 　郭镇之：《中外广播电视史》，244 页，上海，复旦大学出版社，2010。

了时效性。

由于数字压缩技术的成熟和应用，数字技术也进入了广播电视传输领域。1997年1月我国在卫星广播电视中正式采用国际通用的数字压缩技术标准来传输广播电视节目。原来一个卫星频道只传输一套模拟电视信号，现在可以传5套，甚至更多，带来了更高的频谱利用率和传输的经济效益，并使各省的电视节目都获得了上星的机会。目前，利用数字压缩技术在有线电视中传输电视节目的技术已成熟，标准也已制定。数字化将给有线电视带来更大的生机和活力。

广播电视的数字化给广播电视带来了重大的变化，主要表现为：节目质量提高，透明传送，即使在很远的地方接收也如临现场；节目制作可运用多种手段，使节目更加丰富多彩；节目套数大量增加，充分利用频谱资源，并可开展按需点播节目业务；实现数据广播等多媒体广播；产生新的广播方式，如高清晰度电视、数字声音广播等；提高节目制作的效率，节省人力资源。

进入21世纪后，模拟向数字的全面过渡正快速进行。过渡最难的是涉及千家万户的用户终端网络和设备的数字化。中国有3亿多台电视机，5亿多台收音机（录音机），要实现广播电视的全面数字化，将涉及每家每户现在接收设备的更新改造，需要用户自己投资。最近几年来，由模拟向数字过渡的进程加快，东部地区、中西部的省市已经实现了广播电视数字化，仅部分农村尚在改造。随着数字广播电视的发展和国家扶植的推进，我国将在2015年前完成由模拟广播电视向数字广播电视的过渡。

（三）有线电视网络技术的应用

中国有线电视从1974年在北京饭店安装第五套共用天线电视系统时诞生。但真正作为有线电视网络，其发展始于20世纪80年代后期，即市县有线电视网的建设。

当初，有线电视网的建立有两大原因：一是城市天线电视的质量不能令人满意，尤其是高楼林立，对电视信号传播的阻挡造成图像重影；二是无线电频率资源紧张。一般来说，市县只能分配到4个电视频道，用来转播中央、省、市、县台的电视节目，要收转更多的节目就没有可能。

20世纪80年代末有线电视技术在美国、欧洲已开始迅速发展。有线电视的容量大、传输质量好等显著特点正好可以解决当地无线传输的不足。在欧美示范效应的带动下，有线电视在我国快速兴起，在1990年11月广播电影电视部颁发《有线电视管理暂行办法》后得到迅猛发展。

随着光纤技术、数字技术和信息技术的进一步发展，有线电视在 20 世纪 90 年代中期后逐步成为各国信息高速公路基础设施的组成部分，得到各方青睐。有线电视的宽带、交互等功能进一步得到推广和应用。

中国有线电视终端用户在 1990 年为 1300 万户，到 2000 年已增加到 9000 万户，成为世界上有线电视用户最多的国家。中国有线电视网能向用户提供几十套中央、各省和本地的电视节目，有的还开展了多功能数据信息服务；有线电视的区域联网在"九五"期间得以实施，目前国家广电光缆干线已连通中部、东部 24 个省、自治区和直辖市，中国有线电视网已成为国家信息化的重要组成部分。

有线电视技术给广电事业带来的变化是深刻的。主要表现为以下几个方面。

第一，扩大了广播电视的有效覆盖，提高了收视质量。有线电视网是可以同时传输音频广播节目的，但由于种种原因，在绝大多数网络运行中，目前只传送电视节目。仅就电视覆盖而言，有线电视大大提高了用户的收视质量，而且使原先看不到或看不好电视的地方，看到了图像清晰的电视。

第二，使用户能看到几十套以上丰富多彩的电视节目。基于有线电视本身的大容量，通过和卫星传输结合，有线电视网能将几十套甚至数百套（采用数字传输后）电视节目传送到用户终端。中国 20 世纪 80 年代就开始兴起"四级办"模式，其实真正的"四级办"在有线电视发展后的 90 年代才真正得到了体现。如果没有有线电视的普及，中央电视台的第 2～8 套节目就不可能有目前这样大的覆盖率，不能如此广泛地被亿万用户收看。

第三，有线电视的多功能开发，使用户得到更多更广泛的信息服务，如视频点播、因特网接入、计算机联网、股市行情播报、金融服务、远程教育、电视会议和高速数据传输等。它将进一步影响人们的工作、生活质量和方式。

第四，有线电视的资费政策，为广播电视事业的发展注入了活力。无线电视在中国一直是不收费的，电视台主要靠国家财政和广告收入维持运营。有线电视是在和无线电视同播基础上诞生，最初只作为"无线电视的延伸、发展和补充"而存在的，但它在一开始采取的"有偿服务"的资费政策就得到了国家和民众的承认。建设有线电视，收初装费；运行后，收取收看维护费；播出广告，收广告费。从这个意义上讲，有线电视也是中国电视经营历史上的重大变革。

（四）科技发展对于广播电视经营的影响

人类社会的发展史，实际上就是传播媒介不断改进更替的历史。从语言、文字、印刷术的发明到如今计算机技术的普遍使用，迄今为止还没有哪种技术能像信息技术这样对人类社会产生如此广泛而深刻的影响。

在广播电视媒介领域，数字技术的发展实现了电视与信息的有机结合，这是电视媒介自诞生以来的最大一次技术革命。与此同时，伴随着数字革命，电视媒体由模拟形态向数字形态转变，从而带动了整个市场结构与观众消费行为的巨大变化。因此，广播电视的经营管理也必须同步调整以适应这一时代的变迁。就数字电视这一对社会公众影响最大的媒介形态而言，它在经营管理上主要有如下的策略。

1. 重塑产品营销策略：节目内容的差异化

在高度细分和专业化的市场下，数字电视需要提供独特的内容来吸引不同定位的消费者。55.1%的广电机构认为，能收看到更多的节目内容是用户选择数字电视的首要原因。但是目前电视台自制的节目远远不能满足观众的收视需求。《中国数字电视报告》指出，77%的广电机构表示：内容不足是广电系统内发展数字电视碰到的最大困难。拉动数字电视频道销售的主导力量事实上还是来源于内容，这也是所有媒介发展的公理和定律。如果在内容和服务方面，数字电视不能给用户提供足够的"收益"，满足用户的消费意愿，那么数字电视的可持续发展将缺乏根基。在数字时代，节目制作的高质量和节目内容的差异化成为网络运营商首选的营销策略。

2. 改变价格营销策略：收入来源的结构化

数字电视的发展建立在原有模拟电视的改造基础上，其收入来源一方面继承了原有的"收视费＋广告"模式；另一方面不断开拓增值业务。数字电视的收入来源除了传统的广告收入之外主要有五个层次结构：第一层，数字基本频道，以本地和中央的无线频道为主，只向用户收取基本维护费；第二层，基本付费频道，以本地有线和各省的上星频道为主，是一般用户的基本需求；第三层，单个式付费频道，即通常而言的数字付费频道；第四层，视频点播，具体分为准视频点播和完全视频点播；第五层，其他增值业务收费，如电视节目指南、电子商务、家庭银行等业务的收费。

对于上述五个不同层次的收入可以采取不同的价格策略：第一层次的基本频道是根据政府的统一定价，没有价格定位与操作的空间；对于第二层和第三层收入可以捆绑式定价，将多个基本节目作为一个整体包，给予一个特别优惠的价格卖给用户；第四层和第五层的业务则需要针对网络互动电视

（IPTV）的发展态势采取竞争导向定价法，同时结合采用认知价值定价法根据消费者在观念上对节目的认可价值采取相应的策略。

3. 调整客户策略：用户服务的专业化

在模拟电视时期单一广告收入模式和频道资源稀缺的情况下，中国传媒运营者特别是强势媒体在客户服务方面市场化程度普遍不高，对于未来的数字电视来讲，收入将由目前模拟电视的单一广告收入模式转变为付费加广告的收入模式，而付费收入将成为主要的收入来源。因此，未来传媒运营者关注的焦点将由广告主转变为用户。在数字电视建设初期，如何利用营销手段吸引用户的加入，在数字电视建设的中期和后期，用户是否愿意为其节目支付收视费，是否有兴趣参与运营商提供的相应互动活动，是影响数字电视成败与否的关键因素。在模拟电视运营开通电视频道时，传媒运营者与广告商签订合同，而在数字电视时代，传媒将直接面对广大用户，并与用户签订数百万计的合同。数字电视与用户之间的互动关系要求运营商根据用户的消费意识和消费认知细分市场，竭诚提供专业化、差异化的服务。

二、电台、电视台的频率、频道专业化，制片人及制播分离

与出版社、报刊社等印刷媒体相比，现代广播电视有着更复杂的经营管理结构。在继承印刷媒体经营管理模式的基础上，广播电视还创造了更为独特的经营管理理念和制度体系，"频道专业化"、"制片人制度"及"制播分离"等就是重要的代表。

（一）广播频率专业化和电视频道专业化

广播频率专业化是指电台要有自己的特点，目标受众要明确，要通过特色的节目形式和内容来吸引特定的收听人群。电视频道专业化，指的是电视媒体经营单位根据电视市场的内在规模和电视观众的特定需求，以一频道为单位进行内容定位的划分，使其节目内容和频道风格能较集中地满足某些特定领域受众的需求。这是目前国际电视传播业发展的一种明显趋向。

无论是广播频率专业化还是电视频道专业化，它们的理论根据都是来自于市场营销学的"市场细分理论"与"分众化"消费理念。"市场细分理论"最早是由美国学者温德尔·R·史密斯在1956年提出的，其核心内容是根据构成总体市场的不同消费者的需求特点、购买习惯，将消费者细分为若干个相类似的消费群体，然后针对不同的消费群体，从产品计划、分销渠道、价格政策直至推销宣传，采取相应的整套市场营销战略，使企业商品更符合各个不同消费者阶层和集团的需要，从而在总体上提高竞争能力，占领较大的市场。

　　因而，频率和频道的细分与专业化是广播电视作为一个产业进入到成熟阶段的标志，随着分工的精细和定向化，广播电视传播的效果与效益会极大提高。例如，HBO（家庭影院频道）、ESPN（娱乐体育频道）、MTV（音乐频道）等专业频道在世界广电行业拥有极高的影响力，并创造出巨大的经济效益。

　　与西方国家相比，中国的广播电视频率、频道专业化起步时间较晚。在21世纪初，伴随着电视产业的发展，电视台之间竞争激烈，中国受众分化现象日益明显，频道专业化作为迎合全球电视发展潮流的重大举措应运而生。这也被称之为是中国电视业在20世纪80年代以来继"四级办电视"后的"第二次创业"。①

　　从当前电视实践上看，频道专业化具有如下优点。

　　第一，适应分众化传播的需求，使得电视传播价值由笼统、模糊变得更加具体，实现了传播价值的扩大化。

　　第二，有利于电视台重新组合各种资源，整体上形成品牌效应，并促进了个性化栏目的涌现和品牌栏目的成长。

　　第三，适应了媒介竞争的需求，实行品牌战略后，大大提高了电视台的竞争力。

　　以上海文广新闻传媒集团重组11个电视专业频道为例，它的目的非常明确：这是上海电视业在新的形势下深化改革，向专业化频道体制迈进的一个重要举措。集团是在2001年整合上海人民广播电台、上海东方广播电台、上海电视台、上海东方电视台、上海有线电视台等单位的基础上组建而成的，有5000多名员工。2005年，集团被中国传媒产业年会评选为"中国最有投资价值的传媒机构"第一位。2008年集团总收入70余亿元。集团属下东方卫视在国内已覆盖所有直辖市、省会城市和计划单列市，并且在日本、美国、澳大利亚等国家和地区落地播出，覆盖人口超过7亿。集团下属第一财经频道与宁夏电视台合办宁夏卫视，使第一财经"借壳上星"，节目通过宁夏卫视向全国同步传播，开创了中国电视界的又一里程碑。国家广电总局在2010年6月正式批准第一财经广播节目通过卫星对外传输，这是专业化广播节目第一个获准上星的频率。

　　但同时，在广播频率、电视频道专业化发展与繁荣的背后，中国广播电视依然存在着许多亟须解决的问题，它们主要表现为以下几个方面。

---

　　①　张骏德：《频道专业化——中国电视的第二次创业》，载《新闻界》，2002（2）。

第一，同质化程度高，频道设置雷同。目前，中央以及省市两级电视台的频道设置基本上是新闻、财经、体育、生活时尚、文艺、戏曲、影视剧7种，连频道的名称都大同小异，极少有特色的频道。

第二，频道的专业程度低。例如，各地都设有财经频道，这是一个很专业的频道，它应该以投资者为主，但中国的财经频道都是以消费者为主。所以，除了财经内容外，大部分都是商品消费节目，包括商品供销信息、精品名品指南等，还播放电视剧、体育赛事。从专业频道的节目构成、目标受众看，目前的专业频道仍是准综合频道。

第三，市场机制仍不健全，盈利模式较为单一。中国电视频道专业化步伐缓慢的主要症结在于媒体盈利模式的单一，即广告收入几乎占到总收入的绝大部分。不仅电视媒介如此，广播媒介同样如此。在这种情况下，电视只得拼命增加频道，广播也只能尽量提高收听率，从而占有更大的广告市场份额。而广播电视所要求的节目专业化、人才专业化、市场专业化以及广播电视节目交易体制并没有真正完善。

（二）制片人制度及制播分离

"制片人"起源于20世纪20年代的美国，是电影制片厂老板为控制导演开支过大、降低成本的一项管理制度，即"制片人制"。现在所谓的制片人是指在影视制作中对节目的内容、人员组成和经费运作进行把关的人，是受本单位法人代表委托，在创作集体中的全权代表、总负责人。[1]

电视节目制片人制的出现，是广播电视观念转变和功能开掘的产物，是市场经济条件下，电视台为加强和改善节目生产管理，提高节目生产效率，形成节目市场的一种积极而有益的尝试。在电视节目的集体创作中，制片人是这个创作集体的责任者，他要负责构思节目的主题，制订拍摄计划，领导整个制作过程，从最早的选题到最后的审片他都要参加。因此，制片人在节目组中，既是组织者又是管理者，担任这个角色的人必须具有独创性以及渊博的知识和灵活的头脑，并且还要有较强的组织能力。

制片人制得到普遍认可和实行有下述原因：第一，在市场方面，过去电视台的收视调查主要是针对广告客户，较少重视观众的需求。实行制片人制后，观众的需求成为制片人首先要考虑的问题，这就为观众市场的细分和精品节目的诞生奠定了基础。第二，在节目质量上，实行制片人制的节目，由于追求"质量决定创收"的良性生产制度，所有的人事安排和节目调度都为

---

①　卢永明：《电视制片人制刍议》，载《当代传播》，2002（5）。

"产品质量"而服务，因而有效地避免了各种盲目状况。例如，中央电视台的《东方时空》栏目，它所实行的就是制片人制，制片人一般由电视台各级部门聘任或聘用。对栏目内的工作人员，制片人拥有较大的聘用和解聘的决定权。这就在很大程度上解决了电视节目集体生产中那种机构臃肿、人浮于事的弊端，能够发挥每个人的主动性。

"制播分离"就是制作与播出分开，电视台只制作新闻节目以及部分核心栏目，大部分节目由独立制作公司提供，这就是经济学上所谓的"外包"。制播分离可以充分利用社会资源，包括各界的人力、物力和财力，进而大大节省电视节目成本，保证电视频道有充足的节目来源。事实上，中国目前的电视节目，除向国外收购的有些节目以现金支付外，国内电视节目和部分外国进口节目都是最原始的"以货易货"，各家电视台之间基本上是相互交换节目。而电视台对制作公司基本上以电视广告时间交换电视节目（例如每集45分钟左右的电视剧交换60秒钟的广告时间）。

综合来看，中国当下的制播分离一方面释放出了电视台的活力，让其有更多的时间与精力专心做新闻，并且较好地整合了社会资源。但制播分离实行多年来，却一直缺乏行业规范与法律约束，这使得很多制片公司难以得到健康的发展，也使得电视台在人才流失上缺乏应对之策。可见，中国广播电视业的制播分离制度尚在探索和初步发展阶段，未来还有很长的路要走。

三、广播电视媒介的"明星依赖"与"造星运动"

现代广播影视经营管理中除了频率与频道专业化、制片人制度、制播分离等特色之外，还存在着普遍的"明星依赖"现象。在《关键概念——传播与文化研究辞典》中，作者约翰·费斯克是这样定义"明星"的：所谓明星是由于在银幕与其他媒介上的公开表演而出名，并被视为各种文化群体之间重要象征的个体。[①] 那么，什么是"依赖"呢？根据《现代汉语词典》上的解释，"依赖"有两层含义："①依靠某种人或事物而不能自立或自给；②指各个事物或现象互为条件而不可分离。"[②]

从上述两个定义中，我们大致可以对"明星依赖"的含义作出一些判断，明星依赖是一种过度信赖或依靠在大众媒介或银幕上因公开表演而成名

---

① ［美］约翰·费斯克等编撰：《关键概念——传播与文化研究辞典》，李彬译注，270页，北京，新华出版社，2004。

② 中国社会科学院语言研究所词典编辑室：《现代汉语词典》，1603页，北京，商务印书馆，2005。

的文化现象。明星依赖现象主要集中在电影创作以及广播电视传播领域，比如在电影界，如今不请出多位所谓"巨星"参加拍摄，那就称不上是"大片"。电影界的这股明星依赖风潮，起始于 21 世纪初。2000 年，香港著名导演李安拍摄了武侠大片《卧虎藏龙》，担任主要角色的除了当年如日中天的周润发和杨紫琼外，还有崭露头角的章子怡和台湾的张震，一部电影一下子请来这么多知名演员担任主演，在当时确实引起了轰动。从那时起，国产大片纷纷以大制作、高投入、高科技、视听盛宴特别是明星荟萃来吸引眼球，像《无极》、《夜宴》、《满城尽带黄金甲》、《赤壁》、《风声》等，莫不如此。在电视界，几乎所有的电视媒体都有关于名人的娱乐和专题栏目，像湖南卫视的《快乐大本营》、安徽卫视的《鲁豫有约》、凤凰卫视的《名人面对面》、中国旅游与经济电视台的《名人与你有个约会》等。从中央台到地方台，这样的以名人为主打内容的节目不胜枚举。名流文化透过电视传播，会达到一个将名人与普通人生活拉近的效果。同时，在运用各种传播符号的过程中，电视会利用一些手段，强化普通受众对名人的痴迷程度。

　　在广播电视等传媒产业中，这种对"明星"的依赖甚至通过媒介内容生产的特有机制，炮制明星，开展"造星运动"的情况就更普遍。广播电视产业既依赖已经成名的明星造声势，扩大影响，同时也更热衷于利用传播媒介的特有优势，包装、打造明星。电视媒介在这一点上有着其他媒介无法比拟的优势，通过影音效果让亿万观众注视荧光灯下的平民明星们，更会让观众产生一种身临其境的奇特感受。因此，继 2005 年的《超级女声》、《梦想中国》等通过电视选秀打造出像李宇春、张靓颖、周笔畅等平民明星大获成功后，电视选秀便一阵风似的席卷全国。央视的《全家总动员》、东方卫视的《加油！好男儿》、山东卫视的《M－ZONE 天使任务》、山西卫视的《超级少年》、旅游卫视的《万人迷》继之而起，由此开始了电视造星的时代。这类节目面向全国的平民大众，通过全国范围的分区与分级比赛，运用电视台的强力造势和循环推介，将草根民众打造成大众明显，创造了一个又一个人间奇迹。

　　没有明星，就没有娱乐！广播电视的"明星依赖"在一定程度上就是打出了"明星经济"牌。事实证明，这张牌打得好，的确可以为媒体、商家、明星个人带来皆大欢喜的局面。韩国连续剧《冬季恋歌》在日本播出后，男主演裴勇俊成为全日本少女的超级偶像。在相当长的一段时间内，每天大约有 800 名日本裴勇俊迷前往韩国的纳米岛。因为《冬季恋歌》的很多场景就是在纳米岛上拍摄的，因此纳米岛成了他们必须前往"朝觐"的"圣地"。

他们在各种具有"纪念意义的建筑或海报"下不知疲倦地拍照留影，并在当地购买许多纪念品。在这些影迷中，甚至还包括 64 岁的日本老妇。他们坐在一条石凳子上流连忘返，因为，"这是（影片中）勇俊与女朋友初吻的地方"。据日本一家调查机构公布：由裴勇俊直接和间接带来的收入约为 23 亿美元，堪称韩国经济的兴奋剂。明星的号召力可见一斑！

但是由于中国的娱乐产业链没有形成，产业链的各个环节都严重地缺乏资源。因此，这种机制上的先天不足给当下依赖明星的电视产业在经营管理上带来了不小的影响。这主要表现为以下几个方面。

第一，缺乏成熟的明星经纪体制和规模的经纪市场，使得电视台在商业运作中难以对艺人的价值作出准确的判断和评估，在合约的签订和合作细节上也难以做到严谨、规范。

第二，电视台在成功的造星和节目制作后，销售环节成为电视娱乐产业价值链上至关重要的部分。而在当下的中国，由于电视节目制作与销售渠道的单一与不通畅，电视节目的制作者与电视台通常不在一个平等的对话平台上，因此，也对明星电视节目的销售产生了影响。

第三，由于过度依赖"明星效应"，使得电视机构在电视内容创新与创意上显得迟滞。

总之，无论是"明星依赖"还是"电视造星"，都是通俗文化与商业行为的联姻，而其中娱乐功能的过度释放也给社会带来了不少的负面影响。这种媒介过度"娱乐化"和"商业化"的原因主要有以下几点。

第一，市场化竞争带来的压力迫使新闻媒体千方百计迎合受众的各种需求，甚至是格调不高的需求。多年来，全国各地的电视台掀起了"选秀造星"的热潮，这些"选秀"节目的成功至少从两个方面对公众进行了消极引导：一是对"一夜成名"、"一夜暴富"的肯定、刺激与鼓励；二是对"追星族"狂热的追捧行为予以积极的评价和赞赏。

第二，媒体对收视率、发行量的过分追求使得新闻策划逐渐走入了"误区"。高收视率、高发行量意味丰厚的广告回报，带来可观的经济效益。在利益的驱使下，"新闻策划"这个被广大媒体所运用借以提高新闻报道的质量、避免新闻活动盲目性的合法行为，成为个别媒体进行商业行为的挡箭牌。从对新闻事件的导演、参与到对娱乐节目的低俗炒作，无所不用其极。

第三，在新的形势下，原有的传媒管理体系已经不能适应新的工作要求，在媒体节目泛娱乐化、泛低俗化的风潮中越来越显示出它的苍白与乏力。

第三节　数字媒体经营管理的基本理念

1980 年，当美国的未来学大师托夫勒出版《第三次浪潮》一书，称人类社会已经历经了第一次浪潮"农业文明"和第二次浪潮"工业文明"的洗礼，即将进入第三次浪潮"信息社会"时，中国改革开放的大门才刚刚开启。在中国广大的农村，一项被称为"家庭联产承包责任制"的"包产到户"改革正在起步，农民终于能真正地、自由地在他们所拥有的土地上进行耕种；在城市，第一批经济体制改革试点城市及政策正在酝酿之中，城市在生产、流通、分配、金融、物价等各个领域的积弊有望得到改变。人们可能做梦也没有想到，仅仅过了 30 年，中国社会如同横跨了几个时代，由农业社会到工业社会再向当下的"信息社会"急速奔来。

信息社会当然离不开媒介的承载。与报刊、广播、电视等传统媒介不同，新兴的网络媒介、数字媒介为我们提供了一种全新的视角及对世界观察的方式。在传播技术上，新的在线及无线服务层出不穷，而新的内容更令人目不暇接，所以有学者称网络时代的到来真正让我们进入到了"碎片化时代"。在数字媒介时代，传统的经营管理理念被打破。国外学者根据数字媒介的特性相继提出了一系列全新的理论框架，以期对新媒介的经营管理活动进行诠释和指导。

一、数字媒介经营的空间拓新："蓝海战略"

与传统媒介经营管理注重现有市场的横向拓展和现有盈利模式的强化不同，数字媒介的经营主张拓展全新的市场空间，创造全新的盈利模式。2005年，欧洲工商管理学院国际管理学教授 W·钱·金和战略与管理学院教授勒妮·莫博涅合著的管理学名著《蓝海战略》风靡全球，不仅让许多知名的企业纷纷仿效，也让媒体经营者感到耳目一新。蓝海战略的核心内容是企业与市场"竞争"可以分为"红海战略"和"蓝海战略"，聚焦于传统的红海等于接受了商战的限制性因素，即在竞争惨烈的、市场资源已近枯竭的领域继续求胜；而运用蓝海战略，则更鼓励技术创新与视野调整，冀望于超越竞争对手和现有竞争边界，到一片尚未被开采的"处女地"重新获得机会与利润，从而实现产业与市场结构的转变。

中国的传媒市场竞争十分激烈，特别是作为曾经引领传媒改革的先锋力量——报业，其处境更让人担忧。2005 年，中国报业广告收入的增幅首次低于 GDP 的增长,曾引发业界的一片恐慌,此后的 2006 年,报业广告增长依然低于 GDP 的增速,而在 2007 年的中国报业竞争力监测中,报业虽然仍占据广告市场的第二大份额,但报纸广告收入的增幅却远低于互联网广告收入增长,广告市场份额继续朝着不利于传统报业的发展方向变化。①

因此,跨越行业边界,从"红海"之外寻找"蓝海",是传媒产业突破现有发展瓶颈的必然选择。具体到媒介经营层面,那就是尝试跨越纸质媒介或者广播、电视媒介的介质限制,尝试网络媒介、数字媒介等新媒介方式的经营。2005 年以来,学界、业界关注的焦点都集中在如何进行多种媒介形态的融合,如何打造一个数字化平台,如何在数字化市场中开辟新的"蓝海"。

数字化经营的关键,是要创新传统媒介的经营理念,整合网络媒介、手机媒介,把内容作为一种可以重复利用的资源进行跨媒介、多层次、立体化的经营。在这种理念的指引下,近几年,中国的传媒数字化经营主要有以下几个举措。

(一) 创建自己的网络平台,利用网络平台开创新的受众群体

打造网络平台的先行者是报纸媒介。早在 1998 年,《扬子晚报》就开通了以纸媒内容为依托的扬子晚报网站,其后越来越多的报纸"触网"成功,纷纷推出网络版。截至 2007 年 11 月底,全国多媒体数字报刊已经有 700 多种。报纸的内容真正延伸到了网络。这种简单的"报网互动"由于只是将报纸上的内容完全复制到网站上,实际上没有真正理解网络媒介的传播规律,也未能真正了解网络受众与传统媒介受众的区别。与传统媒介的"受众"相比,网络媒体所面对的是"用户"。因此,用户体验的好坏,直接关系到媒体触网是否成功。在这方面,腾讯等商业网站的经营模式值得借鉴,"腾讯的工作就像在开办一个超级娱乐城,QQ 聊天工具是一张免费门票,你要在这里盖房子,腾讯就是装修材料供应商;你要在这里养猫养狗,腾讯就负责宠物的衣食住行;你还可以在这里打牌下棋,看电影听音乐,只要你有 Q 币付账,腾讯就会为你提供周到的服务"。②

(二) 建立包括管理方式、工作方式的网络化、数字化平台,实现媒介经营的数字化

数字化的转型,要从体制和机制上为数字化生产、传播、营销、投资和管理搭建统一的平台和战略架构,实现媒介产品的多平台、多介质、多层

---

① 王伏虎:《专业化——报业发展的"蓝海战略"》,载《中国新闻出版报》,2006-07-18。

② 范以锦、盛佳婉:《报纸网站转型:强化"用户"观念》,载《中国记者》,2011 (2)。

次、多次的销售。正如蔡雯所描述的那样，融合背景下的传媒集团是对"多种媒介新闻生产流程的重组和整合……新闻采集一次性完成，新闻加工方式与发布渠道却是多元化的，新闻信息资源由此能得到全方位的深度开发，新闻产品链由此形成"。[①]《浙江日报》与浙江在线之间的"报网联动"策略，可谓是以往"报网互动"的升级。所谓"联动"，不仅仅指在内容上把报纸等媒介的网络版视作另一个版本，更重要的是更加重视互补性的资源配置，充分利用各自的优势实现统一的有序管理和合作。例如，在获得中国新闻奖的"永恒的长征"专题报道中，围绕什么是长征精神和怎样弘扬长征精神等话题，网民提问，现场互动，网上跟帖、留言近9000条，第二天《浙江日报》则通过大幅报道真实再现本次直播的过程，取得了事半功倍的效果。

（三）通过数字化整合，打造品牌

蓝海战略的最终目标就是在明确自己的定位后，通过市场细分找到经营的焦点，最终打造自己的品牌。中国的电视台，通过多年的市场打造与观众培养，形成了各自不同的品牌号召力，像央视的新闻频道《新闻360度》主打时政类新闻、湖南卫视的《快乐中国》关注时尚综艺娱乐、安徽卫视则坐稳了"电视剧大卖场"的宝座、江苏卫视力推"情感频道"。

这些成功的案例告诉我们，中国传媒业的竞争虽然十分激烈，但仅仅依靠同质化、跟风式的竞争并不可取，只有增强品牌意识，通过构建数字化跨媒介的经营方式，才是加强竞争力的有效方式，才能做到价值和创新的统一，赢取属于自己的"蓝海"。

二、数字媒介的内容生产："众包"假说

传统媒介的内容生产由专业记者与编辑承担，并需经过严格的层层把关和重重过滤。但是，数字媒介的内容生产完全打破了这一既定模式。由于受众自主参与内容的生产与发布，使得数字媒体的内容生产模式发生了重大变化。2006年6月，美国《连线》杂志记者杰夫·豪在一篇文章中首次提出"众包"（crowdsourcing）理论，宣告了一个崭新商业模式的诞生。按照杰夫·豪的设想，"众包"是指企业利用互联网将原来由企业内部人员完成的工作分配出去，以此来发现新的创意并最终解决问题。这种做法类似于中国古代的"悬赏"公告，有人通过高价悬赏，向民间征集线索或解决方案，最终解决难题。国外也曾有过类似的做法，比如早在18世纪，英国政府就曾经通

---

① 蔡雯：《试论"融合新闻"的特点与运作》，载《新闻战线》，2007（1）。

过公开悬赏求解经纬度的问题。它的核心思想无非是利用民间的力量，集思广益，求智于民，破除一些在现有情况下无法解决的难题。

不过，在缺乏工具和手段的年代，"集思广益"所需要的成本代价是极其高昂的，"悬赏"信息的发布就是一个不小的难题，因为接受信息人群的多寡往往是传统"悬赏"成功的关键所在。而在通信工具匮乏的时代，悬赏者往往只能通过传统的"张榜"、"公告"等形式征集"创意"，而"张榜"所能覆盖的范围实现非常有限。因此，"众包"这一手段在很长的时间里并没有得到很好的发展。

互联网的出现为"众包"的复兴带来了革命性影响。互联网时代的受众不仅是信息内容的接收者，更有能力参与到互联网内容生产的行列当中。这种互联网内容的双向传播与共享，使商家面向大众寻求商业智慧和灵感成为可能。美国的 Threadless.com T 恤衫厂商网站就是"众包"理念运用到商业领域的成功典范。该网站是由杰克·尼克尔和雅各布·德哈德于 2000 年创办的，他们都是芝加哥在线社区 Dreamless 的积极参与者，在这里，云集了众多服装设计师。杰克·尼克尔赢得了 Dreamless 发起的 T 恤衫设计大赛，于是萌发了建立一个 T 恤衫设计社区的念头。Dreamless 的组织者都承认，社区收到的 T 恤衫设计方案之多，品质之高，令他们惊叹。

通过这个信息平台，Threadless 每周都能为其中一个产品挑选出 6～10 个新设计方案。胜出者会收到总价值 2500 美元的现金和奖品。更关键的是，其设计才能会得到大家的公认，每一件 T 恤衫的标签上都印有设计者的名字。Threadless 的商业模式已经让很多商家震惊并开始模仿。

新闻界对"众包"理论的实践始于 2007 年，杰夫·豪所在的《连线》杂志与纽约大学新闻系教授杰·罗森于该年年初共同成立了一个名为 Assignment Zero 的网站，希望普通公众不但能提供新闻来源，更能参与新闻的报道与写作，这就是新闻领域"众包"的开始。罗森是 20 世纪 90 年代首倡"公民新闻运动"的学者，有美国"公民新闻之父"的美誉，他在 2007 年的"众包新闻"尝试，也被有的学者认为是借此促进美国"公民新闻"的再发展。①

在 Assignment Zero 网站，大众可以在"新闻记者速成初级读本"（A quick Journalism Premier）的指导下，从一个普通受众变成新闻记者。在成为网站会员后，参与者可以到名为"铲子"（The Scoop）的栏目中查看或提

---

① 吴乐珺：《"众包"模式推进美国公民新闻再发展》，载《国际新闻界》，2007（8）。

供自己感兴趣的话题，这个栏目就是一个"虚拟新闻中心"，每天都会有网站编辑针对大家提供的信息提出建议，回答问题，并选择需要的主题。在反馈后，编辑会把报道所需完成的任务分成几个板块，如采访、研究、调查、写作，参与者可以到"任务分配"（Assignment Desk）栏目中根据自己的特长和兴趣选择可以从事的项目，可以选择"群包"，即与人合作完成；或"独包"，即自己独立完成。如果选择"群包"，参与者则可以在任务进行过程中做出自由的选择，可以在任何时间发布获取的信息，是一个正在进行时的工作过程，但网站会对参与此项任务的总人数加以限制；而选择"独包"则意味着这项任务只能由你一个人来进行。一旦确定任务，参与者可以在网站上获取一个报道页面（Reporting Page），作为暂时的网络工作地点，可以用来发布新闻，查看他人的评论和编辑讨论。参与者还可以时常登录论坛，发表自己在从事"新闻工作"中的感受和见闻，并和他人交换信息。

新闻领域中的"众包"往往能够突破媒体自身记者、编辑在知识背景、新闻线索获取上的局限，使得一些原本无法展开的新闻报道得以顺利完成。例如，美国最大的报业集团甘奈特集团在 2006 年就开始进行"众包"的试验，将其旗下 90 家报纸的编辑部对所有读者开放，读者可以通过网站为正在发生的新闻提供消息或意见。有一次，一位读者给报社打电话投诉，说为新房子开通自来水和排水管道，有关部门竟然要收取 2.8 万美元。以往报社的做法是立即着手调查事情的原委，然后在几个月后登出长篇调查报道。但这个案例所涉及的既有政府部门不愿透露的内情，又有比较专业的管道维护知识，而报道发表的时间过长，又会让当事人处于漫长的等待之中而损失更大。因此，报社借助"民智"，将此事发布在网上希望读者来做一次记者，找出费用畸高的可能原因。结果，公众的热情高涨，网站出现了前所未有的高流量。还有的工程师志愿帮忙解读工程蓝图。最后，迫于压力，相关公共事业单位将收费降低了 30%。[①]

因此，数字媒介时代的"众包"理念带给新闻实践的好处，正如甘奈特集团新媒介内容副总裁詹妮弗·卡罗尔所总结的那样：一是极大地降低了人力成本；二是增加了受众的参与程度。而其中的第二点，将会在日后媒体的发展中扮演着越来越重要的角色。

---

① 卫蔚：《新媒体时代国际新闻"解困"之道——地方报纸"众包"报道模式探析》，载《新闻记者》，2010（5）。

三、数字媒介的营销模式：“免费”假说

传统媒介的内容产品通常采取付费销售的模式，受众一般须支付一定货币方可获得媒介产品。但是，随着信息过剩时代的到来，受众越来越倾向于免费获得信息，其消费习惯发生了重大变化。1995年，在瑞典首都斯德哥尔摩的地铁里出现了世界上首份面向大众的免费报纸后，需要付费购买报纸来获得信息的常规开始发生动摇。随后，北欧两家免费日报《国际地铁报》（瑞典）和《20分钟报》（挪威）成功打入欧洲和美洲的十几个国家。瑞典首推地铁免费报的METRO公司到2011年已经在全球20个国家的100多个城市创办了地铁报，截至2009年总收入达到320亿元人民币。目前，全世界已经有54个国家创办了免费报纸，数量超过240家，发行量超过4亿份，2005年至2009年发行量增长率达到40%。而与此形成鲜明对比的是，传统媒介同期发行增长率仅为5.7%。

给传统媒介带来更大冲击力的是数字媒介的进一步发展，从网络上免费获取信息被视为是天经地义的事情。2010年，随着iPad旋风刮进中国，国内大小纸媒的转型趋势更为明显，但传统媒体的数字化转型，从经营上看并不等于说把内容放到新媒介上，用数字化呈现就会有人购买，就能赚到钱。2010年1月，《人民日报》首开先河，宣称将开启“网络电子版付费阅读”模式。但不到3个月，《人民日报》就发表声明：“为方便广大读者，同时考虑到读者的阅读习惯，经研究决定，从3月5日起，《人民日报》数字报前四版内容长期免费，五版及五版以后版面内容当天免费。”① 这显示，在长期免费获取信息的惯性思维下，“收费看新闻”很难奏效。

美国《连线》杂志的主编克里斯·安德森近年提出的“免费经济”营销模式带给传媒业以很大的震动。在《免费：商业的未来》一书中，安德森认为这种新型的“免费”商业模式是一种建立在计算机字节基础上的经济学，而非过去建立在物理原子基础上的经济学。这是数字化时代的一个独有特征，如果某样东西成了软件，那么它的成本和价格也会不可避免地趋于零。这种趋势正在催生一个巨量的新经济，这也是史无前例的，在这种新经济中基本的定价就是“零”。对于受众来说，“免费”是一种荡涤旧有思维的商业体验。而对企业来说，“免费”更多的是一种生存法则，一种可以改变旧有发展模式而实现蜕变的“动力机器”。在《免费：商业的未来》一书中，安德森将免费分为四种模

---

① 张静：《人民日报电子版取消收费，称考虑读者阅读习惯》，载《新京报》，2010-03-20。

式：直接交叉补贴模式、三方市场模式、免费加收费模式、非货币市场模式。①

第一，直接交叉补贴模式。这种模式的最大特点是商家把一种产品以低成本甚至零成本地让利给消费者，其目的是为了在其他数量更多、利润更高的产品中吸引消费者而从中获利。例如，移动电话服务商提供给顾客的手机包月通话服务，通话服务通常并不挣钱（特别是那种每月包话费和短信的服务），但是它把这一价格压低，是因为它知道这是顾客选择移动电话服务商的首要考虑因素，而此后客户每个月使用的其他服务，如上网、语音服务等将是一个很大的盈利点，如图 3-1 所示。

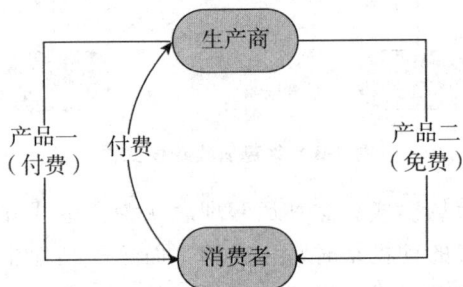

图 3-1 直接交叉补贴模式图

第二，三方市场模式。即生产商会免费给消费者提供信息产品，广告商则向发行商付费，从而形成一个三方市场。这其中的奥秘是，生产商其实是把消费者的注意力卖给了广告商而从中获利，这就是报刊、广播、电视的经营模式。如图 3-2 所示。

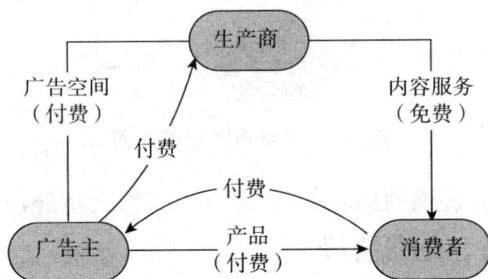

图 3-2 三方市场模式图

---

① ［美］克里斯·安德森：《免费：商业的未来》，蒋旭峰等译，18～29 页，北京，中信出版社，2009。

第三，免费加收费模式。它实际上就是"5%定律"，也就是说所有用户中只有5%是付费用户，他们也是商家的全部收入来源。其余95%的用户都获得一些免费商品，由于这部分免费商品都是有成本的，因此商家在推广期免费赠送的和实际销量相比只是很小部分，他们的目标就是吸引消费者的眼球，以刺激更多的商品消费，如图3-3所示。

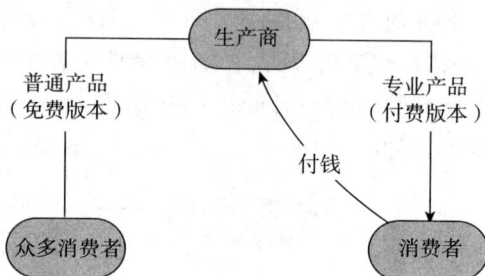

图 3-3　免费加收费模式图

第四，非货币市场模式。这种运营理念认为，金钱并非我们行为处事的唯一动力，利他主义的动机是时常存在的，而这种利他主义的动机也比较复杂，包括赢得关注度及名誉，当然也包括其他一些不容察觉的动机，像表达观点、分享快乐、种下善因、得到满足等，如图3-4所示。

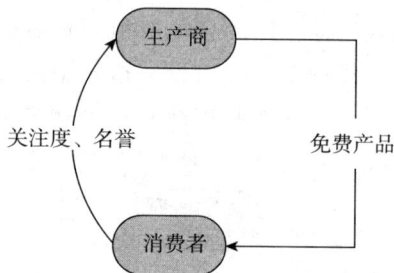

图 3-4　非货币市场模式图

从中国数字媒介发展的历程看，"免费模式"大体经历了以下三个阶段。

（一）在线内容免费阶段

内容免费是指提供在线免费的文字、图片等信息，这些信息具有较大的真实性和价值，而内容的提供商是企业、组织而非个人。1995年，《中国贸易报》成功上线，成为首家提供免费信息的中国报纸，大规模的数字报纸媒介的兴起是在2000年前后。

目前，在线内容免费的主流形式有两种：第一种是传统媒介内容在数字化技术的背景下部分或全部形成数字免费内容，如上文所提及的《人民日报》就采用基本完全免费的做法，这与国内大部分传统媒介的数字化营销模式相同。当然，也有采用部分免费、部分收费的媒体，像凤凰网上的普通文字信息是免费为公众提供的，但如若要下电视视频节目，则需要注册收费。

第二种内容免费模式是门户网站，其生存方式为广告和增值业务等。以中国门户网站新浪、网易、搜狐等为例，2000 年新浪、网易、搜狐相继上市，根据它们公开的当年业绩报告，其广告收入占全部营业收入的 85％以上。但 10 多年来，门户网站的免费模式各有不同，2010 年新浪的非广告收入占其总收入的 25％，主要集中在移动增值、Web 2.0 产品如博客和微博等方面；而网易和搜狐主要依靠网络游戏，其非广告收入占有重要比重。

作为第一阶段的两种主要免费模式，其发展趋势有所不同。数字报刊的免费模式逐渐向专业性内容靠拢，并且可能趋向收费。例如，上述凤凰网的某些电视内容，因为那些内容更接近其核心竞争力。而对于门户网站而言，由于对于网民来说，它并没有出现非收费不可的产品，因此其内容的免费将会更加长久。

（二）在线工具免费阶段

与第一个阶段相比，工具的免费更突出工具在搜索、分类和专业化方面的作用，其背后的运营主体依然是企业和组织而非个人，不过借助专门化工具实现了人际互动的进步。一般将在线工具免费阶段分为两种类型：第一种是 Google、百度等依靠搜索工具免费为用户服务，同时又反过来利用用户的反馈来积累数据库并将其有效卖出去的生存模式。Google 是世界搜索引擎的代表，诞生于 1998 年；而百度是中文搜索的典型，出现于 2000 年。因此我们可以认为工具免费阶段是从 2000 年发展至今。

第二种是 QQ、360 等通过即时聊天工具或杀毒软件为用户免费服务，前者诞生于 1998 年，通过 QQ 会员、QQ 形象、移动增值服务等获得利润；后者诞生于 2005 年，通过 VIP 产品收费获得利润。像腾讯 QQ，已经建立了较为成熟的商业营销模式，它通过 QQ 建立了即时通信软件，并用游戏、宠物等使其用户体验和形象交易建立了牢固联系，VIP 会员及其成长体系使其历经十多年不衰。

当然，工具免费阶段也存在着一些隐患，并具有垄断的趋势。新媒介视基础用户的数量为生命线，免费和收费产品都仰仗基础用户的数量和忠诚度，因此免费用户的规模决定着高端用户的容量。而一旦基础用户有所疏离，就将面临极大的营销风险。

（三）在线平台免费阶段

第三个阶段为在线平台免费阶段，其典型特征是平台为消费个体提供智力、商品或者娱乐等消费产品，从而凝聚个体为群体，形成具有社区特征的虚拟场所，并建立较为稳固的人际关系。和前两个阶段不同，第三个阶段是个体主导的模式，因此，它也具有完全免费平台性质。平台免费阶段可以分为两类：第一类是以维克（Witkey）、团购等为代表的在线交易平台模式，是以免费平台为基础连接供需双方，实际上是碎片化的电子商务式的在线智力交易，而团购网是将碎片化进行了时间或地点或商品对象的规整。因此，第一类免费平台实际上是电子商务。第二类是以 Youtube、Facebook、开心网等为代表的社交平台模式，是以熟人关系为核心的关系脉络，不是直接的在线交易，是依靠流量来获取广告、增值收入等。平台免费的实质是提供具有黏性的空间让消费者在使用其具体功能的过程中形成人际互动网络，是将内容和功能融为一体的模式。

数字媒介营销的"免费"模式，为我们开启一扇重新审视这个世界的窗户，当"免费面包"时代真的到来时，我们已经准备好了吗？

四、数字媒介经营重心的重构："长尾理论"

2006 年年底，美国《时代》周刊将互联网所有的使用者评为年度人物。封面写道："Yes，you. You control the Information Age. Welcome to your world."《时代》周刊就此注解说："在 2006 年，互联网演化成这样一个工具，它让上百万人微小的努力集腋成裘。"《时代》周刊将一个庞大的群体作为杂志的封面人物，此举在这份颇具世界影响力的杂志发展史上似乎还是第一次，它庄严地向世人宣示：普通网民的时代到来了！

面对互联网时代亿万普通网民"微内容"创造时代的到来，美国《连线》杂志主编克里斯·安德森敏锐地察觉到信息时代数字媒介经营与工业时代商品生产与消费之间的区别。他在系统地研究了亚马逊、Google、eBay、狂想曲公司、Netflix 等互联网零售商的销售数据，并在与沃尔玛等传统零售商的销售数据进行对比后，发现了一种特别的现象：这些企业 80% 的利润并非来源于 20% 的热门产品，而是来源于其余 80% 的非热门产品。大热门产品的总利润，竟然同冷门产品的利润相当！而那些数量更大的非热门产品，就如同一条长长的尾巴，无限地向远处延伸，如图 3-5 所示。

据此，安德森提出了在互联网世界中，长尾是最重要的价值源泉：我们的文化和经济重心正在加速转移，从需求曲线头部的少数大热门（主流产品

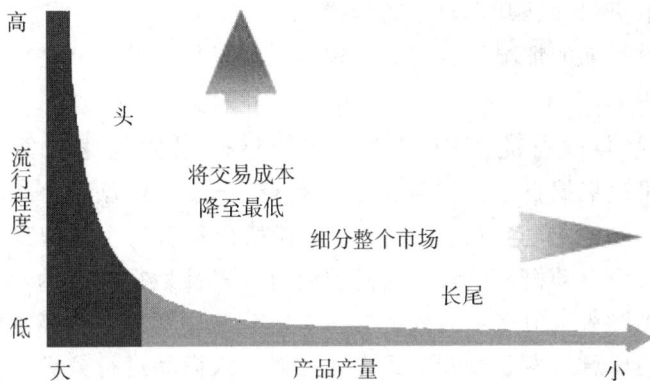

图 3-5 长尾理论图

和市场）转向追求曲线尾部的大量非热门产品和市场。① 换句话说，在网络数字媒介时代，需求不旺或销量不佳的产品所共同占据的市场份额可以和那些少数热销产品所占据的市场份额相匹敌，甚至有过之而无不及。

那么，为什么在互联网时代，过去的那些"非热门产品"、"非主流商品"就具备了如此的魔力呢？

安德森做了进一步的解释：第一，社会进入了"丰饶经济"时代，这是一个与传统的"短缺经济"相对应的概念。在短缺经济的时代，人们关注的是资源的稀缺性和对于资源的有效利用，是追求对生产资料和稀缺资源的整合分配，谁能捕捉到匮乏资源便成为赢家，表现在商业模式上则是大规模的批量生产并同时制造流行，而富有购买力、资讯发达的 20% 的人群会消费掉 80% 的产品。而"丰饶时代"则是指在生产力极度发达的情况下，作为消费者的人群会拥有超乎以往人类历史上任何一个时期的多样选择，并且信息检索成本、商品储存运输成本和边际成本会小到可以忽略不计，消费会更倾向于个人化和定制化服务。而当今互联网时代的消费选择无疑使得"丰饶经济"下的"长尾"具有现实可行性。

第二，技术的瓶颈得以突破。技术的瓶颈也是限制"长尾"施展经济魔力的障碍。例如，传统媒介的报纸、广播、电视分别受到发行量、频率、频道等资源的制约。而随着网络的出现，海量的信息存储和传输已经成为可能。特别是随着带宽的增加及信息传送的交互性，使得普通人都能够更加自

---

① ［美］克里斯·安德森：《长尾理论》，乔江涛译，35 页，北京，中信出版社，2006。

如地上网获取资料并展开自媒体的传播。

因此，就目前的情况而言，数字媒介的"长尾"经营战略，可以从以下几个方面着手。

（一）为消费者提供更加便捷的信息检索和过滤服务

消费者可以根据自己的实际需求，登录 Google 或者百度这样的搜索引擎或者 Amazon、易趣这样的交易平台。通过消费者的主动信息寻求，搜索引擎类广告长尾自动根据搜索者的需求而有针对性地得到传达，商品交易平台的商品得到购买。但需求曲线上的"长尾"往往聚集了众多的商品，因此除了强有力的信息检索手段外，还应加上对个人商品进行分类的设计，并以此寻求个性化服务并替客户过滤掉不必要的商品。

（二）选定曲线"中部"作为突破口

随着"长尾"的延展，需求曲线的"头部"也会发生相应的变化。安德森认为，这一部分仍将占据主要份额，但是其影响力会减弱。因此，企业在开发"长尾市场"时应选择曲线的"中部"作为突破口，然后再向"尾部"逐渐转移。

（三）进一步发挥差异化、个性化的生产优势

搜索引擎的商业本质，是让消费者主动将自己的需求成规模地暴露出来。每个消费者在搜索引擎上键入自己的搜寻目标，实际上就是差异化、个性化地提出自己的定制要求。而搜索引擎并不是像传统手工艺匠人那样，一个一个制作出产品，而是通过软件，自动化地实现供求匹配，按照消费者提出的定制要求，自动、低成本地一对一提供服务，满足需求。

互联网时代的到来给我们提出了新的媒介经营挑战，如果说"蓝海战略"的实施是为了规避同质化竞争，开辟新的经济增长点的话。那么，"长尾战略"是为了在此基础上，通过创意与网络，进入到个性化服务的时代。

五、新媒介对传媒经营管理的影响

与传统媒介相比，数字新媒介所带来的在传播方式、传播内容以及与受众互动方式等方面的变革，给传媒经营管理带来巨大的挑战与影响，主要体现在以下几个方面。

（一）传播内容与形式更加多样化，新媒介的互动性使得受众的角色也发生了变化

新媒介的出现，带来的是传播内容和形式的多样化，主要体现为两大类：一类是诸如门户网站、博客、网络论坛等以互联网为信息传播载体的新媒介；

另一类是以手机短信、手机电视等以手机为连接终端的新媒介，由于 3G 网络的普及，手机已经成为与网络融合的新媒介传播手段，因此除了短信、彩铃、可供点播或下载的视频和音频等信息外，还包含互联网能传播的一切传播信息。

另外，在传统媒介情境下，媒介信息的发布者往往是专业的记者和编辑。但在数字媒介时代，人人都可以借助互联网发表意见、臧否时事，都可以将自己的心得、观点与他人分享，因此在这个"人人都是记者"的时代，传统意义上的"记者"、"读者"、"受众"的概念已经变得十分模糊。

（二）新媒介受众日益大众化，且新老媒介受众存在互补关系

据中国互联网络信息中心调查数据显示，中国网民的规模以年均 20% 以上的速度高速增长，2007 年城市人口上网比例超过 30%，城市人口的手机持有率超过 80%。这种网络和手机的普及趋势，必然带来网络和手机媒介受众的大众化发展。此外，传统广播电视的受众正在向着老龄化演变，而新媒介通过网络、手机等平台的受众，则是从广播电视市场分离出来的更为年轻的用户群体。因此，如何按照年轻用户的特点来安排和处置新的媒介消费产品，应是新媒介经营者考虑的问题。

当下的新媒介正在改变传统的单纯依靠广告的盈利模式，新的盈利方式表现为以下几个方面。

第一，提供互联网上的弹出式、背景式、嵌入式广告收费模式。

第二，针对媒介产品收费，如网络可以通过网络信息库，数字电视可以通过对用户收取收视费等方式盈利。

第三，将媒体业务与金融服务、商业贸易结合，如影视、音乐等内容的下载收费、产品的订购与在线支付等。另外，新媒介还可以利用数字技术和网络技术降低成本，通过快捷经济的服务，如即时通信，特别是手机短信、彩信和彩铃这样的个性化服务来满足受众的需求，实现盈利。

本章参考文献

1. 陈力丹. 世界新闻传播史. 上海：上海交通大学出版社，2007
2. 郭镇之. 中外广播电视史. 上海：复旦大学出版社，2010
3. ［美］本·巴格迪坎. 传播媒介的垄断. 林珊等译，北京：新华出版社，1986
4. ［美］克里斯·安德森. 长尾理论. 乔江涛译. 北京：中信出版社，2006
5. ［美］克里斯·安德森. 免费：商业的未来. 蒋旭峰等译. 北京：中信出版社，2009

6. ［美］迈克尔·埃默里，埃德温·埃默里. 美国新闻史：大众传播媒介解释史. 展江，殷文主译. 北京：新华出版社，2000

7. ［法］托克维尔. 论美国的民主. 董果良译. 北京：商务印书馆，1995

8. ［美］约翰·费斯克等编撰. 关键概念——传播与文化研究辞典. 李彬译注. 北京：新华出版社，2004

9. McQuail D. *Media Performance：Mass Communication and the Public Interest*. London：Sage Publications，1992

本章思考题

1. 报刊由最初只为少数贵族所有，到后来成为普通人的读物，这种变化带给人类发展的意义何在？

2. 什么是制播分离？制播分离的启动对于电视业适应市场、改革自身有什么积极的影响？

3. 在数字媒介日益发展的今天，你认为传媒经营改革的关键性问题有哪些？

第四章 传媒组织

"组织"的英文单词为 Organization，来源于器官 Organ，因为器官是自成系统的具有特定功能的细胞结构，后来又演变为专门针对人群而被运用到社会管理中。汉语"组织"一词原指丝麻织成布帛，《辽史·食货志》有"饬国人树桑麻，习组织"之说。而有关组织活动的论述则更为古老，如《孙子兵法·势篇》有"凡治众如治寡，分数是也"，"斗众如斗寡，形名是也"。这里的"众"、"寡"指组织形式，"治"、"斗"指组织方法。随着组织规模和样式的多样化，人们对各种类型组织研究的不断丰富以及研究者各自兴趣和背景的多元化、分析研究层次的差异性等，对"组织"的定义和研究开始呈现出不同的视角和流派。

传媒组织是组织形式的一种，从不同组织理论和流派来看，对传媒组织的理解也存在区别。从古典组织理论来看，传媒组织是一个边界明晰，可以加以规范化的研究对象。从行为科学理论来看，对传媒组织的研究更强调对作为个体或群体的人的行为的研究。从系统论来看，传媒组织只是复杂的社会系统中的一个子系统或部分。从权变组织理论来看，传媒组织是在不同的历史情境中改变自身的动态性系统。因此，总的来说，所谓传媒组织就是指专门从事大众传播活动的用以满足社会需要的社会组织机构。这种社会组织机构"是通过一定的制度和运营机制联系起来的人的集合体，这个集合体是一个社会系统，具有系统的一般特性和功能。作为一个系统，这个系统通过组织结构和组织制度将组织内部的一个个元素联系起来，成为一个有机的整体"。①

第一节　传媒组织的演进历程

一、国外传媒组织的演变

西方传媒组织的特殊性主要体现在企业的行为目标方面，不仅以利润最大化为基本动机，而且在增进社会福利方面要受到社会责任和政府管制的约束。西方传媒的所有制和管理体制既可以统一，也可以分离。从世界新闻史

① 周鸿铎：《媒介经营与管理总论》，146页，北京，经济管理出版社，2005。

的发展过程来看，依据媒体所有制和管理体制的关系，西方传媒组织大致经历了以下两个阶段。

（一）公元前59年（古罗马《每日几闻》创办）到19世纪末

这一阶段出现了官报、政党报刊、商业报刊等不同类型的报纸。这些传媒组织的一个共同特点，就是所有权与经营权高度一致，官报由政府部门经营，政党报刊由党的下属组织经营，商业报刊由私人经营。从传媒组织的领导体制来看，大致又可分为以下三种。

第一，一权制。近代报业初期，报社规模小，通常只有老板加记者、编辑和排版工人几个人，报社就是印刷厂，老板兼任经理，参与采编。

第二，两权制。随着报业的发展，专职编辑越来越多，地位也日益重要，编辑权从中分离出来。1817年，英国《泰晤士报》实行总编辑制，老板高薪聘请有能力的文化人任总编辑。总编辑下设编辑部。这是报业体制的一大改革，英国和其他国家的报纸纷纷模仿。

第三，三权制。19世纪末，《泰晤士报》率先建立总经理制度，由总经理总管报社经济事务，下设经理部，全面负责报业经营活动。这样，社长或发行人由老板自任，下设权利相当的总编辑和总经理。这一体制后来被称为"双驾马车"。

（二）20世纪初至今

在这一阶段，以现代企业制度的逐渐成熟为标志，所有权与经营权实现了分离。随着商品经济和市场经济的发展，传媒企业规模由小到大，管理由集中到分散，报团或传媒集团实行现代企业制度。这是一个逐步发展、日趋优化高效的过程，大致可分为两个阶段。

第一，股份制出现阶段。19世纪股份制在美国兴起后，报业也开始有了向招股集资方向演变的趋势，较大的报社开始采取股份有限公司的组织形式。1870年，查尔斯·道和爱德华·琼斯开办道·琼斯股份有限公司，经营出版业。1889年，该公司出资创办《华尔街日报》，它以公司经理和高级职员为对象，是美国第一家成功的专业报纸，其他报社纷纷效仿。到19世纪末，美国所有的大报都采用股份有限公司的形式。在日本，东京的《中外新闻》于1911年率先改组为股份有限公司。1918年，《朝日新闻》实行股份制度。

第二，股份公司实行三级管理体制。股东大会选出的董事会是决策机关，董事长通常由持股最多的人出任，大多数董事也是由持股较多的人担任。董事会任命社长、总编辑、总经理。社长可以是持股最多的家族成员，也可以不是。这样，管理权就从所有权中分离出来，分离的程度，则因国家、因报社而异。例如，"第二次世界大战"后，考克斯家族是道·琼斯公司的第一大股东，但该家族成员既未担任过董事长，也未担任过《华尔街日报》的社长。《华盛顿邮报》正好相反，最大的股东家族一直在行使经营权。

目前，国外传媒集团大致有两种组织形态：一是职能型垂直结构；二是事业部型组织结构。前者按职能设立部门，形成若干个垂直管理系统，权利、责任集中在集团高层；后者是以集团与其所属的事业部之间的分权为特征的一种组织结构，各个事业部是独立核算、自负盈亏的利润中心。这两种组织形态各有其优缺点，关键是根据组织的性质、规模，组织所生存的环境以及组织文化等来确立传媒组织的结构形态。如果机构搭建的框架过于庞大，管理人员过多，管理成本过大，对子媒体削权过多，就会导致各个事业部的发展活力和整体经营效率下降；如果结构过于简洁，则无法适应传媒组织规模的不断扩大和传媒组织的战略发展。二者也可以在一个传媒组织中根据实际需要，以完成组织战略目标，而相互结合形成新的混合型传媒组织形态。

总的来说，世界新闻事业经过几百年的发展，传媒集团化在质和量的两个方面，均实现了很大的突破。这一过程可以划分为以下三个阶段。

第一，单一媒介的集团化。此阶段从19世纪70年代至20世纪20年代，媒介的集团化仅限于报业领域。

第二，跨媒介跨行业的集团化。此阶段始于广播的出现，止于20世纪50年代。其重大特点是新闻垄断集团不仅拥有不同性质的新闻媒介（报纸、电台、电视台、通讯社、出版社等），而且还将经营的触角延伸到新闻传播之外的其他行业。

第三，20世纪50年代以来超国界的集团化。即拥有不同性质新闻媒介的新闻集团不仅涉足于新闻传播之外的其他行业，而且将影响范围扩张到其他国家。崛起于20世纪50年代初期的加拿大人罗伊·赫伯特·汤姆斯创办的汤姆斯新闻集团是超国界集团化的先行者。20世纪80年代以来，默多克创办的国际新闻公司，成为超国界集团化的典范。20世纪90年代以来，随着互联网的兴起，跨媒介与跨行业的集团化在质和量两个方面均实现了根本的突破。2000年年初，美国在线和时代华纳公司合并，创造了有史以来企业合并金额的新纪录。

二、国内传媒组织的演变

在封建社会，报纸管理的组织结构就是单一的君主统一控制，有专门的部门（如礼部）具体管理，对君主负责。在 20 世纪上半叶，中国开始出现了把报纸作为产业经营的成功报人，如《申报》的史量才，《大公报》的吴鼎昌、胡政之、张季鸾等，都在这方面做了有益的探索。

《大公报》创始时期为 1902—1925 年，起初由天津的一些商人和天主教徒集资筹设，后来发展成为皖系北洋军阀的喉舌，销路每况愈下，不得不停刊。1926 年，吴鼎昌出资 5 万元与胡政之、张季鸾续办《大公报》，这就是新记公司《大公报》。之所以称为公司，是表示企业性质，是吴的金钱和胡、张劳力股结合的组织。三人约定，吴任社长，胡任总经理兼副总编辑，张任总编辑兼副总经理。新记《大公报》在 1926—1949 年间，一共创办了六馆十报。每馆除有一份日报，还出版了上海《大公报》临时晚刊、香港《大公报》晚报、桂林《大公报》晚报、重庆《大公报》晚报。目前仍在出版的有香港《大公报》。《大公报》组织结构比较简化，也被称为"T 型结构"。续刊伊始，吴鼎昌出任社长，1935 年去南京从政时即辞去社长职务，《大公报》从此再未设社长职位。胡政之、张季鸾以总经理和总编辑名义，综理报馆业务。各分馆只设经理及编辑主任。1941 年张去世后，重庆、桂林两馆才分别加设总编辑，并成立社评委员会。新设总主笔职位，由胡政之出任，为报馆主要负责人。1943 年，《大公报》在重庆成立董事会，设立董监事联合办事处。

《大公报》在组织领导上坚持采取"双轨制"的做法，就是把报馆分为编辑、经理两部，各司其职，而以编辑部为重。经理部的领导人都是从担任编辑、记者多年的职工中遴选出来的，他们熟悉业务，能够环绕着编辑部开展业务经营，配合密切，不致形成"两张皮"。《大公报》异地设立的各个版，都是按这种组织结构独立行使各自职能的。

新中国成立直至 1956 年，通过对中国私营新闻事业的社会主义改造，结束了纯商业意义上的新闻媒体的竞争。此后，中国新闻媒体发展大约经历了以下三个阶段。

（一）单一机关报形式阶段（1956 年至 20 世纪 80 年代初）

在这一阶段，国家以行政手段建立起了高度集中的、统一的国有新闻事业。它以行政权力配置媒介资源为实质，以区域划分、系统划分为基本特点，具体表现在：媒体结构划分与国家行政等级相同，按中央、省、地（市）、县四级办报、办台；媒体批准建立权从属于相应各级党政机关，并与之始终保持行政隶属关系，接受其领导；媒体受众定位、功能和风格定位以及指导方针基本与上级行政领导机关一致；媒体品种相对单一，基本上只有非营利的宣传性的党报、电台、电视台。在地域上也大致形成一报（党报）两台（一家电台、一家电视台）的格局，不存在竞争。

这一时期，中国所有新闻媒体都被纳入事业单位范畴，不需要从事经济活动，媒体的组织架构以保证党的宣传政策的顺利贯彻为目的，主要模式变为编委会集体领导下的总编辑负责制。在这种组织框架中，总编辑是法人代表，编委会是媒体各项事务的决策机构，全面领导和监督媒体工作。编委会是媒体的最高集体行政首长，总编辑充当召集人的角色，只对上级宣传主管部门负责。时至今日，这种组织结构还被一些小规模媒体采用。但随着媒体规模越来越大，总编辑管理具体事物太多，很难集中精力抓好媒体整体发展战略，组织结构弊端逐渐显露。

（二）单一机关报与相对竞争并存阶段（20 世纪 80 年代初至 90 年代中期）

这一阶段，随着中国经济体制的逐步转轨、传媒观念的转变以及由此衍生出的需求变化，媒体开始走向市场，中国新闻传媒业在仍旧保有机关报特性的同时呈现出相对竞争的状态。十余年间，中国媒体数量呈爆炸性增长。报纸从 1980 年的 382 家增至 90 年代中期的 2000 余家；电视台由 1980 年的 38 家猛增至 90 年代中期的 3000 家左右，电台从 80 年代初的 114 座增至 90 年代中期的 1200 座左右。然而，这惊人的增长速度并不是完全与市场需求相适应的。有些地方、部门不从长远的规模经济角度考虑，轻率地批建报、台，造成媒体数量过快增长，导致结构上的滥、散现象。从电台、电视台情况看，虽然东部沿海经济发达地区效益较好，但在中西部经济相对落后地区，大量存在着广告收入不足以支撑媒体运作的情况，亏损仍很普遍，规模效益较差。

随着经济体制改革的逐步深化，传媒的经济属性逐渐得到认可，传媒产业得到一定的鼓励和扶持，并由此得到发展。在传媒组织形式上，这一时期，首先是在广东形成了以社长领导下的总编辑、总经理负责制为代表的组织领导体制，然后影响扩大到全国。在上海的一些报社，实行的是党委领导下的社长负责制。在这些组织构架中，社长是报社的最高行政长官，负责宣传导向，把握经营方向；总编辑只负责具体的采编业务的组织实施；总经理负责经营管理部门。这样的组织架构使编辑业务和经营业务分离，责任分明，并且提高了总经理的地位，有利于加强经营活动。

（三）传媒集团化阶段（20 世纪 90 年代中期至今）

1996 年 5 月 1 日，中国第一个传媒集团——广州日报报业集团被批准成立，中国传媒组织的集团化开始了。至今，由原国家新闻出版总署批准的报业集团有 39 家，另外，未经中宣部和原国家新闻出版总署批准但由各级地方政府支持并批准成立的报业集团还有数十家。中国的广播影视集团从 1999 年开始组建，当年 6 月，无锡广播电视集团率先成立。其后，当时的信息产业部与原国家广播电影电视总局下发《关于加强广播电视有线网络建设管理意见的通知》，"在省、自治区、直辖市组建包括广播电台和电视台在内的广播电视集团"。2000 年 11 月 17 日，原广电总局下发《关于广播电影电视集团化发展试行工作的若干意见》，规定广电行业可"逐步发展成为多媒体、多渠道、多品种、多层次、多功能的综合性传媒集团"。至 2004 年年底，原广电总局叫停集团组建行为之前，也组建了几十个传媒集团。

随着社会主义市场经济的确立，传媒产业化的进程一直在向前迈进。20 世纪 90 年代报业集团出现之后，传媒积极探索社会主义传媒集团的新体制及相关的内容运行机制。一些报社实行社委会领导下的编委会和董事会负责制，如南方报业传媒集团，以社委会、董事会为报业集团的决策中心，下设编辑委员会和经济工作委员会，编辑委员会负责办好《南方日报》系列报刊，经济工作委员会则负责全集团的经营活动。①

三、中国传媒组织变革的主要特点

从国内外传媒组织的演变历程来看，传媒组织变革是传媒发展过程中的基本常态。自新中国成立以来，中国新闻媒体的组织变革也一直在进行，并呈现六大基本特点。②

（一）随着事业的发展增加部门并日益复杂

中国传媒组织在新中国成立初期，规模都比较小，也很简单，只有几个部门，基本按照机关的行政科层制进行设计，其后随着事业的发展，部门日益增加，而且也变得更为复杂。这是中国传媒组织变革的一个最基本的现象，也可能是所有组织变革中的一种最基本的自然演进现象。

按内容的需要增设部门，是传媒组织结构变革的一个重要逻辑。早期，传媒组织的部门不多，报社组织结构的设置主要围绕负责内容的采编部门展开，因为那时内容少，几乎所有的党委机关报都是 4 个版，报社只有财贸、文教、政法、理论、文艺等少数几个部门，再辅之以负责协调管理的行政部

---

① 国内外传媒组织类型的演变部分主要参阅李红艳：《媒介组织学》，70～76 页，北京，中国传媒大学出版社，2007。

② 张辉锋：《传媒管理学》，65～69 页，北京，中国传媒大学出版社，2009。

门等。内容方面部门的设置原则是"对口",按国民经济和社会发展的几个最重要的口来设置。

电视台组织结构的发展同样也是如此,初期部门比较少。例如,中央电视台在 20 世纪 60 年代中期还是"北京电视台"时,也只有新闻部、社会教育部、文艺播出部、技术部及节目组、台办公室、政办室以及专门报道部队生活的军事组等几个部门。

随着传媒业报道领域、报道信息量的增加,传媒组织的部门开始增多。以 1978 年后传媒业的发展为例,先是随着受众对社会新闻的需求增加开始出现社会新闻部,又因受众对信息深层了解的需要出现了深度报道部,然后为满足受众需求,进一步提高信息的再加工,于是有些传媒,包括报社与电台、电视台,又增加了评论部等。中央电视台在新闻中心初创时,下面只有 3 个部,之后陆续增加到 10 个。部下面的栏目组也在快速发展。随着报道内容的进一步丰富,后来又出现了一些功能比较新的部门,如视觉中心——负责图片处理和版式设计等的部门、战略运营部、呼叫中心等。

另外,技术的发展也导致一些新部门的出现,比如 20 世纪 80 年代后期报社内部新出现的采编流程中的"激光照排"部——由于激光照排技术出现而设置的新的排版部门,比如呼叫中心——负责采编部门联系记者以分配临时性采访任务等工作的部门。

部门的增加,其间的纵向与横向联系机制自然也多了,于是,传媒组织随着规模的扩大其组织结构也变得更为复杂。

(二)采编、经营地位趋于平等

长期以来,由于中国传媒组织的目标就是完成宣传任务,所以采编业务是核心,发行、广告等经营业务处于支持、服务地位,经营部门在整个组织里的地位也不高,有些经营部门甚至消失了,比如广告部。

1979 年年初,传媒业实行"事业单位企业化管理"后,随着中国国民经济运作商品化、市场化程度的加深,经营部门创造的经济效益越来越可观,对整个传媒组织的发展起着奠定物质基础的作用,此时经营业务的重要性突出,也上升为关键性活动,经营部门的地位也开始上升。

1994 年,经广东省委批准,羊城晚报社在全国报社同行中率先实行社长领导下的总编辑、总经理分工负责制,真正从组织领导体制上明确了经营部门与采编部门趋于平等的地位。从这以后,中国绝大部分报社都实行了这样采编与经营并列、二者地位趋于平等的结构。

(三)集团化

在市场竞争中,不同的媒体因为历史传统、所处地域、发展战略、经营策略等方面的差异，出现了非均衡发展的态势。传媒组织逐渐由粗放型向集约型发展，出现了集团化的趋势。

一般而言，参与组建传媒集团的竞争者需要具备五个条件：第一，有影响的传播实力；第二，雄厚的经济实力；第三，充足的人才实力；第四，过硬的技术实力；第五，通畅的渠道实力。其中最重要的是（政治）影响力和经济实力。所以现在的传媒集团总体是以省市党委或国家重要部门的机关报（广播电台、电视台）为核心，以有经济实力的晚报（或其他媒体）为补充，跨越中央、省、市三级，依托大城市，向临近地区辐射。

从组织结构的角度来说，集团化也是组织结构变革的过程，原来单一报纸的传媒组织，由于集团化拥有了更多的子媒，由原来相对简单的直线职能制结构向集团式的组织结构转变。这种集团式的组织结构，大体上有两种形式：第一，一家传媒集团拥有多家子媒，但是这些子媒都不是独立法人，既不是事业单位也不是企业，而是相对独立运作的，这就是事业部制结构；第二，因为集团按国家政策规定是事业单位，所以集团所拥有的众多子媒便是小事业单位，这总体上讲又是一种组织结构，比较有中国特色，而且很难用来自西方企业管理学的术语来命名，暂且称为混合型的组织机构。

（四）由部门分离而成为独立主体

中国传媒组织变革还有一条主线是从部门分离出去成为独立主体。比较典型的是传媒组织的经营部门从人、财、物各方面被整个地剥离，然后注册成立企业，多是以公司的形式。例如，报社的发行部门剥离出去成立发行公司，像比较著名的北京青年报社的发行部门剥离出去成立了小红帽公司；传媒组织的广告部门剥离出去成立广告公司，像中央电视台的广告部一部分分离出去成立未来广告公司、广而告之广告公司等；还有的将印刷厂变成独立的企业，像浙江日报报业集团将其印务中心变成了公司。还有一些子媒或部分采编业务被剥离出去，成立独立的法人，前者像羊城晚报报业集团的羊城体育报社，后者像中央电视台近年来在娱乐类、服务类栏目方面，将内生机构公司化，参与市场竞争，如青少年中心的动画部被剥离成立公司。

国家近年来一直着重推行的采编、经营分开的政策使更多传媒组织的经营业务被剥离出去成为企业。很多传媒组织都是将所有的经营业务剥离，打包成立公司。

（五）逐渐突破原有的行政体制

中国传媒组织作为事业单位，最早是按行政机关模式设计组织结构的，在运作体制上是比较典型的科层制，如"局—处—科"等，各部门、各人都有自己的行政级别，按行政权力驱动。例如，中央电视台从 1958 年成立至 1978 年，虽然管理者的头衔是台长、部主任等，但实际仍是按"局—处—科"的行政科层制来运作的。

随着社会的发展，中国传媒组织作为一种专业性组织越来越显出与行政性组织结构的不相容。例如，中央电视台将原来的"中心—部门—科组—栏目"的结构改为"频道—栏目"的扁平化结构，就是淡化行政级别，将行政科层制改为更新的组织结构。

（六）组织结构形式的不断探索革新

中国传媒组织最初是按照行政体制的科层制结构设计的，有点类似于直线职能制结构，比较简单，比如人民日报社长期以来采用的组织结构。后来传媒组织不断探索尝试，采用了事业部制结构、控股型结构，后来有些传媒组织开始使用矩阵制组织结构，比如南方报业传媒集团就在 2002 年开始实行矩阵制组织结构，每一个采编主体（报社称为"中心"）都依靠职能部门的工作，每一个职能部门都对所有采编主体负责，这种结构在传媒组织发展历程中是比较新型的结构。上海的解放日报报业集团也在内部试用矩阵制结构，不过不像南方报业传媒集团整体上采用，而是成立了 4 个工作小组，分别是"解放调查"、"解放分析"、"解放监督"、"解放论坛"，全称为"品牌工作小组"，每组七八个人，都是来自各部门的编辑、记者，每组都由一个副总编牵头，4 个小组由总编辑负总责，在总编与副总编的直接领导下，小组可以调动全集团各部门的资源来完成任务。这种项目小组相对独立工作，同时又是能得到集团各职能部门支持的结构，是典型的矩阵制结构。

在实践中，纯粹的职能制、直线职能制等结构是没有的，绝大部分传媒组织都是混合型的结构，目的是努力集中各种组织结构形式的优点。

第二节　传媒组织结构

一、传媒组织结构的概念

所谓组织结构是指组织的基本构架，是对完成组织目标的人员、工作、技术和权力所做的制度性安排。组织结构对组织行为具有长期性和关键性的影响，它反映了：第一，关于个人和部门的一系列的正式的任务安排（即各个部门与组织成员之间是如何分配工作的）；第二，正式的报告关系（即谁向谁负责），包括权力链、决策责任、权力分层的数量（管理层次）以及管理人员的控制范围（管理幅度）；第三，组织的内部协调机制。组织结构反映了组织是如何解决信息的沟通与协调问题的。

组织结构描述了组织的框架体系，主要有以下三个基本特征。

第一，复杂性。复杂性是指组织的分化程度。一个组织其分工越细密，纵向的等级层次就越多，组织单位的地理分布越广泛，人员与事物之间的协调也就越困难。我们使用复杂性这一术语来描述这一特征。

第二，规范性。规范性是指组织依靠规则、程序来引导和控制员工行为的程度。规范的内容既包括以文字形式表述的规章制度、工作程序、各项指令，也包括以非文字形式表达的组织文化、管理伦理以及行为准则等。一个组织使用的规章制度或条例越多，其组织结构就越具有规范性。

第三，集权性。集权性描述了决策制定权在组织内的分布情况。在一些组织中，决策是高度集中的，问题自下而上传递给高级管理人员，由他们选择合适的行动方案。而在另外一些组织中，其决策制定权则授予下层人员，这被称为分权化。

所谓传媒组织结构是指传媒组织内部各构成要素以及这些要素之间相互作用的联系方式或形式。传媒组织结构是描述传媒组织的框架体系，主要涉及传媒组织部门的构成、组织层次的划分、管理权限和责任的分配以及组织中各部门、各层次之间的协调与控制。传媒组织结构是传媒组织管理系统的前提和基础，是传媒组织适应外界环境，实现组织目标的手段，也是实现传媒组织经营战略的重要工具。

传媒组织结构实质是传媒组织内部成员在权、责、职方面的结构体系。这一结构体系主要包括以下几个方面内容。

第一，职能结构。即传媒组织实现目标所需要的各项职能及其比例关系。

第二，层次结构。即传媒组织中管理层次的构成，为传媒组织的纵向结构，反映了传媒组织中的纵向分工关系，不同层次拥有不同权力，执行不同管理任务。

第三，部门结构。即传媒组织内部管理部门的构成，为传媒组织的横向结构，反映了传媒组织中的横向分工关系，不同管理部门代表不同的管理专业，是一种管理分工和专业化结构。

第四，职权结构。即各层次各部门在权力和责任方面的分工及其相互关系。

在企业组织结构内部，职能部门之间的独立性较强，只要围绕着组织目标完成各自任务就不大会出现矛盾和冲突。但传媒组织不同，其职能部门主要为编辑部和经营部服务，而这两个部门之间的职能差别很大，而且有时互相制约，经营部应该在不偏离编辑方针的前提下实行传媒经营。[①]

---

① 谭云明主编：《传媒经营管理新论》，64～65页，北京，北京大学出版社，2007。

二、传媒组织的典型结构[①]

传媒组织结构不仅因传媒而异，因传媒的市场规模而异，而且还因不同国家或地区而表现出很大的差异性。

（一）不同媒介的典型组织结构

下面分别就报社、杂志社、出版社、电台、电视台、有线电视和电影公司的组织结构做简要介绍。

1. 报社

如图 4-1、图 4-2 所示，无论国内还是国外，报纸媒介的组织机构主要由三大板块构成：一是采编部门；二是经营管理部门；三是行政管理服务部门。在国内，以《人民日报》为代表的党报更多地突出采编部门的地位和作

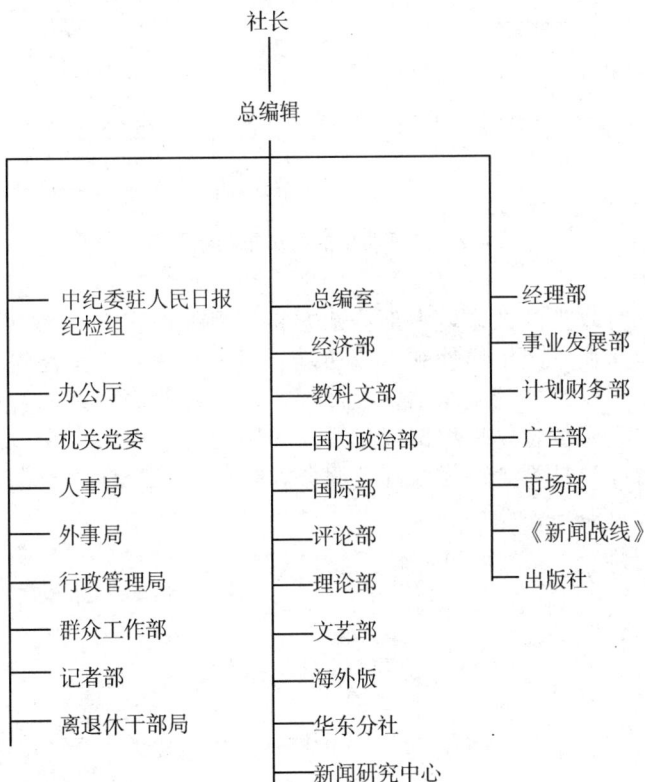

社长

总编辑

中纪委驻人民日报纪检组	总编室	经理部
办公厅	经济部	事业发展部
机关党委	教科文部	计划财务部
人事局	国内政治部	广告部
外事局	国际部	市场部
行政管理局	评论部	《新闻战线》
群众工作部	理论部	出版社
记者部	文艺部	
离退休干部局	海外版	
	华东分社	
	新闻研究中心	

图 4-1　《人民日报》的组织机构图

---

① 傅平：《中国传媒集团组织转型研究》，168～185 页，复旦大学博士学位论文，2005。

用，强调采编的"把关"功能。而在国外，报社普遍实行的是发行人制，把生产经营与采编放到了同等的地位和作用，甚至更甚。

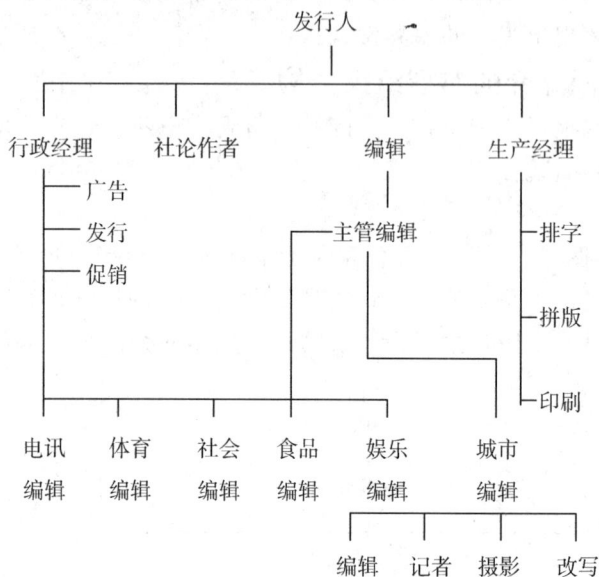

图 4-2　美国典型的报纸部门结构图

2. 杂志社

除了部分时政类的杂志，大部分杂志相对报纸而言，政治意识形态属性较弱，更多地凸显其经济属性和产业功能。组织结构是为满足组织功能服务的。所以，反映到杂志的组织结构设计上，国内外典型的杂志社都把杂志的生产经营放在重要位置，采编部门只是众多职能部门中的一个。从某种意义上来说，编辑部门是为生产经营部门服务，是以生产经营为导向而展开工作的，如图 4-3、图 4-4 所示。

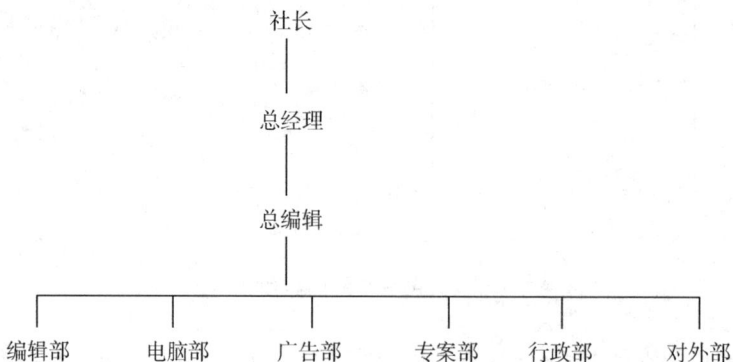

图 4-3　上海文艺出版社的组织结构图

```
                            发行人
        ┌───────────┬───────────┬───────┐
     发行总监      广告总监    生产总监  编辑

     ├ 订户经理     ├ 促销经理          主管编辑

     ├ 单本销售经理  ├ 销售人员          ├ 文章编辑
                                      ├ 专栏编辑
     ├ 执行监督     ├ 研究人员          ├ 故事编辑
                                      ├ 编辑研究
                                      ├ 美术设计
```

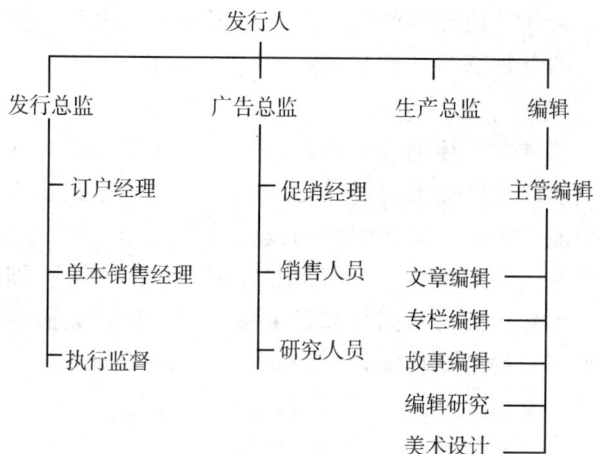

图 4-4　美国典型的杂志部门结构图

3. 出版社

```
                        社　长
        ┌──────┬──────┬──────┬──────┐
       批     市     零     邮     编
       发     场     售     购     辑
       部     部     部     部     部
```

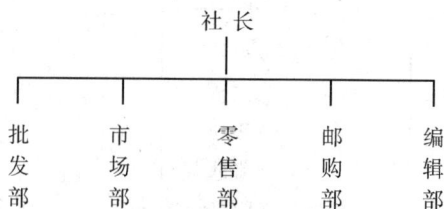

图 4-5　主流传媒出版社的组织结构图

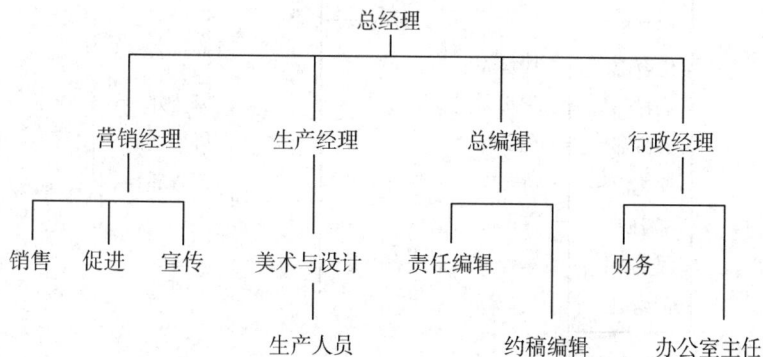

```
                        总经理
        ┌──────────┬──────────┬──────────┐
     营销经理    生产经理    总编辑     行政经理
     ┌──┬──┐                ┌──┐      ┌──┐
   销售 促进 宣传  美术与设计  责任编辑   财务
                   │           │         │
                 生产人员    约稿编辑   办公室主任
```

图 4-6　上海文艺出版社的部门结构图

　　如图 4-5、图 4-6 所示，主流传媒出版社采用的依然是传统的职能式组织结构，按出版职能划分各个部门；而文艺/娱乐性的出版社的组织结构则更为灵活，充分授权，仿照事业部制进行组织结构的设计。特别是突出市场导向，设置专门的营销部门，充分满足和服务其市场功能。

4. 电台

比较中国与美国的广播电台组织机构设计，可以很明显地看到两者不同的广播电台功能取向。广播电台曾经是中国主要的舆论宣传工具，发挥着重要的"喉舌"功能，因此，其组织结构设置沿袭至今，依然带有浓重的宣传色彩，突出宣传系统的重要性，下面按照宣传广播的内容再细化成各个部门或科室。而美国虽然也突出新闻与节目采编部门，但很显然强调节目营销部门的设置，重视节目的市场功能，如图 4-7、图 4-8 所示。

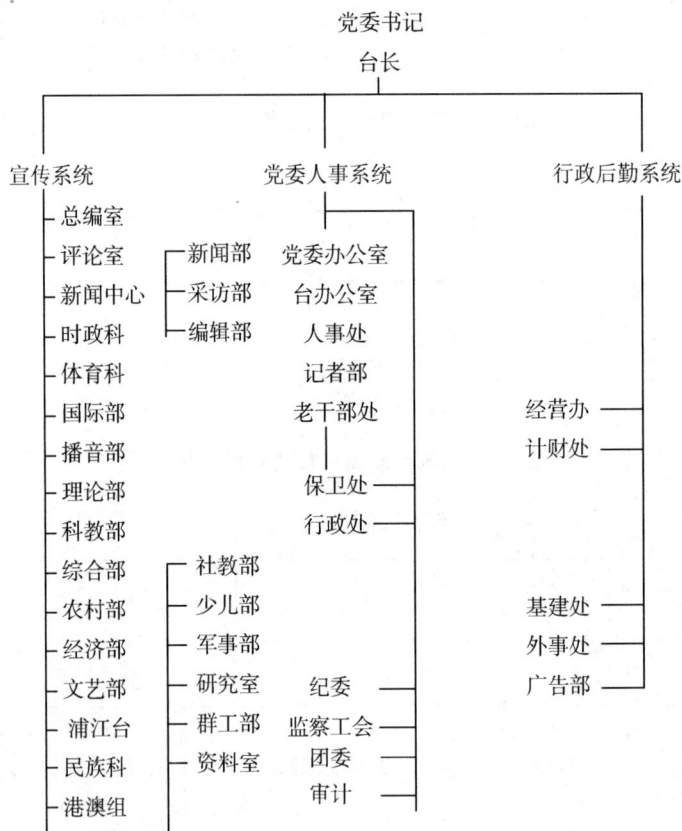

图 4-7　上海东方传媒集团所属上海人民广播电台的组织机构图

```
                        总经理
        ┌───────────┬───────────┬───────────┐
     销售部门       节目部门       新闻部门     工程部门
        │             │             │           │
     销售经理       节目总监       新闻总监     总工程师
        │             │             │           │
     销售人员       播音员       新闻广播员     工程人员
                      │             │           │
                    制作           记者         维护
                      │             │
                    音乐库         撰稿人
```

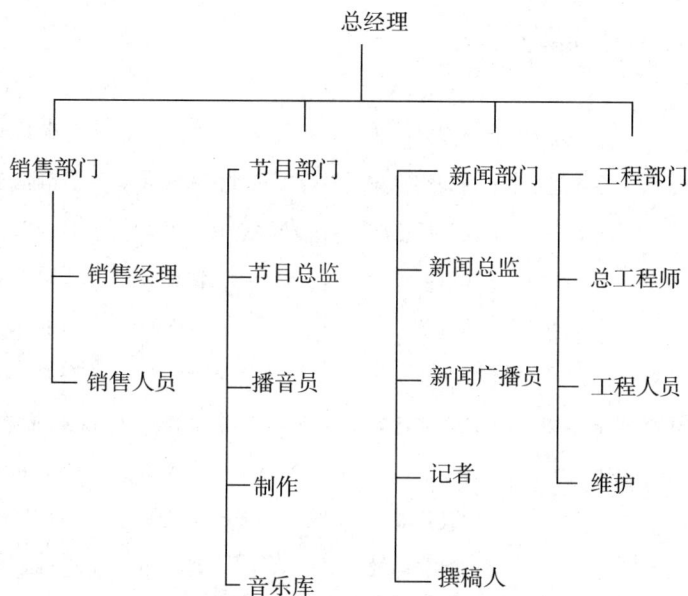

图 4-8　美国中等规模广播电台的部门结构图

5. 电 视 台

```
                     党总支书记
                       总监
                       主编
        ┌──────┬──────┬──────┬──────┐
      外联    技术    制作    新闻    行政

     公关人员  技术人员  节目    记者    文秘
     外联     维护     转播    编辑    会计
                      制片人   撰稿人   人事
                      制作人员
                      艺术
```

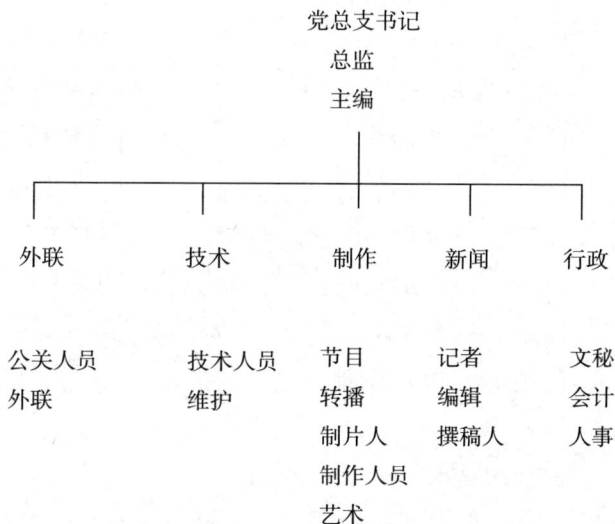

图 4-9　上海东方传媒集团所属上海东方电视台的频道结构图

台长

党政系统　　宣传系统　　技术系统　　经营管理系统

党政系统	宣传系统		技术系统		经营管理系统
├办公室	├总编室	┌新闻采访部		┌科技处	├经营管理处
├党委办公室	├新闻中心┼新闻编辑部		技术管理├工程维		├音响基地
├监察室		├新闻评论部	办公室┤　护处		管理中心┐
├审计处		├军事部		└信息通	无锡太湖┤
├人事处		└体育部		讯处	影视城┤
├计财处		┌专题部	┌制作部		涿州
├财产物资处	├社教中心┼教育节目部		技术制作┼录制部		影视城┤
├工会		├青少部	中心┤音频部		威海儿童┤
├行政处		└纪录片部	播送中心┼播送部		影视城┤
├外事处		┌海外新闻部		└转播部	南海
├保卫处	├海外电视┼海外专题部		└动力处		影视城┘
├房管处	中心┼海外电视编辑部				
├教育处		└海外技术制作部			├中国国际电视总公司
└老干部处		┌文艺部			├梅地亚中心有限公司
	├文艺中心┼影视部				├央视调查咨询中心
		├国际部			├中国电视剧制作中心
		├动画部			├中央新闻纪录电影制片厂
		└戏曲			├北京科学教育电影制片厂
		┌广告部			└中央卫星电视传播中心
	├广告经济┼经济部				
	├信息中心┼图文电视部				
	├研究室				
	├中国电视报				

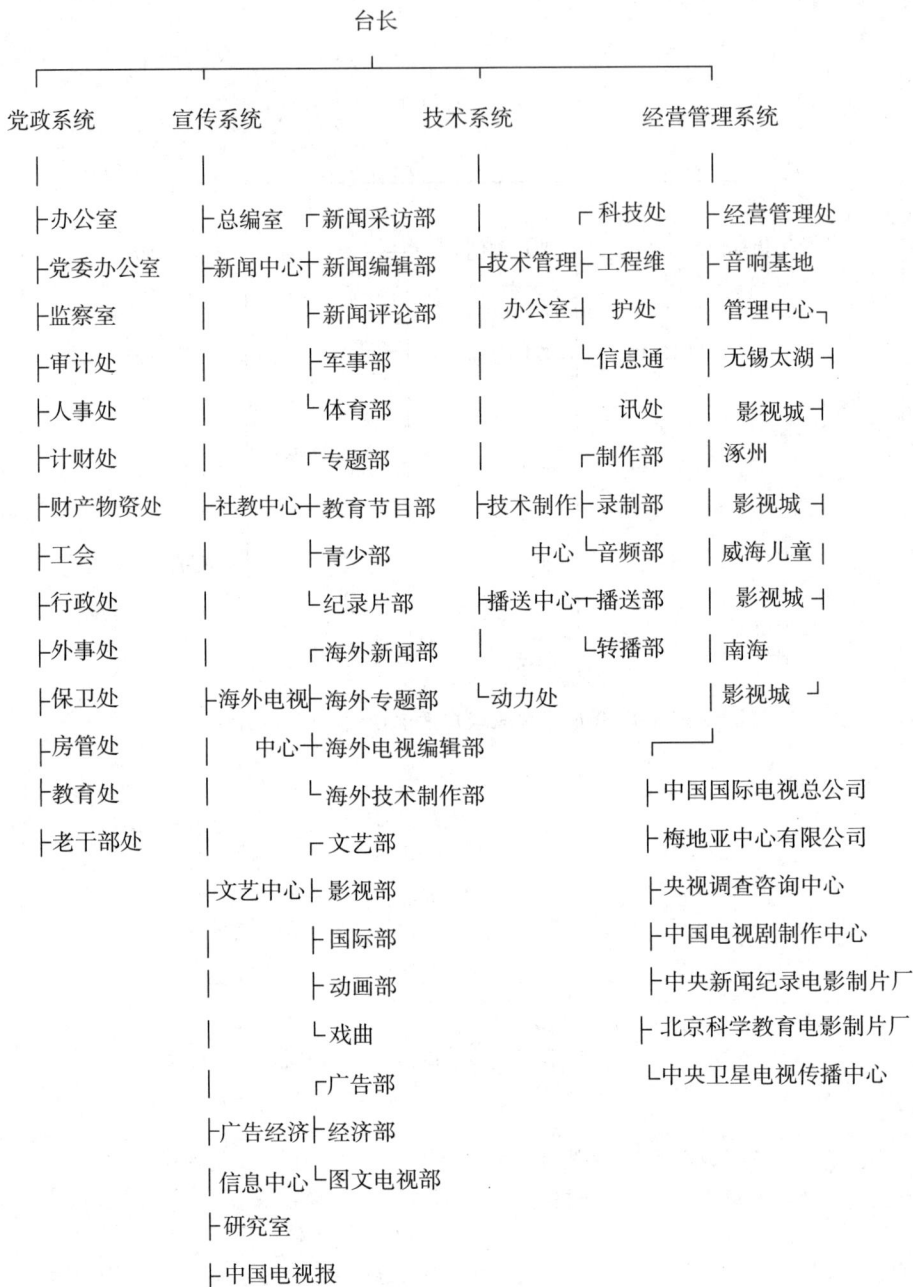

图 4-10　中国中央电视台的组织机构图

中央电视台无疑是中国电视台中的"龙头老大"，在它身上集中凸显了电视的两重属性，即政治属性和经济属性以及由此产生的两种功能，即宣传功能和产业功能。所以，在中央电视台的组织结构设计中，我们很明显地看到两大系统的设置，即宣传系统和经营管理系统。从本质上来说，这种组织设计还是属于直线职能式设计。而上海东方电视台则探索频道专业化改革，其频道结构设计就具有事业部制的特点，如图4-9、图4-10所示。

6. 有线电视

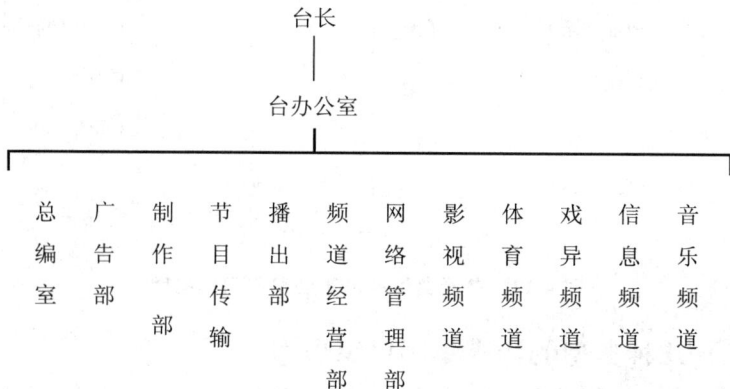

图 4-11　上海有线电视台的组织结构图

从图4-11所示上海有线电视台的组织设计来看，有线电视台组织结构主要从两个维度来设置：一是从产业链的环节来设计部门结构，如制作部、节目传输部、播出部、广告部等；二是从传输内容来设计专业化频道，如影视频道、体育频道、戏剧频道、信息频道、音乐频道等，同时突出渠道的管理，设置了频道经营部、网络管理部等。

7. 电影公司

电影应该是广播影视业最早也是最为产业化的媒介。从图4-12所示美国典型的电影公司的部门结构设置来看，电影公司整体是采用完全市场化的公司制组织设计，其内容生产制作依然是非常重要的部门，同时电影的发行营销也是同等重要的板块组织。可以说，生产制作与发行营销是电影取得成功的两翼。

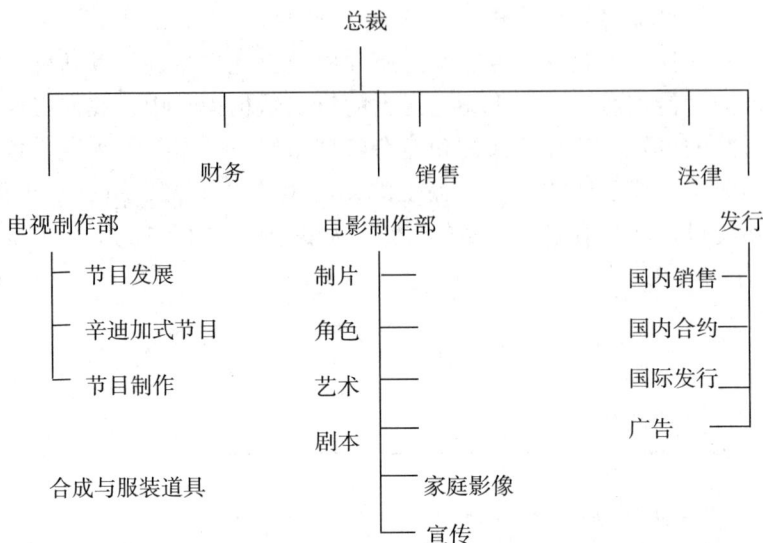

图 4-12　美国典型的电影公司部门结构图

（二）几种典型的传媒集团组织形态

现今世界上的传媒集团组织形态方面主要分为两类：一类是与巨型化相适应的组织结构，包括职能型垂直结构（合并同类的联合结构）、事业部型分权结构和控股公司型结构（分散经营的独立结构）；还有介于这三者之间的混合结构以及对它们作出微调的组织结构，如职能垂直型结构的变种——矩阵结构等。另一类是与网络化相适应的组织结构。

1. 职能型垂直结构

职能型垂直结构是按职能设立部门而形成的传媒组织结构，又称 U 型结构。它是一种以权力集中于媒体高层为特征的企业管理体制。在采用这种结构的企业中，企业的生产经营活动按照功能分为若干垂直管理系统，每个系统又直接受企业最高领导指挥。其财务体制也实行集中管理，企业内的各部门并不是自负盈亏的经济实体，只有整个企业才是一个利润核算单位。企业的资金运用，也是由总部控制的。

上海东方传媒集团就是实行 U 型结构的实践者。通过实践验证，这种结构具有以下几个优点：第一，有利于集中集团有限的资源，按照集团经营战略的总体设想，投资到最有效益的方向上去；第二，通过职能部门，各频道、频率能发挥专业分工的优越性；第三，部门之间、频道和频率之间较少出现机构重复，所需配备的管理人员也比较少；第四，有利于采、编、播和制作各个环节之间的紧密协调，这一点对于实行垂直联合的传媒组织和产品相关度很高的上海东方传媒集团尤为重要。

U 型结构的最大弱点是：第一，职能部门之间缺乏横向协调和良好合作，甚至出现本位主义，造成经营效率低下；第二，不利于发挥频道、频率中层管理者的主动性与创造性。

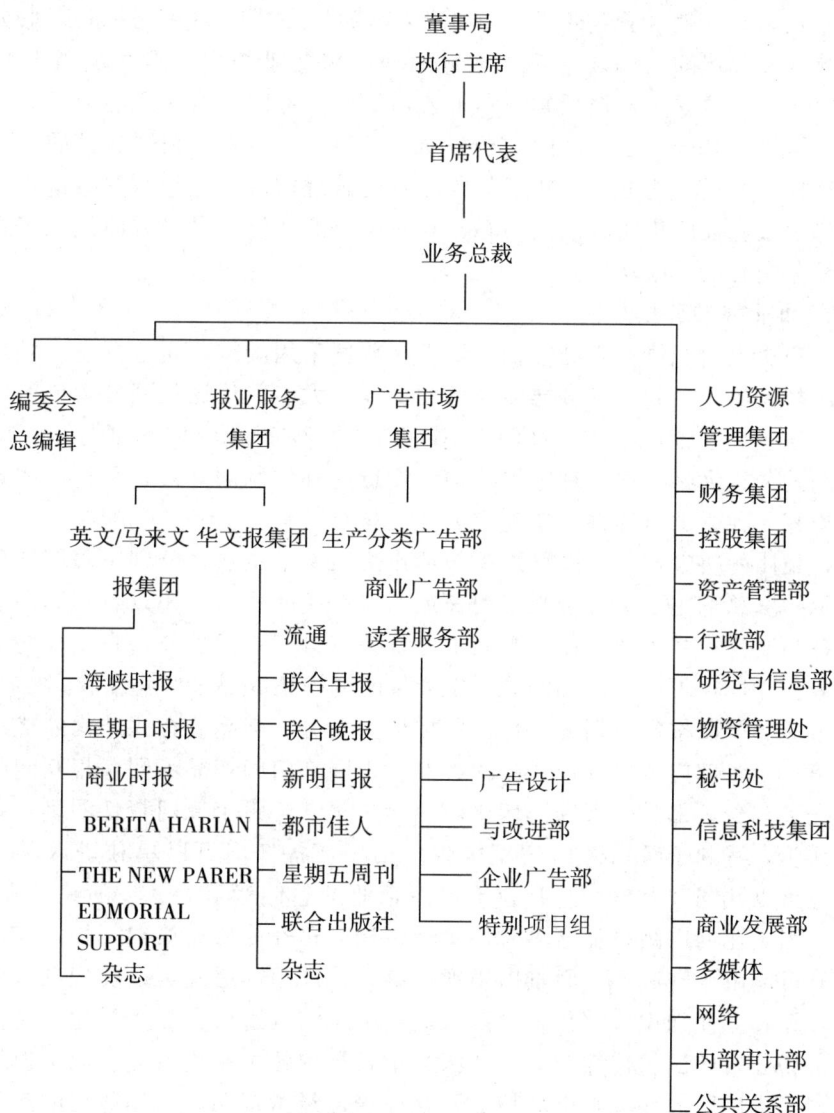

董事局
执行主席

首席代表

业务总裁

| 编委会 总编辑 | 报业服务 集团 | 广告市场 集团 | 人力资源 管理集团 |

英文/马来文 华文报集团　生产分类广告部
报集团　　　　　　　商业广告部
　　　　　　　　　　读者服务部

财务集团
控股集团
资产管理部

- 海峡时报
- 流通
- 星期日时报
- 联合早报
- 商业时报
- 联合晚报
- BERITA HARIAN
- 新明日报
- THE NEW PARER
- 都市佳人
- EDMORIAL
- 星期五周刊
- SUPPORT
- 联合出版社
- 杂志
- 杂志

- 广告设计
- 与改进部
- 企业广告部
- 特别项目组

- 行政部
- 研究与信息部
- 物资管理处
- 秘书处
- 信息科技集团

- 商业发展部
- 多媒体
- 网络
- 内部审计部
- 公共关系部

图 4-13 新加坡报业控股集团组织结构图

新加坡报业控股集团的组织结构就是在 U 型结构基础上的一种改进，如图 4-13 所示。新加坡报业控股集团在 1990 年改组时，对未来的公司组织结构做了重新设计安排。集团从提高资源利用效率、降低经营成本、对市场变化能做出快速反应出发，将组织结构分为业务和支援服务两大系统：华文报集团、英文/马来文报集团、广告市场集团为业务系统；报章服务部、策划及商业发展部、就业管理部门、秘书/法律部为支援服务系统。把原来分散于报社或子公司的共同职能，如人才管理、广告业务、印刷发行等分离出来，使之成为独立于各报纸集团和子公司的职能部门。这些职能部门具有二级法人资格，既服务于集团内的子公司，又能对外营业，拓展自己的业务空间。这样，通过专业分工，实行集约经营的管理模式。这种组织结构，一方面强化了报业控股集团的决策中心、利润中心的功能；另一方面优化了报社作为编务中心的采编功能。

2. 事业部型分权结构

在历史上，职能垂直型结构是最先被普遍采用的现代企业形态。随着传媒集团规模的扩大和传媒多样化经营的发展，大多数传媒集团转为事业部型结构。事业部型分权结构，又叫做 M 型结构，它是以集团总部与中层管理者之间的分权为特征的一种组织结构。实行这种体制的关键，是把集团划分成若干相对独立的事业部，使其成为独立核算、自负盈亏的利润中心。一般而言，集团的决策被分成战略决策与运作决策两个层次，分别由总部和利润中心承担。总部主要关心传媒集团长远发展有关的战略问题以及利润中心人员配备与监督。各事业部作为利润中心，拥有自己广泛的经营自主权与一定的财务独立性，可以在总部的统一发展策略的框架内谋求自我发展。

事业部可以按产品划分，也可以按地区划分。产品分布式结构的优点在于：第一，各部门负责规定产品的经营，不同部门因产品不同，相互间的矛盾和交叉较少，部门间市场协调比较容易。第二，每个部门责任明确，而且易于评价，有利于激励部门的积极性。第三，各部门可以单独进入某些市场，也可以共同开发市场，有利于提高企业的整体竞争力。它的缺点在于：第一，当企业的产品种类增多时，管理机构会迅速膨胀；第二，势力较弱的产品有可能由于资源不足而难以发展；第三，产品部之间难以实现某些资源共享，尤其会使知识分散化；第四，这种组织结构适合产品多样化、规模庞大、市场分布广泛的传媒企业。地区分布式结构的主要优点是企业可以针对不同国家或地区的环境与市场特点，合理培植经营资源，安排适当的产品供应，提供较为周到的服务。它的主要缺点是各地区部往往只重视本地区的市场，地区之间的协调工作难度较大。这种结构适合产品种类少，但是市场分布广泛的传媒集团。

在实行 M 型分权体制的传媒集团中，基本经营管理单位移到了事业部（频道/频率）一级，但是，事业部的经营自主权是在公司统一政策框架内界定的，并且与别的事业部构成依存关系。事实上，根据情况调整与决定集团公司总部与事业部之间的权限划分，乃是当今传媒集团管理中最复杂，也最重要的问题。

带 M 型结构色彩的传媒集团，可以香港星岛报业集团为例，如图 4-14 所示。星岛报业集团以《星岛日报》和英文《虎报》为核心企业，投资 34 家控股子公司和 9 家参股子公司，并以《星岛日报》的报名，同步在美国、加拿大、澳洲、欧洲等国家和地区发行 11 个版本的英文或中文报纸。星岛集团拥有 32 亿港币的总资产，1996 年营业总额达到 20 亿港币，税前利润为 5 亿港币。集团负责制定大政方针和基本的业务范围，具体事情放手让各事业部门承包负责。这种体制使得层层负责、人人有责、人人有利，十分有成效，集团利润迅速增长。

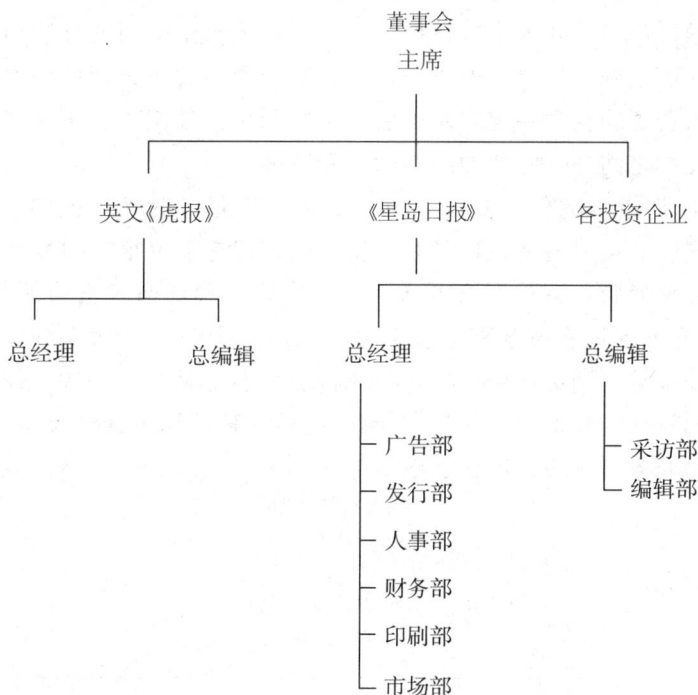

图 4-14　香港星岛报业集团组织结构图

3. 控股公司型结构

与 M 型结构有点相似的是 H 型结构，即控股公司型结构，这也是企业内部分权的一种组织形式。控股公司是指以依靠拥有其他公司达到决定性表决权的股份，而形成控权或从事经营的公司。控股公司不但拥有子公司在财政上的控制权，而且拥有经营上的控制权，并对重要人员的任命和大政方针的确定有决定权，甚至直接派人经营管理。

实行 H 型结构的传媒集团的基本组织框架是：在集团内部，由主要股东组成的、具有母公司性质的集团公司董事会是集团的核心。集团公司董事会是整个集团的决策中心、投资中心、成本中心和利润中心，董事长（主席或总裁）是集团的法定代表人，聘任高级职员如总经理（执行官）行使行政管理权；第二层是集团的控股子公司，由集团派出或聘任高级职员管理经营，频道或频率一般都由控股子公司；第三层是集团的参股子公司，集团视股权的多少，承担责任和义务，有时仅仅坐享红利。

H 型结构与 M 型结构也有差别。H 型结构中的事业部门由具有独立法人资格的子公司或分公司替代，子公司拥有更大的经营独立性。总公司注重对子公司的财产风险和人事进行控制。总公司因对子公司或分公司的投资承担有限责任而限制了风险，但总公司的影响必须通过子公司的董事会，因而投入和调出资源均受到一定限制，监督和控制也比较困难。子公司则因独立性过强，互相之间缺乏必要的战略联系和协调。

实行 H 型结构的传媒集团，可以英国《卫报》为例，如图 4-15 所示。英国《卫报》的斯科特托拉斯是私人所有的，拥有《卫报》和曼彻斯特晚报集团的全部普通版，每年开会两次，与董事会一起任命各报的编辑和主管。《卫报》与曼彻斯特晚报董事会包括编辑和经营主管两方面人马，每季度开会一次，如果需要则更频繁一些，其执行委员会每月开会一次，控制编辑预算但不管编辑部的政策。《卫报》董事会同样只管预算不管政策。《卫报》的其他经营有商务、出版、印刷、电视等。

斯科特托拉斯

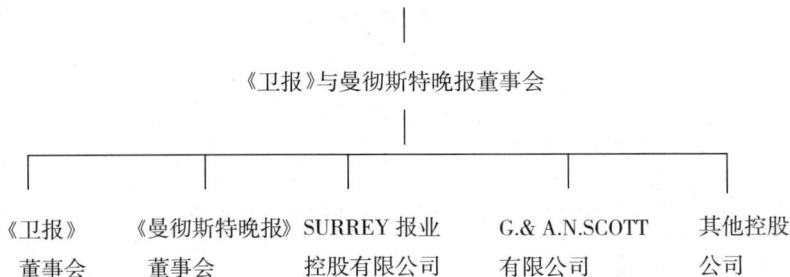

《卫报》与曼彻斯特晚报董事会

《卫报》董事会	《曼彻斯特晚报》董事会	SURREY 报业控股有限公司	G.& A.N.SCOTT 有限公司	其他控股公司

图 4-15　英国《卫报》组织结构图

一些全球性的传媒组织实行矩阵式结构。这种结构同时从职能、产品、地区三个不同角度对分支机构进行管理，每个分支机构必须向至少两个不同的上级报告工作，并同时接受他们的指挥。这种形式被认为是传媒集团组织结构中的一种高级形式，其优点是市场适应能力很强，各分支结构之间容易协调。缺点是结构过于复杂化，部门之间相互关系与责任难以分清，多头领导容易导致混乱。

还有，许多传媒集团都实行混合型结构的改革尝试，即以某一种结构形式为主，兼采其他结构之长。例如，上海东方传媒集团把广播电视、报刊发行、广告等主要部门集中起来，另外控股创建了 20 余家合作公司，以 U 型结构为主，在局部实行 H 型结构，如图 4-16 所示。

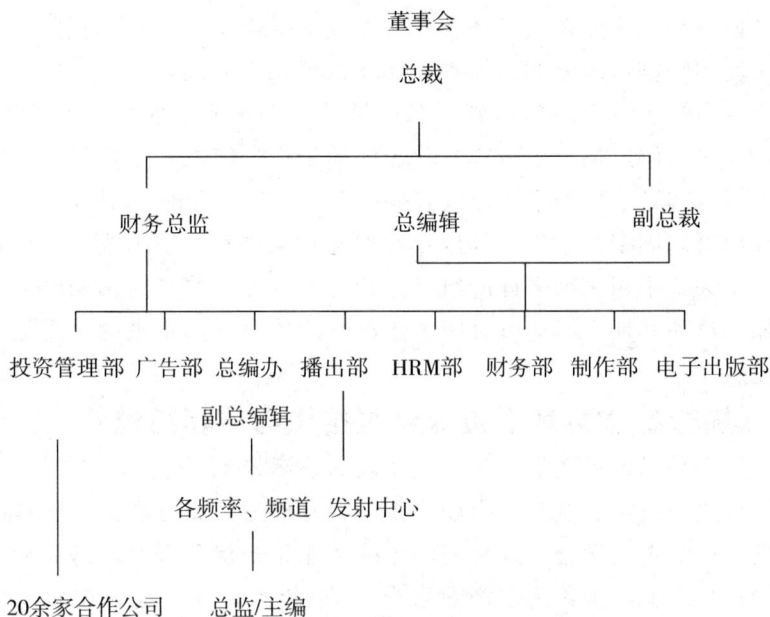

图 4-16　上海东方传媒集团组织结构图

4. 网络化组织结构的探索

现代传媒集团化过程中的大型化，已成为一种主导性的趋势，它既是传媒成长的自身要求，也是社会进步的外在要求。

企业规模有它的极限。企业的过度发展必须要面对一些交易费用的上升和"官僚失灵"现象，从而导致企业运行效率下降，抵御金融风险的能力减弱。传媒大企业为了追求最大的受众群，经营种类日趋庞杂，却又殊途同归于综合、通俗一路，产品往往千篇一律，缺乏个性，不能适应现代社会需求多样化的受众需求。小企业能够灵活地面对市场，并富有创造力。在信息产业中，如计算机、有线电视、电影等，它们抓住机遇获得超常规发展的事例绝不鲜见。20世纪90年代以来，发达国家的传媒经济活动（知识密集型产业）中开始出现另一种更具革命性的组织结构形态，即小型网络化的传媒组织。

在网络经济中，发达的交互式通信网和大量中介机构把各种独立的专业公司和个人联系起来，根据传媒集团不同业务项目的要求，可将这些创造性人才分别组成项目性团队（项目完成，人员机构即解散）。由此，网络经济把传统等级森严的垂直结构的大公司改造成了大批小而专的关联企业，由它们灵活多样地合作创造出别人很难模仿的个性化、专业化产品。这种网络化组织在娱乐性电子传媒企业中运用得最为成功，比如美国好莱坞的各种专业公司，这些"小"企业在网络经济中可以说也组合成了"大"企业。

这种新的经济组织方式的优势表现在以下几个方面：第一，每一项工作可以项目为中心，以合同为纽带，召集最适合工作要求的各种各样的人才，而不是让公司的固定员工去适应各种各样的工作。第二，不再需要长期维持一整套组织机构，从而使官僚习气和业务开支等降至最低。具体如传媒的新闻采编部门可以固定和常设，其他专题如文娱、体育、动画或经济信息等部门则分离出去，采用多种多样的组合经营方式运作。第三，长期的风险压力和成本如裁员和其他人事危机会减少，最终给传媒集团带来的是高品质和低成本的绩效。

三、媒介融合背景下传媒组织结构与流程再造①

随着科学技术的迅速发展和产业规制的逐渐松动，不同产业或同一产业内的不同行业在技术、业务、市场等层面相互渗透、相互交叉，各自的边界日趋模糊，逐渐走向融合。这种促进传统产业结构优化升级，进而形成新产业范式的经济现象，被称为"产业融合"。近年来，在以信息技术为核心的高新科技的推动之下，传媒产业迅速成为产业融合的前沿地带，由此呈现出一股以"融合"为显著特征的发展态势，即"媒介融合"。②

"融合新闻"在21世纪初出现，是以媒介之间的合作以及传媒组织结构与工作流程的改变为前提的。例如，美国最早进行"融合新闻"尝试的传媒

---

① 参阅蔡雯：《媒介融合前景下的新闻传播变革与新闻教育改革》，载《今传媒》，2009（1）。

② 蔡骐、吴晓珍：《从媒介融合看我国传媒集团的未来发展走向》，载《湖南大众传媒职业技术学院学报》，2008（2）。

集团之一———传媒综合集团（Media General Inc.）于 2000 年投资 4 千万美元在佛罗里达州坦帕市建造了一座传媒大厦，取名"坦帕新闻中心"，将属下的《坦帕论坛报》及其网站 Tampa Bay Online、电视台 WFLA－TV，还有集团网站 TMO.com 的编辑部门集中起来运行。集团设立"多媒体新闻总编辑"，统管三类媒介的新闻报道，使三类媒介在新闻采编方面实现了联动。这一成功经验表明，大众媒介从各自独立经营转向多种媒介联合运作，尤其是在新闻信息采集发布上联合行动，能最大限度地减少人力、资金和设备的投入，降低新闻生产成本。而且，不同类型媒介的联合运作，能够对已经占有的媒介市场起保护作用。例如，因为电视、网络媒介等竞争对手的出现，报纸市场不断被侵袭，发行萎缩和广告销量下降在所难免，产品单一、单独运营的报社很难应付市场变化。但在集中和融合的传媒集团中，不同的媒介可以通过生产流程的设计与控制实现资源重整，利用不同类型媒介的介质差异，在新闻信息传播上实现资源共享而又产品各异，化竞争为合作，结果就能联手做大区域市场，并且在这一市场上占据垄断地位。因此，美国新闻学会媒介研究中心主任安德鲁·南彻森将"融合媒介"定义为"印刷的、音频的、视频的、互动性数字媒介组织之间的战略的、操作的、文化的联盟"，他强调，"融合媒介"最值得关注的并不是集中了各种媒介的操作平台，而是媒介之间的合作模式。

在中国，虽然受制于体制与行政管理等因素，跨媒介的"融合新闻"还没有充分展开，但一些传统媒介利用新媒介进行新闻传播的改革已有不少成果。例如，获得中国新闻奖首届网络新闻名专栏的"焦点网谈"栏目，就是河南日报报业集团整合《河南日报》、河南报业网与手机短信平台三方面的资源与渠道创办的，这个栏目围绕公共生活中的各类新闻事件或焦点话题展开讨论，发动广大网民畅所欲言，编辑也同时组织一些专家名人重点发表意见，稿件在网站上首发，报纸在每周二、周四刊登两个整版的同名专版。"焦点网谈"还设立了子栏目"短信民声"，报社 24 小时开通手机短信平台，接收群众的建议与投诉，收集新闻线索。对于群众反映的问题，党报编辑事无巨细都要向有关部门调查核实，促使问题得到解决，并将结果及时在网站与报纸上对社会公开，这体现了一种全新的新闻传播思路。过去，新闻传播业务是以单一的媒介形态为基础的，所运用的技术手段也相对有限，如报纸新闻局限于文本和图片传播，电视新闻主要以图像和声音传播为主。在这一基础上，各媒介形成了自己的组织结构和新闻采编流程，日报按 24 小时的周期运转，电视根据新闻滚动与栏目架构的需要操作，网站则实时进行新闻信息发布。而建立在媒介融合基础上的"融合新闻"却不同，要在全方位的技术运用和所有形态的媒介介质基础上整合新闻传播资源，建立新的流程。采编管理不再是一报一台一站各行其是，而是跨媒介的团队合作，对多种媒介新闻生产流程的重组和整合。

传播渠道与信息载体的多样化，必将带动新闻编辑部组织结构及其角色和功能的变化。2006年11月2日，美国最大的报业集团甘奈特集团首席执行官Craig Dubow在一份备忘录中宣布，集团旗下的所有报纸都将设立崭新的"信息中心"，全面取代已有的新闻编辑室，让原先的报纸读者能在任何时候、任何地方、通过任何他们喜欢的平台，接收新闻和信息。信息中心分为7个功能部：数字部（以数据库为基础快速搜集新闻和信息）、公共服务部（媒介监督）、社区对话部（原评论专栏的延伸，帮助实现传—受交流和受—受交流）、本地新闻部、内容定制部（为小众市场定制专门信息）、数据部（发布生活类"有用"信息）以及多媒体内容制作部。这一改革主要有4个目的：第一，进一步突出本地新闻和信息优先于全国和国际新闻信息的地位；第二，发表更多的由受众贡献的内容；第三，每周7天、每天24小时不间断地跨平台更新和发布新闻和信息（报纸的作用从而下降，网站的作用因此上升）；第四，在与受众的互动中进一步发挥他们的舆论监督作用。①

中国新闻传媒同样开始了组织重构与资源重整的探索，如《上海证券报》提出，要充分利用新技术推进报网融合，推进形式创新、管理创新和机制创新等项工作；把"中国证券网"和《上海证券报》全面融合，实行一个班子、一套架构，不设立重叠机构；对报网统一业务生产流程进行统一考核；把报社的盈利模式从比较单一的信息披露收入转变为内容产品收入、活动产品收入和互动产品收入。《上海证券报》记者的名片上都印制了两行字：上面一行是《上海证券报》；下面一行是"中国证券网"。该报负责人说，要不了多久，大家名片上的两个名称会翻过来，上面印"中国证券网"，下面一行才印《上海证券报》。② 2007年，《广州日报》成立了"滚动新闻部"，也是加速媒介融合的一个举措。无论中外，新闻传媒的改革尝试都还处于探索阶段，现在远不是评价其成败的时候。值得注意的是，"融合媒介"还有

① 邓建国：《"信息中心"：未来报纸的新闻编辑室？——美国甘奈特集团的"激进"报业改革》，载《新闻记者》，2007（2）。

② 任秋菊：《左手办报，右手办网——谈报纸与网络的"宝莲灯效应"》，载《青年记者》，2006（24）。

一种前景，那就是在数字技术与网络传播的推动下，各类型媒介通过新介质真正实现汇聚和融合。例如，电子纸这类新介质，甚至今天我们还难以想象的更新一代的媒介，能将报纸、收音机、电视机、计算机、手机等信息终端的功能和特点汇聚于一体，通过无线传输，成为未来人们获取新闻信息的接收终端。对于这样的新媒介而言，"融合新闻"必将超越"传媒组织之间的战略的、操作的、文化的联盟"这一界定，不只是"媒介之间的合作模式"，而演变成一种独立运行、流程完整、操作规范的新闻生产模式。

媒介融合促使传媒集团内部组织结构发生相应的变革和业务流程的创新。传媒集团将不以部门职能而以业务流程构成组织单元，组成团队式、网络式、项目管理式的无边界组织，尽可能减少中间管理层次，转型为扁平化的组织结构，从而减少内部交易成本和运营成本，实现对内部和外部资源重组和整合，最终提高传媒集团的竞争力，正如屠忠俊指出的，扁平化、大跨度横向一体化、虚拟化、柔性化和注重团队建设是未来传媒组织的演变方向。[①]

第三节　传媒组织文化

一、传媒组织文化的内涵与特征

（一）传媒组织文化的内涵

传媒组织文化是一个传媒组织在自身发展过程中形成的以价值观为核心的独特文化管理模式，是传媒从业人员在新闻报道、传媒运营中共有的核心理念、价值观和行为准则。作为传媒无形资产的一部分，传媒组织文化是传媒发展到一定阶段的产物，是传媒核心竞争力的重要决定因素。

传媒组织文化是传媒的灵魂，也是传媒的核心竞争力所在，对内可以增强凝聚力，对外可以树立传媒形象。传媒组织文化是支持传媒成长的一种强大的力量，也是一种综合的力量，具有凝聚力、激励力、约束力、导向力、辐射力。传媒组织文化是一个传媒的形象体现，是传媒管理的重要组成部分，它涵盖了传媒的经营哲学、管理特色、价值理念、人际关系、精神风貌等无形的因素。

加强传媒组织文化建设，既是增强传媒凝聚力，树立传媒良好形象的需

---

① 屠忠俊：《现代传媒业经营管理》，309～311 页，武汉，华中科技大学出版社，2007。

要，也是提高传媒经营管理水平，培育核心竞争力的重要途径。越来越多的传媒已经开始注重建构适合自己的组织文化，并在实践经验中不断总结出本传媒组织文化的核心理念。

（二）传媒组织文化的特征

传媒组织文化既具有一般组织文化的共性，又有着自己的独特性。

1. 传媒组织文化的凝聚性

每一个优秀的传媒，都有自己的传媒组织文化。传媒组织文化不仅是传媒对外的形象宣传，更是传媒内部人员凝聚力、向心力的体现。传媒组织文化可以增强员工对传媒的集体感、认同感和归属感，使全体员工凝聚成一个协调有机的整体。员工由此产生的精神力量正是推动传媒前进的重要动力。注重团队每一个人的价值观，它使个人对团体产生信赖感、可靠感，甚至是依赖感和归宿感，使员工认识传媒的共同目标和利益，齐心协力地工作，使全体职工的行为趋于一致。因此，这种凝聚作用是传媒组织文化的一个重要特征。

2. 传媒组织文化的调节性和控制性

传媒组织文化依赖于传媒主体而存在，是一种主体性文化。但是，它对于传媒单个的员工来说，又是外在的，是客体化了的精神文化。传媒员工会自觉接受这种特定文化的规范和约束，依照价值观的指导进行自我管理和控制。传媒员工会在一种自觉的集体努力造成的导向性的文化氛围或理想氛围下自动地调节自己的心态、行为与之协调、平衡，从而不至于与文化团体显得格格不入或发生尖锐的文化冲突。这种导向性的文化氛围会使员工最终意识到，顺应文化导向的要求，与这种文化氛围认同并不断地把它内化为主体文化。

3. 传媒组织文化的应变性

传媒时刻处于激烈的市场竞争之中，而对竞争的适应性也就直接决定传媒生命力的强弱。传媒对竞争的适应不仅通过生产经营的调控来实现，而且通过传媒组织文化的应变能力来实现。传媒组织文化可以根据环境的要求而重塑价值观，从而重塑适应新形势的传媒组织文化。

二、传媒组织文化的基本要素与功能

（一）传媒组织文化的基本要素[①]

传媒组织文化的主要要素包括整体价值观、传媒理念、传媒精神、经营哲学、发展战略、制度规范及传媒形象等。

---

① 陶景霞：《浅论媒体企业文化建设》，载《新闻界》，2004（4）。

1. 传媒价值观：传媒组织文化的核心

"价值观"是主观的。持什么样的选择标准或取舍原则，就有什么样的价值观。传媒价值观渗透于人和传媒的一切方面，贯穿于传媒组织文化的各个要素之中，决定着传媒组织文化的性质和发展方向，是传媒组织文化的核心。任何一个传媒都有自己的核心价值观，并由此滋生出价值观体系，如传媒宗旨、精品观、人才观、市场观、发展观、道德观等。

2. 传媒哲学：传媒组织文化的内核

传媒哲学是指该传媒运用哲学世界观和方法论观察和处理传媒运作、管理活动而提炼出来的关于传媒生存和发展的根本性理念。它是传媒一切行为的逻辑起点和总的指导原则。许多传媒坚持"以人为本"的思想，总结出传媒的哲学理念，如中央电视台的"传承文明，开拓未来"战略思想，湖南广电传媒"打造品牌、服务大众、丰富内容、创造财富"的经营理念。

3. 传媒精神：传媒组织文化的灵魂

传媒精神是指在社会主义的经济、政治和文化背景下，传媒在长期的实践中，逐渐形成和发展起来的心理定势和价值取向，是传媒员工的共同追求、意志风格、经营宗旨的综合体现。在表现形式上，它以标语、口号、格言式或台标式等精练语言表达和艺术造型等表现出来。传媒精神具有时代性、鼓动性和引导性的特点，是统一员工思想的基本准则，是引导员工行为的基本理念，是激励员工奋发努力的基本动力，是传媒价值观的集中体现。

4. 传媒规范：传媒统一的行为模式

传媒规范是传媒员工共同的相对定型的行为模式，是传媒价值观的有形化和表象化，也就是把实践中的成功经验和新的要求结合起来，制定"规定动作"，形成明确的标准和秩序。有了整套的规范，员工就会有一种相对稳定的心态，其行为才能在共同的规范下得到有效的控制和自觉的调节。

5. 传媒形象：传媒组织文化的精神显现

传媒形象是传媒价值观和精神的外在表现形式，是内部管理和外部展示在社会公众心目中形成的总体评价。

（二）传媒组织文化的功能

优秀的传媒组织文化是传媒的核心竞争力所在，是其成功发展的基石，具有重要功能。

1. 凝聚导向功能，培养认同感

传媒组织文化是传媒内部团结的纽带、沟通的渠道，能为其从业人员提供共同的价值取向、共同的道德观念、共同的行为规范、共同的事业目标，使内部成员并肩作战、团结协作，形成一股共同努力的力量。①

2. 传媒组织文化有利于传媒品牌的构建

品牌是文化的载体，文化凝结在品牌中，也是对渗透在品牌经营全过程中的理念、意志、行为规范和团队风格的体现。因此，当产品或服务的同质化程度越来越高，传媒在质量、价格、渠道上越来越不能制造差异来获得竞争优势的时候，品牌正好提供了有效的解决之道。对于受众而言，他们只能通过品牌来识别不同的传媒组织文化。传媒组织文化是一种看不见摸不着的资产，是一个有价值的商誉，它有助于提升传媒品牌的价值。传媒组织文化是传媒品牌建设的手段，它能保证传媒品牌建设的方向朝着有利于传媒发展壮大的方向前进，并且能协调经济效益和社会效益的动态平衡。

良好的传媒组织文化不仅是传媒生存和发展的源动力，而且是区别于竞争对手的最根本标志。传媒只有拥有了自身独特的文化，才具有生命的活力，才具有真正意义上的人格的特征，才具有获得长期发展壮大的精神基础。

3. 传媒组织文化有利于提升传媒的核心竞争力

传媒核心竞争力与传媒组织文化两者之间，从始至终都处于一种互相渗透、互相依存、互相促进的相辅相成关系。增强传媒核心竞争力是传媒组织文化建设的出发点和落脚点。传媒组织文化是传媒核心竞争力的活力之根和动力之源，其本质则是传媒生产力成果的进步程度。未来传媒竞争的根本必然是传媒组织文化的竞争，传媒组织文化已经成为传媒核心竞争力的核心。

核心竞争力是传媒在经营过程中长期积淀形成的，独具特色的，能够支撑传媒现阶段经营和未来发展的竞争优势，并使传媒在市场竞争环境中长时间赢得主动权的核心能力。从本质上讲，传媒核心竞争力是媒体内在的"以人为本"的一种创新发展能力。传媒组织文化是媒体的灵魂，其目标就是通过引导员工提高对传媒价值观理念体系的认同度，并转化为个人的人生价值观取向，使传媒获得巨大的向心力、凝聚力和社会价值认同，使传媒增强对外经营及对内管理运作的适应力和竞争力。先进的传媒组织文化对内是凝聚力、感召力，对外是形象力、竞争力。先进的文化也具有渗透力和冲击力。各种力量的合力就形成了传媒的核心竞争力。

4. 经济功能，增加无形资产

传媒表面上是通过其产品——信息产品来吸引受众，实际上是通过自身

---

① 杨令美：《传媒企业文化的特性与功能》，载《广西大学学报》（哲学社会科学版），2008（2）。

的文化来赢得受众，因为其信息产品是其传媒组织文化的物化，信息产品与其背后的传媒文化有着直接关系。可见，优秀的传媒组织文化是传媒宝贵的无形资产。[1]

在市场经济中，传媒的发展动力来源于传媒不断创新发展的传媒组织文化，传媒组织文化是传媒核心竞争力的重要组成部分。运用传媒组织文化构建和提升传媒核心竞争力，最大限度地发挥传媒组织文化在传媒市场竞争中的重要作用，无疑将是未来传媒组织建设的一个重要课题和使命。

三、传媒组织文化的类型[2]

传媒组织文化是一个动态、多角度的概念，而不是静态、单向度的存在。从纵向的角度看，传媒组织文化一直在不断地演化、变迁、创新、发展；从横向的角度看，不同类型的传媒组织都会依据其运行的内外环境构建适合其自身需要的文化。如果将传媒组织文化视为一个整体，它们又有共通的意义空间。从传媒的内外环境与其运作过程的各环节要素来看，传媒组织文化主要有以下几种类型。

（一）传媒组织的社会功能文化理念

传媒组织的社会功能文化理念是传媒组织对其存在的外在环境的反映，是对其存在价值、存在作用、存在方式的思考与呈现。目前，世界范围内存在两种理念：一种是传媒的社会责任论；另一种是传媒的社会公器论。社会责任论认为，"（1）大众传播具有很强的公共性，因而媒介机构必须对社会和公众承担和履行一定的责任和义务；（2）媒介的新闻报道和消息传播应该符合真实性、正确性、客观性、公正性等专业标准；（3）媒介必须在现存法律和制度的范围内进行自我约束，不能煽动社会犯罪，不能传播宗教或种族歧视的内容；（4）受众有权要求媒介从事高品位的传播活动，这种干预是正当的"[3]。社会公器论认为，"传媒组织要能够替社会说公道话，主持社会正义，客观公正地报道社会上发生的一切，因为只有这样社会才能沿着一条正确的道路发展，传媒组织肩负着匡扶正义、弘扬正气、揭露黑暗、鞭挞腐朽与邪恶和替弱势群体鼓与呼的重任"[4]。

---

① 杨令美：《传媒企业文化的特性与功能》，载《广西大学学报》（哲学社会科学版），2008（2）。

② 杨海军、王成文主编：《传媒经济学》，91～92页，开封，河南大学出版社，2008。

③ 郭庆光：《传播学教程》，139页，北京，中国人民大学出版社，1999。

④ 廖梦君：《现代传媒的价值取向》，43页，长沙，湖南人民出版社，2005。

（二）传媒组织的传播文化理念

传媒组织的传播文化理念主要是指"新闻自由"理念。传媒自由主义文化的基本内涵是人人都有权在不经政府和当局批准的情况下进行思想、观点、意见等内容的传播，传媒组织有权批评政府和相关政党，新闻传媒组织的出版不受任何事前的检查和强制，在观点、思想、意见、信念的传播上没有真理与谬误之分，都应得到尊重与保护。在所有传媒组织文化中，自由主义文化的形成是最早的，并在以后的发展中不断地得到改进与修正。

（三）传媒组织的受众文化理念

传媒组织的受众文化理念即"受众即市场"理念，是大多数传媒组织所奉行的传播理念，也是迄今为止存在时间最长、生命力最强的受众文化理念。这种文化理念反映了传媒组织活动的一些特性，比如传媒组织活动的经营性、传媒组织传播内容的商品性、传媒组织关系的竞争性，也能反映受众作为消费者的某些特性，把受众看做信息产品的消费者和传媒组织的市场。"受众即市场"理念包含以下观点：传媒组织是经营性组织，传媒组织必须把自己的信息产品以商品交换的方式在市场上销售，传媒组织也必须使自己的信息产品具备一定的价值，也就是让消费者即受众满意。传媒组织的活动是市场活动，传媒组织间必然存在激烈竞争，而竞争是为了赢得受众。

（四）媒体组织的内容文化理念

在现代传媒组织活动中，对于传播内容的观念与认识以"内容为王"这一文化理念为主流。"内容为王"文化理念的核心观点是传媒组织经营的成败关键，是看传播的内容是否能够抓住读者、影响读者。"内容为王"文化理念的形成既有人们对低俗、庸俗、浅薄内容厌恶的时代背景，也有对新媒介形式如何实现盈利经营进行思考的时代特征。"内容为王"是一种传媒组织的内容创造文化，是对传媒组织进行传播内容生产的标准要求，将内容创造提高到传媒组织经营的最高层面。

（五）传媒组织的媒介文化理念

传媒组织的"媒介即信息"文化理念，是麦克卢汉略有偏执的传媒文化观点。对这一观点进行回顾具有新的时代意义，因为现在热议的网络杂志、手机报纸、手机电视这些媒介新形式又将传媒的作用与意义置于新的高度。对于传媒组织的经营是内容重要还是媒介形式重要的讨论使传媒文化的地位再次凸显，当然我们可以冷静地做出判断，新的媒介形式为传媒组织的经营创新提供了强大动力，内容如何或能否创造出适应新传媒技术传播特点的媒介内容是传媒组织经营成败的仲裁性因素。

四、传媒组织文化的构建

传媒组织文化的构建是个系统工程，大致可从四个层面进行构建。

（一）共同价值观的塑造

所谓共同价值观是指为一个组织所有成员所共同分享着的带有自身特色的价值观念，共同价值观被普遍认为是构成组织文化的重要基础。任何一个传媒总是要把自己认为最有价值的对象作为传媒追求的最高目标、最高理想或最高宗旨。一旦这种最高目标和基本信念成为统一本组织成员行为的共同价值观，就会构成组织内部强大的凝聚力和整合力，成为统领组织成员共同遵守的行动指南。

由于组织价值观是整个组织文化的核心和灵魂，因此选择正确的组织价值观是塑造传媒组织文化的首要问题。为此，正确选择好共同价值观要做到以下四点：第一，传媒组织的共同价值标准要正确、明晰、科学，具有鲜明特点。中国的传媒业要求从业者有鲜明的政治意识、大局意识、安全意识，在形成组织的共同价值观时必须将这些意识融入其中，才能正确地引导组织内其他各项活动。第二，共同价值观要体现传媒组织的宗旨、管理战略和发展方向。媒介的多种形式以及所处地域、文化的不同，决定了传媒的使命和发展战略要因地制宜，要结合实际树立适合自身发展的共同价值观。第三，要切实调查本组织员工的认可程度和接纳程度，使之与本组织员工的基本素质相和谐，过高或过低的标准都很难奏效。传媒组织内部普遍存在人员素质参差不齐的现象，他们的价值观和职业修养也各异，要将所有人的意志统一起来是相当困难的。第四，选择共同价值观要坚持群众路线，充分发挥群体的创造精神，认真听取大家的各种意见，并经过自上而下和自下而上的多次反复，审慎地筛选出既符合本组织特点又反映员工心态的共同价值观。这在传媒组织中是极其重要的，因为对于新闻从业者来说，他们大多富于个性和独立思想，往往把追求个人价值看得高于一切，这就难免要与组织的整体利益发生冲突。所以，在选择共同价值观的过程中要充分考虑员工的意见，只有被认可才能行之有效。

（二）组织领导的确立

任何传媒组织都有一个核心，这个核心就是组织的领导者，他对这个组织的文化起到引导的作用。传媒组织的领导不同于一般的领导，是一种更加特殊的组织、指挥、协调信息传播和媒介产品营销的活动，它所引导和影响的往往不只是传媒成员，而且还包括整个社会受众群体。传媒领导是信息服务与传播权利、传播责任的统一体。传播权利意味着传媒领导者可以决定传播什么、传播多少和怎样传播；传播责任意味着传媒领导者要对传播的过程和后果负责。

约翰·科特认为，正在不断增加的竞争使得多数组织需要领导艺术的同时，全球化、技术进步、组织成长却加大了成功领导的难度。这就要求传媒组织的领导者必须找到一个行之有效的领导行为方式，才能增加领导成功的可能性。美国管理学家怀特提出了三种领导方式理论，即权威式、民主式及放任式。传媒管理者的领导方式可结合菲德勒的领导权变理论，具体说，就是对于不同级别的领导、不同的部门、不同的人员特征等采取灵活有效的领导方式。菲德勒的领导权变理论是比较具有代表性的一种权变理论，该理论认为各种领导方式都可能在一定的环境内有效，这种环境是多种外部和内部因素的综合作用体。权变理论认为不存在一种"普适"的领导方式，领导工作强烈地受到领导者所处的客观环境的影响。可见，在具体的传媒组织领导过程中，组织领导方式是需要根据实际情况来适度转换的。

传媒领导者取得业绩的多寡，很大程度上取决于他们所采用的领导方式，取决于他们对现有问题及有关职员需求和个人特点的准确分析和灵活处理的艺术。在构建传媒组织文化的过程中，不同领导方式在很大程度上影响着组织文化的取向。没有一种领导方式可以一劳永逸，能在任何时刻都取得令人满意的效果。成功的传媒领导者都懂得，即使是解决一个问题、处理一个方案，都是可以灵活采用多种领导方式的，每一位传媒组织的领导者也许都有一套自己驾轻就熟的领导方式，但灵活地采用多种领导方式处理当代传媒管理中复杂的人事关系肯定是一个基本原则。

（三）人文精神的关怀

人文精神是一种主张以人为本，重视人的价值，尊重人的尊严和权利，关怀人的现实生活，追求人的自由、平等和解放的思想行为。近年来，许多新闻研究领域的专家和传媒管理者也常常提到"以人为本"，但往往仅限于新闻作品中体现的"人文关怀"，忽视了对新闻从业人员的"关怀"。而他们恰恰是传媒生存和发展的制胜法宝，新闻传媒综合实力的诸多构成要素中，人力占有极其重要的位置。对传媒而言，不仅要有一流的策划、采编人才，而且要有出色的广告、发行、排版、设计等人员，如果忽视对他们的"人文关怀"，最终也将失去他们的忠心和他们身上的创造价值，给传媒组织造成难以弥补的损失。为此，可从四个角度来加强传媒组织的人文关怀，积极发挥"以人为本"的人文精神在传媒组织文化中的作用。

第一,必须正确认识和尊重传媒人的崇高地位。传媒人是一群反映时代、记录历史的文化人,是一群塑造人类思想和灵魂的工程师,是一批专司传播并以此谋生的传播者。传媒组织有责任也有义务使传媒人工作和生活得有体面和有尊严。不仅要满足他们工作和生活的基本物质条件,更要从心理和精神层面尊重他们,给他们以体贴入微的人文关怀。

第二,要为员工提供发表意见和建议的机会和场所,为他们智慧和才能的发挥提供必要的条件和环境,为他们直接参与传媒管理创造条件。传媒管理者应当认识到员工既是管理的对象,又是管理的主体。他们在接受并服从管理的同时,也有权审议传媒管理中的重大决策,有权监督传媒领导正确执行党和国家的方针、政策,有权对管理工作提出批评和建议。因此,必须切实尊重并保障传媒员工当家做主的地位和权利,充分调动他们参与传媒管理的积极性和主动性。

第三,必须切实关心和爱护传媒组织的员工,关怀员工是最重要的激励手段,也是"以人为本"思想的集中体现。传媒组织对员工的人文关怀表现在平等对待每位员工,尊重员工的人格和价值,在员工处于困境的时候给予更多的关怀和帮助,在员工与传媒组织之间营造一种亲切的组织文化氛围,这种氛围将给予员工精神上更多的鼓舞和心灵上的满足。而且,人才的成长是传媒组织增强竞争力的内部动力。给每个人提供公平的培训、晋升、发展、收益分配、获得报酬的机会,对人才适时委以重任,给他们更加广阔的舞台,可以充分调动他们的工作积极性,让他们把自己的能力都发挥出来,把自己的潜力都挖掘出来。

第四,必须深入研究和掌握传媒从业人员的劳动性质和特点。传媒从业人员的劳动是一种艰苦的脑力劳动,具有很强的创造性和自主性,这就需要充分的信任和合理的激励。管理大师汤姆·彼得斯认为,工艺技术固然是重要的,但增强信任却更为有效。为了保证传媒组织文化有个稳定的人员结构,要对员工的能力给予充分的信任。人作为创造价值的主体,需要被认可和激励,才会对组织产生忠诚之心,才不会轻易离开。

(四)团队精神的培育

团队精神是指团队的成员为了团队的利益和目标而相互协作、尽心尽力的意愿和作风。传媒团队精神,一般是指经过精心培养而逐步形成的并为传媒团队所有成员认同的思想境界、价值取向和主导意识,简单来说就是大局意识、协作精神和服务精神的集中体现。传媒团队精神的基础是尊重个人的兴趣和成就，核心是协同合作，最高境界是全体成员的向心力、凝聚力，反映的是个体利益和整体利益的统一，并进而保证传媒组织的高效率运转。

传媒团队精神一旦形成和完善，其作用是持久的，具有鲜明特色的传媒团队精神是激发员工凝聚力和创新精神的源泉和动力。传媒团队精神既有历史积淀的优势，又有难以快速适应新形势的劣势，因而需要加强传媒团队精神的重建和培育，强化传媒的核心价值观，扬弃不适应传媒竞争的因素，形成有利于改革的人文精神。特别是在传媒的改革转制中，不仅要建立新的体制和机制，而且应相应建立以人为本、鼓励发展创新、倡导团结合作、增强市场意识和竞争意识的传媒团队精神，增强员工的改革承受力，形成内部的良好舆论环境和思想政治工作保障体系。①

传媒团队精神需要在以下几个方面进行突破。

第一，要以人为本，增加凝聚力，这是科学发展观的本质和核心。传媒坚持以人为本，有两方面含义：一是在新闻工作中，必须以人民群众的根本利益为出发点，在报道中彰显传媒人文精神和人文关怀；二是在事业发展中，必须重视和发挥人的作用，培养一支优秀的员工队伍，为他们搭建干事创业的舞台，发挥他们的聪明才智和热情，同时不断提高员工的福利待遇，使他们的权利和需求得到满足。

第二，要以创新精神为内核。传媒团队精神将人看成具有积极性、创造性、进取性的主体。认为管理的真正本质不是约束和限制，而是创造，一方面创造物质、创造产品；另一方面创造人、创造思想。传媒业正在经历着一场"革命"，传播观念、传播技术、传播渠道、传播手段等不断变化，且日新月异。它要求传媒从业人员必须时刻用新的视角看待传媒业发生的各种现象，用科学发展观审视传媒业的发展路径，以更加理性的心态看待传媒变革，以市场的规律衡量进退得失，以科学的数据辅助决策，以包容的胸怀吸纳新兴事物。要与时俱进，勇于探索，更好地把握规律性，体现时代性，富于创造性，不断实现从思维方式、体制机制、运营模式、操作手法到各个环节上的各种形式的创新。②

第三，树立求真务实、开拓进取的团队工作作风。领导者要深入群众，调查研究，对工作中存在的问题不回避，敢于承认工作中存在的错误，虚心

---

① 朱颖、童兵：《党报体制改革创新的着力点》，载《中国出版》，2007（7）。

② 赵曙光：《坚持"以人为本"，建设和谐的企业文化》，载《传媒》，2006（10）。

听取职工意见，并采取有效措施加以解决。①

总的来说，传媒组织文化这四个层面（共同价值观、组织领导、人文精神、团队精神）的构建是相互协调、相互匹配的关系。共同价值观是传媒组织文化的核心和本质，决定了组织文化其他部分的性质；组织领导者将价值观转变成员工的共同理念并成为一种指导员工行为的规范，引导着组织文化的前进方向，使之与传媒发展目标相一致；团队精神将有共同价值观的传媒人凝聚在一起，创造出个体无法创造的价值；以人为本的人文精神是实现这一切的有效途径和方法，通过对人的价值、尊严、权益、发展的关怀，充分施展他们的才华，使个人的价值与传媒组织的价值融为一体，增强员工对组织的忠诚度，为建构传媒组织文化提供一个和谐的氛围。②

第四节　学习型传媒组织

一、学习型组织的兴起与影响

知识经济时代的来临，使与知识经济紧密相关的传媒组织面临新的挑战，经济全球化、信息网络化、资源知识化、管理人本化、学习终身化，无一不要求传媒组织进行更深入的组织结构与管理体制的变革。在"变是唯一不变"的环境中，组织学习与管理创新成为最关键的生存与发展技能，全球越来越多的企业加快学习的步伐，向学习型组织迈进。

学习型组织理论是当今最前沿的两大管理理论之一，它通过个人和组织学习的过程，将个人、组织的发展目标整合在一起，使个人和组织形成合力，向同一方向前进；它通过建立高度柔性、扁平的、符合天性的、能持续发展的组织结构，充分调动、发挥员工的创造力，实现团队合作与管理创新；它通过倡导在学习中工作、在工作中学习的实践学习理念，重新建构个人与组织的心智模式，提倡运用系统思考解决问题的能力；它通过培育组织的学习力来实现人力资本的最优化管理，使组织保持持续的创新能力和旺盛的生命力。

学习型组织理论在全世界产生了广泛影响，被广泛运用于国家、政党、社会、企业、家庭等各方面。据有关专家调查，美国排名前25家企业中有

---

① 张晓群：《关于报业集团制度建设的思考》，载《当代传播》，2005（4）。

② 姜喆：《媒介组织文化的构建及其发展状况》，12~22页，吉林大学硕士学位论文，2007。

8％的企业按照学习型组织模式改造自己；世界排名前 100 家企业中有 40％
的企业按学习型组织模式进行彻底改造；在中国，上海宝钢、伊利集团、江
淮汽车制造厂、山东莱芜钢厂、江苏油田等一批企业也正在建立学习型企
业。而另一组调查数字表明，1994—1997 年连续入围世界 500 强的前 10 名
企业中，3 家学习型组织企业的利润是 3 家传统等级权力控制型企业利润的
35 倍，利润率则高达 39 倍。①

　　学习型组织理论显示的强大生命力，不仅引领企业向学习型组织转变，
而且也引起了世界各国政府、各国领导人的高度重视。新加坡提出要创建
"学习型政府"；欧洲将创建学习型社会的具体措施写进欧洲发展的白皮书
中；2001 年 1 月 15 日，亚太经合组织人力资源能力建设高峰会议上，时任
国家主席江泽民提出，要构筑终身教育体系，要创建学习型社会；2004 年，
中华全国总工会等 10 部委决定在全国职工中开展"创建学习型组织，争做
知识型员工"活动；在党的十七大上，胡锦涛进一步提出要"建设全民学
习、终身学习的学习型社会"。②

二、学习型组织的内涵与特征

　　学习型组织是指通过培养迷漫于整个组织的学习气氛，充分发挥员工创
造性思维能力而建立起来的一种有机的、高度柔性的、扁平的、符合天性
的、能持续发展的团队、组织。这种团队、组织具有持续学习的能力，具有
高于个人绩效总和的综合绩效。③

　　学习型组织具有如下几个核心特征：第一，组织成员拥有一个共同的愿
景；第二，善于学习是学习型组织的本质特征；第三，"地方为主"的扁平
式组织结构；第四，组织的边界将被重新界定；第五，自主管理；第六，员
工与家庭事业的平衡；第七，领导者是组织的设计师、仆人和教师。

三、创建学习型传媒组织的必要性

　　学习型组织理论虽然在全世界产生了广泛影响，但在中国还处于理论的
导入期，中国传媒对其引入并加以实施的更是寥寥无几，因此，在知识经济
时代背景下，积极创建中国学习型传媒组织具有很强的必要性。

---

　　① 赵庆梅：《学习型组织与人力资源管理》，载《中国人才》，2002（10）。
　　② 国秋华：《创建学习型媒体组织——论知识经济时代我国传媒管理创新策略》，
载《武汉大学学报》（人文科学版），2010（2）。
　　③ ［英］卡尔森·托玛斯：《卓越：如何造就伟大公司的学问》，汪洋译，83 页，哈尔滨，
哈尔滨出版社，2003。

（一）建设学习型传媒组织，是新闻工作职业特点的需要

大量的新闻实践证明，一个合格的新闻从业者要具有较高的思想政治素质、广泛的知识面和较高的理论水平、强烈的责任心和崇高的职业道德、热爱新闻事业并熟练掌握新闻采写技能。新闻工作是一个需要终身学习的职业，记者每天都面对新事物，面对复杂的社会，没有广博的知识和厚实的思想积累，那是无法做好传媒工作的。

（二）建设学习型传媒组织，也是时代的呼唤和现实的需求

当今科技发展日新月异，知识总量的翻番周期越来越短，从过去的 50 年、20 年缩短到 5 年、3 年。据国外研究机构测算，现在人们原有的知识正以每年 5％的速度不断"报废"，如果不随时进行知识的更新和补充，10 年后就会有 50％的知识变得陈旧和老化。时代要求传媒人必须抓紧学习，迅速抛弃已经陈旧、过时、老化的知识，不断学习新知识，以跟上时代前进的步伐。

（三）建设学习型传媒组织，是党赋予新闻传媒的使命所决定的

新闻传媒肩负着"以科学的理论武装人、正确的舆论引导人、高尚的精神塑造人、优秀的作品鼓舞人"的光荣使命。但教育人者自己首先要受教育。"武装人"首先要武装自己；"引导人"首先要正确引导自己；"鼓舞人"首先要鼓舞自己；"塑造人"首先要塑造自己。

（四）建设学习型传媒组织，是提高传媒竞争力的需要

新闻传媒要提高新闻报道水平和传媒的产品质量，就必须提高新闻从业者的基本素质和业务能力，加强人才资源的管理。对于新闻传媒来说，固然可以通过"人才引进"在短期内改变人员结构，提高竞争力，但从根本上说，传媒人力资源总体水平的提高主要还应通过对现有人员的教育培训来完成。新闻从业者的学习，仅靠个人的自觉性是远远不够的，传媒组织对这项工作起着至关重要的引领作用。传媒组织对新闻人员学习力的培养，其方式方法多种多样。可以建立"全员性"、"全程性"与"专业性"、"阶段性"相结合的学习制度；采取"学习性工作、工作性学习"的学习模式；也可以同新闻院校合作，探索"项目"与"培训"相结合的多样化的学习途径。[①]

四、创建学习型传媒组织的策略

学习型组织理论特别强调用系统思维来认识和分析问题，强调从生命的

---

① 刘保全：《建设学习型传媒组织》，载《新闻与写作》，2009（11）。

终极意义来看待生活与工作，提倡心智的全面发展，鼓励自我超越，倡导团队合作与创新，并指出唯有学习是贯穿所有行为的生命线，而学习力是一个组织生存、发展、壮大的根基。该理论还强调应把组织看成是周围环境的一个组成部分，组织应了解外部环境的变化并开发应对这些变化的能力，其中最有效的方法就是改变传统的金字塔式的管理结构，建构扁平化的组织结构，重新界定组织边界和领导者的职能与角色。

具体来说，传媒在建设学习型组织时，应从以下几个方面入手。[①]

第一，理论宣导，即学习和导入学习型组织的理论与方法。传媒经营管理者应率先学习，然后带动或推动组织成员共同学习，通过学习充分认识建设学习型组织的意义。

第二，达成共识，即全员树立终身学习的理念。传媒首先应改变组织成员传统的学习观念——"学习就是读书，学习就是听老师讲课"，而树立"学习无处不在"、"工作就是学习，学习就是工作"的思想，坚持在工作中学习，在结合实际工作情况的基础上反思学习，以自我岗位、组织和社会要求为导向来学习。学习的目的是让每个组织成员热爱工作，胜任工作，积极进取，超越自我，从而活出生命的意义。

第三，建构有效的共享平台，形成学习共享与互动的组织氛围。学习型组织所倡导的是团体学习，学习的基本单位是团体而非个人，因此需要组织为成员营造、提供学习共享与互动的氛围和条件。传媒组织应打破职务与岗位的界限，在组织内建立资源共享、信息共享、知识共享的平台与管理机制。

第四，建立多元回馈和开放的学习系统。学习型组织要求组织对成员进行有计划的、定期的培训，以帮助员工实现知识更新、发展创新能力。传媒组织应建立合理有效的培训系统，开展不同层次、不同形态的学习训练，在提高员工专业技能和业务创新的同时提升员工的理论素养。人力资源和其他资源不同，它是可再生的，也就是说可以通过教育进行培养。传媒有必要对新人和在职的员工进行培训，可以采用聘请有关专家定期或不定期地就一些关键问题、热点问题、需要解决和了解的问题加以教授的方式，也可以输送部分员工到学校或到国外参加中长期的学习，带回先进的生产管理理念、知识和技术，壮大传媒的整体竞争实力。

---

① 国秋华：《创建学习型媒体组织——推进我国传媒组织变革与管理创新》，载《东南传播》，2008（8）。

第五，建立竞争激励机制。创建学习型组织的根本目的是提高组织的竞争力，保持长久发展的态势，那么，建立并完善学习和创新的激励机制，以最大限度地激发个人和团体的潜能是关键。为适应市场经济的要求，传媒组织内部亟须建立竞争激励机制，一是改变传统的人事制度，如分配制、委任制、终身制，改变重文凭、轻能力，重资历、轻业绩的观念，重新建构人力资源管理机制；二是以人的发展为中心，注重人本身的建设，建立公平合理的晋升、奖励机制。

第六，建立高效、扁平的传媒组织结构。传媒组织结构是传媒组织框架的核心，是传媒适应环境，实现传媒目标的手段，是传媒实行经营管理战略的重要工具。传统的传媒管理层级过多，部门壁垒森严，致使组织效率低下、资源浪费。学习型组织倡导打破金字塔形的权力等级制，建立扁平化的分权制。扁平化的组织结构有利于指令的迅速传达；有利于组织内部信息的有效传递与沟通，有利于个人、部门、团体的交流与合作；有利于资源的整合与利用，从而大大降低管理成本，有效提高团体的执行力。

第七，建立以绩效为导向，以人为本的传媒组织文化。学习型组织所倡导建立的组织文化是学习力文化、快乐文化、创新文化、反思文化、共享文化、速度文化。中国传媒在走向市场化的过程中，也迫切需要建立组织文化，再造新一代传媒人的职业精神与专业追求，凝聚人心，激发创造，而建立以人为本的人才管理制度是传媒组织文化建设的核心环节。

总之，建设学习型传媒组织是一项复杂而艰巨的工程，不可能一蹴而就。它需要培养人像系统思考者那样看问题并逐步发展自我超越，它需要在实践中不断地检验、修正、改变和超越，需要持续不断地学习与分享，需要打破传统的金字塔式的权力模式而构建扁平式的授权模式，需要传媒领导者身体力行地执行与全心尽力地推行……而要实现其中的任何一项，都需要时间、勇气和智慧。

本章参考文献

1. 胡正荣主编. 外国媒介集团研究. 北京：北京广播学院出版社，2003
2. 李红艳编著. 媒介组织学. 北京：北京广播学院出版社，2007
3. 陆力军主编. 变革中的中国：组织转型与结构转换. 北京：中国经济出版社，2004
4. 钱晓文. 当代传媒经营管理. 广州：中山大学出版社，2008
5. 屠忠俊主编. 现代传媒业经营管理. 武汉：华中科技大学出版社，2007

6. 徐炜. 企业组织结构：21 世纪新环境下的演进与发展. 北京：经济管理出版社，2008

7. 俞文钊，吕晓俊编著. 学习型组织导论. 大连：东北财经大学出版社，2008

8. 周鸿铎等. 传媒集团运营机制. 北京：经济管理出版社，2005

9. ［英］D·S·皮尤. 组织理论精萃. 彭和平，杨小工译. 北京：中国人民大学出版社，1990

10. ［美］理查德·H·霍尔. 组织：结构、过程及结果. 张友星等译. 上海：上海财经大学出版社，2003

11. ［美］罗伯特·皮卡特. 传媒管理学导论. 韩骏伟等译. 北京：人民邮电出版社，2006

12. ［英］迈克尔·科伦索. 组织变革改善策略：组织演进与变革. 高俊山，贾振全译. 北京：经济管理出版社，2003

13. ［美］彼得·圣吉等. 第五项修炼·实践篇. 张兴等译. 北京：东方出版社，2002

14. ［美］彼得·圣吉. 第五项修炼——学习型组织的艺术与时务. 2 版. 郭进隆译. 上海：上海三联书店，1998

本章思考题

1. 试从传媒组织的发展演变分析中国传媒组织变革的主要特点。

2. 试述媒介融合背景下中国传媒组织结构的变化。

3. 全媒体时代如何构建传媒组织文化？

4. 试述当前中国创建学习型传媒组织的必要性与可行性。

5. 选择一家自己熟悉的媒体，深入实地考察其组织结构，并分析其特点。

第五章　媒介产品的生产流程

传媒组织要实现经营目标，都必须凭借一定的媒介产品，如图书、纸质报纸、手机报、广播电视节目、网站页面内容等。在现代社会，媒介产品的生产是依据一定的标准，并按照规范的流程而实现的。一般企业中的生产流程，亦称工艺流程或加工流程，是指一套完整的生产工艺程序，包含从原料投入到成品产出，使用一定的设备按顺序连续地进行加工的过程。广义的生产流程是一个完整的循环作业流，包含"供应商—原材料输入—加工过程—产品输出—客户—市场反馈"等环节。狭义的生产流程局限在企业内部，不包含供应商、客户和市场反馈，是指从原材料到成品的制作过程中各要素（环节）的统称。传媒内部的生产流程就是狭义上的生产流程，是指传媒内部媒介产品的生产过程，包含一系列有顺序的相关活动的作业环节或过程。

媒介产品生产具有一般大工业生产的特性，如遵循严格的技术标准，强调前后衔接的顺畅，提高产品质量和工作效率，降低成本、降低劳动强度、节约能耗，减少污染以及保证生产安全等都是各行业通行的法则。但是，媒介产品的生产流程也有其自身的特殊性，与一般企业的生产工艺流程有重要区别。在一定期限内，一般企业所生产的产品是完全相同的，可以使用相同的原材料、相同的生产线，生产出规格完全相同的产品。但是，媒介产品则不同，在特定的期限内，媒介产品的规格表面上看是相同的，售价也是相同的，但每期媒介产品的内容信息却千差万别，附着在媒介产品上的每一条内容信息的生产过程并不相同。例如，一份报纸在一定期限内的售卖价格相同，但是，每日报纸的内容不同。同时，媒介种群非常复杂，印刷媒介、电子媒介（广播电视）在内容的生产流程方面各有差异，传统媒介和新型数字媒介的生产流程亦有重要差别，但总体来说，不管何种传媒，其内部媒介产品的生产流程都包含三个层次：第一层次是传媒核心业务的流程，主要包括媒介内容的生产流程、媒介产品的复制或印刷流程、媒介产品的传输或发行流程。其中，媒介内容的生产流程较为复杂和琐碎，且难以标准化和规范化，包含新闻及其他信息内容的制作、广告经营及其信息的制作。媒介产品的复制和印刷则有规范的流程并依靠机械化生产。媒介产品的传输或发行则须区分数字媒介和印刷媒介，前者借助信息收发设备进行信号传输，后者则需依靠物流渠道进行分发和配送。第二层次是传媒拓展业务的流程，即依托于第一层次业务流程而开展的增值经营业务的流程。由于传媒拓展业务复杂、种类繁多，故而其流程亦有多样化的形态。第三层次则是在第一层次和第二层次基础上衍生而来的业务流程，或者是与第一层次和第二层次的业务流程相对应的人、财、物跟踪管理，主要包括人力资源管理、财务管理、物资管理等，如图 5-1 所示。显然，在上述三个层次的业务流程中，第一层次的业务流程是新闻传媒中最根本的、彰显传媒行业特质的业务流程，这是本书论述的重点。而第二层次和第三层次的业务流程则属于衍生性质的流程，这些业务的流程与一般企业经营中的流程较为类似或接近，在普通企业管理学中已经有较为成熟的论述成果，故而本书不做重点阐述。

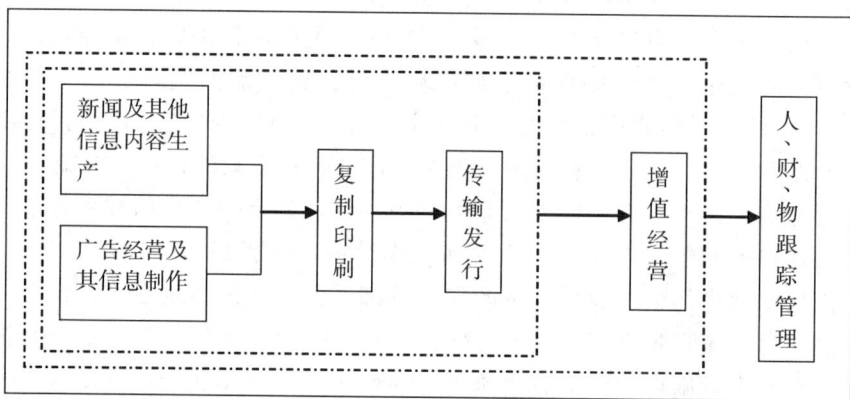

图 5-1　传媒内部的生产流程图

第一节　媒介内容的生产流程管理

传媒业有"内容产业"之美誉，内容始终是媒介吸引受众的法宝，是传媒业最核心的基础业务。传媒界常有"内容为王"的理念，就是强调内容尤其是原创性内容对媒介的极端重要性。一个媒介产品如果没有内容就等于一个人没有了灵魂，媒介吸引用户的是能够满足受众需求的信息，只要媒介的内容对用户来说是非常有价值的，就能留住受众，赢得受众的尊重。维亚康姆公司总裁雷石东曾指出："传媒企业的基石必须而且绝对必须是内容，内容就是一切！"国内著名传媒人吴征也指出，内容是媒介平台的火车头，如果内容贫乏，那么媒介平台提供的只是一个冰冷的虚拟空间。媒介首先要做的，就是成为一个内容的提供商，媒介之间的竞争首先是内容竞争。在媒介信息爆炸的时代，媒介内容的质量、品位及创新度如何，通常是决定媒介竞争力的核心因素。那么，媒介内容的生产流程是怎样的？媒介内容生产应遵循哪些原则？如何提升媒介内容的生产效率？媒介内容是由哪些因素构成的？这都是传媒经营管理中经常碰到的问题。

媒介产品是精神产品，媒介内容的生产流程是一个非常棘手的问题。不同媒介种群的特性各异，附着在媒介产品上的内容信息各不相同，故而其生产流程颇为复杂。尽管传媒业现代化大生产已经有数百年的历史，但关于传媒内容的生产流程尚无规范清晰的描述框架。实际上，由于媒介内容自身的多样性、多变性和复杂性，媒介内容生产在本质上是难以程式化或统一化的。同时，由于媒介产品具有极强的时效性，媒介产品上每条内容信息又强调新异性，每条内容信息的执行者——新闻记者或编辑又都是个性化的、能动的、有创造力的主体，从这个意义上说，媒介的内容生产流程是个性化的，每一条内容信息的生产过程都包含了某种独特的情境，具有不可通约性。换言之，在心理层面或思维领域的媒介产品生产并非是按照一般企业产品生产的流水线式作业过程，而是包含了媒介内容创造者高度复杂的思维过程，这种创新或创造劳动是不能简单进行流程化或标准化处理的。当然，在承认媒介内容生产的多变性和情境性的基础上，我们可以从形式上对其生产过程进行概括和抽象，进而分析和探寻媒介内容生产过程的基本规律。

通常来说，媒介"内容"生产包括两个并行的系统：一是非商业性内容信息的生产，如媒介提供的新闻报道、生活服务信息和文艺及娱乐信息；二是商业性内容信息的生产，主要是指广告的经营及其编排活动。在前面的章节中已经指出，这两种内容信息生产活动必须遵循"两分开"原则，不得相互混淆，相互干预。本节先阐述非商业性信息的生产流程，下一节阐述商业性信息的生产流程。

对于非商业性内容信息的生产流程，不同内容信息的属性不同，其生产流程和原则大不相同。不同媒介种群，其生产流程和规则亦有重要差异。媒介上提供的非商业内容，依其是否可虚构为标准，可分为不可虚构的内容信息和可虚构的内容信息。前者是指新闻报道及生活服务信息，此类内容生产必须严格遵守真实性原则，绝不能虚构；后者是指媒介上的文化娱乐内容，如文艺副刊、电视剧、电影等，此类信息的生产制作可以虚构。同时，传统媒介与新兴媒介（主要是指互联网、手机等自媒体）在内容信息的生成机制上亦有重大差别。传统媒介的内容制作过程通常伴随着记者、编辑及管理者等"把关人"的过滤与筛选程序；而新兴媒介内容生产过程中所受到的监管较少，且其内容生产的主体并非专业的记者或编辑，而是普通公民。鉴于此，我们对上述三种媒介内容的生产流程进行分类阐述：第一，媒介产品中不可虚构内容信息的生产流程，主要是指新闻及生活服务信息的生产流程。第二，媒介产品中可虚构内容信息的生产流程，主要是指媒介中的文化娱乐内容信息的生产流程。第三，新媒介的内容生成模式，主要是指互联网、移动通信媒介的内容生产。

一、新闻及生活服务信息的生产流程

在现代社会，新闻传媒堪称受众的"信息保姆"。一方面，它须向受众提供新闻，向受众表述外部环境的最新变动情况；另一方面，它还须向受众提供全方位的生活服务信息，为受众的生活提供多维度的资讯服务。依据《新闻传播百科全书》的定义，新闻指受众（个体或公众）关注的新近发生的事实的报告或评论。生活服务信息是指用来消除受众对外部生活状态或社会事务认识的不确定性的符号。新闻和生活服务信息内容的生产有一个共同点，即必须坚持客观性原则。它要求新闻从业者超越主观性去达到与客观相一致，"不偏不倚、无私无畏"和"一般公正"[1]，成为中外新闻界公认的行业准则。客观性原则从根本上规定了新闻及生活服务信息内容的生产流程，也是贯穿该生产流程始终的一根红线。

在客观性原则的统领下，新闻及生活服务信息的生产流程包括采访与摄影、新闻写作与评论、编辑、美工与排版、剪辑与配音等环节，可将其概括为前期、中期和后期三大部分，如表5-1所示。

表 5-1　新闻及生活服务信息的生产流程表

	前期准备	中期制作	后期制作
报刊	信息收集 （文字与图片资料）	创造性表达 （写作与编辑）	艺术深加工与形式美化 （排版制版）
广播	信息收集 （文字与录音资料）	创造性表达 （写作与编辑）	艺术深加工与形式化 （剪辑、配音合成）
电视	信息收集 （文字、音像资料）	创造性表达 （写作与编辑）	艺术深加工与形式化 （剪辑、配音合成）

---

[1]　陈娟：《客观性与压力型新闻报道》，载《新闻与传播研究》，2011（2）。

（一）新闻及生活服务信息内容生产的前期流程

前期准备部分，即通常所说的新闻或信息的"采访"。在报刊媒介中，主要为采访文字和图片资料，在广播中主要为采访文字和录音资料，在电视中则需采访文字和音像资料。在采访中，为实现"客观性报道原则"，采访流程必须做到客观公正、多方求证，即坚持平衡原则。所谓平衡，就是在采访中，要尽可能多地收集多方信源的信息，多维度把握事实材料，最大限度接近客观真相。在这种原则的指导下，采访的流程就包含三个方面的信息收集：一是正方，即直接涉事正方材料的收集；二是反方，即直接涉事反方材料的收集；三是见证方，即间接涉事者材料的收集。记者只有充分掌握了这三方的材料，才能在此基础上进行比对、辨伪，进而做出客观报道。三者之间的关系可用图 5-2 表示。

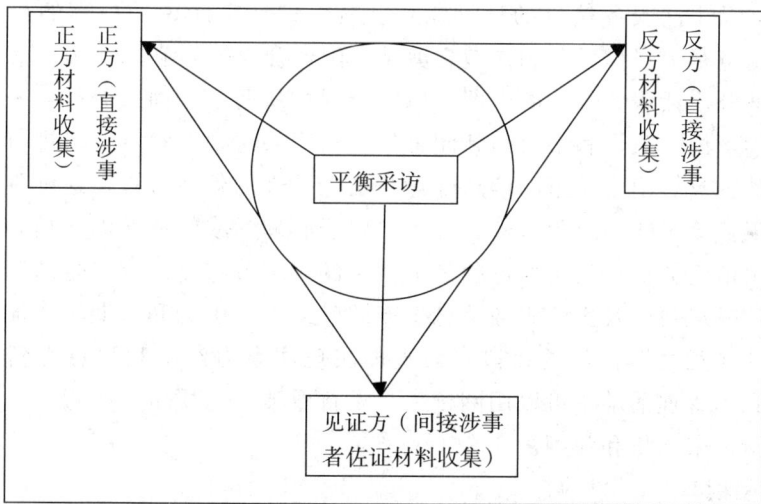

图 5-2　平衡采访的三方结构图

自 20 世纪 90 年代以来，各种媒介上流行着一个口述实录文体的副刊专栏——由普通百姓倾诉自己生活中的情感遭遇，记者聆听记录而成，它们被统称为情感倾诉栏目。情感倾诉最早出现在电台晚间节目中，20 世纪 90 年代初湖南经济广播电台创办的《夜渡心河》节目首开倾诉节目之先河。1997 年《北京青年报·青年周末》第 10 版记者安顿主持的"口述实录"专栏首开报纸先河。由于读者青睐、市场效益看好，于是各报纷纷开辟情感专栏。情感专栏迅速风靡了大江南北的市民生活报。尽管此类栏目满足了转型时期人们对他人情感的窥视欲和对自己的指认，对负面情绪是一种治疗和释放，同时给读者以理性的思考，使受众在情绪上受到感染，在心理上得到慰藉，也得到了受众的欢迎，[①] 但严格来说，此类栏目内容不属于新闻或客观信息的范畴，因为这类节目或栏目通常只是倾诉者单方信息或观点的述说，缺乏反方的抗辩材料和见证方的佐证材料，违背了新闻采访的平衡原则。从理论上说，新闻记者只有实现了对正方、反方和见证者三方的采访，才算完成了一个完整的采访流程。

（二）新闻及生活服务信息内容生产的中期和后期流程

新闻及生活服务信息的中期制作流程，即通常所说的"写作和编辑"环节。这是一个包含新闻工作者复杂创造加工的过程，通过记者的写作、文字编辑、图片与美工设计，使得新闻或生活服务信息富于活力，便于受众接受。

新闻及生活服务信息的后期制作流程，即通常所说的报刊的排版与制版，广播电视节目的后期制作包含剪辑、配音合成等环节。

新闻及生活服务信息的中期和后期流程可从两个层面来分析：一是从创造心理学上说，写作和编辑是新闻工作者利用采访到的素材资料进行去粗取精、去伪存真、由表及里的信息筛选与加工处理的创造过程，这种创造活动不能用工业流水线的流程来进行描述，属于心理学或创造学的范畴，每一条新闻或生活服务信息的生产过程是个性化的，不可重复的。二是从管理经济学角度，或从新闻及生活服务信息生产的效果看，中期和后期制作流程是制造媒介"注意力"价值的手段，为媒体实现注意力经济和注意力营销做铺垫。在具体管理活动中可以用阅读率、发行量或发行质量、收视率、收听率等量化指标来衡量和评判。

1. 阅读率

阅读率是衡量报纸或期刊内容价值（包括广告价值）的主要指标。它的含义是阅读某报刊的人数占所覆盖地区人口总数的比率。在媒介内容管理中，通常用媒介产品信息的阅读率来衡量新闻写作和编辑质量的优劣。其计算公式是：

阅读率＝（阅读某报刊的人数/该报刊覆盖地区总人数）×100％

在实践中，又有平均每期阅读率等具体指标，平均阅读率是读者调查的

---

① 罗玲：《市民报情感倾诉专栏的走向》，载《新闻前哨》，2006（4）。

基本常用指标，它表明对于每期（对于日报是每天，对于周报是每周，对于期刊是每期）的阅读人数占总人口的比率。

2. 发行量

发行量是指经过稽核机构核查的特定时期内某种出版物的销售量，它是衡量出版物内容信息质量的重要指标。一般来说，出版物的销售量与其内容质量存在正相关关系。出版物的发行量有最高发行量和平均发行量之分，后者是描述某一时期内出版物发行量的科学指标。发行质量则是对出版物的发行方式、发行渠道、发行结构及受众对象等的细化分析，进而对出版物平均发行量背后所蕴涵的质量优劣进行深入的评判。

3. 收视率

收视率是指在某个时段收看某个电视节目的目标观众人数占总目标人群的比重，以百分比表示。在传媒市场上一般由第三方数据调研公司，通过电话访问、问卷调查、人员测量仪或其他方式抽样调查来得到收视率数据。

4. 收听率

收听率指的是某地区在某特定时段（节目播放时段）内，收听某电台（节目）的人数占该地区潜在听众的比例。潜在听众，指某地区特定群体中有收听广播能力的人。从统计学的角度看，收听率是一个时点指标，它反映的是某一个时刻的状态。在收听率调查运作中，通常以每 15 分钟时段作为一个时点。因此，无论是日记卡法还是测量仪法调查得到的数据，首先是时段收听率。至于节目收听率，是在时段收听率的基础上，对照实际播出的节目所对应的时间段，运用统计方法运算得出的。

（三）新闻及生活服务信息内容生产流程管理的原则

在新闻及生活服务信息内容生产的流程管理中，除须坚持客观、平衡的原则外，还需考量以下几个基本原则。

1. 时效性原则

时效性是指新闻或生活服务信息内容仅在特定时间期限内对受众具有重要价值的一种属性。新闻及生活服务信息的更新速度，对社会状态或市场行情最新动态的发掘能力，对重大或热点事件进展的跟踪水平是衡量媒介产品质量优劣的重要标志。换言之，新闻及生活服务信息只有在一定时间阶段内才是有效的，过了这个时间节点，新闻就成了旧闻，生活服务信息就是过时的垃圾信息。新闻界常说新闻是"易碎品"就是这个意思。月刊信息的保质期也仅有一月，报纸上的信息只有一天的有效期，电视节目的有效期可能只有几小时，有的互联网媒介信息甚至只有几分钟或几秒钟的有效期。媒介内容的时效性，对媒介内容生产流程提出了极为苛刻的时限要求。记者的采访与写作、编辑的文字加工、美工的排版制作、文字和版面的校对等都有严格的时间限定，任何一个环节都必须在规定的时间段内完成，不能延误下一个流程的正常运作。新闻记者和编辑必须能够适应这种快节奏、高强度的生产流程，且不可因为某些环节的失误而影响了媒介产品的正常出版，给媒体带来重大损失。

2. 经济性原则

在管理经济学中，新闻及生活服务信息的生产不仅要讲效率，而且要以合理的成本实现生产目标。在新闻及生活服务信息生产中落实成本控制理念，是传媒经营管理的重要目标。所谓成本控制就是管理者根据一定时期预先建立的管理目标，由成本控制主体在其职权范围内，在生产耗费发生以前和成本控制过程中，对各种影响成本的因素和条件采取的一系列预防和调节措施，以保证成本管理目标实现的管理行为。成本控制理念贯穿于新闻及生活服务信息生产的全过程。在策划或制作节目之前，必须通盘考虑成本耗费的多寡以及成本耗费所可能带来的收益。例如，凤凰卫视的《有报天天读》栏目，其节目的制作只需订阅数份报刊，省去了采访等环节的费用，以极低廉的成本制作出了高质量的节目。又如，假如南极洲发生了一起谋杀案，中国境内某地市级媒体的记者是否有必要前去采访？单从理论上说，只要是有新闻的地方就有必要立即赶赴采访；但从成本角度考量，因其耗费太大、风险太高，且能够为该媒体带来的回报甚小，故而不必前去采访。

二、文化娱乐信息内容的生产流程

在现代社会，媒体除提供新闻及生活服务信息等内容外，还需提供各种文化娱乐信息。提供新闻及生活服务信息是媒介内容的重点，强调真实性、客观性和时效性，它主要满足受众对外部社会变动程度的知晓欲，以消除认知上的不确定性。但受众购买媒介产品还有一个非常重要的价值诉求——休闲和娱乐。文化娱乐信息是媒介上可以虚构的用以满足受众休闲和娱乐需求的文化艺术作品[①]。在报纸中，它就是指除新闻版面之外的各种文化艺术副刊、专刊或特刊；在广播电视中，它就是指除新闻和服务信息之外的内容，如广播剧、电视剧、电影等文艺作品。在传媒市场竞争日益激烈的背景下，文化娱乐信息在媒介内容中的地位日益彰显。第一，文化娱乐信息在媒介内

① 需要特别指出的是，此处的文化娱乐信息不包括体育新闻和娱乐新闻。体育新闻和娱乐新闻属于新闻信息范畴，不得虚构，必须严格遵循新闻报道规范。

容中所占的比例不断增加。在报纸方面，仅仅刊载新闻和服务信息的报纸屈指可数，大多数报纸的文化艺术副刊占据了二分之一的内容篇幅，还有逐步增加的趋势。在电视方面，新闻和服务信息的篇幅在总体上明显不及文化娱乐信息，在黄金时段中文化娱乐信息占优势。第二，文化娱乐信息的社会影响日益扩大。一方面，文化娱乐信息通常有更为广泛的受众群体，如大多数受众收看电视的主要动机是看电视剧。另一方面，文化娱乐信息虽然是虚构作品，但在受众中的影响非常广泛而深刻。一些优秀文化艺术作品的发布和传播会成为某个时期的大众风尚和文化潮流，对受众的行为模式、价值观念产生直接影响。

文化娱乐信息的内容必须是艺术作品，能够给受众以身心的愉悦、精神的抚慰。它虽可虚构，但也不能胡编乱造，必须遵循艺术创造规律和规范。媒介文化娱乐内容的生产流程包含前期准备、中期制作和后期制作三大部分，如表5-2所示。

表 5-2 媒介文化娱乐信息内容生产流程表

	前期准备	中期制作	后期制作
报纸副刊		写作与编辑	排版制版
广播文艺作品	剧本写作	录音制作	剪辑、配音合成
电视剧等文艺作品	电视剧本写作	拍摄与录制	剪辑、配音合成
电影	电影剧本写作	拍摄与录制	剪辑、配音合成
游戏	游戏策划文档写作	美工切片制作，静态与动态图绘制、程序设计	游戏试玩、美工与程序修订
动画	动画剧本写作	美工切片制作，静态与动态图绘制	配音合成与修订

文化娱乐信息内容中，除报纸副刊、广播文艺作品的生产成本较低廉外，电视剧、电影、游戏等文化娱乐产品具有投入成本高、牵涉人员众多、生产耗时较长等特点，故而其生产流程较一般的媒介新闻和服务信息内容生产流程更为复杂。一些重大文化艺术作品的生产通常伴随着缜密的策划、严格的评估、细致的生产和精美的加工，是一个非常复杂的过程。

（一）文化娱乐作品的前期准备

文化娱乐作品的前期制作主要是指市场需求调查研究、作品资料收集、作品方案策划、作品框架的构思和撰写等。报纸副刊的文化娱乐作品生产成本较低，其前期准备较为简单甚至可以省略。但对于电视、电影、游戏和动画等投入巨大的文艺作品而言，其前期准备工作则有复杂而又非常关键的程序。一般来说，某一文化娱乐作品的设计者首先要对文化娱乐市场的状况和动态要有一个基本的把握，深入受众中做需求调研，收集相关资料，其核心是要捕捉、发现和创造市场的新需求，拿出一个初步的策划方案。其次，决策者需要邀请行业专家召开方案论证会，对设计者提出的方案进行考核和评价，并提出修订方案。最后，设计者根据专家意见修改策划方案，并开始构思和撰写剧本。剧本是前期工作的具体成果。

无论电视剧或电影，它的演出和摄制都是以剧本为基础的，所以人们称剧本为一剧之本。[①] 早期的电影没有剧本，是一种即兴创作或演出场面的记录。当电影成为一种叙述手段，能够表现一个完整的故事时，即兴拍摄就难以掌握全部故事内容了，于是导演就把事先构思好的故事内容，用简单的文字写在自己的袖口上或纸片上。这种拍摄提示式的文字，大概就是电影或电视剧剧本创作的开端。《辞海》对"剧本"做了这样的解释：剧本是"文学作品的一种体裁。是供戏剧演出创造用的文字依据。由人物的对话（或唱词）和舞台等指示组成。"它是以代言体方式为主，表现故事情节的文学样式。剧本主要由台词和舞台指示组成。对话、独白、旁白都采用代言体，在戏曲、歌剧中则常用唱词来表现。剧本中的舞台指示是以剧作者的口气来写的叙述性的文字说明，包括对剧情发生的时间、地点的交代，对剧中人物的形象特征、形体动作的描述，对场景、气氛的说明以及对布景、灯光、音响效果等方面的要求。

剧本写作和小说写作有重要区别，剧本创作的目的是要用文字去表达一连串的画面，让剧本的阅读者见到文字而又能够即时联想到一幅幅图画，将他们带到动态画面的世界里。小说就不同，它除了写出画面外，更包括抒情句子、修辞手法和对角色内心世界的描述。这些内容在剧本里应少写或不写。动画剧本的创作与电影及电视剧剧本还有所不同。动画剧本的特性，在于可以运用想象的元素创造一个新的逻辑空间，它不必拘泥于现实世界真实的逻辑关系，而是可以综合运用各种元素，营造出一种具有原创性的幻想空间。[②] 动画提供了一种不同于真人表演的方式，使创作更加虚拟化。动画的

---

① 封敏：《剧本是一剧之本》，载《电影评介》，1990（4）。

② 井溶：《在幻想的空间遨游——浅谈影视动画剧本创作》，载《美与时代》（上），2011（4）。

剧本情节设计需要充分考虑原创性的特点，用动作行为展示剧情，塑造生动鲜明的角色形象。动画剧本是整个幻想空间的架构蓝图，作为这份蓝图的设计者，动画剧作者的想象力和创造力是建造动画世界的关键能力。①

　　游戏作品实际上是一个计算机软件程序，其前期准备是编写游戏策划文档，供决策者和游戏开发者使用。该文档通常包括三部分：一是游戏框架概述，即说明游戏的整体结构和主要内容，比如游戏的世界观、依托的故事来源与背景、制作平台系统、游戏的受众面等内容。二是游戏规则的设定，这是游戏作品最为核心的部分。要描述的内容包括游戏类型、游戏视角（第一人称和第三人称等）、画面表现手段（2D/2.5D/3D 等）、操作方式、快捷键设计等基础性规则。在此基础上就要明确游戏规则系统设计。一个游戏之所以吸引玩家，除了有足够吸引力的故事背景外，游戏规则系统是最为关键的，从某种程度上说玩游戏就是玩规则。一个游戏是否庞大取决于游戏规则的复杂程度，类似于战斗系统、组队系统、好友系统、PK 系统、任务系统、交互系统、经济系统等是一个网络游戏的基本系统。除此之外，还可以根据游戏的特点加入一些特色系统诸如宠物系统、骑乘系统、拜师系统、连锁任务系统、连击系统等，一个游戏多了一个系统就多了一种玩法，游戏是不是好玩、耐玩就取决于玩家对这些系统的接受度如何。三是游戏的要素，凡是游戏中玩家能够使用到的要素，都应该有详细的说明。游戏中需要说明的要素有职业设定，门派设定，宠物设定，角色设定（姓名、年龄、性格等），对话设定，道具设定，装备设定，关卡（场景）设定，怪物设定，技能设定，等级设定，公式设定（伤害公式，等级经验公式、技能公式等）等。其中不少变量还要设置分级，对玩家的行为水平进行分级评估，并设置动态升级规则。

（二）　文化娱乐作品的中期和后期制作

　　文化娱乐作品的中期制作是对前期设计方案的执行和再创造。在电影和电视剧中，其中期制作就是由导演、演员、技术人员及后勤工作人员通力协作，共同完成作品现场拍摄的过程。电影和电视剧拍摄的主要依据是剧本，但又在剧本的基础上进行再创造。剧本的写作，最重要的是能够被舞台搬演，戏剧文本不算是艺术的完成，只能说完成了一半，直到舞台演出之后（即"演出文本"）才是最终艺术的呈现。人们通常把剧作家写作剧本的艺术活动叫做"一度创作"，而把根据剧本在舞台或银幕上运用各种手段塑造形

---

① 　成学学：《论动画剧本的创作》，载《电影评介》，2008（18）。

象的艺术活动叫做"二度创作"。演员的创作依赖于剧作的基础，这是一个最基本的原则。剧本是广播、电视、游戏或动画艺术创作的文本基础，是编导与演员进行演出创作的基础。但是，演员和剧本之间的关系不是"图解剧本"，更不是剧本的"直译"，而是赋予剧本新的生命。其他各个创作部门与导演、演员达成一致，共同合作，才能真正完成对剧本的"二度创作"。①

一般来说，电影和电视剧中的演员和场景是真实的，但动画和游戏的场景则是完全虚拟的形象。在数字媒介时代，动画和游戏的中期制作主要是运用专业的计算机辅助设计软件，在计算机上进行动画或游戏设计的过程。虽然这个过程并没有明星演员，但其设计耗时较长，成本高昂。

文化娱乐作品的后期制作则是在中期制作的基础上，进行剪辑、修订、完善，在形式上进一步强化美工设计，达到市场销售的目标。

三、新媒介的内容生成模式

自 20 世纪 80 年代以来，随着互联网和数字媒介技术的普及，媒介内容的生产环境和内容结构发生了重大变化。传统的媒介阵营主要是以报刊、广播、电视为主，它们在信息传播上受到"把关人"的管制，媒介内容的生产过程是可把关、可控制的。但是，随着新媒介的崛起及媒介内容生产环境的变化，公众参与社会事务的权利意识开始觉醒，尤其是进入"自媒体"时代，公民可自由搭建或使用论坛、博客、短信、微博等微型媒介平台，其传播的速度、广度与强度丝毫不亚于传统主流媒介，且具有随机性、草根性、人数众多等特质，形成了一股不可忽视的媒介内容力量。

自媒体的产生有深刻的社会背景。第一，媒介内容生产结构的变迁在本质上是社会利益调整和社会结构变迁在意识形态领域的反映，随着社会教育水平和公民素质的提高，公众参政、议政、参与社会事务的意识明显增强。这类善于表达观点，乐于利用新媒介平台参与媒介内容制作的群体，成为微型媒介平台草根内容制作的引领者。他们可以把个人的观点直接传播到公共领域，在网络、手机等微型媒介空间形成众声喧哗的局面，使得媒介内容的生产机制变得异常复杂。第二，现代科技催生了大量"自媒体"平台，它超越了传统媒介内容生产的重重限制，营造了一个"自由发布"的媒介内容空间，对传统的媒介内容构成了冲击。信息技术赋予了所有民众自由发布信息的权利，政府对其难以进行直接的强制性管控，只能间接引导规范。

由于 Web 2.0 技术促动了微型媒介的快速发展，在自媒体的传播平台

---

① 焦震宇：《剧本是二度创作的基础》，载《大众文艺》，2011（3）。

上，受众不仅得到了参与内容制作的机会，获得了与人分享的权利，而且拥有了信息互动的自由，拥有了合法的自由话语空间，以此使得自媒体的内容生产能力及社会影响力与日俱增，从而对原有的媒介内容生产格局进行了重构。喻国明将此描述为"全民 DIY"："简单来说，DIY 就是自己动手制作，没有专业的限制，想做就做，每个人都可以利用 DIY 做出一份表达自我的'产品'来。"自媒体成为了平民大众张扬个性、表现自我的最佳场所。

在自媒体领域，传统媒介内容的生产方式被改写，出现了新的媒介内容制作主体——"公民记者"，所谓"公民记者"，是指在新闻事件的报道和传播中发挥记者作用，却非专业新闻传播者的普通民众。"公民记者"背后所体现的是"参与式新闻"的理念，即"民众在收集、报道、分析和传播新闻和信息的过程中发挥主动作用"。1998 年，美国人德拉吉的个人网站先于所有传统媒介曝光克林顿性丑闻事件，这使得德拉吉获得全球最早的"公民记者"称号。在公民记者的倡导下，一种全新的媒介内容发布平台——"公民新闻"平台得以问世。2000 年，韩国的吴连镐创办了名为"我的新闻"的网站（OhmyNews），声称"使每个公民都是记者"。[①] 该网站吸引了数万名韩国市民记者。他们每天自愿为该网站提供来自各地发生的新闻，从综合新闻、政治经济到电影、体育，网站几乎涵盖了传统媒体的全部栏目。市民记者可以在承担责任的基础上自由发表言论，每篇报道后面都会有大量跟帖，形成了鲜明的个性色彩。在"我的新闻"网站上经常出现足以影响韩国舆论的重要评论。当然，因为缺乏与传统媒体进行市场竞争的筹码，该网站后来遭遇一些曲折，[②] 但仍然是韩国有重要影响力的新兴媒体。

自媒体中媒介内容制作者有哪些群体，其内容制作过程如何？从参与动机来看，参与媒介内容制作的媒介用户可分为非功利性用户和功利性用户，两者在媒介内容制作中的行为模式亦有重要差别，下面分别加以分析。

（一）非功利性媒介用户的内容参与机制

大量网民参与媒介内容制作并非出于经济或商业利益，而是出于非功利目标。缘于现代社会中民众的社会心理焦虑及情感宣泄的需求及自我表达的欲望等，使得部分用户自愿、自觉地参加新媒介内容场域的构建。网民在自

---

① 王东：《解析韩国 OMN 的发展模式——兼论新闻网站的经营策略》，载《传媒》，2009（2）。

② 郑一卉：《从 OhmyNews 的衰落看公民新闻的发展方向》，载《现代传播》（中国传媒大学学报），2010（1）。

媒体中的内容参与机制可借鉴自组织理论来分析。自媒体的内容由混杂无序、相互矛盾、多元对立的混沌状态逐步向结构有序、方向趋同的高级内容结构的过程就是自组织。立场不同的网民按彼此的相干性、协同性或某种默契形成某种内容指向清晰的结构。这个过程不是按系统内部或外部的指令完成的，而是根据网络运动变化的规律和特定条件完成的。根据自组织理论，内容自组织是一个远离平衡的开放系统，网民之间存在着非线性的相互作用，通过从外界环境中引进负熵流，以抵消系统内的熵产生，系统的输出与输入存在着正反馈循环，通过内容信息涨落或起伏的作用，系统会从无序走向有序，进而形成强大而有规则的媒介内容力量。

（二）功利性"网络水军"的内容参与机制

随着新媒介平台的发展，出现了以营造舆论事件为手段，以盈利为目标的专业新媒介内容制作机构，并出现了专职或兼职从事舆论造势的用户群体，即"网络水军"。在某些社会事件发生后，某些利益集团出于特殊需要，借机放大某种舆论力量，制造迎合某种特定需求的媒介内容，进而引起公众关注，以实现其特殊的经济或政治目的。例如，版主把主帖发出去后，获得最广大的"网民"的注意，进而营造出一个话题事件。网络水军作为一种特殊职业，虽有正面作用，但负面影响显而易见。它可以为新开发、新成立的产品提高人气，吸引网民关注和参与，又可以炒作恶意信息打击竞争对手（即"网络打手"），甚至发布和张贴攻击信息、造谣言论或挑拨语言，制造网民间的矛盾，甚至恶意传播谣言而引发社会动乱等。网络水军的内容制作和舆论造势属于有目的、有预谋的炒作行为，已经超出了常规媒介内容制作问题的边界，而属于法律法规层面的问题，必须用法规等手段加以引导和治理。

第二节 媒介广告的生产流程管理

上文述及，现代媒介不仅要传播新闻及生活服务等非功利性信息，还要传播广告信息。两者的区别在于：前者是传媒组织主动传播的非商业性信息发布行为；后者则是社会组织主体通过付费方式在媒体上传播商业性信息的行为。从生产流程上说，新闻及生活服务信息和广告信息基本上是同步进行的，一个成熟的媒介产品在面向市场售卖时既包含新闻及生活服务信息，又包含广告信息。

一、媒介广告概述

广告具有悠久的历史。人类自从有了商品交换和市场，就产生了如街头叫卖、悬挂招牌等原始的广告形式。在现代社会，广告是最常见的信息传播方式之一。通常所说的广告是社会组织（包括个人）通过付费方式购买媒介的时空资源平台，以传播特定信息的社会行为。它具有以下几个突出特征。

第一，发布主体广泛。在现代社会，几乎所有的社会组织都需要利用这种信息传播模式。经常需要运用广告这种传播方式的主体包括：（1）经济主体，如厂商企业通过媒介向公众传播广告信息，以推销商品、劳务或树立品牌形象，它们是广告发布的主力军。（2）事业单位，如学校、医院等通过媒介传播其服务信息，它们也是广告发布的重要力量。（3）政治组织，如政党、政府等通过媒介发布政治主张、政策革新或竞选广告，通常也需要通过付费方式进行。（4）公益组织，如工会、各种协会或中介组织机构通过媒介发布招聘信息、各种公告或启事等，一般需要有偿刊载。（5）公民个体，现代公民本人也可以使用广告方式传播信息，如寻人启事、征婚启事、挂失启事等。可见，在现代社会，不管是政府、企事业单位、公益组织，还是公民个人，都需要使用广告这种信息传播模式。

第二，以付费发布为主。收取广告刊登费是媒体的主要收入来源，这是媒体化解经营成本并实现盈利的主要手段。社会组织只有通过付费这种方式才能享有广告发布时间、发布位置、发布顺序、信息容量等方面的特权，进而实现其信息传播目标。当然，并不是说媒介上刊载的所有广告都是付费广告。实际上，媒体除刊载付费广告外，还要自愿发布公益广告。公益广告是指向社会传播良好的思想意识、道德观念、行为规范和安全、应急知识及有利于社会进步，促进社会和谐健康发展的不以营利为目的的广告。它是媒体作为一种特殊的社会组织履行社会责任的一种公益行为。对此，中国政府还专门制定了相关指导文件，对媒体发布公益广告的比例提出明确要求。2002年中共中央宣传部、中央文明办、国家工商行政管理总局、原国家广播电影电视总局、原国家新闻出版总署联合发布的《关于进一步做好公益广告宣传的通知》指出，广播、电视媒介每套节目用于发布公益广告的时间不少于全年发布商业广告时间的3％。平均每天在19：00～21：00时段每套节目发布公益广告的时间不少于该时段发布商业广告时间的3％。报纸、期刊媒介每年刊出公益广告的版面不少于发布商业广告版面的3％。发布商业广告的互联网站也要按照商业广告3％的比例发布公益广告。由企业出资设计、制作、发布的公益广告，可以标注企业名称和商标标识，但不得标注商品（服务）

名称以及其他与企业商品（服务）有关的内容。电视公益广告画面上标注企业名称和商标标识，显示时间不得超过 5 秒，使用标板形式标注企业名称和商标标识的时间不得超过 3 秒。报纸、期刊、户外公益广告标注企业名称和商标标识的面积不得超过报纸、期刊、户外广告面积的 1/5。综合来看，广告是以付费发布为主的信息传播模式。

第三，广告的本质是售卖媒介的时空平台资源。媒介售卖广告在本质上是让渡媒介时空平台资源的使用价值，以换取广告发布者的货币价值。传播广告是新闻媒体所具有的独特优势，媒体信息传播具有品牌公信力高、社会传播面广、发布速度快等特点，是社会组织快速发布广告信息的最佳渠道。媒介通过让渡时段或版面等优势资源的使用价值，与社会组织进行公平的货币交易，符合市场经济中等价交换的基本法则。媒介的时空平台资源主要有：（1）平面媒介的版面，即空间资源，如报纸、期刊、户外平面广告乃至图书等的版面资源，通常依据版面大小、具体位置及刊发次数确定广告价格。（2）广播、电视媒介的时段，即时间资源，如广播、电视媒介，通常依据发布时段、时间长度来确定广告价格。（3）互联网媒介的时空资源，即互联网等新兴媒介兼有时间和空间双重资源优势。互联网广告既包括依据位置和版面大小确定的平面广告，也有按照播发时间长短而确定的时段广告，还有依据链接规则而确定的不限制时间和空间的广告。可见，互联网媒介广告具有多重复合优势资源。

二、媒介广告经营的流程

广告属于服务业，向社会组织提供广告传播服务是媒体的基本业务。媒介的广告经营与新闻及生活服务信息内容生产一样，也有一定的流程。概括来说，媒体的广告经营活动包括前期销售程序和后期编发程序两大板块。这里主要讨论付费广告的经营流程，至于公益广告，因其并无经营性，省去了前期销售程序，其生产流程则直接简化为后期编发程序。

（一）媒介广告经营的前期销售

媒介的广告业务是商业经营行为，前期销售则是广告业务的重点。前期销售主要包括广告销售规则制订（具体包含广告销售渠道选取和广告销售价格制订）、宣传推广及广告策划、广告业务商洽、签订合约等具体流程，如图 5-3 所示。

1. 广告销售规则制订

广告销售规则制订是指媒体根据自身的特点和发展阶段制订广告经营的基本规则，主要包括广告销售渠道选取和广告价格制定。其中，广告销售渠

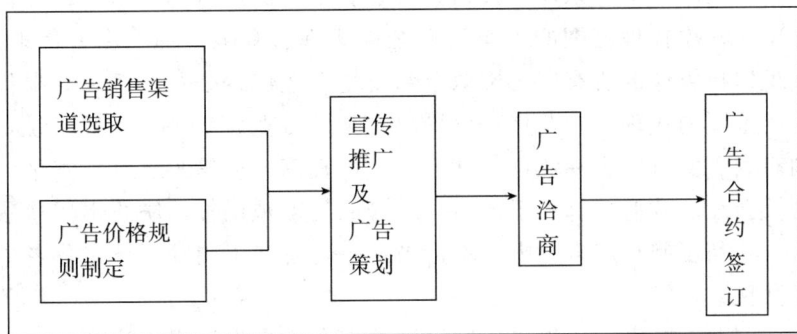

图 5-3　广告业务前期流程图

道的选取又是最主要的。媒体的广告销售渠道包括自营渠道、委托代理渠道
和混合渠道。

所谓自营渠道（也称"直营渠道"）就是媒体自己建立广告销售经营主
体、自建销售队伍，直接从事其媒体的广告销售业务。自营渠道的优势是任
务明确，便于领导和控制，也便于媒体根据市场情势的变动及时更新广告市
场策略。在中国，绝大多数中小规模的媒体及部分大型媒体仍然采取这种模
式。其缺点在于广告经营成本较高，容易出现权责不明、职责不清等问题。

所谓委托代理渠道，就是将媒体的广告资源委托专业的广告公司代理销
售的运作模式。在发达国家，广告代理制已经较为成熟。广告代理制就是广
告公司在广告经营中处于主体和核心地位，它不仅代理媒体的广告销售，负
责媒体广告销售，而且还为广告主全面代理广告业务，向广告主提供以市场
调查为基础、广告策划为主导、创意为中心、媒体发布为手段，同时辅以其
他促销手段的全面服务。换言之，广告公司实质上实行双重代理：一是代理
广告主开展广告宣传工作，即从事市场调研、拟订广告计划、设计制作广
告、选择媒体安排刊播及提供信息反馈或效果测定；二是代理广告媒介，寻
求客户，销出版面或时间，扩展广告业务量，增加媒体单位的广告收入。按
照国际惯例，广告公司为客户代理媒介广告，一般向广告主收取由媒介返还
的 15％的代理佣金（由于在大多数情况下，广告客户的付费并不会高于媒体
广告时间或空间的基本价格，所以广告公司只能转向媒体寻找"折扣"，这
种折扣即传统的佣金）①。这种体制的核心，就是在广告客户、广告公司与广

---

①　陈刚等：《对中国广告代理制目前存在的问题及其原因的思考》，载《广告研究》
（理论版），2006（1）。

告媒介三者之间，确立以广告公司为核心和中介的广告运作机制。在传媒经营实践中，根据代理范围的大小又有全面代理、有限代理和专业代理之分，全面代理即将媒体的所有广告资源全部委托专业广告公司代理，有限代理则在划定的范围内代理，专业代理仅局限在某一专业领域内。一般来说，广告代理制有利于实行广告专业化、社会化，可提高广告策划、创意水平，提高广告的社会经济效益；有利于加强对广告业的宏观调控，防止虚假违法广告的产生；有利于制止广告业中的不正当竞争，有利于消除媒体工作者争拉广告的混乱现象。

在欧美发达国家，广告代理制已经是媒介广告市场中主流的经营与运作机制，被普遍认为是广告市场规范化和正规化的标志，广告代理公司处于广告经营的中心地位是广告业发展的必然。但在中国，广告代理制尚不完善，广告代理公司的中心地位也不明显。媒介广告市场一直处于代理公司与媒体自营彼此合作、互相竞争的状态。总体上说，媒体广告自营在广告市场中还是处于中心和强势地位。故而，中国媒介广告的销售实际上是多元混合渠道，既有自营渠道，也有委托代理渠道。在中国，媒体到底应该选取何种广告销售渠道还存在争议。在广告代理制的引入过程中，必须根据不同国家地区的特色进行创新。只有符合自己国情的模式，才是先进的和专业的。[1] 从中国的实际情况看，多种广告销售渠道并存将长期存在。

在选定媒介广告销售渠道时，通常还要制订广告销售价格。在媒体自营渠道中，媒体掌握了广告定价的自主权，可以根据市场变动而更新价格策略。但在委托代理广告渠道中，广告销售价格则须与代理商协商，且在协议期内不得随意调整价格。

2. 广告宣传推广及广告策划

在 21 世纪，媒介的品种、渠道与终端丰富多样，媒介广告资源不再是稀缺资源。于是，媒介广告资源本身的宣传推广便十分重要。首先，在媒介广告资源推广中，媒体的形象识别系统非常重要。媒体形象识别系统就是将媒体文化与经营理念统一设计，利用整体表达体系（尤其是视觉表达系统），传达给媒体内部与公众，使其对媒体产生一致的认同感，以形成良好的媒体印象，最终促进媒介广告的销售。其次，广告经营策划在广告推广中能够起到直接的促进作用。以策划搞活经营，媒体大发展，是当今传媒经营的法

---

① 陈刚等：《对中国广告代理制目前存在的问题及其原因的思考》，载《广告研究》（理论版），2006（1）。

宝。策划堪称媒体的"软实力",更是提升媒体品牌感召力,搞活广告经营的有效手段。同时,当今的策划已经不再是零敲碎打的"点子策划",而是提升为系统整合的"顶层设计",从宏观和全局层面改变传媒经营的被动局面,变"拉广告"为"策划广告"、变"刊载广告"为"发现广告需求"的新一代经营模式,将客户企业文化建设、产品宣传与引导读者消费相结合,走出广告经营的新路。常见的策划思路有:重视热点问题策划,围绕社会热点问题,策划主题活动;重视赛事策划,利用媒体平台策划权威性的竞赛活动;重视会展策划,利用媒体品牌组织相关市场实体开展展览或销售活动。

3. 广告业务洽商

如果是利用委托渠道,则媒体不需要直接与广告主进行洽商,但在自营广告渠道中,媒体广告经营部门人员还需要与广告主商洽广告销售细节,逐步就广告销售相关问题达成共识。

4. 协议签订

同样,如果是利用委托渠道,则媒体不需要直接与广告主签订协议文本,但在自营广告渠道中,媒体广告经营部门人员还需要与广告主签订广告销售合同,对广告价格、优惠折扣和配套服务等广告销售细节进行规范化的描述。

(二)媒介广告的后期程序

媒介广告的后期程序也区分为委托代理和直营两种模式。在委托代理渠道中,广告主的广告创意设计、拍摄、编辑等均由广告代理公司负责,媒体只需与代理公司就广告发布时间、发布位置、信息容量等细节进行协调即可。但若是媒体自营广告,则依据协议执行,可能还需要为客户提供广告设计、拍摄、编辑等配套服务,并取得客户的认可。在广告发布环节亦须严格依据签订的协议履行发布职责。

还需要注意的是,在广告设计制作完成后,媒体还应加强内容审核。一是要考虑广告设计是否触及一个国家或民族的历史文化和价值认同,是否伤害受众的民族感情。日本立邦漆曾在中国的《国际广告》杂志刊登了一则名叫"龙篇"的广告作品,画面上有一个中国古典式的亭子,亭子的两根立柱各盘着一条龙,左立柱色彩黯淡,但龙紧紧地攀附在柱子上,右立柱色彩光鲜,龙却跌落到地上。画面旁附有对作品的介绍,大致内容是:右立柱因为涂抹了立邦漆，使盘龙都滑了下来。① 实际上，"龙"是我们中华民族的象征，中国人常以"龙的传人"而自豪，该广告的创意者却忽视了中国人的价值认同，伤害了中国人的民族感情，这则"盘龙滑落"的广告显然是中国人所无法接受的，所以引起了民众的广泛争议和不满。二是要考虑宗教禁忌或民风民俗。日本某收录机在泰国做广告时，选取的人物形象是释迦牟尼，在电视画面上，佛祖凡心萌动，随着收录机的音乐全身扭动，最后居然睁开了眼睛。但是，泰国是佛教之邦，他们认为，这是对佛祖的大不敬，官方立即通过外交途径向日本提出了抗议，该广告也不得不撤换。

三、广告信息和非广告信息的编排组合

在媒介产品的生产流程中，广告信息制作和非广告信息（即上节中所说的新闻及生活服务信息和文化艺术作品）制作完成后，还要经过一个"合成"环节——按照一定的组合方式或排列规则，把广告信息和非广告信息整合打包为一个整体。换言之，媒介产品是广告信息和非广告信息的混合体，媒体正是通过这种强制性的双重出售②——依靠非广告信息赢得受众的注意力，再把受众的注意力吸引到广告信息上，只有这样，才能实现媒介信息的"二次销售"，最终实现盈利目标。

广告信息和非广告信息两者之间的编排组合应该注意以下几个方面。

第一，遵守相关法律法规，注意国家法律法规明确禁止的广告类型和广告信息。在广告发布之前，媒体广告部门需要对即将发布的广告进行严格审核，严防虚假广告或其他违反国家法律法规的广告的发布。中国《广告法》规定，禁止利用广播、电影、电视、报纸、期刊发布烟草广告；麻醉药品、精神药品、毒性药品、放射性药品等特殊药品，不得做广告。

第二，媒体内容采编业务和经营业务必须严格分开的行业规则是世界各国传媒行业的通行惯例。在中国，这种两分开的行规已经上升到法律法规层面。中国已经出台了相关法规，要求广告信息和非广告信息之间必须有明确的区分标志，两者不得混淆。中国《广告法》规定，大众传播媒介不得以新闻报道形式发布广告。通过大众传播媒介发布的广告应当有广告标记，与其他非广告信息相区别，不得使消费者产生误解。原国家新闻出版总署于2005

---

① 刘昕远、曲桐凤：《广告跨文化传播禁忌浅谈》，载《商场现代化》，2006（15）。
② 需要指出的是，媒介产品信息的强制性出售是相对的，受众并非必须接受广告信息，他们仍然有选择接受或不接受广告信息的权利。

年发布并实施的《报纸出版管理规定》明确指出，报纸刊登广告须在报纸明显位置注明"广告"字样，不得以新闻形式刊登广告。在印刷媒介中，广告信息与非广告信息之间应该有线条划界区分，或者留下足够的空白空间作为区分标志。

第三，广告信息不能随意切割非广告信息内容，或在视觉上给受众信息接受造成明显的障碍。例如，有的报刊广告编排中，将广告放置于报刊版面的中心位置，这种由非广告信息内容来"包围"广告信息的编排方式，是明显不妥的。① 在广播电视电影方面，国家广播电影电视总局于 2009 年发布的《广播电视广告播出管理办法》，对广播、电视和电影中的广告信息与非广告信息编排提出了明确规则，其总体要求是广播电视广告播出应当合理编排。其中，商业广告应当控制总量、均衡配置。广播电视广告播出不得影响广播电视节目的完整性，除在节目自然段的间歇外，不得随意插播广告。具体的标准是播出机构每套节目每小时商业广告播出时长不得超过 12 分钟。其中，广播电台在 11：00 至 13：00 之间，电视台在 19：00 至 21：00 之间，商业广告播出总时长不得超过 18 分钟。在执行转播、直播任务等特殊情况下，商业广告可以顺延播出。播出机构每套节目每日公益广告播出时长不得少于商业广告时长的 3％。其中，广播电台在 11：00 至 13：00 之间，电视台在 19：00 至 21：00 之间，公益广告播出数量不得少于 4 条（次）。2011 年年底，原国家广播电影电视总局又做出补充规定，要求播出电视剧时不得在每集（以 45 分钟计）中间以任何形式插播广告。这些虽然是针对节目播出的规定，实际上也是针对节目编排的规定。

第四，广告信息和非广告信息的编排组合应充分考虑两者在内容上的搭配，尽量做到广告信息和非广告信息的和谐与兼容，避免明显的内容冲突。在某些特殊的时空条件下，广告信息和非广告信息的搭配不当会使受众在信息接收时引发不适心理反应，这是必须注意的。《广播电视广告播出管理办法》规定：播出商业广告应当尊重公众生活习惯。在 6：30 至 7：30、11：30 至 12：30以及18：30至20：00的公众用餐时间，不得播出治疗皮肤病、痔疮、脚气、妇科、生殖泌尿系统等疾病的药品、医疗器械、医疗和妇女卫生用品

---

① 关于广告信息和非广告信息的编排方式，目前法律方面尚未出台具体规定。用广告信息来包围新闻服务信息，虽然没有违法，但从视觉上说，是"喧宾夺主"的传播行为，违背了新闻传播的常规。

广告。此外，广告信息和非广告信息的搭配还需考虑受众对象群体特征，不得对受众进行误导。《广播电视广告播出管理办法》还规定，播出机构应当严格控制酒类商业广告，不得在以未成年人为主要传播对象的频率、频道、节（栏）目中播出。广播电台每套节目每小时播出的烈性酒类商业广告，不得超过2条；电视台每套节目每日播出的烈性酒类商业广告不得超过12条，其中19：00至21：00之间不得超过2条。

第三节　媒介产品的复制与印刷

在媒介产品生产中，广告信息和非广告信息经过编排组合后所生成的产品是否需要经过复制或印刷环节呢？理论上说，所有媒介产品的生产都要经过复制或印刷环节，但不同的媒介种群产品的属性各异，其复制或印刷的方式和手段不同，复杂程度及操作工序也大不相同。对于广播、电视、互联网或手机等电子媒介或数字媒介来说，因其内容信息传播的载体是电子模拟信号或数字信号，前期编排合成的声音或图像等各种数据只需转换为相应的模拟信号或数字信号就能进行传输。[①] 或者说，只需要将前期生成的内容进行电子信息处理或进行数字化处理，即可对外发布传播，不需要进行复制与印刷。但是，报刊、图书等平面媒介就需要经过复杂的印刷工序，才能进入市场销售。

一、唱片的生产与复制

唱片是历史上最早的可以大批量生产、用来存储音频信号的媒介。唱片的复制与放音设备的发明息息相关。1877年，爱迪生发明了留声机。它是一种放音装置，其声音储存在以声学方法在唱片（圆盘）平面上刻出的弧形刻槽内，唱片置于转台上，在唱针之下旋转。唱片能比较方便地大量复制，放

---

① 早期广播电视的模拟数据采用模拟信号，用无线电与电视广播中的电磁波或电话传输中的音频电压信号来表示。当模拟信号采用连续变化的电磁波来表示时，电磁波本身既是信号载体，同时也作为传输介质；当模拟信号采用连续变化的信号电压来表示时，它一般通过传统的模拟信号传输线路（例如电话网、有线电视网）来传输。随着数字媒介技术的发展，广播电视的数字数据则采用数字信号，用一系列断续变化的电压脉冲（如我们可用恒定的正电压表示二进制数1，用恒定的负电压表示二进制数0）或光脉冲来表示。当数字信号采用断续变化的电压或光脉冲来表示时，一般则需要用双绞线、电缆或光纤介质将通信双方连接起来，将信号从一个节点传到另一个节点。

音时间也比大多数筒形录音介质长。但当时使用的录音介质是锡箔筒或蜡筒，不能大量生产销售。1887年德国发明家埃米尔·柏林纳发明了另一版本的留声机，将之命名为"Schallplatte"，不同于爱迪生发明的圆筒留声机，柏林纳发明的留声机使用的是平纹旋转盘。该发明问世后，大规模的唱片录音和生产正式普及开来。但是，这种唱片的纹理较粗，加上传速快，一面唱片只能录很少的内容，一部两个小时的歌剧要十几张才能录制完毕。1931年美国无线电公司（RCA）试制成功密纹唱片（Long Play，LP）。原来唱片转速为每分钟78转，密纹唱片为每分钟$33\frac{1}{3}$转，大大延长了播放时间。在材料上，由于氯醋共聚树脂代替了紫胶树脂，唱片的颗粒变细，微小的震动也能录制下来，这样高保真的效果得到进一步体现。1948年，美国哥伦比亚公司开始大批量生产$33\frac{1}{3}$转/分的新一代的密纹唱片（Microgroove），成为唱片发展史上具有划时代意义的大事，它的问世引来了20世纪50年代到70年代模拟录音和密纹唱片的黄金时代。

　　20世纪80年代已经广泛采用数码录音和数码混声。20世纪90年代初，随着CD激光唱片的普及，各大唱片公司先后停止生产密纹唱片。[①] CD激光唱片的生产过程是：使用一张唱片样的玻璃片，经过光学研磨、抛光、清洁后，涂上一层透明抗感光塑料。用录存在CD母版磁带内的编码数字信息去调制射向玻璃片的高功率激光束，从而将信息以坑点形式写入抗光层。其曝光部分经蚀刻即产生凹陷的坑点结构。再镀上一层银，一张含有坑点结构的激光唱片的母片就产生了。将该母片镀镍并具备一定的厚度。当此镍片与母片分离时，就成了一张金属负片，称父片，它就是复制时要用的母版工具。然后，将这张金属负片直接用作印板，印制出小批量正片，在再一次复制过程中，每一张正片再产生小批量的印板。有这样一批印板就可以用它制造坑点结构的信息于唱片上，利用铸模及射出成型技术这一与生产传统密纹唱片相同的方式生产出激光唱片。唱片上带有坑点形式的表面覆盖极薄铝层以形成反射面。然后在此镜面上涂一层较厚的透面保护层。在其中心冲一极精确的圆孔，表面印上说明文字和品牌名称等，一张激光唱片就正式产生并可以投放市场销售了。CD激光唱片采用了完全数字化的录制技术，具有许多特

---

　　① 虽然密纹唱片使用起来远不如CD方便，而且声音没有CD那么干净，但由于在相同音响成本的前提下，CD播放出来的声音质量同款录音的密纹唱片播放的声音质量差很远，特别是播放人声和弦乐更是如此，但此时密纹唱片的片源已经很少了。

有的优势，如外形小巧、容易保存、信噪比高、动态范围大等。但同传统密纹唱片相比，CD 激光唱片所播放的声音总有一点生硬感，细节少，欠缺临场感。此外，制作激光母盘是为了能更多地复制唱片，如果单纯个人使用，直接采用数字拷贝方式即可。也正因为数字光盘复制的便捷性，盗版成本低廉，使得 CD 激光唱片的版权保护问题成为新时期的一大难题。

二、电影的生产与复制

在传统的电影生产工艺中，电影使用胶片来拍摄。电影胶片是将感光乳剂涂布在透明柔韧的片基上制成的感光材料，包括电影摄影用的负片、印拷贝用的正片、复制用的中间片和录音用的声带片等。这些胶片的结构大体相同，都由能感光的卤化银明胶乳剂层和支持它的片基层两大部分组成。电影胶片的层次感、色彩饱和度、光影感和清晰度等都非常好，这也是一些资深导演仍倾向于使用胶片的重要原因。当然，使用胶片进行电影拍摄也有劣势：一则胶片成本较高，一本胶片仅能不间断拍摄 4 分钟，一般拍摄一部影片至少需要 200 本胶片的素材量，如果遇到对影片质量要求较高的导演，往往一场戏要拍几十条，再加上洗印费，胶片成本会大大增加。二则电影胶片需采用电影拷贝机复制，不仅拷贝过程较慢，且拷贝出的新胶片体积或重量较大，运输不便。一部电影的胶片拷贝，重量往往数十公斤甚至更重，基层放映员运输起来极不方便。例如，像《阿凡达》这种宽银幕超级大片，如果是胶片拷贝，其胶片展开之后长度可达 15 千米，重达 500 千克。一些电影大片在上市发行前需生产数百个胶片拷贝，这些拷贝至少得提前半个月开始向全国各地运送，还不一定能准时到达，经常出现拷贝延误，无法满足电影发行对时效性的严格要求。

1997 年，美国 TI 公司开始制造 DLP（Digital Light Processor，数字光处理）数字电影放映机原型机，当年 5 月，发起数字放映机展示活动。到 1999 年年底，数字放映机和传送方式不断成熟，数字电影最终开始商业化放映。2000 年 6 月，美国 20 世纪福克斯公司和思科（Cisco）公司首次合作进行了基于 IP 协议的互联网技术传送的数字电影放映试验。数字电影经历了两个发展阶段：一是"标准清晰度"的电影，是用标准清晰度数字录像带拍摄的影片，清晰度大概在水平解像度 700～800 线。用标准清晰度拍摄的影片虽然放映效果基本上可以满足观众需求，但实际上达不到电影胶片拍摄的清晰度水平。有时也可以把数字录像带拍摄的影片转到胶片上，用普通的电影放映设备来放映，这就叫"磁转胶"。二是"高清晰度"电影，是用高清晰度数字录像带拍摄的电影，清晰度大概在水平解像度 1100～1200 线，高清拍摄出来的影片能大体达到胶片的清晰度水平。相比传统的胶片电影，高清数字电影的优势主要体现在：通过高清摄像技术，实现了与高清时代的接轨；使用数字拍摄，可以不受次数限制任意拍摄，省去了胶片成本；数字介质存储，能长久保持质量稳定，不会出现任何磨损、老化等现象，更不会出现抖动和闪烁；传送发行不需要洗映胶片，生产流程有所简化，传输过程中不会出现质量损失等。相比于胶片拷贝，数字拷贝可以进行无限次复制，借由硬盘、光纤等传送到各地的数字影院放映，成本甚至可以忽略不计。尤其宝贵的是，使用数字拷贝技术使得新电影的发行在时效上有了保障，发行方只需在影片上映的前一天将拷贝件传输给全国各地影院即可（理论上说，数字电影可以实现即时发行）。此外，数字拷贝由"密钥"（相当于密码）控制，对预防盗版亦有一定的作用。

随着数字电影的发展和快速普及，影院的数字化改造的进程大大加快，使得电影的胶片拷贝量锐减，数字拷贝量快速上升。到 2012 年，中国银幕总数已经超过 9000 块，其中 90％ 以上已经实现数字化，另有相当一部分影院既可以放映数字电影，也可以放映胶片电影。不仅在中国，全球主流电影市场也是如此。有关报告显示，美国主流院线将在 2013 年年底停止放映胶片电影，西欧则于 2014 年年底完成。[①] 可以预见，数字电影完全取代胶片电影，已经是不可逆转的趋势。

三、平面媒介的印刷

对于图书、期刊、报纸等平面媒介来说，前期生产的内容信息产品仅仅是虚拟的信息符号，要将其从虚拟状态转化为实物状态，还必须把信息内容"附着"或粘贴到特定的介质——纸张上去。这种虚拟信息的"物化"和"固化"及其批量快速复制的过程，就是平面媒介的印刷环节。

印刷术起源于中国，是中国的四大发明之一，但现代平面媒介印刷技术却是从西方引进的。现存最早的文献和最早的中国雕版印刷实物是在公元600 年，即唐朝初期出现的。现代大众媒介的印刷，是指将文字、图画、照片等原稿经制版、施墨、加压等工序，使油墨转移到纸张、织品、皮革等材料表面上，批量复制原稿内容的技术，简言之，就是使用印版或其他方式将原稿上的图文信息转移到承印物上的工艺技术。

现代常规的印刷包含原稿、印版、承印物（纸张）、印刷油墨、印刷机

---

① 喻德术、田婉婷：《电影胶片走向博物馆　改朝换代银幕将全面数字化》，载《法制晚报》，2012-02-17。

械五大要素。其中，原稿是前期制作好的文字或图像信息稿。印版一般有凸版、平版、凹版及孔版等种类，图书、报刊的印刷一般采用凸版和平板。油墨是用以附着在纸张上的视觉表现材料，包含舒展剂、颜料 、干燥剂和填充剂等材料。普通承印材料就是指纸张，出版物印刷主要采用新闻纸、印书纸及胶版印刷纸、铜版纸等。出版物的印刷机械具有印量大、速度快、自动化程度高等特点，印刷设备的优劣直接关系到出版物的外观特征和时效性。与此相应，印刷的流程包括原稿的选择或设计、原版制作、印版晒制、印刷、印后加工五个工艺环节，即首先选择或设计适合印刷的原稿，然后对原稿的图文信息进行处理，制作出供晒版或雕刻印版的原版，再用原版制出供印刷用的印版，最后把印版安装在印刷机上，利用输墨系统将油墨涂敷在印版表面，由压力机械加压，油墨便从印版转移到承印物上，如此复制的大量印张，经印后加工，便成了适应各种使用目的成品。在平面媒介的生产流程中，通常把原稿的设计、图文信息处理、制版统称为"印前处理"，把印版上的油墨向承印物上转移的过程称为印刷，把印刷之后的分包、打包等工序称为"印后加工"，故而一件印刷品的完成需要经过印前处理、印刷、印后加工等过程。

随着数字技术的发展，传统的印刷正朝向数字印刷发展。数字印刷是计算机技术、数字技术和互联网技术发展的产物，一般把 1991 年海德堡公司在美国芝加哥国际展览会展出电火花直接成像的数字胶印机作为数字印刷诞生的标志。由海德堡公司组织编纂的《印刷媒体技术手册》对数字印刷的定义是"用各种计算机直接制印技术，通过数字定义的印刷活件，控制数字化流程生产设备的操作"。[①] 简言之，采用数字图文页面的印刷就是数字印刷。数字印刷和传统印刷有许多相同点：印前都需要形成一个印刷图文载体即印版；数字印刷和传统印刷都有直接印刷和间接印刷两种方式；数字印刷和传统印刷的多色印刷方法相同；数字印刷和传统印刷都需要印刷压力。数字印刷和传统印刷的根本不同在于印前制版（成像）的不同，并由此引起其他的区别：数字印刷的图文都是数字式的，传统印刷的图文是模拟式的；数字印刷很容易实现每张印刷品都不同的可变印刷，传统印刷则很困难实现这一目的。由于两者各有优劣，传统印刷适合印数较大的出版物印刷，数字印刷适合印数较小的个性化按需印刷和可变图文（数据）印刷。或者说，印刷数量

---

① 转引自齐福斌：《浅析数字印刷一些概念及数字印刷和传统印刷的异同——〈印刷媒体技术手册〉中有关数字印刷概念之解读》（上），载《印刷工业》，2010（1）。

较大时，传统印刷的成本低；印刷数量较小时，数字印刷的成本低。[1] 短期来看，传统印刷质量高，数字印刷可以满足一般质量要求，但随着数字技术的发展，数字印刷质量将会逐步提升。

需要指出的是，出版物印刷的上游关联产业——造纸业等均属高耗能、高污染产业，在印刷环节又存在能耗高、噪声大等弊病，出版物的清洁印刷及节能减排问题成为行业关注的焦点。从低碳经济的发展趋势看，传统出版物的印刷数量应进行适当控制，未来的发展趋势是适当减少印刷数量，或者转向数字出版。2009 年美国著名的《基督教科学箴言报》宣布停止印刷，转向网络出版，成为全球纸媒出版界的一件标志性事件。所谓数字出版是指以"标记语言为基础，以全媒体为显示形式，以强大的链接、搜索功能和个性化定制功能为主要特点的知识组织和生产方式"，它轻易地实现了"一次创建，多次使用；一次创建，全媒体使用；一次创建，个性化定制；一次创建，永久使用的服务功能"等目标，是目前"人类历史上成本最低的出版形态"。[2] 可以预见，未来部分印刷出版物将朝向数字出版发展，但数字出版是否会完全替代印刷出版尚无明确结论。

第四节　媒介产品的发行

"发行"是人们生活中的一个常见词语，它牵涉很多行业，在票据、证券、货币、邮票、彩票、计算机软件等行业中，发行都是其生产经营中的一个重要环节。传媒行业亦是如此，在电影、广播电视节目、电子音像制品、游戏、动漫、图书、期刊与报纸等媒介产品流程中，发行也是不可或缺的重要环节。语言文字学家从词语最一般的意义出发，给"发行"下了定义。《辞海》指出，发行是指"发出、使流通传布"的意思。那么，什么是媒介产品的发行？其发行流程又是如何呢？

一、"发行"的概念、功能与分类

（一）"发行"的界说

在现代社会，发行是一个多层面、多维度的概念，我们先看法律意义上

---

① 齐福斌：《浅析数字印刷一些概念及数字印刷和传统印刷的异同——〈印刷媒体技术手册〉中有关数字印刷概念之解读》（上），载《印刷工业》，2010（1）。

② 张大伟：《数字出版即全媒体出版论——对"数字出版"概念生成语境的一种分析》，载《新闻大学》，2010（1）。

的"发行"概念，再来看传媒经营管理中"发行"的概念。在西方国家，传媒业被划归到版权业范畴，媒介产品的发行涉及著作权或版权问题，因而各国著作权法（或版权法）均对"发行"有明确的界定。美国《版权法》规定："发行"是"通过出售或所有权转移的其他方式，或者通过出租或出借，向公众散发作品复制件或录音制品"的行为。英国《版权法》规定："发行"系指"将先前未投放流通领域的复制件投入流通领域"。德国《著作权法》规定："发行是向公众提供作品的原件或复制件，或将之投入流通领域的行为"。《中华人民共和国著作权法实施条例》第五条对"发行"的解释是："指为满足公众的合理需求，通过出售、出租等方式向公众提供一定数量的作品复制件。"

　　法律语言具有"庄重性、确切性和简约性"等特征①，因而法律意义上的"发行"定义具有一定的科学性。尽管世界各国（地区）版权法对发行所下的定义在文字上稍有差别，但对发行的本质特征的描述十分接近，即"发行"通常是向公众提供作品有形复制件或原件的行为。各国法律都认为发行活动的内涵由以下内容构成：第一，发行的对象是社会公众，即不特定的多数人。第二，发行的结果是媒介产品的载体发生了占有者的变更和物理空间的转移。结合传媒行业的特征，我们认为，发行是指媒体的发行部门或其委托的发行机构向大众提供媒介印刷成品的经营活动。进一步来说，"发行"是指经过前期生产加工（包括采编、印刷等工序制作成媒介成品）后，由媒体的发行部门或其委托的发行渠道，结合多种营销手段，将媒介产品送达受众以实现传播价值及媒体经营目标的活动过程。

　　准确理解发行的概念，需抓住以下几个要素：第一，发行的物质载体。发行必然涉及作品的原件或者复制件，也就是要涉及特定作品的载体，并涉及复制行为，即发行工作要考虑发行、广告、采编三者之间的合作关系，要实现采编、发行、广告三者间的良性循环，必须要有经过精心采编并复制好的媒介成品，否则发行工作就成了无源之水、无本之木。第二，发行的主体和渠道。即由谁发行，通过什么渠道发行，是由媒体自建发行渠道自主发行还是交由相关代理机构及其渠道委托发行。第三，发行的目标。发行的最终目标是要实现媒介产品和受众的接触，即要让受众看到媒介内容，包括新闻和广告，进而实现新闻及信息传播的价值，达到媒体经营的目标。

---

　　①　杨建军：《法律语言的特点》，载《西北大学学报》（哲社版），2005（5）。

（二）"发行"的功能

发行有哪些最核心的职能或功能呢？当代发行活动已不是简单的分发过程，主要有两大功能：分发服务和营销推广。

发行的第一个职能是物理层面上的发行，即发行是媒介产品在空间上实现物理位置转移的"物流"过程。在这个过程中，发行被定位于媒介产品或新闻信息传递与扩散的实际执行者或服务者的角色，承担的是服务的功能。该功能的实施主要解决了"两个分离"的问题：一是解决了媒介产品与受众在空间上的分离。这是指媒介产品的生产地（媒体所在地）与其受众在地域上的距离。一般来说，现代媒介产品均属于集中生产，媒介产品的传播必然涉及空间迁移问题。从地理上看，中国幅员辽阔，由于各地的地理条件、自然资源、交通情况不同，即使在同一个城市内，媒体与受众也存在空间上的分离。受众散居于城乡的各个角落、全国各地乃至世界各地，因而媒介产品与受众在空间上分离的矛盾是十分突出的。如何解决上述矛盾呢？由媒体的发行部门或委托其他代理商执行媒介产品的位移服务职能，把媒介产品从生产地运往受众所在地，以便适时适地将媒介产品送达受众。从这个意义上讲，发行劳动创造了空间价值。二是解决了媒介产品与受众在时间上的分离。这是指媒介产品的生产与受众对媒介产品的消费在时间上的矛盾。它是由媒介产品生产周期的特征及受众的消费特点引起的。因为媒介新闻信息产品具有极强的时效性，如果不能及时到达受众手中，就不能实现新闻传播的基本目标。媒介产品生产与消费在时间上的矛盾，要求媒体的发行部门或其委托的发行渠道开展高效的分发、运输和投递，以最快的速度，在最短的时间内送达广大受众。从这个意义上讲，发行劳动创造了时间价值。

发行的第二个职能是营销层面的发行，即发行是媒介商品在所有权上实现价值转移的营销推广过程。在这个过程中，发行被定位于媒介产品销售推广的实际执行者或服务者的角色，承担的是营销的功能。该功能的实施主要解决了"两个分离"的问题：一是解决媒体经营者与受众在媒介产品所有权上的分离。在市场经济社会中，媒体经营者对其媒介产品具有所有权，但他们生产这些产品的目的不是为了获取使用价值，而是为了实现价值——为了新闻信息传播并吸引广告投放进而获得利润；广大受众需要这些产品，但对这些产品不拥有所有权。这就需要通过媒介商品价值所有权的转移或让渡，进而实现商品所有权的分离。因此，需要特定的发行营销机构来组织媒介商品的交换，帮助媒体在把媒介产品转移到受众手中的同时，实现媒介商品所有权的转移，完成货币交换。从这个意义上讲，发行劳动创造了交换价值。

二是媒体与受众在媒介供需品种上的分离。随着传媒业市场经济的发展及市场竞争的加剧，媒介产品"相对过剩"的格局已经出现。面对琳琅满目的各种媒介产品，受众掌握着市场交易的主动权，可以任意选择媒介产品。那么，如何说服受众选择某一特定媒体的产品？如何让某一特定媒介产品的特色得到广大受众的认同？这就要求媒体的发行部门或其委托的发行渠道积极开展促销活动，由发行营销员工开展宣传推广，将媒介产品"推销"给广大受众。这种宣传推广活动是媒体谋求更大发行市场份额进而获取广告收入的重要前提。从这个意义上讲，发行劳动创造了宣传价值。当然，媒介产品的营销推广必然牵涉到市场分析，通常包含产品定位、价格决策、促销政策和销售渠道等因素。关于媒介产品的市场营销问题，将在本书第七章进行深入论述。

（三）发行模式的分类

在现代社会，传媒产业的产品种类丰富，既包括传统的图书、报纸、期刊、广播电视、电子音像等媒介种群，也包括新兴的网站、游戏、动漫①、手机等新兴媒介产品。同时，现代传媒产业的发展与科学技术有着非常紧密的联系，媒介生产所采取的科学技术不同，其发行的流程亦有较大差异。依据新闻信息产品所依托的载体与介质性质的差异，可以将其发行方式分为两大类：一是"技术发行模式"，即广播电视、游戏、动漫、网站和手机等，需凭借电子技术或数字技术来发行的媒介，这类媒介产品在物理空间位置转移中并不需要有形和实物性质的载体与介质，而是依靠信号的发射设备，以虚拟的电子信号或数字信号的形式通过无线电波或电线、电缆、光纤等渠道实现信息的传播过程，受众接受其产品内容信息时则需要借助于一种接收装置，将虚拟的电子信号或数字信号转化为可视或可听的信息，即可实现传播目标。二是"物流发行模式"，即图书、报纸、期刊等，需凭借物流程序来发行的媒介，这类媒介产品在物理空间位置转移中需要依托实物性质的有形载体与介质——纸张或其他介质，有特定的体积和重量，要依靠庞大的运输、分发和终端销售或投递等复杂的流程才能实现媒介产品的传播过程，受众接受其产品内容信息无须接收装置，可以直接进行阅读。两者的操作流程可用图 5-4 表示。

从图 5-4 可知，在技术发行模式中，媒介产品的发行主要依靠信息技术

---

① 这里的动漫主要是指电子或数字性态的动漫产品，而印刷版的动漫产品则划入图书或期刊。

进行，媒体只需购买并建立一个媒介内容信息的发射装置，广播、电视需要建设发射塔，有线电视和移动通信媒体需要铺设电线、电缆或光纤等基础设施，接下来的发行基本上可以自动化进行，其物理层面的发行过程中能耗较低，基本上没有污染，实现了绿色环保目标。当然，受众若要接收该媒介产品的信息，则需自行购买接收装置，且在信息接收过程中需要电源支持，即受众在消费环节仍需耗费能源。

在物理发行模式中，因媒介产品在物理空间位置转移中需要依托纸张或其他实物性质的有形载体与介质，故而其发行程序较为复杂。下文再进一步论述。

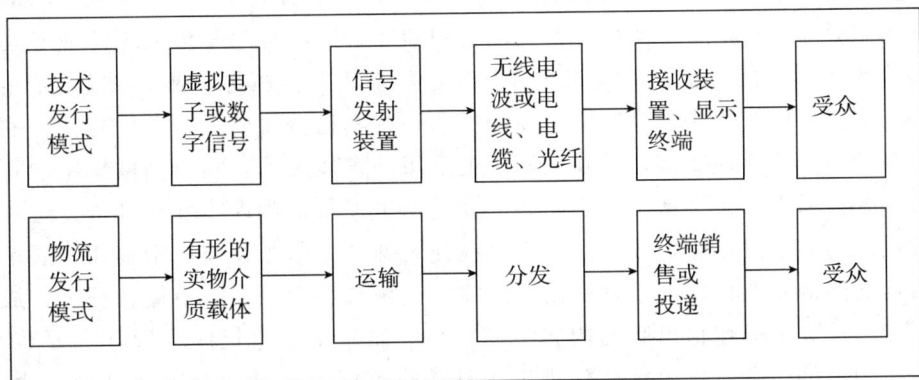

图 5-4　技术发行模式和物流发行模式的流程比较图

二、物流发行渠道的类型及特征

采取物流发行模式的媒介主要有图书、报刊等印刷媒介。这些媒介的发行流程主要与选择的发行渠道或发行主体有关。在中国，印刷媒介的发行渠道主要有以发行图书为主的新华书店渠道、以发行报刊为主的邮政报刊发行渠道、各媒体自建的自办发行渠道和民营发行渠道，渠道主体不同，其发行流程亦有差异。

（一）新华书店发行渠道

抗日战争时期，中共中央将分散在各解放区的书店联合起来，实行统一管理政策，于 1937 年 4 月 24 日在延安成立了新华书店，系中共中央党报委员会发行科之直管机构，负责图书、报刊等党的出版物发行工作。[①] 1939 年

---

① 汪轶千：《不断成长、发展、壮大的新华书店——纪念新华书店成立七十周年》，载《出版史料》，2007（2）。

3月22日，中共中央发出《关于建立发行部的通知》，要求"从中央起至县委止一律设立发行部"。发行部的任务是"推销党的各种出版物，统一对于各种发行机关的领导，打破各地顽固分子对于本党出版物的查禁与封锁，研究各种发行的经验"。当年，中共中央机关报《新中华报》，由边区政府收发科交新华书店总经销，《解放》、《中国青年》、《中国妇女》、《军政杂志》、《文艺突击》、《前线画报》等重要杂志也由新华书店总经销。随着抗日战争、解放战争的节节胜利，新华书店在全国的覆盖范围逐步扩大。

　　新中国成立后，原国家新闻出版总署借鉴苏联的图书发行模式，对新中国成立前的出版物多种发行渠道进行了大幅度的改造与调整，对新华书店和邮局的业务范围进行全新的划界与切割，原新华书店所属报刊发行业务全部划转到邮局，原邮局所属图书发行业务全部划归新华书店，两大发行系统的业务彻底分离，不得交叉经营。1951年2月，新华书店总店在北京成立，实现了全国新华书店的统一领导。在全国新华书店系统实行分级管理，总店之下分别设总分店、分店、支店，相互之间是上下级的隶属关系，实行高度集中的管理模式。后来，又在新华书店总店下设立图书发行部和课本发行部，并逐步发展成为北京发行所，成为独立于出版社之外，在出版社与新华书店基层销货店之间的专业性图书批发机构。这样，出版社不建仓库，不储备图书，成为专门从事图书编辑出版的内容生产机构；新华书店直接向出版社发要数，决定图书的印数，然后负责包销出版社的全部图书，承担全国图书的运输、销售、结算和回款等环节的经营任务，图书的发行流程可用图5-5表示。

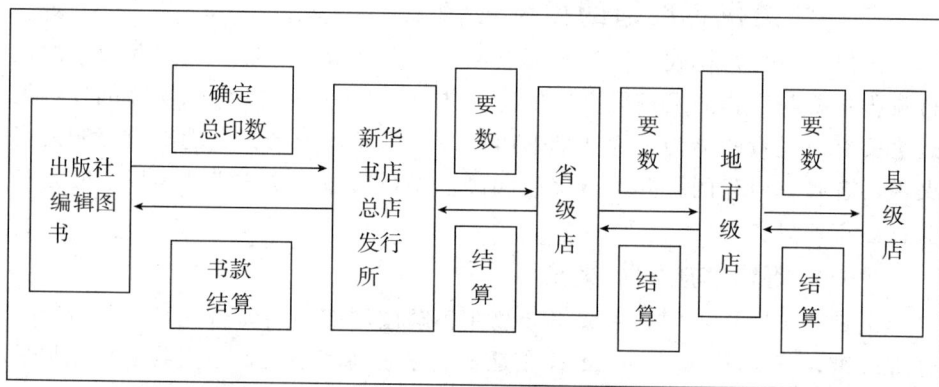

图5-5　新华书店发行流程图

　　在中央的统一领导下，全国新华书店建立了高度集中的管理体制，中央级的新华书店总店、省级的总分店、地市级的分店和县级的支店之间实现了垂直管理。由于有行政力量的介入，这种高度集中的管理模式从新中国成立初一直延续到 20 世纪 80 年代。这种体制的优势在于，便于在极短时间内构建全国统一、畅通有序的发行网络，减少了图书发行行业的内部协商成本，新华书店也发展成为全国最大、最全的图书发行专业机构，为图书发行尤其是政治类图书发行作出了重要贡献。但是，改革开放后，这种计划经济体制的弊端逐步暴露出来：从新华书店方面来说，由新华书店包销出版社图书的协议模式风险太大、任务过重，故而习惯于压低印数，销售的积极性不高。从出版社方面来说，由新华书店决定图书印数的体制不好，因为新华书店的要数过少，导致很多出版社编辑的图书达不到开机印数，无法印刷出版，编书的积极性受到抑制。其结果，新华书店的图书订数不断滑坡；各出版社（特别是文艺出版社）有相当数量的图书因征订数太少而不能开印。例如，漓江出版社 1989 年正式征订 190 本书，广西壮族自治区新华书店回告订数 5000 册的书不到 15％，江苏文艺出版社 1992 年 1～4 月通过新华书店征订 18 本书，竟没有一本超过 1000 册。这种情况使得不少出版社面临着生存的危机，从而强烈要求自己掌握自己的命运，自己去找读者和开辟市场，把"死"书救活。① 这就引发了出版社的自办发行改革。

（二）邮政发行渠道

在世界范围内，邮政是最古老，也是最重要的报刊发行渠道之一。在西方，曾有"邮政局长办报"的传统。1704 年，北美波士顿（当时尚属英国殖民地）邮政局局长约翰·坎贝尔出版了美国第一份连续发行的报纸——《波士顿新闻信》。② 他之所以办报，是因为他对传播信息有着特殊的兴趣，同时担任邮政局长之职，使他能够接触到各方信息。1719 年，其继任者威廉·布鲁克又创办了一份新的出版物——《波士顿公报》。可见，早期的邮政局不仅肩负发行之重任，还享有办报之权利。后来，随着社会分工的大发展，邮政办报之风式微，但邮政兼营报刊发行业务的传统则得到了传承并发扬光大。从 18 世纪初至今，西方邮政报刊发行已有 300 余年的历史。

在西方近代邮政模式传入之前，中国有自身独特的发行模式。据史料记载，早在 2700 年前的周幽王时代，中国就有了利用烽火台通信的方法。至周代末期，中国已逐步形成了更加严密的传送官府文书的邮驿制度，并与烽火台互为补充，配合使用。秦始皇统一中国后（前 221），在全国修驰道，

---

① 李侃：《关于出版社的自办发行》，载《社会科学家》，1992（1）。
② 韩冰：《美国报纸发行人身份的演变与报业演进》，载《传媒观察》，2005（12）。

"车同轨、书同文",建立了以国都咸阳为中心的驿站网,制定了邮驿律令,如竹简怎样捆扎、加封印泥盖印以保密;如何为邮驿人马供应粮草;邮驿怎样接待过往官员、役夫等,形成了中国最早的邮驿法。汉代邮驿继承秦朝制度,并统一名称叫"驿"。规定五里一邮,十里一亭,三十里置驿。① 邮驿还随着"丝绸之路"而通达印度、缅甸、波斯等国。到了唐代,邮驿大大发展,全国共有陆驿、水驿及水陆兼办邮驿 1600 多处,行程也有具体规定,并定有考绩和视察制度,驿使执行任务时,随身携带"驿卷"或"信牌"等身份证件。古代邮驿一直沿用到清朝末期。鸦片战争后,现代邮局的运营模式随着西方列强的入侵而登陆中国。1905 年清政府正式成立邮传部,标志着中国近代邮局的诞生。到新中国成立前,中国基本上建立了覆盖全国的邮政发行网络,从城市到乡镇,邮政发行均可到达。邮局的网点多,线路长,且全国联网,是当时规模最大的报刊发行渠道。当然,在发行时效及服务质量等方面,当时的邮政发行较为落后。

需要特别指出的是,新中国成立前,除了国民党政府当局主办的邮发渠道外,还有中国共产党领导的解放区的"邮发合一"模式。1932 年,苏区红色邮政在中华苏维埃临时中央政府的领导下,建立了"中华苏维埃邮政总局",并在各根据地设邮务管理局,当时在中央苏区出版的《红色中华》及其他几十种报刊,均交邮政人员传递,这是邮局发行报刊体制的雏形。1942年 2 月,山东解放区将战邮总局、党委交通科同报刊社的发行部门合并,成立了邮、交、发三位一体的战时邮政机构,邮政机构除收寄邮件外还收订和发送报刊,实行"邮发合一"体制,继之晋、察、冀等解放区也先后实行邮发合一体制。从事革命报刊发行工作的前辈们,都是忠心耿耿,把一切献给了党和人民的发行事业。他们在遇到敌人的时候,不惜"与报刊共存亡",用生命来保住党的报刊,写下了无数可歌可颂的光辉篇章。这是一种适合战时需要的报刊发行模式。

1949 年 12 月,中央人民政府新闻总署、邮电部分别召开全国报纸经理会议和全国邮政会议。两会都提出了继承东北、山东老解放区的经验,实行"邮发合一"的建议。1950 年 2 月,邮电部和国家新闻总署制定了《关于邮电局发行报纸暂行办法》。经政务院(现国务院)批准,确定了中国的报纸交邮局发行的"邮发合一"方针。1950 年 2 月 13 日,人民日报社率先与邮政总局签订协议,自 3 月 1 日起《人民日报》交邮局发行,1953 年 1 月,在

① 李晓燕:《试论中国古代的新闻传播》,载《新闻爱好者》,2006 (12)。

报纸实行"邮发合一"取得成效的基础上，中央又决定将新华书店和中国图书发行公司发行的定期出版的杂志全部交邮局发行。从此在全国范围内建立了"邮发合一"的报刊发行体制，进而确定了邮政报刊发行的主渠道地位，报刊发行中邮局"包办"的格局由此形成。

新中国成立初期，中国报刊发行事业的性质发生了重大变化，在当时特殊的背景下，突出强调报刊发行工作的政治属性——报刊发行是党的宣传工作的组成部分，也是党和政府交给邮政发行部门的一项重要政治任务。邮政报刊发行就是邮政与报刊社签订协议，将报刊社出版的报纸和杂志，交由邮政部门以订阅和零售的方式传递到广大读者手中的一种业务。应当指出，在新中国成立初期物资匮乏、社会经济落后的环境下，在全国报刊种数较少、发行总量较小的条件下，搭建一个全国统一、分级联网、管理严格的邮政发行网络有利于提升报刊发行效益，有利于报刊经营的专业化分工，有利于报刊传播业的快速发展。

改革开放后，中国邮政报刊发行发生了一些变化。在强调计划管理模式的前提下承认了邮政报刊发行的商品属性。一方面，邮政报刊发行工作是全程全网、联合作业，并具有政治性强、种类多、变动大、时限紧、连续性强和处理手续复杂等特点。另一方面，承认邮政报刊发行具有商业服务的性质，发行报刊类似于商品流通，既要遵守流通规律，又要严格遵循商品经济规律，报刊只有通过发行，以订阅和零售的方式，并由投递员或营业员投递、出售给读者后，它的商品价值才能实现。所以说，报刊发行既是政治工作又是经济工作、既是信息传递又是商品流通。在这种背景下，邮政进一步改进了工作思路，提出邮政报刊发行工作要贯彻"迅速、准确、安全、方便"的服务方针和"积极发展、认真办好，充分发挥主渠道作用"的业务方针，坚持"热情宣传、协调供需、讲求时限、保证质量"的基本原则，全心全意为广大读者服务。

自新中国成立初期到 20 世纪 80 年代中期，邮局的发行系统一直是中国报刊发行中唯一的合法经营主体。到 20 世纪 80 年代中期，邮政报刊发行总量由新中国成立初期的 8900 万份，发展到 2516000 多万份。全国邮路总长度超过 150 万千米，比新中国成立初期增加了 7 倍。邮政服务机构达 52800 处，比新中国成立初期增加了 1 倍，其中农村地区所占比例超过 80%，增加了 60 多倍，从而基本上改变了新中国成立前广大农村和边疆地区不通邮政的局面。具有自备火车邮箱 500 多辆，邮运汽车 9600 多辆，机动邮船 15

艘，加上委托民航运邮，在全国范围内基本形成一个水陆空邮政运输网。①
邮政报刊发行经营在规模上达到历史的高峰。

进入 20 世纪 80 年代中期以后，全国报刊发行的环境发生了重大变化，邮政报刊发行模式遭遇前所未有的危机。从政治环境上看，党和政府做出"以经济建设为中心，发展有计划的商品经济"的战略决策，决心对高度集中的计划经济管理体制进行根本改革，而当时经济效益低下、计划色彩浓厚的邮政理所当然地成为改革的重要领域。从新闻事业环境看，商品经济和改革开放的大环境催生了一大批报刊社，全国报刊发行市场规模迅速扩张，而邮局显然无法满足全国报刊社的发行服务需求。在这种情况下，邮政与相关利益主体之间的矛盾日益尖锐，具体来说有以下矛盾。

第一，邮政内部的矛盾。邮政是一个复杂的科层组织。从横向看，邮政包含信函、邮票、商函、快递、金融和报刊发行等多个部门。从纵向看，邮政报刊发行包含三级管理制度：第一级是国家邮政局，统管全国邮发报刊业务；第二级是各省（市、区）邮政局下设报刊发行局，负责全省发行业务的组织与管理；第三级是县、市局，负责管理本局范围内的邮发报刊业务。在运营过程中，不同的部门各自为政，过程失控。由于各地邮政发行部门并不互相隶属，国家邮政局的总体协调与管理力度受到限制，导致各地发行部门各自为政，缺乏集团化的调控和管理，从而使实施过程处于失控的状态，如低费率接办、跨地区批销等。尤为严重的是，邮政发行部门不是独立的经营主体，既没有自主经营的动力，也没有自负盈亏的压力，导致规模不经济，运营效率低，成本居高不下。②

第二，邮政和读者之间的矛盾。改革开放后，国外大型服务企业进入中国，其高质量的服务水平令国内读者大开眼界，并对报刊发行服务提出了更高的期望值。即使与国内优秀服务企业相比，邮政报刊发行的服务也是极为落后的。邮局虽然向读者承诺及时、准确投递，但投递中迟、漏、错等现象

---

① 上海邮政：《中国邮政历史》，http：//www. shpost. com. cn/history/history＿content1. htm，2012-02-18。

② 国家邮政局统计资料显示：2001 年，中国邮政百元报刊发行收入的成本费用为 116.48 元，同期邮政报刊发行专业的收支差为－10.63 亿元；2002 年，百元报刊发行收入的成本费用为 114.97 元，同期邮政报刊发行专业的收支差为－10.25 亿元；2003 年，百元报刊发行收入的成本费用为 118.63 元，同期邮政报刊发行专业的收支差为－12.18 亿元。参见龙伟文：《中国邮政报刊发行业务发展战略研究》，澳门科技大学硕士学位论文，2004。

层出不穷，且读者投诉得不到及时、有效的处理。由于投递服务质量长期得不到有效改善，引起读者强烈不满。在矛盾无法得到解决的情况下，读者迫切希望打破邮发独家垄断，期待更多的发行渠道运营商进入，进而提供可选择的优质服务。

第三，邮政报刊发行与报刊社之间的矛盾。理论上说，报刊社负责办报，邮局负责发行是现代化大生产专业分工的体现，是一种巨大的进步，但实际上并非如此。在邮局独家垄断报刊发行渠道的情况下，不仅不能提升报刊发行的经济效益，反而使得报刊社失去了发行权，在办报办刊的经营活动中处处受制于邮局。报刊社和邮局之间的矛盾主要体现在：一是入门难，在没有其他可选择的发行渠道的情况下，全国所有的报刊社皆须到邮局办理各种烦琐的审批手续，请求发行准入。二是费率高，邮局确定的发行费率最低25％，最高45％，报社降低费率几乎是不可能的。三是回款难，读者订阅报刊是先交钱再看报，但报款进入邮局账号后，报刊社却迟迟拿不到应得的报款，一些报刊社因此陷入"无米下锅"的悲惨境地。四是限制多，邮局对报刊的出版周期、版数或页码等有严格规定，报刊社的扩版或加页一般需要另行付费。此外，邮局严重滞后的服务理念，挫伤了读者购买报刊的积极性，削弱了报刊社的市场竞争能力，阻碍了报刊业的健康发展。

新中国成立之初邮局包办发行尚有必要性，但到了 20 世纪 80 年代中期，全国统一的邮发模式已经不再适应时代需求。社会各界逐步认识到，市场不应邮政一家独大，邮政不应享有报刊发行的独家经营特权。邮政既无能力也无法顾及近万家报刊社的发行利益以及提供高效优质的发行服务。邮政一家独大是计划经济时期的政策环境下形成的市场垄断，这种垄断壁垒不打破，就如同报刊社被直接或间接剥夺了对服务运营商的选择权，从而直接影响报刊社生存与发展的权利。在这种情况下，全国报刊业开始酝酿新的渠道变革。于是，酝酿已久的报刊社自办发行改革拉开了帷幕。

（三）媒体的自办发行渠道

在西方国家，由于大多数出版社、报社和期刊社均属于私营，出版物发行是市场经济的产物，出版单位拥有自主发行权是天经地义的事情。新中国成立前，中国的出版单位也享有自办发行之权。在一些大中城市创办的报纸，通常自设发行部或发行科，在本地雇用报童（或报贩）批发零售报或直接投送预订户。上海的《申报》、天津的《大公报》以及抗日战争时期由周恩来等人创办的《新华日报》等就是采用这种发行方式的。在当时的自办发行中，报贩尤其是报童起到很大作用，小报童沿街叫卖报纸俨然是当时中国大城市的一道独特的风景。

但是，新中国实行计划经济体制管理模式后，作为出版单位的出版社、报刊社在事实上丧失了发行权，全国的图书由新华书店垄断，报刊发行全部由邮局垄断，出版社、报刊社的自办发行由此中断。在发展商品经济或市场经济的条件下，新华书店垄断图书发行，邮政垄断报刊发行已经不适应发行事业的发展，出版社、报刊社要获得大发展，就必须突破新华书店和邮局的发行权垄断，建立归出版社或报刊社领导和管理的发行渠道。

所谓自办发行是相对新华书店或邮局"包办"发行而言的，由出版社、报刊社直接领导、自行投资、自主组建的，服务于出版社或报刊社的整体经营战略规划，致力于提升图书、报刊发行服务水平和经营能力的自主发行模式。自办发行是中国图书和报刊发展史上的重大进步：第一，出版社、报刊社获得了自主发行权，摆脱了新华书店和邮局独家垄断出版发行的控制。尤其是在图书和报刊订阅款及时回笼资金环节彻底摆脱了新华书店或邮局的控制，为出版社、报刊社经营提供了坚实的经济后盾。第二，出版社、报刊社获得自主经营权，可以按照自己的经营理念和战略意图来切入出版物发行市场，落实自己的市场策略。出版社、报刊社可以绕过新华书店或邮局的"坎"，直接与读者进行面对面的沟通，能够更加便捷地感知到读者的需求与变化，从而更好地组织内容编辑。第三，读者获得了自主选择权，有了邮发和自办发行两种渠道，读者可以自由选择优质的发行渠道，进而获得更好的服务。

20世纪80年代，部分报刊经营改革先行者开创了自办发行模式，率先摆脱了邮局发行的控制。报社直接投资组建发行队伍，建设发行渠道，走上了自主经营、自我管理、自我发展的道路。1985年洛阳日报社首开自办发行之先河，第一家地市级报社踏上自办发行之路。1985年洛阳日报社在洛阳市9县6区1市建立发行所，投入巨资建立运输车队，实行信息化管理。对发行队伍进行严格管理：及时投递，确保市区上午7时、县区上午10时，农村在当天下午可看到报纸；快速处理订户投诉，确保"上午投诉不过午，下午投诉不隔天"。《洛阳日报》自办发行后成本降低，报社领导满意；服务质量明显改善，读者满意；发行量不降反升，扩大了报纸影响力，党委政府满意。该创举经媒体报道后，全国自办发行改革成为一股风潮。1987年扬子晚报社开展批发零售模式，第一家省级晚报开始自办发行。1987年，《天津日报》借鉴《洛阳日报》的发行模式，取得了自办发行权，开全国省级党报自办发行之先河。该报自办发行的成功经验得到中宣部等主管部门的肯定和赞扬。后来，依托天津日报社的全国报纸自办发行协会在天津成立，使得自办发行有了民间性质的行业组织，在舆论上和组织上进一步壮大了自办发行的力量。在报社取得自办发行权后，部分期刊社亦开始突破邮局发行垄断的框架，探索自办发行新路径。到 20 世纪 90 年代，报社自办发行以最快的速度培育和拓展了读者市场，使得读者数量出现了新中国成立以来最大的一次"井喷式"增长，迎来了中国报刊史上的"黄金时代"。到 20 世纪 90 年代末，全国实行自办发行的报社约 800 家，虽然仅占报纸总数的 40％，但这些报社创造的广告份额超过 80％，其服务质量和经济效益明显好于邮发模式。在全国年广告收入排前 200 名的报纸中，超过 80％的报社采取完全自办发行或以自办发行为主的方式。

与此同时，改革开放之初，出版社也冲破了多年来由新华书店全部统购包销，出版社产销脱节的发行体制，开启了自办发行的浪潮。出版社由生产型向生产经营型体制发展，出版社开始关心图书的命运，注意研究图书市场，意识到自己对于图书的积压和脱销都负有不可推卸的责任。同时直接销售一部分自己出版的图书，使出版社有更多的机会了解图书市场的需要，为选题出书提供了较为可靠的依据，从根本上改变了闭门研究确定出书选题的状况。[1] 到 1991 年，自办发行在图书发行中已经占有重要地位。1991 年的数据显示，各出版社自办发行的码洋一般都占出版社总发行码洋的 30％～80％，如新华出版社和中国社会科学出版社自办发行码洋占社总发行码洋 80％以上，世界知识出版社、北京大学出版社、中国少年儿童出版社、河南人民出版社、长江文艺出版社等占 70％左右，人民出版社、中国青年出版社、法律出版社、科学出版社、生活·读书·新知三联书店、建筑工业出版社、化学工业出版社、纺织工业出版社、解放军文艺出版社、陕西人民出版社、湖北人民出版社等均超过 50％。[2]

（四）民营发行渠道

早在 1979 年，在太原、长沙、武汉、成都、北京、上海、天津、沈阳等大中城市的个体所有制书店得到政府的扶植，并获得了快速发展。20 世纪80 年代后，各地民营的图书发行商业逐步壮大起来，形成了一股不可忽视的力量。全国各大城市相继出现了一批由报贩或发行商组成的"二渠道"，但各地二渠道发行力量互不统属，形成割据分散的局面。报刊社建立完全独立

---

① 胡代炜：《谈谈出版社的图书自办发行》，载《出版发行研究》，1988（6）。
② 谭文：《出版社自办发行之我见》，载《中国出版》，1991（9）。

自主的发行渠道需要较大资金投入，少则数百万元，多则数千万元乃至上亿元，许多报刊社缺乏资金，于是采取"借鸡下蛋"策略，利用社会上的报贩，通过零售层层批发渠道实现自办发行。这种模式比《洛阳日报》的发行更节省，它几乎不需要报社做任何发行渠道投入，不提供办公场地，不组建送报员队伍，也不需要运输车队，只需给报贩一个比较优惠的批发价就行了，接下来的事情都由报贩来做。1987年《扬子晚报》开始采取向报贩批发的方式发行。不到几年工夫，发行量翻了10多倍，后来又突破百万大关。《扬子晚报》的成功引发各地报社竞相效仿，报刊发行部向"二渠道"发行商敞开大门。于是，全国各地出现了一批"报贩"，他们靠赚取报纸发行中的价格差为生，有的发展成为大型发行商，成为一股可以跟邮发相抗衡的"二渠道"。

如何把上述"二渠道"力量统一起来，形成一个全国性的"二渠道"？这要靠全国性报纸来组织实现。《南方周末》是最早做"二渠道"的全国性报纸之一。从1997年起《南方周末》采取了以下发行策略：第一，以分印点为根据地遴选一级大代理商，一般以覆盖主要省份的省会城市为核心；根据各地实际需要再发展一批二级代理和三级代理。对代理商实施一定程度的优惠，确保其在区域市场"精耕细作"的积极性。一级渠道代理最高可有20％的退报率；边远地区则直接包销，这样就能在确保报款回款率跟拓展新区域之间保持一个平衡。第二，每年召开一届发行大会，在省市代理商中遴选较有实力和忠诚度高的，培育成一级区域代理，并慢慢淘汰掉一些实力较弱的代理商。通过赏罚分明的制度，在发行商中间建立规范的发行规则。到20世纪90年代末，《南方周末》以一级代理商为核心、二级代理商为辅助的全国城市发行网络已经建设起来。依靠代理《南方周末》等全国性报纸的品牌和规模效应，一个较完整的全国性"二渠道"网络逐渐成型。

在20世纪80年代和90年代初，不少报社的发行完全依靠二渠道（民营发行商），并以最低的成本实现了报刊发行目标的最大化，报社与民营发行商的合作步入"蜜月期"。但进入20世纪90年代中期后，市场竞争环境发生了重大变化。民营发行商虽然有所发展，但始终处于边缘化地位，一些背后的问题逐步暴露出来：一是在法律上没有发行市场准入资格，游走在法律的"灰色"地带。邮局利用自己的垄断地位限制民营发行商的市场进入，对民营发行商采取严厉的打压和封堵政策。二是在管理规范性方面，民营发行商虽然数量众多，但规模普遍较小，运行不够规范，缺乏市场信用，拖欠报刊社的报刊款问题严重，故而报刊社方面十分不满。三是民营"二渠道"

只适合零售发行，无法完成报纸征订的任务。四是报刊社无法对发行商和报贩进行强力监管，而他们往往唯利是图，有的报贩甚至是带有"黑社会"性质的头目。在南京，由于盛行报纸低价发行，一些不良报贩从报社套取大批报纸直接送进废品收购站大发横财，还有的报贩把报纸"走私"到外地赚取差价。当报社发现后停止报贩的发报权时，报贩联合起来对抗报社，出现了联合围攻报社的恶性事件。这样，原来完全依靠"二渠道"发行的报社后来又重新组建了归自己领导的发行队伍。于是，双方的合作再次陷入困境。

三、21 世纪以来中国物流发行渠道的新动向

进入 21 世纪，中国报刊发行的市场格局发生了重大变化：邮发、自办发行和民营发行等多种发行主体经历了长期的磨合后，走上了"和平共处"的发展之路，由此形成了多元博弈、融合发展的新局面。

（一）新华书店与邮政发行的改进与提升

从新华书店方面来说，进入 21 世纪，中央对新华书店的经营改革提出了新的战略部署，集约化、集团化、连锁化、跨地区和股份制改造成为新时期的关键词。在政府的推动下，各省新华书店纷纷成立发行集团。广东省店于 1998 年 12 月成立发行集团，部分地级市新华书店也组建了发行集团。从经营方式上，把连锁经营模式引进新华书店发行渠道，进一步整合市场，组建统一、高效、立体化的发行网络，实现了新的跨越。连锁经营的基本目标是建成覆盖全国的大型连锁经营企业 6～8 家，具有一定规模的连锁经营企业 50 家，其中新华书店系统不少于 30 家，连锁门店超过 5000 家。在连锁经营方面，四川、浙江、江苏、海南等省率先完成全省连锁，浙江、江苏已开始跨省连锁。浙江新华集团从 2003 年 11 月开始实施跨省连锁，先后在徐州、上海、深圳等地开了 6 家店，经营面积 3 万多平方米。2004 年 10 月江苏新华集团在浙江义乌成立第一家跨省连锁店。① 从经营体制上，对新华书店进行股份制改造，按照中央要求，新华发行集团和江苏、广东、四川、上海及各省组建的发行集团等，成为第一批股份制改造单位。通过改制，上海和四川的新华书店集团已经实现了投资主体的多元化，部分发行集团已经实现了上市目标。

邮政发行方面，从最初的独家垄断到 20 世纪 80 年代遭遇自办发行挑战，而后在多数大中城市的发行竞争中步于后尘。进入 21 世纪，邮政发行

① 刘强：《新华书店体制改革与分销渠道的再造》，载《出版发行研究》，2005
(10)。

不仅丧失了往昔的垄断地位，而且感到明显的生存压力。面对危局，邮政推出一系列新举措：一是强化主业的基础地位，拓宽邮发报刊范围，确保数量稳步增长。为吸引报刊选择邮发渠道，在准入门槛、发行费率等方面重新制定了优惠政策，这些举措很快取得了一定成效。2001年，中国邮政报刊发行部门共接办报刊7410种，占全国报刊总数的67.4%，这一比例较2000年提高了6个百分点。2001年邮局的报刊发行量达到189亿份，占全国报刊总印量的49.7%。虽然这一比例较上年有所下降，但邮局还是占据了半壁江山。按照中国报纸日发行量达8200万份推算，根据国家邮政局统计资料显示，2003年，邮政报纸发行总量约为166.36亿份，约为全国报纸发行总量的55.58%。邮政发行的期刊总数在1999年和2000年均为12.5亿册左右，约为同期全国期刊发行量的43.25%。① 此后几年，邮发报刊发行总量持续保持增长势头。无论从代理的种类数量还是从发行量看，邮局仍然担当着重要的角色，邮局仍为中国最主要的报刊发行商。二是在服务质量上下工夫，推出前所未有的系列优化服务举措。2005年8月1日，中国邮政宣布对近千种邮发报刊进行提速。提速后，在北京、上海、广州、南京、武汉、郑州、成都、重庆、沈阳、西安10个中心城市的辐射周边600公里范围内，邮政将保证10个小时内完成干线运输，使110个城市能够保证提速报刊实现当日上市，其中60多个城市实现当日上午上市。在几十年的邮发史上，邮政发行部门首次开出个性化服务，为每一份提速报刊都量身定做了一套最有效的"发运时限计划"，确保提速区域范围内提速报刊实现当天投递。这次邮政报刊发行全面提速，显示了邮政报刊发行面向市场，实现市场最大化的勇气，是邮发市场意识真觉醒的重要标志。2006年中国邮政被正式一分为三，天津、浙江、山东、四川和陕西5省市邮政管理局于当年9月正式成立，标志着邮政改革中的政企分开取得了实质性进展。当年11月8日，中国邮政对各省会城市及副省级城市间互发的共计640种畅销报刊提速。这次提速是在2005年对北京等10个区域内实施畅销报刊提速的基础上的再次提速。与此同时，国家邮政局还启动了"报刊发行名址信息系统"，集中管理所有报刊征订信息，完成报刊要数、通知印数、分拣封发、投递数据的生成，形成了一个将决策管理、经营分析、业务处理、生产作业等环节有机结合起来的完整网络平台，还能为广大报刊社提供实时、权威和全面的数据资料。一系列

---

① 龙伟文：《中国邮政报刊发行业务发展战略研究》，澳门科技大学硕士学位论文，2004。

深度变革举措表明，邮政发行正由过去的"邮老大"向"邮服务"模式转变，这对建构新型"邮报互动合作关系"具有重大意义。总之，邮局利用两次"提速"、"上门征订"和"送报上楼"等措施强化了服务意识，提升了营销水平，又夺回了一些发行市场份额，邮发重新焕发出一些生机和活力。

（二）自办发行的困惑及新变革

出版社、报刊社自办发行由 20 世纪 80 年代中期的"星星之火"，到 20 世纪 90 年代形成"燎原之势"，但在进入 21 世纪后面临营销难度加大、用工成本攀升和基层队伍不稳等重重困境。这种困局在报社自办发行方面表现较为突出：第一，报刊发行陷入"低价怪圈"。国内自办发行界盛行"低价发行"，同类报纸的销售价格是中国香港地区的 1/4、中国台湾地区的 1/5，与世界其他国家相比则是美国的 1/5、日本的 1/12、以色列的 1/30，是全球报纸销售价格最低的国家之一。在零售方面，不少地区的自办发行上演了价格大战：在昆明"报业大战"时，1 元钱可以买 3 份报纸；在南京，一份 4 开 80 版报纸，零售价曾低至 0.2 元（批发价更低），甚至出现"卖报不如卖废报"的现象。2008 年，武汉、南京、北京、沈阳等地报纸掀起一场提价风潮，但迅速出现了发行量下滑的新局面，全国大城市的都市报发行数量已无明显增长，纸质报纸发行进入"战略防御新时代"。第二，"敲门发行"遭遇尴尬，尤其是在城市新型规范化社区建设日新月异的新形势下，这种原始的推销方式明显遇阻。第三，自办发行中的"赠品"泛滥，有的报刊的赠品价值甚至超过报纸本身的价值。报刊发行的"赠品依赖症"已经严重影响到报刊业的可持续发展。第四，发行员工尤其是基层员工的福利待遇差，基层队伍难以稳定。报刊社作为国家的新闻舆论机构，以宣传国家大政方针为己任，一些媒体却未能按照国家新劳动法规定给基层发行员购买社保福利，发行员不断上访、投诉，造成新劳动法执行出现"灯下黑"奇观。由于自办发行员工资待遇低，发行员招聘困难，不少报社发行部门出现了"用工荒"现象。

从出版社发行方面来看，出版社自办发行后，也面临发行成本快速上升、书款回笼较慢、图书库存过大、发行亏损面较为严重等问题。依托于区域性出版社、报刊社（集团）的自办发行大多"割据"一方，难以形成全国联网的大渠道，使得自办发行在开拓全国性市场方面无能为力。此外，由于国际石油价格整体呈上涨趋势，作为物流运输行业，图书和报刊发行业的物流成本呈快速上涨之势。总之，自办发行之所以出现上述重重困境，根源在于自办发行过去走的是一条粗放式的发展道路，在取得辉煌业绩的同时也存在发展的隐忧。

（三）民营发行商的新发展

进入 21 世纪以后，中国民营发行商（俗称"二渠道"）迎来新的发展机遇，在经营规模、网点布局和人力结构等方面取得了新发展。第一，在法律上获得了合法的市场准入资格，经营行为得到法律法规的保障。过去，中国报刊发行业务属邮局专营范畴，民营或外资不得进入。进入 21 世纪，在加入世贸组织的谈判中，中国承诺在加入世贸组织 1 年内开放北京、上海、天津、广州、大连、青岛和 5 个特区的书、报刊零售市场；第 2 年，开放重庆、宁波及所有省会城市书、报刊零售市场；入世第 3 年，开放所有城市的书、报刊批发和零售市场，并取消对外资分销企业在数量、地域、股权方面的限制。随着各项 WTO 协定的履行，2003 年 5 月 1 日，根据"入世"协定，中国的出版物市场向 WTO 成员方开放，外资可进入开展零售业务，并可在 2004年 12 月 1 日起开展更加诱人的批发业务。这一原本针对外资的政策亦适用于国内民营发行商。故而进入 21 世纪以来，国内民营发行商的注册数量迎来了一轮"井喷式"增长。第二，在业务范围上，民营发行商不仅全面进入报刊零售批发领域，而且逐步进入征订领域，实现了对报刊发行业务的全覆盖。当然，目前民营发行商征订服务的对象主要为订阅量很大的图书馆、资料中心、情报室等，代理订阅的产品基本上以非邮发报刊为主，在教育、卫生、科研类的刊物和高校学报等领域，民营发行商凭借细致的客户关系服务进入邮发订阅市场（国内此类民营发行商代表及其经营业务状况见表 5-3）。第三，在终端构建方面，民营发行商以巩固传统报刊销售终端为基础，在开辟新的销售终端上取得了重要突破。在大型商场、超市、连锁店、写字楼、书店、高档社区、酒店、机场等新型报刊销售终端领域，民营发行商占据了重要地位。

表 5-3　全国部分知名民营发行代理商代理发行情况一览表①

主要征订代理商	代理产品数量/种	代理邮寄投递	是否兼营邮发报刊
天津联合征订服务部	4109	否	少量
北京文昌文化有限责任公司	3000	是	否
北京华教快捷期刊中心	1900	是	少量
北京人天公司	5000	否	少量
图威配送公司	5000	是	较多

---

①　龙伟文：《中国邮政报刊发行业务发展战略研究》，澳门科技大学硕士学位论文，2004。

（四）多元渠道整合新格局的形成

进入 21 世纪，国内报刊发行界形成了三大运营主体（或称三大报刊发行渠道运营商）：一是传统的新华书店和邮发渠道（俗称"主渠道"）；二是依附于出版社或报刊社（集团）的自办发行渠道；三是日益强大的民营发行商。这三者之间关系复杂，经历了一个由"相互对立"到"和平共处"的过程。

首先是新华书店及邮发和自办发行由"势不两立"到"合作共赢"。出版社、报社建立自办发行源于对新华书店和邮发服务的不满，而越来越多的出版社和报刊社组建发行队伍，无疑是"侵占"了新华书店和邮政报刊发行队伍的市场份额，因而二者之间曾严重对立，在不少地区，报社要么选择主渠道发行，要么自办发行，两者不可并行。但 20 世纪 90 年代末以后，自办发行的力量日益壮大，在某些区域内的报刊流转额甚至超过了邮发流转额，再对自办发行进行市场封堵和打压已经没有作用，邮政局感到市场的力量无法阻挡故而逐步开始接受两者的合作。例如，《今晚报》于 1995 年实行自办发行后，邮局报刊发行流转额急剧下降。1998 年，邮局重新切入《今晚报》的发行，与《今晚报》的自办发行形成既竞争又合作的关系。天津邮局成立了第一家邮发服务股份制有限公司，实行专业化经营，引用新的用工机制和全新的分配机制，免费赠送"小绿箱"，并送报上楼。到 1999 年年底，《今晚报》发行总量达到 60 万份，其中由报社自办发行 33 万份，邮发《今晚报》的发行量恢复到 27 万份，双方的期发份数都有提升，邮发和报社自办发行实现了双赢。[①] 进入 21 世纪后，邮发与自办发行的合作已经成为一种常态化的运作模式，被各地广泛采用。与此同时，在出版社自办发行和民营发行渠道的影响下，新华书店也先后开始了承包制乃至股份制改革，引入市场经济的管理模式。于是，在图书发行渠道中形成了新华书店、出版社自办发行和民营发行多渠道共存的局面。

其次是民营发行商的地位逐步得到多方认可。进入 21 世纪以后，民营发行商发生了重大变化：在法律上，中国加入 WTO 为民营发行商扫清了法律上的障碍，获得了合法的市场准入资格；在运营上，民营发行商规范了自身的运营行为，经营规模日渐扩大，经营范围有所拓展。尤为重要的是，民营发行商在劳务用工方面具有更大的灵活性，在体制上采用完全市场化的运

---

① 韩凌：《自办发行的历史脉络及走势》，载《中国记者》，2005（10）。

作模式，没有任何历史包袱。民营发行商在劳务用工和体制上的优势恰好是国有企业或事业单位性质的邮局或报刊社自办发行所不具备的。随着民营发行商力量的逐步壮大，邮发和自办发行均开始重新审视民营发行商力量，并在多个领域开始与民营发行商开展合作。

总之，经过多年的市场博弈，主渠道（新华书店和邮发）、自办发行和民营发行商三方力量逐步呈现相对均衡的格局。新华书店和邮发具有全国联网的规模优势，但在服务的灵活性、市场反应灵敏度等方面有待提升；自办发行具有服务质量的优势，能够服务于报刊社的总体经营战略意图，但面临运行成本过高的弊病，且无法实现从"地方割据"提升到"全国联网"的目标；民营发行商具有体制灵活的优势，但规模较小，在品牌知名度和美誉度方面不及主渠道和自办发行。三方各有优势但又各有劣势，各方都希望占有更多的市场份额但又无法完全取代他方的地位，于是，主渠道、自办发行和民营发行商逐步由"多元对立"走向"多赢合作"，在总体上进入了"和平共处"的时代。应当指出，由"多元对立"走向"多赢合作"是一个重要进步。从理念上讲，这是一种由"零和博弈"规则向"多赢博弈"规则转型的过程，即由过去单纯的"竞争理念"变为"竞合理念"，不再把竞争对手看做单纯的"敌人"，而是在既有竞争又有合作的"竞合状态"中发展自己。从市场发展水平上看，这是中国图书和报刊发行市场由不成熟逐步走向成熟，由封闭走向开放的过程。进入 21 世纪以来，国内大多数报纸都实行了多渠道发行，新华书店和邮发、自办发行与民营发行商在"和而不同"的环境中融合发展。总体来看，目前中国出版物发行渠道是以新华书店、邮发和自办发行为主体，以民营发行商为重要补充的三元交融格局。

本章参考文献

1. 蔡尚伟，温洪泉等．文化产业导论．上海：复旦大学出版社，2006
2. 曹鹏．中国报业集团发展研究．北京：新华出版社，1999
3. 崔恩卿．报业经营论——《北京青年报》发展的轨迹．北京：中国经济出版社，1998
4. 方卿编著．图书营销管理．上海：复旦大学出版社，2004
5. 辜晓进．走进美国大报．广州：南方日报出版社，2002
6. 宋建武．媒介经济学——原理及在中国的实践．北京：中国人民大学出版社，2006
7. 吴锋，陈伟．报纸发行营销导论．上海：复旦大学出版社，2004

8. 尹隆. 媒体 MBA：报业广告经营理论与实务. 北京：机械工业出版社，2006

9. 喻国明. 传媒的语法革命：解读 Web 2.0 时代传媒运营新规则. 广州：南方日报出版社，2007

10. 张志安，杨剑能. 媒介营销案例分析. 北京：华夏出版社，2004

本章思考题

1. 参观一家报社或电视台，分析其媒介产品的生产流程。

2. 简要分析新闻采编工作的基本原则。

3. 分析微博等新兴自媒体的内容生成机制及其特点。

4. 广告代理制有什么优势？

5. 分析中国主要的出版物发行渠道及其相互关系。

第六章　传媒发展中的科学技术

　　自 20 世纪 50 年代以来，世界经历着一场快速变迁的经济革命，科学技术的跨越性突破，互联网的快速发展并普及，信息的无障碍流动使全球经济活动显示出一派欣欣向荣之景，以美国为首的西方发达国家在经济结构、工业生产和政治格局等方面发生了重大变化。在这种情境下，美国未来学家丹尼尔·贝尔于 1959 年首次提出"后工业社会"的概念。贝尔在他的概念性图式中选择生产方式和技术的变化这一中轴，将人类社会分为前工业社会、工业社会和后工业社会 3 个阶段。前工业社会的主要经济部门是第一产业，主要技术是从自然界取得原料，其中轴原理是传统主义；工业社会的主要经济部门是第二产业，主要技术是能源技术，其中轴原理是经济增长，国家或私人对投资决策进行控制；后工业社会的主要经济部门包括第三产业（交通运输、公用事业），第四产业（商业、金融业、保险业和地产业）和第五产业（卫生保健、教育、研究、政府和娱乐），主要技术是信息技术，其中轴原理是理论知识的集中和具体化。[①] 按照这一观点，知识生产在后工业社会具有不可替代的价值，"中轴原理"实质上是以"知识"为核心的运作模式；而作为最有价值的知识及其表现形式——科学技术的力量及人的创造能力是后工业社会的焦点。[②]

　　在后工业社会，科学研究与技术创新在经济增长乃至社会发展中的"第一推动力"作用正日益凸显，科学技术已经成为全球经济发展的核心驱动力。理论研究表明，经济能够持久增长的最主要原因，不是资本和劳动投入量的增加，而是生产率显著提高的结果，生产率的显著提高植根于科教发展。科技生产力运行过程与经济增长过程在很大程度上表现为"阴阳互根"，高技术成果商品化、高技术商品产业化、高技术产业国际化及高技术产品流通网络化驱动了经济增长，它们自身又是经济增长过程的必然反映。[③] 概言之，通过技术创新、创新科技成果商业化及高技术产品流通扩散等功能驱动

---

① ［美］丹尼尔·贝尔：《后工业社会的来临——对社会预测的一项探索》，高铦译，14～47 页，北京，商务印书馆，1984。

② 梁燕萍：《后工业社会的内外在冲突及对我国经济发展影响的思考》，载《中国经贸导刊》，2006（4）。

③ 史世鹏：《论经济增长中的科技驱动》，载《中共中央党校学报》，1998（3）。

经济增长是新一轮全球经济增长的主要特点。产业的高科技化程度、产品中的科技含量密集程度、科学技术应用于生产的时间周期、科学技术在经济增长中的贡献率等指标，是衡量现代科技发展水平的重要标志。相关数据表明，"第二次世界大战"后，产品的科技含量每隔 10 年增长 10 倍。在 19 世纪，从科学发现到技术发明的间隔期一般为 30～65 年，到 20 世纪这种时间间隔大大缩短，其中集成电路只用了 2 年，激光器仅用了 1 年。发达国家科学技术在国民经济总产值增长速度的贡献率，20 世纪初只有 5％～20％，20 世纪中叶上升到 50％，当代一般为 60％～80％，明显超过资本和劳动的贡献率。①

在传媒业的发展历程中，科学技术扮演着十分重要的角色。现代传媒业在很大程度上是科学技术驱动的行业，一个合格的新闻传媒行业的从业者或管理者，必须对科学技术的现状和趋势有所了解。从一般从业者的角度看，传媒发展中有关科学技术的应用能力在很大程度上会影响其业务执行效率；从管理者来说，对传媒发展中有关科学技术的认知水平在很大程度上会影响其决策效率。近代以来的传媒发展历史业已表明，谁能够率先发现并切入新技术革命带来的媒介市场，谁就能赢得先机；反之，无视科技革命，对新技术革命反应迟钝者则会贻误良机，与传媒新技术市场失之交臂。故而对科学技术的了解和把握程度是衡量现代传媒人素质或能力高下的一项基本标准。

第一节　传媒发展中的科学技术概述

"科学"一词是英文"Science"翻译过来的外来名词。清末，"Science"曾被译为"格致"。明治维新时期，日本学者把"Science"译为"科学"。康有为首先把日文汉字"科学"直接引入中文。现今的"科学"是指研究自然与社会现象及其规律的思维、方法与知识体系。"技术"一词的希腊文词根是"Tech"，最早是指个人的技能或技艺。早期的技术是指个人的手艺、技巧，家庭世代相传的制作方法和配方，后来随着科学的不断发展，技术的涵盖面大大拓展。当今社会，"技术"通常是指依据自然科学原理和生产实践

---

① 赵普：《从科技驱动角度看经济增长与人力资本积累之间的关系》，载《学术论坛》，2010（4）。

经验，为解决某一实际问题而发明的各种工具、设备、技术和工艺体系。①
在今天，"科学"通常与"技术"一词连用，称为"科学技术"，一般是指科学的发展及其成果在生产实践领域中的应用。在中外传媒业的发展历程中，科学技术起到了十分关键的作用。

一、科学技术在传媒发展中的重要作用

科学技术在传媒发展中的重大意义已经为多方面所关注。加拿大传播学者马歇尔·麦克卢汉在1964年出版的《理解媒介》一书中，提出了一个著名的论断"媒介即讯息"。他认为真正的信息不在于媒介的内容，而在于媒介自身。媒介延伸了人类的感官，改变了这个世界。这一观点强调的就是科学技术对传媒发展的决定性作用。自近代以来，科学技术及相应的科学发明成果以极大的威力改写了传媒业的发展轨迹。

第一，科学技术及其发明成果，改写了媒介载体的样式，使得媒介的种群不断丰富，不断延伸人类的感官范围，多样化的媒介种群给人们的信息接收带来极大的便利。当今社会，既有图书、报纸、期刊等印刷媒介，又有广播、电视等电子媒介，还有网站、手机等数字媒介。此外，以 LED 载具为代表的户外媒介、以 iPad 为代表的电子阅读器媒介等也正在快速普及，开始改写人们的生活形态。如果说，报刊是人类眼睛的延伸，广播是人类耳朵的延伸，电视、互联网等多媒体媒介则是人类感官的全面延伸，把人类从狭小的时空范围内解脱出来，获得极大的行为自由和广阔的视觉空间。在现代社会，人们可以足不出户就能通过电视收看足球比赛的直播场景；无限通信技术的飞跃，使得手机成为最自由的"随身媒介"，信息接收与发布再也不受时间和空间条件的限制。

第二，科学技术及其发明成果改写了新闻传播的报道方式，使得信息内容的传播方式已经发生并将继续发生革命性的变化。在传媒业的发展历程中，每一次技术变革，都带来了新闻报道内容的革命。在电报使用之前，由于信息的传送依赖于人力、马匹或铁轨，信息传播与物体的运输样式接近，效率十分低下。现代通信技术尤其是电报收发设备的产生使得信息的传送与物理的运输分开，并大大快于物理运输速度，由此开启了现代大众传媒事业的新局面。自19世纪30年代以来，科学技术及其发明成果的使用对媒介内

---

① 很多自然科学工作者认为技术不包括与社会科学相应的技术内容，但实际上，随着现代社会科学发展，社会科学领域的技术日臻成熟，在经济社会发展中的作用日益显著，显然也应纳入技术的范畴。

容的重要影响可以归结为四次革命：第一次革命是电报的使用，新闻此后成为可以买卖的信息商品，报纸成为大众商品步入人们的生活；第二次革命是广播媒介对信息的传递，这使得大众传播的威力第一次为人类所认识，成为影响力巨大的"魔弹"；第三次革命是电视以及相关技术的出现，媒介的娱乐化功能被充分开发，成为大众娱乐的重要工具；第四次革命是互联网的使用，媒介第一次成为大众参与的狂欢舞台。①

第三，科学技术及其发明成果改写了新闻传播的形态和受众的行为习惯。现代科技是传媒的催生婆，使得媒介种群日益丰富，新闻与信息传播格局被不断改写。传统媒介主要是以报纸、广播、电视为主的大众传媒，是以"点对面"为特征的传播路径，新闻信息的传播可以通过控制"把关人"的方式实现有效的"议程设置"。然而，进入 20 世纪 80 年代后，数字媒介技术催生的新媒介不断涌现，打破了报刊和广播电视等传统大众媒介垄断新闻传播的格局，形成新旧媒介交融的，多元化和多样化并存的媒介格局。尤其是以网络、手机为代表的新兴媒介迅速崛起，不仅延伸了大众传播的场域，也延伸了组织传播、人际传播乃至自我传播的场域。传播场域的扩张改写了旧式传播格局，新增传播媒介不再仅仅是"点对面"的传播，而且出现了更多的"点对点"和"面对面"的传播，这就在客观上导致传播控制权的分散，传播场域裂变成网络化的复杂结构，使原有大众传播媒介的影响力受到很大的冲击。由于数字网络媒介的出现，新媒介给受众提供了越来越广阔的自由话语平台，在这个平台上，受众的信息发布不再受到严格的把关、筛选或过滤，网络降低了公众发表意见的门槛，扩大了信息和意见的传播范围，正在成为信息和意见传播的新渠道。同时，信息传播的路径变得相当隐蔽和模糊，社会信息和意见经常越过行政边界，舆论触点呈现出离散化态势。②新型数字媒介技术使得自主参与、自由发布、高效互动等目标成为现实，受众的信息传播方式和行为习惯在很大程度上也被改写。

第四，科学技术及其发明成果改写了媒介的生产流程和作业方式，使得传媒不断朝向绿色低碳、节能环保的轨道发展。早期的传媒业生产，譬如图书业、报纸业和期刊业，与传统的工业生产在本质上并无二致，印刷媒介的产品生产过程伴随着隆隆的轰鸣声，伴随着大量的工业污染，伴随着巨量的

———————————

①　陈沛芹：《媒介即讯息？——论技术的使用之于媒介内容的影响》，载《新闻界》，2010（2）。

②　骆正林：《转型期社会舆论的形成与传播特征》，载《现代传播》，2011（11）。

能源消耗，伴随着繁杂的工序和沉重的体力劳动。在铅字印刷年代，为了印一本图书或一份报刊，先要用高温铸出一粒粒的铅字，放在字架上，再由排字工一粒粒挑拣需要的铅字排版成出版物。在中国，这种"铅与火"的印刷方式，一直延续到20世纪90年代。随着现代科学技术的发展，传统的媒介生产流程和作业方式发生了革命性的变化，其基本发展趋势是，传统的作业流程被简化，沉重的人工作业大大减少，工业污染和能源消耗大大减低，机械化、精确化、减碳化成为新时期传媒业的重要特征。计算机技术、激光照排和先进高速印刷设备的使用使得图书和报刊印刷彻底告别了"铅与火"，迈进了自动化时代。电线、电缆、光纤以及无线通信技术的应用，使得电子或数字媒介的发行流程和作业模式大大简化，而速度却大大加快。

第五，科学技术及其发明成果改写了媒介的经营业态和盈利模式，不断拓展传媒经营的边界。新的科学技术进步催生了一系列全新的媒介种群，而且还正在改写传媒的经营业态，孕育着新的盈利模式。传统媒介如图书、期刊和电影，大多采用以发行为主的盈利模式；报纸、广播和电视，大多是以广告为主的盈利模式。但是，随着科学技术的发展，媒介的盈利模式将更加多元化。在互动数字技术支持下，付费电视节目开始兴起，为电视带来了新的增长点。在网站经营中，虽然绝大多数信息内容免费，但基于互联网的游戏和动漫等增值经营项目悄然兴起，使得网络媒介的盈利模式发生了变化。

第六，科学技术及其发明成果改写了传媒经营管理的手段和方式，不断提升现代传媒经营管理的水平。在新的时代背景下，作为传媒经营管理人，不能单纯依靠经验来行事或决策，必须依靠科学技术及其应用工具来提升决策的准确性，以实现精细化管理。在宏观决策层面，管理者必须依靠翔实的数据资料和科学的分析手段，才能最大限度地减少决策风险，科学预测传媒行业的市场需求，适应市场的不断变化，拓展新的市场空间，抢占新技术革命带来的媒介增量市场。在微观管理层面，利用先进科学技术，能够大大提升管理时效，减少管理成本，最大限度地避免浪费，防止"信息孤岛"现象产生，达到提升经营管理效率的目标。

二、传媒发展中的科学技术及其形式

回顾近300年来传媒科学技术的演进史，不难发现，传媒科学技术的发展有两大趋势：一是"分"的趋势，即围绕媒介生产的流程或运作环节，相应的硬件设备或软件管理系统等科学技术的分工越来越细致，针对性越来越强，专业化程度越高。另一个是"合"的趋势，即随着科学技术的发展，这些分布在不同环节、不同领域的科学技术还有跨领域集成、前后贯通，最后互为联通、融为一体的趋势。经过长期的技术发明积累和整合，当今的传媒科学技术已经形成了一个复杂的体系，包含多维度、多层面的技术子系统。从宏观上看，传媒科学技术有广义和狭义之分；从微观上看，传媒科学技术又有硬件和软件之别。

（一）传媒发展中广义和狭义的科学技术

从科学技术对传媒发展的影响程度来看，科学技术有广义和狭义之分。

1. 传媒发展中广义的科学技术

传媒发展中广义的科学技术，是指并非专门针对传媒业但对传媒业发展有重要贡献的科学技术。这类科学技术虽然并非专门为传媒业的发展而生，但对传媒业的发展有着重大影响。从宽泛意义上说，所有科学技术进步对传媒业发展都有重要的推动作用，重大科技进步、相关产业发展等对传媒业的发展甚至有革命性的影响。进入 21 世纪以来，全球科技领域的热点，以生命科学和空间科学为代表的尖端技术，以微纳制造、云计算、移动互联、物联网、清洁能源、高性能战略材料为代表的前沿先导技术，以新能源、新材料、新一代信息技术和软件、高端装备制造、生物医药为代表的高新技术产业以及相关领域的重大技术标准、节能减排和制造业信息化等关键技术，都可以在传媒领域得到直接或间接应用，并对传媒业的发展产生重大影响。例如，通信技术本来是为了方便人类交流的沟通工具，并非专门针对传播媒介而发明，但是，电报、电话、互联网通信以及无线移动通信技术在客观上为新闻信息的采集和发布提供了最便捷的工具，都对传媒业的发展产生了革命性影响。又如，现代光学技术及光学仪器设备的发展，为新闻摄影和录像提供了先进工具，使得现场直播成为现实。在这些技术中，云计算和物联网技术的普及和应用对传媒业发展有着深刻的影响。

（1）云计算

进入数字媒介时代，"云计算"已成为无法绕开的一个概念，也是近年信息技术领域最热门的概念之一。到底何谓"云计算"？众说纷纭，有论者认为云计算是一种计算模式，有论者认为云计算是一个服务平台，有论者认为云计算是一种商业理念或运营模式。近年来，云计算产业发展突飞猛进，逐渐成为全球信息通信领域最具发展潜力的技术服务之一。云计算产业的发展已经上升到了国家战略的层面并逐渐被国内传媒集团认可为一种战略资源，而不仅仅是一种节约成本的技术手段。一般来说，云计算是基于互联网的相关服务的增加、使用和交付模式，通常涉及通过互联网来提供动态易扩展且经常是虚拟化的资源。广义的云计算指服务的交付和使用模式，指通过网络以按需、易扩展的方式获得所需服务；狭义的云计算指信息技术基础设施的交付和使用模式，指通过网络以按需、易扩展的方式获得所需资源。从技术上说，云计算是将计算任务分布在由大规模的数据中心或大量的计算机集群构成的资源池上，使各种应用系统能够根据需要获取计算能力、存储空间和各种软件服务，并通过互联网将计算资源免费或按需租用方式提供给使用者。

准确把握云计算概念需要从技术和运营服务两个层面来理解。

第一，从技术层面看。云计算并不是某一单项技术，而是代表一系列计算方式发展趋势的综合概念，是并行计算、分布式计算和网格计算的发展。换言之，云计算不是指一项独立的技术，而是从 C/S 结构、分布式计算到网格计算、效用计算的计算方式大趋势下，一系列包括虚拟化、按需服务在内的概念总和。它是信息技术领域的一个重大革新：从强调单机的性能向"虚拟化、分布式、智能化"等方向发展，构建海量信息的处理能力；通过海量低成本服务器替代传统专用大/小型机、高端服务器；通过分布式软件替代传统单机操作系统；通过自动管控软件替代传统的集中管理。

第二，从运营层面看。云计算提供了按需租用计算能力的服务，对于外部使用者，不需要去考虑其背后的实现细节，从而可以专注于自身业务，有利于创新及节省成本。正是从这个意义上说，云计算不仅仅是技术的进一步发展，更是一种业务模式的创新。用一个简单的公式来表达云计算，即：

$$云计算 = （数据＋软件＋平台＋基础设施）× 服务$$

其中数据、软件、平台和基础设施可以理解为云计算的技术层面，但仅有技术是不够的，还要具备良好的服务，并且两者是相乘的关系，即在同等的技术条件下，服务越好，云计算的价值越大。

当前，云计算正在朝向大规模商用的关键阶段，基于行业需求和市场的行业将是未来云计算发展的重要趋势之一。在这种背景下，传媒行业中也发出了以云计算的基本规律出发，强调服务，把云计算建设引入传媒业，以运营为先，解决固有难题的声音。传媒业是以信息内容的生产、加工和传输为核心的行业，在媒体运营的所有流程中，均牵涉高效处理海量内容信息的问题。通过云计算平台，对媒体数据进行有效存储管理和快速处理，同时对这些数据进行多次利用，这就为媒体海量数据的储存、分类和分析等问题提供了有效路径。云计算在信息技术资源整合方面的应用能够给传媒业带来新机遇，公用云平台和企业私有云平台对传媒各信息系统也具有适用性。当然，云计算和传媒业两者之间实际上是一种良性的互动关系：一方面，越来越成熟的云计算技术将推动更多的新媒介不断涌现，发展壮大；另一方面，新媒介被广大用户接受，又反过来促进云计算技术和互联网的不断进步。

随着计算机软硬件技术的发展，媒体的数据处理从单机环境演变到分布式、虚拟化和并行计算，进而产生了"云媒体"。从学理上说，所谓"云媒体"是指依托云计算时代互联网能自动将信息进行整合分类、交叉处理的技术条件，报纸、电视、网络、手机等不同新老媒介形式共同聚合成一个庞大的媒介集群，进而构建起一个内容无界限传递、载体多样化应用、受众主体式参与的信息资源集成共享平台，以便针对细分的受众需求进行便捷的全面扫描、有选择地加工组合的媒介发展模式。① 国外和国内的领先媒体已经开始启动"云"工程，在媒体内部开始搭建以数据信息为中心的新构架，率先进入"云媒体"时代。可以预见，随着云计算技术与传媒技术的深入融合发展，媒介内容分类储存、按需提取等"云服务"将快速普及。

（2）物联网

"物联网"（Internet of Things）是近年来风靡全球的一个新概念。由于侧重点不同，"物联网"还有多种表述，如 M2M（Machine to Machine）、传感网（Sensor Networks）、智慧地球（Smarter Planet 或 Smarter Earth）、泛在计算（Pervasive Computing）、普适计算（Ubiquitous computing）等。

"物联网"有广义和狭义之分。广义上，物联网是一个未来发展的愿景，即所谓"泛在网络"，它能够实现人在任何时间、任何地点、使用任何网络与任何人和物的信息交换。狭义上，物联网是物品之间通过传感器连接起来的局域网，不论接入互联网与否，都属于物联网的范畴。进言之，物联网是一个基于互联网、传统电信网等信息承载体，让所有能够被独立寻址的普通物理对象实现互联互通的网络。它具有普通对象设备化、自治终端互联化和普适服务智能化三个重要特征。

对物联网概念还可以从以下三个层面深入理解：第一，从技术层面看，物联网是指物体通过智能感应装置，经过传输网络，到达指定的信息处理中心，最终实现物与物、人与物之间的自动化信息交互与处理的智能网络。它主要是通过射频识别（RFID）、红外感应器、全球定位系统、激光扫描器等信息传感设备，按约定的协议，把任何物品与互联网相连接，进行信息交换和通信，以实现智能化识别、定位、跟踪、监控和管理。第二，从应用层面

---

① 鲍璐茜等：《"云媒体"：浪漫与现实的未来》，载《新闻实践》，2011（2）。

看，物联网是指把世界上所有的物体都连接到一个网络中，形成物联网，然后物联网又与现有的互联网结合，实现人类社会与物理系统的整合。第三，从服务层面看，物联网是基于特定的终端，以有线或无线（IP/CDMA）等为接入手段，为集团和家庭客户提供"机器到机器"、"机器到人"的解决方案，满足客户对生产过程/家居生活监控、指挥调度、远程数据采集和测量、远程诊断等方面的信息化需求。

由此看来，物联网的核心意旨是感知，感知包括传感器的信号采集、协同处理、智能组网、信息服务，以达到控制指挥的目的。比较来说，传感网是感知的网络，是物和物的互联；移动通信网是信息传输的网络，是人和人的互联；因特网是连接虚拟信息共享的网络，而物联网是连接现实物理世界的网络。实质上，物联网是传感网与因特网、移动通信网三者高效融合的产物，是信息系统与物理系统高效融合的产物。有机构预测物联网是下一个"万亿蛋糕"产业，中国政府亦将物联网产业纳入战略性新兴产业之列，予以重点扶植。

从表面上看，物联网与传媒业的关联度不大，实则不然。首先，物联网技术将对传统的媒介信息生产及媒介产品加工产生重要影响。例如，在物联网技术的推动下，信息采访活动将发生进一步的变革，远程监控、远程调度和远程采访技术的成熟和应用将极大地改写传统的采访模式，使得非现场采访成为可能。其次，物联网技术还将逐步改写传媒业的经营业态，进而拓展传媒经营的空间和领域，丰富传媒经营的手段和方式。实际上，传媒的生产和经营构建了一个集信息采集、信息发布和信息传输于一体的复合型信息网，将该网与物联网技术对接，使得"信息—物体—物流"链条成功打通，信息流和物流的互动融合将产生一个巨大的产业链，这就是未来基于物联网技术的"物联传媒产业"。可以预见，随着科学技术的发展，以信息生产为核心的传媒业亦将成为物联网中重要的一环，成为未来"智慧地球"中不可或缺的重要组成部分。

2. 传媒发展中狭义的科学技术

传媒发展中狭义的科学技术是指主要应用于传媒业的专业性科学技术。这类科学技术主要是针对传媒行业的发展，在该领域取得重大应用价值，但其应用范围又不局限于传媒业，对其他行业也可能有重要应用价值。在图书业、期刊业和报业的发展中，摄影技术、编辑排版技术、激光照排技术、数码印刷技术及高速印刷装备技术等起到了决定性作用。在广播电视业发展中，高端录音与录像设备、声音合成技术、图像编辑技术、电子或数字信号的发射与接收装备技术等起到了决定性作用。在网络媒介发展中，数字多媒体技术、互联网技术等起到决定性作用。下面从微观层面进一步就传媒发展中的硬件技术和软件技术进行阐述。

（二）传媒发展中的硬件技术和软件技术

从科学技术的性态来看，传媒发展中的科学技术又可以区分为以先进设备为代表的硬件技术和以管理信息系统为代表的软件技术。一般来说，这些技术是围绕媒介的生产流程而产生的。面向传媒生产流程的科学技术是指为解决传媒生产的具体任务或生产环节而产生的科学技术。现代传媒领域的科学技术已经得到充分发展，围绕传媒生产的所有作业环节、业务领域都已经诞生了相应的科学技术，既有成套的硬件设备技术支持，又有相应的软件系统。这也是当今传媒业高度发达的重要标志，如表6-1所示。

表6-1　面向媒介生产流程的科学技术列表

生产流程	采访环节	编辑环节	复制印刷环节	发布环节	发送通道环节	接收环节
硬件设备	录音机、照相机、摄像机	计算机、广播或电视节目编辑控制台	印刷机、胶片复印机	出版物分发与打包设备、广播电视信号发射塔	交通运输工具、电线、电缆、光线	电子阅读器、电视机、收音机、手机、计算机
软件设备	采访与写作信息管理系统	出版物编辑系统、排版系统、电视非线性编辑系统、广告编辑管理系统	卫星传版系统、数字印刷管理系统	出版物分发管理系统、卫星广播或电视发射管理系统	出版物发行管理系统、广播影视节目发送监测系统	受众信息管理系统、收视率管理系统、收听率管理系统

1. 传媒发展中的硬件技术

传媒发展中的硬件技术主要是指为解决传媒生产活动而采用的高科技专业设备和先进制造装备或成套控制设备平台。

印刷媒介行业中的硬件设备主要有：第一，记者所使用的专业录音和高清晰摄像及摄影设备，尤其是新一代摄影技术将极大改进现场拍摄效果。新一代立体摄影设备可一次连续拍摄数张照片，并且不要求相机具有连拍功能、成像稳定、立体感强、可以捕捉到新闻现场的生动细节。例如，美国

Lytro 公司新近发明的"光场相机"（Lytro Light Field Camera）①，这种相机的工作原理是在镜头拍摄图片的同时捕捉到整个背景光场（光场是指在每一个方向照来的每束光线）。只需要拍摄一次，就可以捕捉到一幅照片的整个光场，而不仅仅是捕捉一片光线。能够使用户在拍摄结束后改变焦距进行再对焦，并能够获得完美照片效果。用户在捕捉到拍摄瞬间的整个光场后，事后便可以在所得照片上随意改变焦点，移动视角，甚至将照片转为三维显示。这也就是说，使用这种相机，用户可以真正地捕捉那个瞬间的全部影像，或捕捉到可以代表那一刻的所有光线。② 第二，高端高速印刷设备。20世纪 90 年代末至 21 世纪初，是报纸印刷技术发展最快的十年。彩色化、多版化的机组式塔式印刷机以及无轴驱动、自动套准、自动供墨、橡皮布自动清洗、自动换版、控制技术数字化、墨色遥控和油墨预置等新技术已经普及③，最高印刷速度已经达到每小时 17 万份（4 开 32 版），当然，这些设备目前价格仍较昂贵，且高端设备仍为德国、美国、日本等所垄断。

在广播电视和电影行业，硬件设备更为复杂，设备品种多样，几乎涵盖了所有的业务需求领域。主要高清摄录设备，如摄像机、录放像机、硬盘录像机、专业 DV 摄像机、3D 拍摄设备、摄影摄像车、特技切换台；辅助设备有减震器、轨道车、汽车吸盘、三脚架等；特种设备有航拍设备、索道拍摄设备、暗访设备等。总的来说，广播电视和电影硬件设备则朝精度高、重量轻、操作简易化方向发展。

随着科学技术的发展，跨媒介的无线移动终端设备已经诞生，它能够在移动状态下接收图书、报刊、广播影视和互联网等媒介信息，成为新一代跨媒介终端设备。代表性的设备是美国苹果公司于 2010 年发布的平板电脑 iPad 系列产品。它介于智能手机和笔记本电脑产品之间，能够提供浏览互联网、收发电子邮件、观看电子书、播放音频或视频等功能。iPad 为传媒产业带来了发展的新曙光，它所倡导的"手指"是世界上最完美的"鼠标"，让

---

① 2006 年，马来西亚华人科学家 NgYiRen（中文音译名为黄逸人）在美国斯坦福大学发表的博士论文《数码光场摄影术》中详细阐述了光场相机的技术原理。后来，他在美国加州创立了 Lytro 公司，致力于开发光场相机，经过 3 轮融资，Lytro 获得了 5000 万美元投资，2011 年 10 月，Lytro 生产的相机已开始接受预订，2012 年正式上市销售。

② 李宗琦：《先拍照后对焦，向您介绍革命性新相机 Lytro——光场相机的原理、技术创新和应用》，载《物理》，2012（4）。

③ 李保强：《报纸印刷设备：速度主导向质量主导转变》，载《印刷杂志》，2012（2）。

受众在体验和操作上发生了全新的改变。它克服了传统媒介终端设备（如电视、收音机、计算机等）的高耗能、体积和质量较大、不便携带等弊病，受众只需用手指就可以在宽大精致的触摸屏上发布和接收各种信息，使得新闻与信息传播变得如此趣味横生，灵巧轻便。

需要指出的是，在传媒硬件设备中，大部分高精尖设备和先进制造装备的核心技术仍然掌握在德国、美国、日本等少数发达国家手中，国产设备与发达国家设备在很多指标上仍有一定差距。例如，新闻出版领域的自动化高速印刷设备、广播影视摄录设备、广播影视节目播出成套控制平台设备等进口所占的比重还比较大。进口设备不仅价格昂贵，且后期维护也很不方便，这些仍是困扰中国传媒业发展的难题。当然，进入 21 世纪后，中国加大了对传媒先进装备技术的研发投入，已经在部分领域取得了重要进展。例如，"十一五"期间，国家科技支撑计划先进制造技术领域安排了报业用高速报纸印刷机攻关与研发课题。在中国机械工业联合会的精心组织下，北人股份有限公司和北京印刷学院攻克了技术难题，使得中国印刷机的关键技术取得了重大突破：其研发的 BEIREN75A 卷筒纸报纸印刷机，是单幅宽、倍径滚筒、模块化机组形式的报纸印刷设备，印刷速度≥75000 张/小时，纸张线速度＞11.3 米/秒。同时该印刷设备具备配置变换灵活、自动化程度高的特点，可以针对大、中、小报社的不同需求构成不同规模的印刷生产线，其印刷质量、稳定性、噪音、技术配套等指标也体现出较高的水平，这标志着高速报纸印刷机国产化能力取得了新的突破。国产高档高速报纸印刷机的广泛应用打破了国外产品的长期垄断，为国产高速报纸印刷机自主创新和未来的发展奠定了基础。

2. 传媒发展中的软件技术

传媒发展中的软件技术主要是指为解决传媒生产和经营活动中的管理问题而研发的信息系统软件，或者说是现代信息技术在传媒业的应用。一般来说，硬件设备必须有配套的软件系统支持。同时，传媒经营中的相关业务流程领域亦可引入软件系统，以减轻或代替某些繁杂的人工劳动。在印刷媒介行业中，文字编辑与排版管理软件是记者或编辑最常用的软件；在广播电视节目编辑中，非线性编辑系统是最常用的软件；在传媒经营管理中，围绕广告、发行和增值经营项目，也已经有一系列成熟的软件应用系统。

现代传媒业的持续增长，既需要以高精尖技术设备和先进制造装备为代表的硬件支持，又需要以管理信息系统为代表的软件支撑。从理论上说，传媒经营管理者既要重视硬件技术，又要重视软件技术。但实际上，由于传媒领域高精尖技术和先进制造装备技术的研发难度较大，需要投入巨额资金，更需要庞大的科技团队，研发实验周期和应用推广过程也比较长，而且风险较大。这些硬件技术的研发一般是由高等院校、科研院所、专业的高新技术集团公司或高新技术产业孵化基地来承担的。一般的媒体组织，包括大型传媒集团，在传媒高精尖设备和先进制造装备技术的研发方面缺乏优势。对于绝大多数媒体来说，及时更新硬件设备，购买并积极应用高新技术设备和先进制造装备才是可行之路。但是，在传媒的软件即信息技术领域，由于软件产品具有高度个性化的特征，媒体组织应该积极参与传媒软件技术的研发和应用推广。

第二节　传媒发展中的信息软件技术

信息技术在提高媒体市场感应能力和快速反应能力，推进产品创新、流程再造、服务转型，实现传媒跨越式发展过程中具有重要作用[1]，已成为传媒业新一轮创新的主导力量。传媒发展中的信息软件技术是指用以开发数字媒介产品，或对媒体经营的组织架构及其业务流程进行数字化描摹与分析的数字技术或信息管理系统。其目标包括如下几个方面：研发数字媒介，实现传播介质的数字化，发展绿色低碳的数字媒介业态；推进传媒经营管理转型，为提升经营管理决策水平提供信息软件技术支撑。传媒发展中的信息软件技术包含三个方面：一是数字媒介产品研发技术；二是传媒经营中的管理信息技术；三是基于前两者的数据挖掘技术。

一、数字媒介产品研发的信息软件技术

传统的媒介产品市场具有能源消耗高、污染排放较大等弊病，如何研发全新的绿色低碳的纯数字媒介产品呢？数字媒介产品研发技术使上述设想成为可能，它利用计算机软件技术、多媒体技术和互联网技术，实现媒介传播载体的数字化、复制印刷的数字化、发行渠道的数字化和展示终端的数字化，以达到节能减碳的目标。从传统的印刷或电子媒介产品向新一代纯数字媒介产品转型，是当今全球传媒业发展的新趋势。数字媒介产品研发技术在广播影视、新闻出版和移动数字媒介等领域已经获得了广泛应用。

在广播影视领域，因为数字广播、数字电视和数字电影等已经快速普

---

[1]　丁铭华：《报业集团信息资源管理与规划研究》，载《市场周刊》，2006（2）。

及，传统的广播电视模拟信号会逐步被数字广播影视所代替，数字技术在广播影视领域的应用和普及速度较印刷媒介要快得多。

在传统的新闻出版领域，数字出版技术具有重要的推广价值，在出版纸质出版物的同时，利用数字技术生产数字出版物，已经成为各界的共识，电子出版技术已经成为国内外广泛采用的新技术。电子出版技术是指利用数字处理软件以数字代码方式将图、文、声、像等信息存储在磁、光、电介质上，通过计算机或其他终端设备使用并可复制发行的新型出版技术。[①] 其产品主要有电子图书、电子期刊、电子报纸、手机报等。在世界范围内，有多种处理软件，由于技术和标准不同，其处理软件的格式有所不同。常见的处理格式有：(1) EXE文件格式。其最大的特点就是阅读方便、制作简单且制作出来的电子读物相当精美而且无须专门的阅读器支持就可以阅读。这种格式的电子读物对运行环境也无很高的要求。(2) CHM 文件格式。它是美国微软公司于 1998 年推出的基于 HTML 文件特性的帮助文件系统，以替代早先的 WinHelp 帮助系统，Windows 98 操作系统中把 CHM 类型文件称作"已编译的 HTML 帮助文件"。被 IE 浏览器支持的 JavaScript，VBScript，ActiveX，Java Applet，Flash，常见图形文件（GIF、JPEG、PNG），音频视频文件（MIDI、WAV、AVI）等，CHM 同样支持，并可以通过 URL 与因特网链接。(3) PDF 文件格式。它是美国 Adobe 公司开发的电子读物文件格式。这种文件格式的电子读物需要该公司的 PDF 文件阅读器 Adobe Acrobat Reader 来阅读。所以，要求读者的计算机安装该阅读器。PDF 的优点在于这种格式的电子读物美观、便于浏览、安全性很高。PDF 格式的电子图书可以使用该公司出品的 Adobe Acrobat 来制作和编辑，该软件的版本在不断升级，目前已经发展成为全球应用最广泛的电子出版处理软件。

在手机出版领域，用户通过蜂窝电话接入因特网采用的技术最具有代表性的有两个——欧洲的 WAP 技术和日本的 i—Mode 技术。WAP（Wirless Application Protocol，无线通信协议）是由摩托罗拉、诺基亚、爱立信和 Phone.com 公司联合开发的，它覆盖了欧洲、美洲和亚洲等大部分地区和国家，它拥有一套开放的标准，可以在任何网络平台上工作。WAP 是在数字移动电话、因特网或其他个人数字助理机（PDA）、计算机之间进行通信的

---

① 陈光祚：《论我国电子版图书及其制作技术》，载《中国出版》，1992（5）。

开放全球标准。这一标准的诞生是 WAP 论坛成员①之间民主协商的结果。它的目标就是通过 WAP 这种技术，可以将因特网的大量信息及各种各样的业务引入到移动电话、PALM 等无线终端之中。目前，该技术已经在欧洲、美国和亚洲部分国家取得了优势地位。日本是手机报研发技术较为先进的国家，其手机报纸以 i－Mode 技术为依托。它是日本 NTT DoCoMo 公司于 1999 年 2 月研发成功的一种无线通信技术标准，在日本占据优势地位。i－Mode 是基于数据信息包的传输技术，用户可以据此使用自己的手机访问因特网以及收发电子邮件和一些其他信息。这种技术使得用户能够通过蜂窝电话使用 Internet 服务，可用于计算机、PDA 及其他 i－Mode 蜂窝电话收发电子邮件。② 与 WAP 手机的"拨号上网"相比 i－Mode 类似于"专线上网"，只要开机就一直保持在线上。它具有强大的记忆库，可存储数百个电话号码及数十封电子邮件信息。因此，i－Mode 以相当低廉的价格提供了大量丰富的内容，而且发送信息的费用也相对便宜，检索接收网上内容更为容易。

在中国，电子出版技术也获得了快速的应用和普及。在电子图书出版方

---

① WAP 论坛是在 1997 年 6 月，由诺基亚、爱立信、摩托罗拉和无线星球（Unwired Planet）共同组成的。

② 关于 WAP 技术和日本的 i－Mode 技术的优劣，各界存有广泛的争论。与 WAP 技术相比，i－Mode 技术与其最大的不同点就在于各自所使用的标记语言。i－Mode 使用基于 HTML 2.0、HTML 3.2 以及 HTML 4.0 指令的一种集合，有时候简称为 cHTML 语言（即压缩的 HTML 语言）；WAP 使用的是与 HTML 不兼容的 WML（无线标记语言，Wireless Markup Language）。另外，WAP 服务每次获取必须重新登录；而 i－Mode 服务可以直接使用。WAP 服务只要在线，就要付费；而 i－Mode 却只有当从事文件下载时才需付费。尽管与 WAP 相比，i－Mode 有很大的优势。但是由于 i－Mode 是一套专利性的、封闭的标准，它主要在日本占有很大的市场，而 WAP 是美国、欧洲和亚洲一些国家的通信公司通过平等协商而达成的一套开放性的标准，它是全球 500 多家公司民主协议的结果，开放型是其最大优势，它在欧洲、美洲等占有广阔的市场。i－Mode 技术的封闭性，使得其用户群体难以向更为广阔的领域拓展。因此 WAP 在全球范围内占据着统治地位，有着明显的优势。但是 i－Mode 以其独到的优势获得了成功，WAP 面对 i－Mode 的兴旺，试图借鉴其成功之处。全球 580 余家手机制造商、电信运营商、基础设施供应商、软件开发商和无线方案供应商联合宣布新一代 WAP 将基于 XML，它的部分特性将给用户带来非常大的吸引力，同时也给其他诸如 XHTML 的互联网标准语言带来好的消息。在新标准中，WAP 能提供许多新的功能，这就是从 WAP1.0 向 WAP2.0 的升级。也有专家认为，随着 3G 技术的发展，WAP 技术和 i－Mode 技术正在朝向融合发展的轨道迈进。

面，超星数字图书馆致力于纸质图文资料数字化技术及相关应用与推广，为国内外图书馆、档案馆和出版社数字化提供了重要的数字出版解决方案。由北京世纪超星信息技术发展有限责任公司投资兴建的超星数字图书馆成立于1993 年，是国家"863"计划中国数字图书馆示范工程项目，2000 年 1 月在互联网上正式开通。它研发的专为数字图书馆设计的 PDG 电子图书格式，具有较好的显示效果、适合在互联网上使用等优点。"超星阅览器"是国内技术较为成熟的专业阅览器，具有电子图书阅读、资源整理、网页采集、电子图书制作等一系列功能。目前，超星数字图书馆图书涉及哲学、宗教、社科总论、经典理论、民族学、经济学、自然科学总论、计算机等各个学科门类，数量达到数百万册，并在不断增加和更新，已经发展成为国内具有一定影响的电子图书平台。在电子期刊出版方面，以中国知网（CNKI）为代表的期刊电子出版技术已经较为成熟。CNKI 由清华大学、清华同方发起，始建于 1999 年 6 月。它涵盖期刊、报纸、博士硕士论文、会议论文、图书、专利等领域，是国内规模较大的电子出版物供应平台。在手机出版方面，中国主要采用 WAP 技术，手机报刊、手机电视等也获得了快速发展。国内规模较大的报纸和期刊大多与移动通信供应商联合推出了品种繁多的手机报刊。

二、传媒运营中的信息软件技术

传媒运营中的信息软件技术，就是运用计算机软件技术对媒体的组织架构和业务流程进行全方位的描述和分析，包括全面采集传媒经营管理决策所需要的数据信息，对媒体的组织架构和业务流程进行完整的数字化描述，并借助信息管理系统对传统的手工作业流程进行再造或重构，对受众和传媒市场状况等信息进行调查与统计，借此进行精细化管理，提高管理效率。

在传媒经营管理活动中使用的信息技术软件还可以区分为两类：一类是通用的大众软件，即这些软件在传媒行业和其他行业都可以共用或通用，如考勤管理软件、财务管理系统软件、人力资源管理系统软件等，这些管理软件需求与其他行业的需求基本接近，传媒行业可以直接借鉴和应用在其他行业已经较为成熟的软件。① 另一类是传媒行业的专用软件，即专业属性较强，

---

① 需要说明的是，这里的"通用"是相对的，实际上很多通用的大众软件并不能直接在传媒行业应用，而需要加以适当的改造。利用在各种行业广泛使用的财务软件，在报社发行环节使用时就会碰到很多问题，因为报纸订阅牵涉到破订、跨年等特殊情况，因而需要根据报社实际加以改造。

必须针对传媒行业实际特性而研发的软件，如新闻采编信息管理系统、广告信息管理系统、发行信息管理系统等，就属于此类。前文中已经阐述，目前专门针对媒体组织各个专业部门的部门专用软件已经日趋完善，如采编部门的编辑软件和排版软件、印刷部门的印刷管理软件、物业部门的物业管理软件等，在信息化建设较先进的媒体中都已经实现了应用；针对传媒经营业务的各个环节的业务软件，如报刊征订管理软件、零售信息管理软件、广告客户关系管理软件等，也已经得到推广。可以预见，随着精细化管理理念的逐步落实，传媒软件的专业性、针对性还将不断增强，软件种类也日益丰富。从另一个角度讲，数字化描述的最终目的是要从媒体组织的整体利益出发，跳出某一部门或环节的局限，实现媒介数字产品和各经营管理部门（采编、广告、复制印刷和营销推广等）之间的信息共享，在媒体组织内部真正实现"信息的自由流通"。

（一）媒体应用信息软件技术的基本模式

21世纪以来，国内传媒界掀起一场应用传媒信息管理软件的潮流，应用信息软件技术提升经营与管理水平，已经成为各媒体的共识。媒体应用信息软件技术的基本模式主要有以下四种。

第一，直接引进模式，即媒体单位直接购买由专业软件公司开发的传媒软件。目前国内已有不少传媒信息系统开发的软件提供商，规模比较大的有北大方正、高术等几家。早在20世纪90年代初期起，北大方正、清华紫光等传媒业信息系统提供商已经开始探索传媒数字化解决方案。但由于媒介生产中间环节复杂，渠道差异较大，终端分布零散，管理软件与传媒业务对接的难度较大，加上传媒从业人员素质较低，长期形成的手工操作惯性等原因，传媒管理信息系统软件长期曲高和寡，得不到推广和运用。但是，进入21世纪后，传统媒介遭遇发展困境，面对新媒介的崛起、传统媒介竞争空前惨烈的形势，为了解决媒体经营效益下滑和运营成本过高的病症，不少媒体单位开始将经营管理信息化建设提上日程。传媒经营与管理软件的需求在这一时期成为热点。大多数省会城市媒体已开始引入媒体管理信息系统，不少地级城市媒体也开始了信息化改造的尝试。媒体单位采用直接购买软件的模式有很多优势，比如研发的进展较快，成本相对节省，便于采用行业的最新技术，但由于直接引进的软件缺乏针对性，与媒体运营的实际情况难以很好对接，使用起来会遇到比较多的困难，一般还需要做进一步的"个性化"处理，或者进行"二次研发"才能较好地适应媒体实际需求。

第二，自主开发模式，即媒体单位自己组建研发队伍，独立研发软件。一般来说，自主研发模式适用于经营规模较大的媒体，或者是所属子媒体较多又需要统一管理的大型传媒集团。各种媒体单位都建立了专门的信息技术部门，其职能一般是提供常规的信息维护、信息安全保障服务。但是，一些大型传媒集团信息技术部门的人才资源较为雄厚，拥有一定的研发实力，于是，部分传媒集团建立了依托信息技术部门的信息软件技术研发实体，它们主要为传媒集团提供信息软件研发服务，但也可以为外部或面向整个传媒行业提供服务。依托于媒体的信息技术研发实体有许多资源优势，如对媒体的组织构架、业务项目和生产流程等的了解较为深入，对传媒集团的信息软件技术的现实需求和潜在需求有一定把握，所研发的成果便于试用和推广等。2000 年济南日报社出资100 万元设立济南舜网传媒有限公司，其自主研发的"报刊发行信息网络系统"获得中国报业协会电子技术进步委员会 1999/2000 年度技术进步优秀奖，该公司目前已发展成为一家在信息产业内多元化发展的科技公司。自主开发的优点是能够有效整合媒体资源，软件成果的针对性和适用性比较强，缺点是对人才队伍的研发水平要求较高，研发投入较大，研发周期相对较长。此外，这类研发机构受制于传媒集团内部管理体制的限制较多，难以有较大的发展空间。

第三，委托开发模式，即媒体单位根据自身的需求列出要求，委托专业软件开发商研发个性化的传媒软件，成果归媒体单位所有。例如，2003 年深圳报业集团委托北大方正电子有限公司开发的报刊发行多元一体化应用平台软件，建立了集报刊发行、人力资源管理、薪酬与绩效管理、投递时效管理、综合数据分析、投诉管理的多元业务一体化系统，通过了由深圳市科技局组织的专家评审委员会评审，并认定达到了国际和国内报业同类项目领先水平。

第四，联合开发模式，即媒体单位网络技术部门和专业软件开发商合作研发软件。例如，2004 年天津日报社联合瑞典卡诺尔计算机有限公司、北京凯普计算机软件系统工程公司、上海天呈商务咨询有限公司、IDG 瑞典公司等共同出资创建天津每日新传媒网络技术有限公司，试图开发出具有国际先进水平的发行管理软件。联合开发便于多方资源整合，达到各取所长、互利双赢的效果。

表 6-2 是国内部分媒体应用信息软件研发模式的比较。总的来说，各种模式均有优点，也存在不足。媒体应该根据自身的实际情况，选择合适的应用模式。

表 6-2　国内部分媒体管理信息系统软件研发模式的比较

名称	投入运营时间/年	研发路径类型	研发模式	软件成果
广西日报社	2001	直接引进	发行专业模式	报刊发行管理系统
天津日报社	2001	联合开发	发行专业模式	天津日报报刊发行管理系统
大众报业集团	2000	自主开发	综合信息集成模式	基于网络的分布式多渠道报刊发行系统
深圳日报社	2004	委托开发	发行专业模式	深圳日报发行管理系统
清华紫光	2005	专业软件公司开发	综合信息集成模式	企业资源计划 ERP 紫光新华发行管理系统
北大方正	2005	专业软件公司开发	综合信息集成模式	报业数字资产管理系统 DAM

（二）国内传媒信息技术应用中存在的问题

信息技术在传媒经营管理中的重要作用日益凸显，积极推进传媒管理信息化建设已成为各媒体的共同诉求，重视传媒经营管理信息系统建设已成为一种风气。一般企业中数字化建设的新概念，如企业资源管理计划（ERP）、客户关系管理（CRM）、供应链管理（SCM）等已被引入传媒管理软件开发中。但与发达国家相比，中国媒体单位信息管理软件的使用还停留在信息保存和查询的初级阶段，存在不少问题，具体表现为以下几个方面。

第一，不是以传媒经营管理活动为整体考虑，而仅仅着眼于局部的"头痛医头、脚痛医脚"型。体现在规划、设计、实施报业信息系统时，不是以媒体单位整个经营活动流程为对象，而只是以某一应用部门或具体业务环节为对象，为其开发专用的业务流程管理软件，一旦涉及与经营活动的上下游部门衔接，如财务部门、印务部门等，就要"电脑"改"人脑"，最常见的是广告、发行与财务的定期人工"对数"，重复记账等。这就是通常所说的"信息孤岛"现象。尤为突出的是，各媒体部门所购买引进的信息管理软件来源于不同的厂商，不同版本之间的数据定义、分类标准不同，缺乏统一标准，导致信息不"兼容"；不同的信息管理软件不能实现跨部门信息共享，"信息封闭"现象广泛存在；数据更新不同步，大量冗余信息堆积，导致媒体的各种数据统计频频出错、相互矛盾等，这些症状在大型传媒集团子报较多或异地经营中表现得十分显著。例如，媒体单位的某一部门在研发其部门业务管理信息系统时，仅强调具体业务及其部门管理的特殊性，主张把软件研发作为一个相对独立的专门系统来设计，导致媒体单位各部门或环节的信息管理系统软件互不关联，各自独立存在。这种研发模式所取得的成果是一个相对封闭的信息系统，其优点是能够比较好地针对某一部门的某项具体业务需求，服务于某项经营项目的细节；但缺点是由于只考虑到部门管理的特殊性，缺乏与媒体其他部门的信息沟通与资源整合。

第二，数据采集不健全，数据浪费严重。同时，部分现有的传媒信息管理软件在设计理念上存在偏颇，功能不够完善，存在明显缺失。从软件的设计理念上看，部分传媒经营管理信息软件存在"重管理轻服务、重工具性轻生活性、重单向传递轻双向互动"等弊病，使得这些管理软件缺乏人情味，使用者厌倦、排斥或应付信息系统软件的现象十分普遍。从软件的功能来看，大多数传媒市场营销辅助软件还停留在"以订单为中心"的初级层面，其功能侧重于受众销售信息的管理，而经营成本管理、人力资源管理和培训管理等功能不全。一些传媒经营管理信息系统软件缺乏灵活性、可扩展性，不能适应传媒业务变化的实际需要。从软件的应用范围和效果看，绝大多数信息管理软件还是以本单位或本部门为服务对象，缺少对外服务的理念和实践。通过整合发行信息资源，实现更大范围的信息共享，提供信息增值服务的媒体软件较少。此外，现有软件缺乏对已有数据进行整理、挖掘和智能分析能力，难以为管理者的科学预测或决策提供智能支持工具。

（三）传媒信息技术的融合发展趋势

第一，传媒内部信息技术的融合。从理论上说，科学的软件信息系统设计必须首先将媒体所有部门视为一个整体，强调不同部门之间或不同业务项目之间的信息管理的有效对接和整合集成。换言之，只有从媒体信息化建设的整体角度出发，设计一种跨业务的，集采编、发行、广告与印刷等业务信息处理于一体的综合信息平台，才能实现多部门、多环节的信息资源共享。北大方正的报业数字资产管理系统（简称 DAM 系统）就是管理新闻媒体的各种数字资产的软件平台，包含了采集、加工、存储、发布与再利用五个核心内容以及数字资产的经营管理。大众报业集团的报业计算机集成管理系统和济南日报社的系统软件即属此类。当然，由于当代媒体已经朝向规模庞大的集团化组织发展，内部结构复杂，各部门或子系统所经营的业务种类繁多，不同部门领域的业务流程之间也有着重大差异，使得数字资源管理软件的跨领域、跨部门整合十分艰难，目前的综合信息平台在信息整合上并未达到理想的目标与效果。但从长远看，媒体组织内部的信息管理要消除"信息孤岛"，就必须强化"顶层设计"理念，实现媒体内部信息技术的统一。"顶层设计"是一个系统工程学的概念，它强调的是一项工程"整体理念"的具体化，即要完成一项大工程，就要以理念一致、功能协调、结构统一、资源共享、部件标准化等系统论的方法，从全局视角出发，对项目的各个层次、要素进行统筹考虑。对媒体来说，信息管理技术是一个系统性工程，"顶层设计"必须要有自上而下的系统谋划，沿着从宏观到微观的思路，通过媒体各个部门或群体之间的互动，让不同部门、不同业务环节的各个利益相关方都参与进来，最后实现媒体内部信息资源的共建、共享和共有。

第二，不同媒介领域的技术融合。随着科学技术的发展，不仅媒体内部的信息技术逐步趋向融合和统一，不同媒介之间的信息技术也开始走向融合和统一。在传媒领域，三网融合技术就提供了一个新的解决思路。1997年4月，国务院在深圳召开全国信息化工作会议，讨论通过了《国家信息化总体规划》，提出中国信息基础设施的基本结构是"一个平台，三个网"。一个平台即指互联互通的平台，三个网即指电信网、广播电视网和计算机网，这也是国家首次提出三网融合的概念。所谓三网融合，是指随着数字技术、网络技术、计算机技术的高速发展及用户对多种业务需求的不断增长，电信网、广播电视网、互联网在向宽带通信网、数字电视网、下一代互联网演进过程中，其技术功能趋于一致，业务范围趋于相同，网络互联互通、资源共享，能为用户提供话音、数据和广播电视等多种服务。[1] 技术进步是三网融合的基本推动力。从细节上分类，可以将技术分为基础数字技术、光纤通信技术和 IP 技术。

1. 基础数字技术

传统的模拟传输方式被数字传输方式代替是当今信息社会发展的历史必然。数字技术的迅速发展和全面采用，使电话、数据和图像信号都可以通过统一的编码进行传输和交换，所有业务在网络中都将成为统一的"0"或"1"的比特流。它具有传输效率高、信号质量好、抗干扰能力强、可以多功能复用等优势。数字技术可以把不同的信号都计算为二进制的比特流，这样，信息的处理、传输、交换等过程就可以实现融合，无论是语音、数据还是图像信号，都可以以二进制的比特流在网络之间进行交流和传输，从而使得话音、数据、声频和视频各种内容都可以通过不同的网络来传输、交换、选路处理和提供，并通过数字终端存储起来或以视觉、听觉的方式呈现在受众面前。

---

① 邬江兴：《三网融合的发展历程与目标》，载《中兴通讯技术》，2011（4）。

2. 光纤通信技术

从技术的角度来看，光纤通信技术的发展比人们预想的要快得多，经过数年的发展就产生了惊人的传输速度和容量，而今又在迈向全光网的领域。光纤传输网拥有巨大的可持续发展的容量，是三网融合进行传输各种业务数据的理想通道。[①] 三大网络融合的目的之一是通过一个网络提供统一的业务。若要提供统一业务就必须要有能够支持音视频等各种多媒体（流媒体）业务传送的网络平台。这些业务的特点是业务需求量大、数据量大、服务质量要求较高，因此在传输时一般都需要非常大的带宽。同时，从用户消费角度来讲，成本也不宜太高。这样，容量巨大且可持续发展的大容量光纤通信技术就成了传输介质的最佳选择。宽带技术特别是光纤通信技术的发展为传送各种业务信息提供了必要的带宽、传输质量和低廉成本。目前，无论是电信网，还是计算机网、广播电视网，大容量光纤通信技术都已经在其中得到了广泛的应用。

3. IP 技术

内容数字化后，还不能直接承载在通信网络介质之上，还需要通过 IP技术在内容与传送介质之间搭起一座桥梁。TCP/IP 协议不仅是占主导地位的通信协议，而且还是为三大网络融合而存在的统一通信协议，它在技术上为三网的融合奠定了广泛而且坚实的融合基础。早期的 IP 技术遇到了 IP 地址资源耗尽的难题，最近兴起的 IPv6 技术彻底解决了 IP 地址不足的难题。IPv6 技术是 IETF 设计的用于替代现行版本 IP 协议——IPv4——的下一代IP 协议。IPv6 技术被誉为"下一代互联网的基石"，其优势在于：第一，IPv6 地址长度为 128 比特，地址空间增大了 2 的 96 次方倍。第二，灵活的IP 报文头部格式。使用一系列固定格式的扩展头部取代了 IPv4 中可变长度的选项字段。IPv6 中选项部分的出现方式也有所变化，使路由器可以简单路过选项而不做任何处理，加快了报文处理速度。第三，IPv6 简化了报文头部格式，字段只有 7 个，加快报文转发，提高了吞吐量。第四，提高安全性。身份认证和隐私权是 IPv6 的关键特性。第五，支持更多的服务类型，加入了对自动配置的支持。这是对 DHCP 协议的改进和扩展，使得网络（尤其是局域网）的管理更加方便和快捷。第六，允许协议继续演变，增加新的功能，使之适应未来技术的发展趋势。总之，它以低廉的成本构建了一套可靠

---

① 胡云：《三网融合的技术基础和应用分析》，载《信息化研究》，2011（2）。

的、可管理的、安全和高效的 IP 网络的长期解决方案，满足了在多种物理介质与多样的应用需求之间建立简单而统一的映射需求，可以顺利地对多种业务数据、多种软硬件环境、多种通信协议进行集成、综合、统一，对网络资源进行综合调度和管理，使得各种以 IP 为基础的业务都能在不同的网络上实现互通。

经过多年的发展，当前三网融合的技术条件已经基本具备，业务和市场需求已经出现，在这种背景下，三网融合应该成为相关网络技术和产业发展的共同方向。光通信技术的发展，为综合传送各种业务信息提供了必要的带宽和传输高质量，成为三网业务的理想平台。软件技术的发展使得三大网络及其终端都通过软件变更，最终支持各种用户所需的特性、功能和业务。统一的 TCP/IP 协议的普遍采用，将使得各种以 IP 为基础的业务都能在不同的网络上实现互通。人类首次具有统一的为三大网都能接受的通信协议，从技术上为三网融合奠定了最坚实的基础。

第三节　传媒运营中的数据挖掘技术

数据挖掘技术是最近 20 年来在信息技术领域兴起并流行的一种新技术。一般意义上的数据挖掘是对海量数据进行研究，它专门抽取那些隐含的、非众知的、事先未知的和潜在有用的信息，以实现对既有信息的再次利用。许多企业组织已经将数据挖掘视做对企业业绩有影响的重要技术。许多公司用计算机软件技术捕获商业交易的细节，如银行和信用卡记录、零售、制造业订单、电信和无数的其他交易数据信息，然后运用数据挖掘工具来揭示这些信息中有用的模式和关系。[①] 数据挖掘是一个正在被积极研究的领域，它将统计分析和人工智能结合起来，用于解决生产和经营中的问题。在传媒领域，数据挖掘技术亦有重大的应用价值。通过对传媒经营管理中的数据信息进行跟踪和分析，发现并总结有规律、有价值的有效信息或知识资料，为经营决策服务；或者对媒介产品中的新闻与信息等数据进行二次整理与发掘，进而创造更大的附加价值，提升媒介信息产品的复合利用效益。这些已经成为传媒领域的热门话题。

---

① 徐宏：《数据挖掘综述》，载《现代商业》，2012（6）。

一、数据挖掘技术概述

（一）数据挖掘技术及其系统结构

数据挖掘是当前数据库和信息决策领域的最前沿研究方向之一。数据挖掘是人工智能领域的概念，习惯上又称为数据库中的知识发现（Knowledge Discovery in Database，KDD），也有人把数据挖掘视为数据库中知识发现的过程或方法。知识发现是从大量数据中提取出可信的、新颖的、有效的并能被人理解的模式的处理过程。数据挖掘（Data Mining）是 KDD 过程的一个重要步骤，它是从大量的、不完全的、模糊的、随机的实际应用数据中，提取隐含在其中的、人们事先不知道的，但又是潜在有用的信息和知识的过程。[①] 从企业经营角度看，数据挖掘是一种通过数理模式来分析企业内储存的大量资料，以找出不同的客户或市场划分，分析出消费者喜好和行为的方法。在现代企业的生产中，数据挖掘是一个复杂的系统，主要包括五个组成部分：第一，数据库或数据仓库服务器。它存储或积累着用户将要挖掘的、感兴趣的数据。第二，知识库。它用于引导搜索或评估挖掘的结果模式是否有意义，挖掘依据知识的不同属性或属性值进行不同层次的抽象。第三，数据挖掘引擎。它是数据挖掘系统必不可少的部分，由一些面向任务的功能模块组成，如特征分析、相关分析、分类、评估以及偏差分析。第四，模式评估。它运用各种兴趣尺度对得到的模式进行评估，同时还与数据挖掘模块进行交互，使挖掘的方向集中在感兴趣的模式上。第五，用户的图形界面接口。它是用户和数据挖掘系统交互的接口，允许用户指定有关参数的值，直接参与到数据挖掘的查询、搜索中，以实现最终的应用目标。这五个部分是相互关联、相互作用的整体。[②] 其中，数据库和知识库是数据挖掘的准备系统，数据挖掘引擎是手段，模式评估是评价工具，用户界面接口是应用目标。其相互作用关系如图 6-1 所示。

数据挖掘的步骤会随不同领域的应用而有所变化，每一种数据挖掘技术也会有各自的特性和使用步骤，针对不同问题和需求所制定的数据挖掘过程也会存在差异。从抽象意义上说，数据挖掘主要有数据准备、规律寻找和规律表示 3 个步骤；从实操角度看，数据挖掘如图 6-2 所示，包含 8 个具体的环节。

---

① 张春华，王阳：《数据挖掘技术、应用及发展趋势》，载《现代情报》，2003（4）。
② 张春华，王阳：《数据挖掘技术、应用及发展趋势》，载《现代情报》，2003（4）。

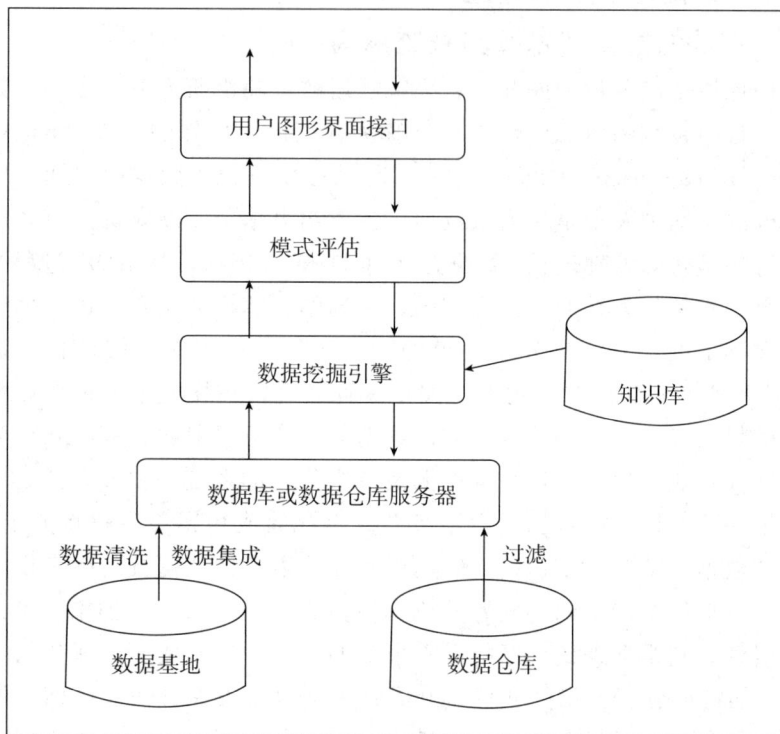

图 6-1　数据挖掘系统结构图

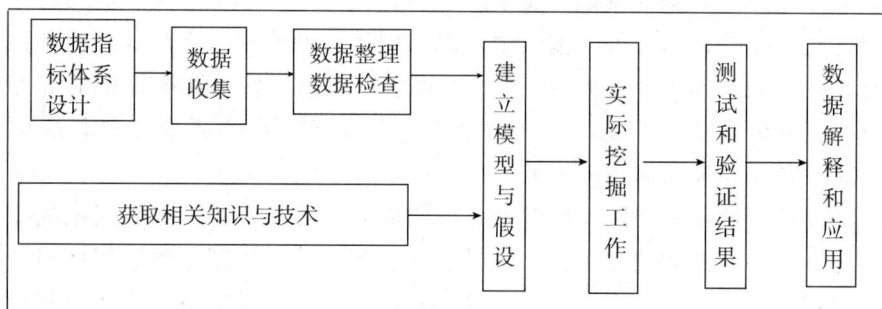

图 6-2　数据挖掘步骤图

（二）传媒领域的数据挖掘及其意义

　　传媒领域的数据挖掘技术，就是在完成数据收集、储存和整理的基础上，运用数学统计工具、数据分类算法或根据决策需要所设计的系统程序，对数字媒介产品信息和传媒经营管理的数据资料进行统计、分析和整理，进而为传媒管理提供决策知识的信息技术工具。

传媒行业是非常适合也是非常有必要应用数据挖掘技术的行业。随着信息技术在传媒领域的广泛应用，传媒行业已经发展成为数据采集水平最高、数据信息更新最快、信息数据最为集中的领域之一。第一，数据收集的便利性。媒体组织有着专业水平较高、人数众多的信息采集队伍。以新闻记者为代表的信息收集团队可以便捷地采集大量的有用数据，且信息的准确性和可信度较高。第二，数据规模的海量性。数据挖掘是从庞大的数据仓库中寻找有价值的信息，原始数据样本的规模越大，则数据挖掘的信息来源和范围就越广，越有利于数据挖掘。传媒业作为专业的信息制作、加工和整理机构，产生了海量的数据。这些数据不仅包括新闻与信息传播内容，也包括庞大受众信息和市场营销信息。第三，数据更新的速度快。媒介的新闻与信息总是搜集和发布反映社会最新动态的数据，媒介产品的生产和传媒经营活动的连续性，使得多层面、多维度信息在不断累加和更新，形成庞大的历史信息流。第四，数据的覆盖面广。媒体具有覆盖面广的特性，信息来源分布在社会的各个角落，媒体每日面临大量的终端信息和末梢信息，能够全面反映社会的动态和行业趋势。因而，只要能够研发一套科学的信息挖掘系统，不仅能为传媒的经营管理决策提供依据，减少风险与浪费，更便于开展各种增值项目，创造经济价值。但是，由于数据挖掘软件研发的难度较大，目前国内外相关管理软件的研发和应用还在积极探索阶段，尚未取得根本性突破。

传媒领域的数据挖掘在三个领域有着重要的应用价值：第一，面向媒介产品内容信息的数据挖掘，它的主要目标是利用数据挖掘技术对媒介的新闻与信息产品进行二次加工、整理与再发掘，使得媒介的新闻与信息产品发挥更大的效用，产生更大经济价值。第二，面向受众的数据挖掘技术，其目标是通过对受众行为和市场信息的收集、整理与分析，为拓展媒介销售市场提供智力支持，并为开展增值经营项目提供辅助营销工具。第三，面向传媒经营管理活动的数据挖掘技术，其目标是为传媒的经营管理决策提供知识支持。下面，我们重点对面向媒介内容信息的数据挖掘技术和面向受众的数据挖掘技术进行阐述。

二、面向媒介内容信息的数据挖掘技术

在传媒业的发展历程中，随着经济和社会的发展以及受众信息需求的增大，媒介产品的信息量有逐步增大的趋势。报纸最初每日出版一张，后来增加到数张新闻纸，但仍显单薄。发达国家在 20 世纪初期，发展中国家在 20 世纪中后期，报纸相继进入"厚报"时代。美国《纽约时报》周末版一般都

有对开 200 版以上，多时能够达到对开 400 版，刊载大量的生活服务类信息；[①] 国内的《广州日报》等报纸的常规版面也达到了对开 80 版。在电视方面，原来电视台的单频道格局大都转向多频道模式，且 24 小时不间断播放，内容信息的承载量空前扩大。至于网络媒介，由于不受版面和时间限制，在内容上更是可以无限量增加。现代传媒是大工业生产，每日都会生产巨量的新闻与信息内容。但问题在于，新闻与信息产品的"寿命"都很短暂，报纸上的内容信息通常只有一天的生命周期，广播电视节目也只能在 1～2 天内重播，如何提升这些新闻与信息产品的利用价值，使其产生增值效益，是传媒界碰到的棘手的难题。要解决这个问题，就必须引入数据挖掘技术，进行知识的再发现和再利用。

对媒介信息产品进行加工处理是传媒界长期探索的目标，目前还在探索阶段。现有的的数据挖掘主要有以下几种思路。

第一，对媒介信息内容进行有效分类和储存的数据挖掘。这种挖掘技术的目标是实现媒介信息内容的高效保存和分类，便于今后的查询和再加工。在媒介信息识别中引入社会标签"软分类"理念，旨在根据文章或者图片或者信息的意义，由筛选者为信息指定一个或者多个"标签"，借鉴基于 TF-IDF 的标签相似度计算方法和基于该相似度的聚类算法，可实现媒介内容信息的高效分类等目标。可以根据媒介信息数据库的不同特征（一般通过关键词来标记），对数据库中的每一个记录都赋予一个类别的标记，这样的数据库称为示例数据库或训练集。分类分析就是通过分析示例数据库中的数据，为每个类别做出准确的描述或建立分析模型或挖掘出分类规则，然后用这个分类规则对其他数据库中的记录进行分类。

第二，对媒介信息产品进行个性化处理的数据挖掘。这种挖掘技术的目标是实现媒介产品内容信息的个性化，以生产更富个性的媒介产品，满足小众范围的消费需求。当前，每一期的媒介产品是单一的，如同一期的报纸有 80 版，面向所有读者发行。但实际上，受众一般情况下很难读完所有信息，而可能只需要其中的少部分信息内容。这就需要引入人工智能语义挖掘技术，通过对媒介文字信息的分析，提取最核心的关键内容，将受众感兴趣的内容聚集起来，为受众提供"一对一"的"精准"的信息服务，同时提供延伸内容信息等一系列个性化服务。

---

① 卜松涛：《打好"新闻"牌——以〈纽约时报〉为例分析融合时代报纸的对策》，载《新闻战线》，2009（9）。

第三，对媒介内容的链接信息的数据挖掘。这种挖掘技术的目标是利用关键词分析和文本语义分析工具，将与某一内容信息相关联的纵向历史信息和横向关联信息，有效地链接和聚集起来，使得受众得到关于某一问题的全方位的深度信息服务。目前，该技术在网站中已经得到较为广泛的应用。

三、面向受众的数据挖掘技术

受众是媒体赖以生存的土壤，离开这个根基，传媒经营就成了无本之木、无源之水；受众是媒体服务的对象，离开了这个对象，媒体的经营活动就失去了存在的依据。在市场经济条件下，媒介产品是由受众自由选择、自主决定、自愿订购的，受众的需求偏好及选择结果最终决定着各媒介产品的市场地位，因而传媒市场的竞争归根结底是受众市场的竞争。所以，研究和分析受众行为及其信息消费规律，是当代传媒经营管理工作的重要前提。进入20世纪90年代以来，传媒经营管理决策面临更多的不确定因素，如媒介信息产品过剩问题日益凸显，传统媒介之间的竞争加剧，新兴媒介的威胁，全球传统媒介受众的增长速度日益放缓，部分媒介产品（尤其是印刷出版物）的受众数量开始缓慢下滑等，都使受众研究的重要性不断增加。新时期受众的信息需求有何变化？受众购买媒介产品的行为有何变化？受众为何开始远离传统媒介？诸如此类的问题，困扰着媒体的管理者，这就迫切需要通过信息挖掘技术，为新时期的经营决策提供更科学的知识信息。

（一）新时期受众信息数据挖掘的基本理念

在新的竞争形势下，传媒业面临着变革盈利模式和转换经营思路的双重压力，媒体要深入研究受众的资源属性和价值特征，把握受众的消费潜质，科学合理利用受众资源为媒体创造价值，推进传媒业经营模式的转型。同时，研究和分析媒体与受众的互动关系，在利用受众创造经济价值的过程中，为受众创造有价值的回馈利益，实现媒体和受众的"双赢"，以构建更为紧密和融洽的"媒体—受众"关系。有鉴于此，当代受众信息数据挖掘正是在下述理念的指导下进行的。

第一，经营媒体和经营受众并重。从宏观视角出发，媒体经营的资源包括媒体自身的资源和受众资源两个方面。媒体自身的资源主要包括硬件设备、人才、资金、媒体版面或时段以及政府政策扶植等各种社会关系资源。受众资源包括受众的数量和质量，媒体的覆盖面越大，影响力越广，受众资源的价值就越大。媒体自身资源是媒体的基础资源，是媒体可以直接掌控的资源，它比较容易发现，也较早地被深入开发。受众资源是媒体的延伸资源，是媒体可以间接利用的资源，它通常容易被忽视，到现今也没有引起足够的重视，未能得到深入开发。一般来讲，媒体拥有庞大的受众资源，省级媒体（集团）往往有超过百万的稳定用户，媒体以运用多种手段获取受众的商业信息，如受众购买力、需求偏好、消费模式等，通过一定的数据分析与挖掘工具，就可以利用这些信息开展经营业务，创新报业盈利模式。传统的传媒经营重在经营媒体资源本身，而新的竞争形势要求媒体在挖掘媒体资源本身的基础上，将经营的视角转向更为开放、更为广阔的受众资源市场，让受众为媒体创造更大的价值，进而实现传媒经营模式的转型。但经营受众资源的前提是必须对受众特征进行深入的研究，以发现有价值的运营规律。

第二，由均质化受众向异质化受众转型的理念。在传统的传媒经营理念中，庞大的受众群体被视为一个均质的物化结构，传媒管理者重点关注的是媒介销售的结果，即多少人最终订购了媒介产品；关注的是媒介销售的宏观市场总量，对媒介销售的总量津津乐道。但在新的市场竞争语境下，管理者应将受众视为差异化的个体，对受众结构，如性别、区域、年龄等细节属性尤为重视；对受众质量，如受众购买力、受众为媒体创造价值的概率等尤为关注；对受众的需求个性，如内容偏好、时效偏好等尤为关注；对受众的忠诚度和满意度，如传阅率、续订率、退订率等指标尤为关注。运用多维度、多视角的指标描述和分析数据，对受众的商业属性和消费偏好加以分类与分层，把受众群分为更为具体、更为明晰的个性化类别，进而为开展分众化、对象化的营销活动与服务项目提供科学的数据支持。从均质化受众理念向异质化受众理念转型，是传媒经营史上的重要变革，也是开展受众经营项目的根本前提。

第三，由受众市场占有率向个人占有率转型的理念。传统的传媒重点经营的是媒介的市场占有率，关注媒介销售的宏观规模；现代受众经营理念倡导个人占有率的理念，关注受众需求的全方位、立体化的满足。对于媒体应该考虑从市场占有率向个人占有率的转型问题，即为受众个人提供更多需求的满足，将一个诉求扩展和发展成若干诉求，注重相关链条的服务，形成范围经济。理论上讲，提供全方位的服务就是为客户制定个性化的问题解决方案，为个人需求提供一组有效服务。具体到某种媒介产品，可以从以下两方面来实现这一目标：首先要对客户需求有接近性了解，就是要全面进入受众或客户的行为逻辑圈，了解其需求圈层。这样一来，现在媒体使用的旨在总结群体共性特点的传统市场调查方法就可能"失效"，需要寻求新的进入手段。例如，首先，可以建立客户数据库，基于客户行为模式和行为逻辑的了解为其提供个性化服务。其次可以通过消费者日记了解需求，这些均是目前国际上流行的为客户提供个性服务的手段。①

（二）受众数据信息挖掘的基本模式

受众数据信息挖掘并非易事，而是一项复杂的系统工程，必须借助科学的方法和合理的规划。一般来说，媒体受众信息挖掘基本程式包括以下几个基本步骤：一是建构受众信息描述指标体系，即根据媒介营销和受众信息挖掘的基本目标，设置合理的受众信息描述指标结构体系；二是受众信息收集，即根据既定的受众信息描述指标体系，搜集资料，并录入计算机系统；三是受众信息挖掘，即根据设定的方法，对既有的数据进行分析处理，得出初步结论；四是数据应用，即根据既有的数据分析结论，确立受众资源开发的应用方案，实现受众资源的有效开发；五是制定个性化营销方案，开展具体的受众营销方案。受众数据信息挖掘的基本模式可用图 6-3 表示。

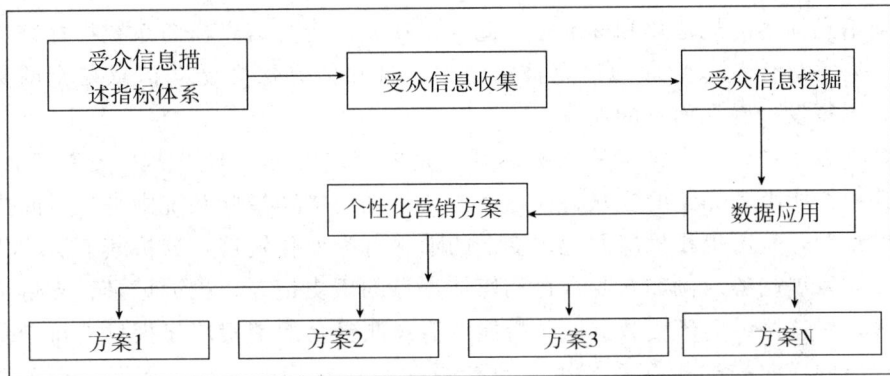

图 6-3 受众数据信息挖掘的基本模式

（三）受众特性描述指标系统

对研究者来说，受众信息是复杂的。从数量上讲，媒体受众数量庞大，小型城市媒体受众有数万之巨，中型城市媒体的受众量通常有数十万，大型城市的综合类媒体受众更是有数百万。从空间上讲，媒体受众的地理分布较广，全国性媒体面向全国覆盖，省级媒体在全省范围内销售，连地市级媒体也在数县内销售。从信息变异度上讲，不同受众的信息千差万别，受众的购买力、忠诚度等信息都有较大不同。因而，在受众信息描述与分析之前，必须建构一套指标体系，以全面、深入地描述受众的概况，为开展受众资源分析提供科学的思路。建构受众信息描述指标体系的目标是从差异化的读者存

---

① 周瑜、陈国权：《报纸市场竞争策略与价值提升》，载《中国记者》，2008（1）。

在状态中寻求相对的共性，从无序的受众群体中寻找有序的结构规律，进而将受众信息模块化、标准化、序列化，为开展后续分析奠定基础。我们认为，可以用横向与纵向两个交叉指标体系来描述读者信息结构。所谓指标体系是指从多视角审视媒体受众的存在状态及其附着的有用价值信息，如受众的自然状态信息、媒介消费信息、忠诚度信息、购买力信息、消费偏好以及消费潜力信息，并运用综合分类的方式，对这些信息进行有序组合，进而形成横向有序的指标结构。

受众信息指标系统着眼于全面反映和描述受众的存在状态，并运用相对统一的结构体系，使受众信息呈系统化、序列化和规律化排列，便于后期分析与挖掘。它描述的是在一个特定时期内受众相对稳定的存在状态。对受众信息描述的横向指标结构系统应同时满足两个条件，即一方面坚持开放性和发散性思维，以全面搜集受众的信息；另一方面坚持结构性和统一性，推进受众信息描述的规范化和标准化。此外，在设计受众信息横向系统指标结构时，还需综合考虑受众的信息披露意愿，且媒体有保守受众信息秘密的义务，不得发生受众信息的泄露。

一般来说，一个科学的指标体系就是要用多维度、多层次的分类指标，构建一个明晰和完整的受众特征描述框架。纵向描述指标系统则是从时间推移的维度，从历史积累层面记录受众的消费行为变化轨迹，分析其消费演化规律和发展趋势。例如，受众订购媒体产品的历史记录、投诉记录、支付记录等，对这些纵向历史数据的分析能够为预测受众的消费趋势提供支持。受众信息的横向描述指标系统主要包括受众的自然特征、职业概况、经济实力、受教育水平和消费偏好等，反映了受众的购买力状况，受众的媒介产品消费信息、广告消费信息和多种经营消费信息以及信息沟通等指标反映了受众的忠诚度。惯常的描述指标主要有以下几个。

1. 受众自然属性

自然属性描述的是受众的自然特征，包括性别、年龄、民族、区域分布等信息，它是了解媒介受众概况的基本指标。在市场调查中，一般设计封闭式问卷，并以受众自愿答卷的方式来实现。

2. 受众职业概况

职业概况是反映受众经济基础的基本指标，通常包括就业状态、职业类型、就业单位类型等指标。一般而言，受众的职业稳定性高、就业行业好，则表明其经济收入较好，消费能力较强。

3. 受众收入水平

虽然职业状况是判断受众收入状况的主要依据，但是，职业收入并不等于受众的全部收入，在受众的职业收入之外还可能存在着理财收入、兼职收入等诸多其他隐性收入。因而，这里的受众收入水平是指包含职业收入、理财收入、兼职收入等在内的收入总和。此外，不仅要看受众本人的收入，还要尽可能探知受众家庭的综合收入。

4. 受众受教育水平

媒介产品销售与受众的受教育水平有较大关系，通常而言，受教育水平越高，购买或消费媒介产品的可能性越大。受众的学历包括高中以下、大专或本科、研究生等不同情形，通过这一信息可以间接推测受众媒介产品的消费概率。

5. 间接反映受众经济实力的指标

中国人通常忌讳"露富"，不愿透露自己的真实收入状况。但是，受众的某些外显特征可能间接反映其经济实力，如住所位置、住房大小以及交通工具的特征等。例如，受众住所社区类型（高级豪华社区、标准化社区、普通半开放社区、平房或棚户区等情形），住房类型（高级豪华住房、一般住房、公寓、集体宿舍、租住房等），受众的交通工具类型（豪华轿车、普通小汽车、公共汽车）等，这些信息是间接推测受众经济实力的重要指标。

（四）数据收集方法

受众信息描述指标系统设计完成后，数据收集就成为关键。根据上述横向和纵向指标系统，需收集调查大量的读者数据。那么，如何收集受众数据呢？通常有以下几种途径。

1. 查询或历史积累法

有的数据可以直接通过查询获得，如区域人口数量、区域人口的受教育状况等可以直接从当地政府统计部门查询；有的数据需积累受众的消费历史记录，如受众的媒介产品消费历史、广告消费历史等信息，一般由历史积累而成。

2. 观测采集法

有的数据可通过现场观测获得，如受众的住房属性、所在社区属性等指标。

3. 电话或网络采集法

有的受众信息，可以通过电话或在线网络等方法，以调查问卷的形式进行采集。

（五）数据分析方法

数据收集工作完成后，进入数据分析程序。数据分析方法一般是运用数学与统计方法，对已有的数据进行计算分析。下面以聚类分析为例说明具体的数据挖掘过程。

俗话说："物以类聚，人以群分。"在受众数据库分析中，存在着大量的分类问题。所谓"类"，就是指相似元素的集合。聚类分析又称群分析，它是研究（样品或指标）分类问题的一种统计分析方法。聚类分析起源于分类学，在古老的分类学中，人们主要依靠经验和专业知识来实现分类，很少利用数学工具进行定量的分类。随着人类科学技术的发展，对分类的要求越来越高，以致有时仅凭经验和专业知识难以确切地进行分类，于是人们逐渐地把数学工具引用到了分类学中，形成了数值分类学，之后又将多元分析的技术引入到数值分类学，形成了聚类分析。聚类分析内容非常丰富，有系统聚类法、有序样品聚类法、动态聚类法、模糊聚类法、图论聚类法、聚类预报法等。

运用聚类分析方法，如何实现受众特征的分类和分层？受众的聚类首先要根据一定的知识原理，然后通过对受众指标信息的深入分析，就可以对受众进行明晰的归类与分层，进而对受众的价值进行判断。所谓"客户价值"，据美国学者的定义，是所有用户未来为企业带来的收入之和，减去产品和服务的成本、营销成本，加上满意的顾客向其他潜在客户推荐而带来的利润。[①] 国内学者则指出，客户价值是企业决策者在所处的管理情况下，感知到的来自客户的净现金流、未来净现金流以及一切可以转化为净现金流的非货币价值的总体能力。[②] 在客户价值思想的指导下，所谓受众价值分析是指媒体经营管理者在全面客观分析受众信息概况及其与媒体业务往来的基础上，核算出该受众给媒体带来的损益，依据一定标准评价该受众对媒体的贡献度，以便采取差异化的受众维系策略。在传媒业竞争异常激烈的环境下，受众价值分析无疑是受众管理的一种重要手段。

根据受众信息描述指标系统的分析，很容易发现受众在职业稳定性、收入水平和购买力等方面有着较大的差异，并且，其媒介产品订购消费和广告

① 易开刚：《提升客户价值与企业持续成长的传导机制研究》，载《哈尔滨学院学报》，2004（8）。

② 魏仁干、李敏：《层次分析法在汽车零部件客户价值评估中的应用》，载《商场现代化》，2005（17）。

消费的概率也会有一定差异，因而，受众为媒体创造的经济回报也有显著的差异。可以将受众信息横向指标系统简化为购买力和忠诚度两个维度上的指标。购买力表示消费者订购媒介产品的可能性，一般来说，购买力强的消费者订购媒介产品的概率较大，购买力较弱的消费者订购媒介产品的概率相对较小。假如消费者购买力较强，但不购买媒介产品，则仍然无法为媒体创造价值，因而还需引入忠诚度指标。忠诚度表示消费者订购媒介产品持续程度，忠诚度高则意味着受众订购媒介产品持续的时间长，忠诚度低则意味着受众订购媒介产品持续的时间短。依据受众信息在这多个维度上的指标信息表现，并考虑受众为媒体创造经济回报的可能性及其价值大小的层次性差异，可以把受众分为黄金受众、白银受众、青铜受众和黑铁受众四个层级的客户，如图 6-4 所示。

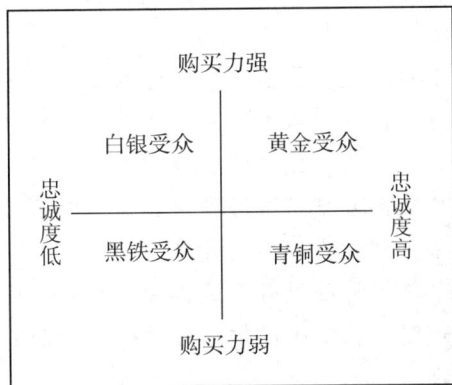

图 6-4 受众价值分析框架图

（六）数据信息应用及定制化营销方案

有了健全的受众信息资料，就可以建立受众数据库，其应用主要体现在两个领域：一是运用数据库为经营决策提供支撑，主要包括受众结构分析、受众区域分布、受众特征与行为调查、受众对媒介产品的评价等方面；二是运用受众数据库的分析结论，为受众提供个性化的营销方案，主要包括针对受众信息属性开展媒介产品营销项目、针对受众信息开展广告营销项目、针对受众信息开展多种经营项目。下面就利用受众信息制定个性化的营销方案问题进行阐述。

媒体受众数据库分析的最后目标是根据每一位受众的差异化特征，为每一个受众制定个性化的营销方案，真正实现"一对一"的个性化营销。在信息科技和网络普及的今天，一对一营销被高度重视。道·佩朴斯与玛萨·罗杰斯较早提出了"一对一营销"的观念，并指出这一营销理念的精髓或关键词是顾客占有率、顾客维护与开发、重复购买法则及与消费者对话。因为唯有掌握每位顾客的详细数据资料，才能了解顾客的需求，并与其互动且维持良好的关系。一对一营销理念为媒体制订营销方案提供了良好的思路。媒介产品销售中"一对一营销"的核心理念是以"受众份额"为中心，促进与受众互动对话以及"定制化"。为受众提供一对一的营销以及量身定做的服务，是媒体建立受众忠诚度的重要手段，也是顾客关系管理的终极目标。根据上述理念，在制定个性化的受众营销方案时必须重视以下四点。

第一，借助计算机网络技术，高效取得受众的动态信息，追踪分析受众的习惯与偏好。一对一营销的前提是得知受众的详细资料，收集受众资料以便对受众的生活形态加以分析，进而针对所瞄准的对象做营销，这样就可以以最少的成本获得最高的营销效益，一对一营销之于大众营销的优势正是如此。

第二，运用分析工具对受众价值进行分层与归类。了解受众动态信息的目的是对受众进行区分，根据受众不同的层次类型，以便有针对性地进行市场营销活动并提供差异化、定制化的产品及服务。

第三，提供个性化营销方案与服务项目。根据上述受众分层，为不同受众制定不同的个性服务项目，在媒介产品经营中主要是产品销售拓展项目、广告消费拓展项目和多种经营项目等。这种个性化还要求：针对高价值受众的营销方案不得简单重复，力求个性化；针对每个受众的沟通信息应"一对一"传播，具有私密性。

第四，能否有效地管理和维护顾客资源，这是决定一对一营销是否成功的关键。媒体经营部门应该"与受众互动对话"，以维系媒体与受众间的深度关系。媒体对受众个体及其消费习惯和行为都要了解，这种了解是通过双向的交流与沟通来实现的。媒体的产品与服务项目要达到"定制化"的境界，也需要对现有的产品与生产模式做很大的改造，并通过大量的后续延伸服务，与消费者维持亲密的沟通，以提升受众的忠诚度。上述受众数据库个性化营销理念可用图 6-5 表示。

有了上述个性化的受众营销方案，就可以有针对性地开展受众消费预测与拓展项目。所谓受众消费预测与拓展是指根据媒体经营者掌握的受众信息特征，对受众可能的消费趋势加以合理推断，并结合媒体经营的业务结构，开展经营拓展项目。受众消费预测与拓展可以在以下三个方面开展活动。

第一，开展媒介产品推广与拓展计划。媒体经营所销售的媒介产品一般

```
┌─────────────────────────────────────────────────────────────────┐
│                                              ┌──────────────┐      │
│                                          ┌──▶│ 媒介产品销售  │      │
│                                          │   │ 拓展项目      │      │
│  ┌────────┐   ┌────────┐   ┌────────┐   │   └──────────────┘      │
│  │受众动态 │──▶│受众价值 │──▶│提供个性化│──┤   ┌──────────────┐      │
│  │信息收集 │   │分层分析 │   │营销方案与│  ├──▶│ 广告消费拓展   │      │
│  └────────┘   └────────┘   │服务项目  │  │   │ 项目          │      │
│                            └────────┘  │   └──────────────┘      │
│                    ┌────────┐           │   ┌──────────────┐      │
│                    │制定个性化│◀─────────┘──▶│ 多种经营项目   │      │
│                    │维护方案  │              │ 业务          │      │
│                    └────────┘              └──────────────┘      │
│         ┌────────┬────────┬────────┐                             │
│    ┌────────┐ ┌────────┐ ┌────────┐                             │
│    │ 订购    │ │ 公益互  │ │ 价值    │                             │
│    │ 优惠    │ │ 动活动  │ │ 回馈    │                             │
│    └────────┘ └────────┘ └────────┘                             │
└─────────────────────────────────────────────────────────────────┘
```

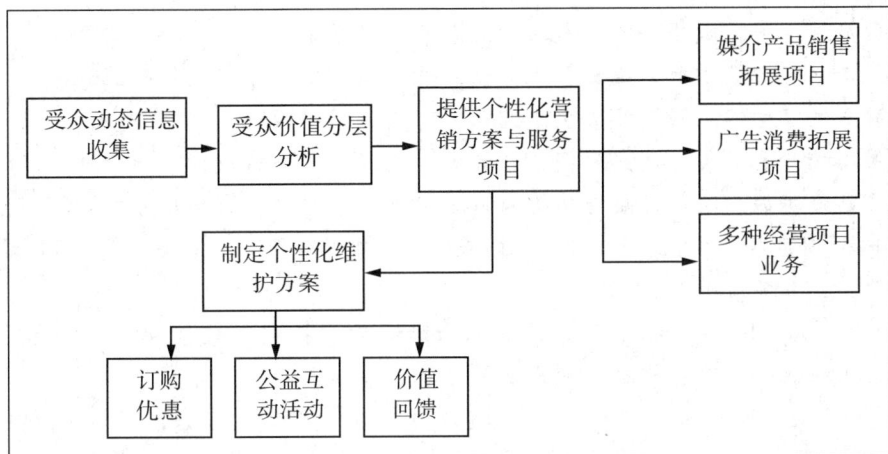

图 6-5　受众个性化营销方案形成过程图

不止一种，还可以代理销售多种媒介产品业务。故而，可以运用受众数据库信息开展发行拓展项目。基于受众数据特征，如根据受众的消费偏好、年龄和家庭结构等数据特征，预测其媒介产品需要，进而向受众推荐相应的媒介产品。根据受众的需求预测与推荐计划，开展媒介产品推介宣传，并进行跟踪、筛选和分类，以全方位满足受众的信息需求。

第二，基于受众数据库特征，开展广告拓展项目。对媒体而言，广告销售始终是最重要的收入来源之一。媒体销售部门在业务经营过程中与受众的交往最为密切，对受众的消费需求有详细的了解。基于受众数据特征，如根据受众的消费偏好、年龄和家庭结构等数据特征，预测其广告消费需要以及需求趋势，进而向受众推荐相应的广告项目，以全方位满足受众的广告消费需求。

第三，基于受众数据库信息特征，开展多种经营拓展项目。当代媒体所经营的业务并不局限于媒介产品业务，还开展票务、旅游等多种经营项目。故而，可以运用受众数据库信息开展多种拓展项目。根据受众的消费偏好、年龄和家庭结构等数据特征，预测其日常生活需要，进而向受众推荐相应的多种经营项目。根据受众的需求预测与推荐计划，开展多种经营项目推介宣传，并进行跟踪、筛选和分类，以全方位满足受众的生活需求。

本章参考文献

1. 耿修林编著. 数据、模型与决策. 北京：科学出版社，2006

2. 刘清堂等主编. 数字媒体技术导论. 北京：清华大学出版社，2008

3. 孙方民等主编. 科学发展史. 郑州：郑州大学出版社，2006

4. 屠忠俊，吴廷俊. 网络新闻传播导论. 武汉：华中科技大学出版社，2002

5. 吴廷俊主编. 科技发展与传播革命. 武汉：华中科技大学出版社，2001

6. ［美］丹尼尔·贝尔. 后工业社会的来临——对社会预测的一项探索. 高铦译. 北京：商务印书馆，1984

7. ［加拿大］Jiawei Han，Micheline Kamber. 数据挖掘：概念与技术. 范明，孟小峰译. 北京：机械工业出版社，2007

8. ［加拿大］马歇尔·麦克卢汉. 理解媒介. 何道宽译. 南京：译林出版社，2011

本章思考题

1. 简述近代科技演进史对传媒发展的影响。

2. 为什么说"媒介是人的延伸"？

3. 简述云媒体的发展现状及其趋势。

4. 参观访问一家报社、电视台或网络媒体，就其信息技术的应用状况写一篇调查报告。

5. 简述受众信息数据挖掘技术。

第七章 传媒市场

　　传媒产品是一种特殊的精神产品。但同其他商品一样，传媒产品价值的实现，有赖于市场交换。从某种意义上说，传媒产品是否有价值，有多大价值，要靠市场这一中介力量来评判。换言之，传媒产品的优劣归根结底要由市场来检验。传媒市场是传媒产品交换的场所。交换的一方是媒体，即传媒产品的制造者；交换的另一方是受众及广告商，其中受众订购传媒产品，而广告商则购买媒体的广告平台资源。传媒市场是中国社会主义市场体系的重要组成部分，既有相同于一般物质产品市场的共性，也有自己的特殊性。本章在溯源传媒市场历史演进的基础上，对受众的传媒消费行为作出分析，概述了传媒市场调查的性质、作用和程序。通过介绍传媒（产品）市场价格的影响因素以及定价的目标、策略和方法，帮助读者对传媒（产品）市场价格的形成建立认识；通过介绍传媒市场促销的定义、作用、主要方式和组合策略，引导读者对传媒市场促销的意义和运用有所了解。

第一节 传媒市场的历史演进

一、传媒市场的概念

　　作为一种具有各种生产要素的经营实体，媒体不仅具有社会属性，还具有经济属性。其经济属性的内涵，是指媒体生产经营所代表的意义以及它所包含的具体内容。经营创收者的角色定位，这是媒体经济属性的主要标志。它体现的是媒体的个体利益，表现形式是追逐利润。从一定程度上说，媒体的创收能力或经营能力决定了媒体的生存与发展，也是媒体实现经济自立、独立发展的前提。媒体只有拥有强大的经济实力，才能避免依附于政治势力或利益集团，才能确保言论的独立、客观和公正。

　　从生产和经营的角度看，传媒业属于信息产业的一部分。媒体是一种包含各种生产要素的经营实体。传媒业的经济属性表现在：第一，媒体本身是市场交换过程的一部分，是市场交换中的利益主体。第二，传媒产品的售卖较一般商品更为复杂，因为传媒产品至少包含了"两次售卖"①，相应地出现了两个市场：受众市场和广告市场。一方面，传媒产品的第一次销售争夺的是受众。受众意味着市场，是媒体得以发展的源泉。传媒产品通过满足受众的需求和喜好，进而占领受众市场。另一方面，基于传媒产品一次销售而衍生的广告市场，或者说"第二次销售"——把媒体所拥有的受众资源"售卖"给生产厂商，它是媒体盈利的重要源泉。在现代社会，广告对传媒的全面渗透和介入，既是对媒体信息传播功能的拓展，又是传媒产业化最直接的市场动因。

将传媒作为一种产业来经营，是必然且必要的。② 从宏观角度而言，是市场逻辑结构使然，传媒作为社会一员，参与社会分工和交换；从微观角度而言，是利益诉求使然，尤其是商业化媒体以利益最大化作为追求目标和行为指针。只有按照经济规律和市场规律来搞好传媒经营，争取获得理想的经济效益，才能更好地发挥传媒的社会功能和作用。

（一）市场

市场是建立在社会分工和商品生产基础上的一个经济范畴，是一个发展的概念，其成熟度与商品经济的发展程度密切相关。

原始社会末期，第一次社会分工打破了氏族组织内部共同生产、共同消费的局面，伴随生产力的发展出现了超越自身消费的剩余劳动产品，于是人类社会第一次出现了交换。这就形成了一般意义上的"市场"，即"进行商品交换的场所"。早期的市场一般设在交通比较发达、人口容易汇集的地方。

随着生产力的发展以及商品交换的日益频繁，市场的概念不断演进，无论在数量、范围、交易形式还是商品内容上都比以往有所变化。它不再只是买卖双方互相接触的场所，而且还包括流通、交换和服务的整个过程，即"所有商品交换关系的总和"，正如马克思指出的："生产劳动的分工，使它们各自的产品互相成为商品，互相成为等价物，使它们互相成为市场。"③ 有

---

① 有论者认为，现代传媒的销售不仅是"两次销售"，甚至有"三次销售"、"四次销售"乃至"N次销售"，现代传媒销售链条有进一步拉长的趋势，这反映了传媒产业的进步。参阅吴锋：《报业转型年的五个期待》，载《传媒》，2007（3）。

② 中国的媒体分为意识形态属性较强的政治性媒体和意识形态属性较弱的市场化媒体。前者如党报，主要承担政治宣传任务，一般不强调产业化；后者主要是面向市场的企业型媒体，如非时政类报刊和电视频道，已经朝向产业化轨道运行。这里的产业经营主要是指市场化媒体。

③ 《马克思恩格斯全集》，25卷，718页，北京，人民出版社，1974。

人将之称之为"现代市场"或"广义市场"，以此区别于以往一般意义上的传统市场。

事实上，传统市场和现代市场之间并无绝对的界限，而是相融并生的。前者体现的是市场的外在形态，具有操作的意义；后者强调的是市场的本质属性，具有理论的意义。同时，市场还是一定区域内潜在的消费者及其购买力与购买欲望的总和。这描述的是市场的主导因素，具有现实的意义。①

（二）传媒市场

国内学者对于传媒市场给予了广泛关注。周鸿铎等认为："传媒市场是指以传媒为中心的各类传媒产品市场组成的整体市场。它包括硬件传媒市场和软件传媒市场。"② 刘建明认为："传媒市场通常是指创办、收购、兼并、参股传媒和传媒机构输出输入的市场。概括地说，是指传媒生产和传媒产权交易的市场。"③ 程秀花、姜东旭认为："传媒市场就是传媒、传媒受众和传媒的广告商之间所有经济关系的总和，也就是从传媒产品供给者到达需求者之间的各种经济关系的总和。"④ 我们认为，传媒市场的概念是在传媒与市场两个子概念的基础上形成的。在市场经济条件下，传媒产品同其他商品一样，具有使用价值和价值，并需要通过交换来实现。实现传媒产品交换的场所和领域，就是人们平常所理解的市场，即传媒市场一般是指传媒产品交换的场所和领域。

随着科技的进步以及通信业、广电业和信息产业的发展，传媒产品的交换不一定要面对面地进行，而是既可以通过电话、电报、传真等现代化的通信手段联系，也可以通过广播电视或网络媒介向受众传递信息。这种建立在高新技术基础上的一切传媒产品交换活动和关系的总和，就是现代传媒市场。

现代传媒市场的形成，必须具备以下三个方面的条件。

第一，市场主体，即传媒市场活动的具体组织者。传媒市场的主体包括生产经营者、批发者、零售者三大基本类型，各自以不同的方式参与传媒市场的商品交换活动。这三类主体共同组成传媒市场关系中的"供"方。它们决定着传媒市场上何时，以多大数量、何种价格供应什么样的商品；决定着

① 唐绪军：《报业经济与报业经营》，81页，北京，新华出版社，1999。
② 周鸿铎等：《传媒经济》，32页，北京，北京广播学院出版社，1997。
③ 刘建明：《传媒市场从单边开放到双边开放》，载《声屏世界》，2003（12）。
④ 程秀花、姜东旭编著：《传媒市场调查》，3页，广州，中山大学出版社，2011。

市场供应能在何种程度上满足各种需求。一定规模的传媒市场的形成，不仅要求拥有足够数量的市场主体，而且要求具有合理的市场主体结构。只有生产商（媒体）、批发商（渠道领域的发行商）、零售商（终端销售者）三者之间保持相互适应的比例，并根据生产力的发展与进步而不断地进行调整，才能使传媒市场供应渠道畅通，为传媒市场的繁荣和发展奠定坚实的基础。

第二，传媒产品。传媒产品是指传媒组织能够提供给目标使用者以引起其注意、选择、使用的传播内容与服务的复合体。它是传媒组织与社会系统实现价值交换的手段和载体。传媒企业只有通过这一载体才能将由一系列品牌策略所构筑的竞争优势货币化，完成品牌资产从"无形"到"有形"的转换，实现价值增值，同时为企业竞争优势的可持续性发展提供保障。一定的市场供求关系的构成，必须建立在以确定的商品为目标的基础之上。缺少传媒产品，供求关系就无法形成，传媒市场也就不复存在。传媒产品的种类、数量、价格、质量以及面市时间等，对传媒市场供求关系的形成有着重要的意义和影响。传媒产品种类是否丰富、结构是否合理、时效性与交换价格是否符合受众需求，是传媒市场是否繁荣兴旺的重要标志之一。

第三，消费需求。传媒消费需求是指受众对以商品和服务形式存在的传媒产品的欲求。有需求才有供应，消费需求是形成传媒市场所不可缺少的条件。甚至，在经营者眼中，消费需求就是市场。当前，随着人们物质文化生活水平的日益提高，传媒消费需求逐步由低层次向高层次发展，呈现出消费领域不断扩展，消费内容日益丰富，消费质量不断提高的趋势。传媒企业需要向市场提供数量更多、质量更优的产品，才能更好地满足受众的传媒消费需求。当然，传媒产品作为一种独特的精神产品，有的时候在面市时并未引起受众注意，经过一定时间的累积，才发展成为现实需求，这就是传媒消费需求的培育。

二、中国传媒市场的诞生与发展

（一）古代传媒市场

中国古代报纸经历了漫长的发展和演进过程，在受众结构上经历了从以官员为主扩展到以民间群体为主的阶段；在主办主体上经历了从以官办为主到以民办为主的阶段；在产品形式上经历了从类似新闻信件的手抄品到活字印刷的小册子的阶段；从发行形式上则经历了从非卖品到沿街叫卖、收费订阅的阶段。

纸质媒介的出现最早可追溯到唐朝，古代的报刊发行亦为唐代始创。唐代报纸经官方手抄和刻印后由政府设置的驿站向全国各地转抄传送。宋、明、清是中国报刊发行体系形成的重要历史时期，元代没有建立全国性的官报体制。在北宋和南宋时期开始出现民间经营的报纸，即"朝报"和"小报"。"朝报"最早脱离朝廷传报范围和传报组织系统，是由民间雕版印刷后公开出售经营的报纸。"小报"是中国古代民间私营发行的传播媒介，是中国古代报纸走向商业化的重要标志。小报的转录和发行，有着以专门经营小报为生的职业群，读者看报要付钱，经营者是职业化报人。宋代小报的经营状态是后世报刊发行的雏形。

明朝的官报由兵部和通政司负责传发，16世纪中叶以后，明朝政府允许民间自设报房，出版和派送报纸成为一项公开的职业。从明代崇祯十一年（1638）起，民间可以设立报房，出版报纸并公开叫卖和接受订户。明代北京的报房不下3家，发展到清代末期，有名号的报房有聚兴、聚恒、聚升等11家之多。报房基本控制了在京各报的发行权。

随着社会经济的发展，明末清初，报房成为集编辑、印刷、发行为一体的经营机构，具备了现代报刊发行的特征。京报在一定程度上已成为面向社会、面向读者，以商品形式存在于社会的传播媒介。①

（二）近现代传媒市场

19世纪初，中国传媒市场进入外报"入侵"时期，西方传教士兴办的教会报纸、外国资本家主办的商业报纸等新型媒介开始涌现。《德臣报》等纷纷入驻中国传媒市场。19世纪中期，外报发行量更加扩大。这些外报基本上由外国人出资，机构设置亦仿照外文报刊的经营体制，并采用了当时很先进的印刷设备和工艺。为了尽可能适合中国读者的看报习惯，外报聘请了不少中国人为主笔、编辑和记者；为了尽可能达到盈利的最大化，外报常常以整个报纸一半以上的版面刊登广告，发布货价行情与商业信息，甚至出附刊扩大广告刊载量。

19世纪后期，随着西方资本主义国家商品的大量倾销，迫切需要中文报刊为外商的产品做广告，中文商业性报刊应运而生，如《上海新报》、《申报》、《新闻报》等。《申报》是商业性报纸的典型代表，重盈利，重经营管理。为争夺吸引华商广告雇主，定出廉价广告刊例，使大量华商广告涌入《申报》。

到了20世纪，中国民族资本登上历史舞台。报界开始出现民族报业资

---

① 王国平、李艳：《徜徉于中国传媒市场的历史长廊》，载《求索》，2007（12）。

本家和报业经营管理专家，摆脱经营管理的原始状态，逐渐走向资本主义企业化管理。

（三）当代传媒市场

自 19 世纪初中国近代报纸产生至今，中国传媒发展已走过了 200 余年的历史（指近现代意义上的传媒）。在这一过程中，如何争取消费者，为建立自由式的传媒市场而展开的新闻实践和新闻观念的表述，追求在广阔的市场中进行新闻传播，实现其最大的新闻传播效果，始终是中国新闻业历史进程中的一个经济逻辑。[①]

过去我们谈到传媒市场，概念的核心指向主要是传统的三大媒介，即报纸、广播和电视。如今，在技术和资本的参与下，传媒市场的领域范围得到了延伸，电影、出版、网络，甚至电信等多种相关业务都被纳入到传媒的视野。

在信息社会，知识是经济增值的关键动力。作为知识传播的主要工具，传媒无疑成了新经济的领跑者。传媒在给全球一体化带来动力的同时，自身也在全球范围内形成了巨大的市场。

1978 年以来，中国传媒组织逐步走向市场，实行"事业单位、企业化管理"，走上了一条良性发展之路，初步形成现代化、信息化的传媒市场。当代传媒市场无论在理念，还是在制度和运作层面，都发生了巨大变化。从理论层面来看，传媒市场的理念已深入人心。改革开放后，中国开始融入国际社会，国内媒介在传播观念上也发生了变革，提出和强调"受众喜欢什么"、"受众想知道什么"，从而在传播模式和选择传播内容的标准上向受众本位的方向发生根本性的转移。[②] 从制度层面来看，传媒市场的主体日益明确。一直以来，作为意识形态的一部分，中国传媒的市场主体地位不被认同。改革开放以来，随着国家传媒政策的不断调整，其集中指向是不断明确传媒的市场主体地位，规范传媒市场环境，从而促进传媒业的健康发展。从运作层面来看，传媒市场的市场化运作不断深化。以政府的新闻规制和市场化发展需要为基础，整合与扩张成为中国传媒市场发展的两大主题。随着中国传媒业

---

① 单波：《20 世纪中国新闻学与传播学——应用新闻学卷》，10 页，上海，复旦大学出版社，2001。

② 罗以澄等主编：《中国媒体发展研究报告》（2002 年卷），22 页，武汉，武汉出版社，2003。

改革的逐步深化，统一的、开放的传媒市场逐渐形成。①

在发达国家，现代传媒市场已经朝向全球化发展，许多巨型传媒集团都是跨国公司，各种业务遍布世界各国。著名新闻巨头默多克执掌的新闻集团，传媒产业遍布美国、英国、澳大利亚等数十个国家。全球互联网搜索引擎领域的巨头雅虎公司的业务则覆盖全球100多个国家。相比之下，中国的传媒市场主要还局限在国内，传媒市场"走出去"任重道远。

第二节　受众的传媒消费行为

受众是一个看似简单，实则复杂的概念。它既是传媒传播的基础，也是传媒传播的目的，是连接媒介二元市场的桥梁，是认识和理解大众传媒与传媒市场的关键。

一、"受众"的界说及其特征

（一）"受众"的界说

与许多文化理论概念一样，"受众"有着远久的历史渊源。

彼得·布鲁克在《文化理论词汇》一书中把"受众"表述为区别于写作形式的读者及体育比赛观看者的观众。丹尼斯·麦奎尔认为受众的发展经历了漫长的过程。他将西方最早的受众追溯至古希腊、古罗马时代，认为那些集聚在一起观看戏剧表演、竞技和街头杂耍的城邦观众是受众的原始雏形。②

印刷品的出现及电影和广播电视的相继发明，扩大了传播的影响面和影响力。当前，随着以电脑科技为基础的信息技术的发展，各种媒介的互动能力在不断增强。现代意义上的受众，通常被看做各种媒介信息的传递对象，即纸媒读者、广播听众、影视观众和互联网网民等各种交流形式的对象的总称。

不同的媒介，都有与之相对应的受众。由于这些媒介形态具有鲜明的社会特征和环境特征，因此麦奎尔认为：受众不仅仅是某种媒介供应方式的产物，还是社会环境的产物。

当前，随着大众传媒的迅猛发展，受众的数量在不断增加，受众参与和

① 程秀花、姜东旭编著：《传媒市场调查》，13～15页，广州，中山大学出版社，2011。

② 陈晨：《西方当代受众理论批判》，1页，新疆大学博士论文，2011。

接受信息传播活动的范围也在不断扩大。社会转型的宏观语境使得受众发生了深刻的变化。第一，受众身份的多元化。改革开放以后，除工人、农民以外，企业家、学者、大学生、农民工等新的群体不断涌现。由于社会角色的不同，在对传媒产品的消费选择上也存在较大的差异。第二，受众休闲时间的改变。经济的繁荣让人民的生活水平不断提高，居民的休闲时间更加充足。每周40小时工作制使得人们有更多的时间用于休闲和娱乐，传媒的受众市场不断扩大。第三，对传媒产品选择的空间扩大。网络、手机电视等新媒介的出现使得人们不用拘泥于传统媒介提供的节目范畴。面对多样化的传媒产品，受众选择的空间增大，逐步摆脱了设备、时间和空间的限制。①

（二）受众的主体性

受众研究不仅与大众传播媒介的兴起息息相关，而且也是大众文化研究的一个重要领域。随着大众传媒日新月异的变化，层出不穷的新媒介带来了受众形态的改变。与此同时，受众研究也在不断地发展、推进和深化。从对受众主体性的不同理解出发，受众研究经历了从消极受众理论向积极受众理论的转变，趋向于对主体复杂性的分析。

早期的受众研究多倾向于认为受众是消极被动、可以被媒介影响与控制的。欧洲的法兰克福学派认为，大众陷于标准化、模式化且具有欺骗性的大众文化之中，丧失了抵抗力和清醒的意识而不自知。美国效果学派认为媒介拥有"魔弹"般的威力，而受众是被操纵的、中弹就倒的"靶子"②，是既无思想，更无互动的"媒介奴隶"，完全不考虑受众的主观能动性。

进入20世纪70年代后，以美国学者为首的经典传播学研究者开始强调受众在传播中的重要地位。他们认为，传播是一个双向的过程，受众在被动接受的同时，也能够通过反馈影响传播者。换言之，受众不是绝对的被动，而是具有一定的主动性和选择能力。他们能够按照自己的意愿解读媒介文本，并建构新的意义。

后期的受众研究不再把受众仅视为单纯的信息接受者。麦奎尔就认为，受众是一种大众的集合，通过个人对愉悦、崇拜、学习、消遣、恐惧、怜悯或信仰的某种收益性期待，而自愿做出选择性行为。③

---

① 金宏奎：《浅析传媒消费主义倾向的动因》，载《今传媒》，2011（3）。

② 参见陈晨：《西方当代受众理论批判》，8页，新疆大学博士论文，2011；程秀花、姜东旭编著：《传媒市场调查》，22页，广州，中山大学出版社，2011。

③ Danis MeQuail. *Mass Communication Theory*，SAGE，London，1966，p.68.

当前，大众传媒开始向产业经营方向发展，人们对传播现象和传播规律的认识也在不断深化，开始将受众视为顾客，即传媒产品的消费者。作为传播学中传者—传播媒介—受者这一主体关系中非常重要的终端环节，受众本身就属于消费传媒产品和服务的消费客户。无论是一张报纸、一本书，还是一部电影、一个节目等，其发行量、阅读率、收视率等都取决于受众的需求与喜好。受众对报刊、书籍、影视、网络等传播内容的接受程度以及对于各传媒产品的消费程度，直接影响到传者及传播媒介的利润。

（三）受众的需求

人们在生活、工作、学习中有多种多样的行为。每种行为的发生都不会是无缘无故的，而必然有其内在的动因，这就是需求。需求是个体和社会所必需的事物在人的头脑中的反映，是个体有所缺乏时所产生的一种内在状态，是主体积极性的源泉。人的行为就是满足需求的活动。[1]

受众研究经历了从"以传者为中心"向"以受众为中心"的转变，一直处于从属地位的受众逐渐成为传播的主体和"上帝"。兴起于20世纪40年代的"满足需求论"（又称"使用与满足论"）认为，受众面对大众传播媒介并不是被动的。实际上，受众总是主动地选择自己所偏爱的和所需要的媒介内容和信息。而且不同的受众还可以通过同一个媒介信息来满足不同的需要，并达到不同的目的。换言之，不是传播媒介在使用人，而是人在使用传播媒介，而人使用媒介说到底只是为了满足其需要。

无论受众是作为大众的受众，还是公众的受众，是处于主动的地位还是被动的地位，是同质的还是异质的，是群体的还是聚合体的，是被媒体操纵的还是等待媒体迎合的，其媒介接触行为的发生动因，就可以统称为需求。

当前，随着市场经济的深化，传媒领域业已发生了深刻的变革：一是在消费者领域确立了传媒产品的消费者——受众的主体地位；二是在生产者领域确立了传媒产品的制造者——媒体自负盈亏的经营者地位。通过了解受众需求，满足受众需求来赢得受众，进而占有受众市场，把握传播的主动权成了大众传媒的首要目标。

受众是信息传播的目的地。受众的需求是传播发展的原动力，是传播过程得以存在的前提和条件。传播活动只有符合受众需要，才能够实现传播者的意图，取得良好的传播效果。

---

[1] 吴红雨：《当代中国电视受众需求研究》，1页，复旦大学博士论文，2008。

当然，受众需求有正当与不正当、合理与不合理、健康与不健康、积极向上与消极落后之分。传播媒介对此要有所区分，绝对不能对受众需求一味迎合，以免影响传播效果，造成负面效应。

与此同时，受众需求本身还具有层次性。受众需求的层次性是由受众的结构层次所决定的。由于受众年龄结构、生活环境、文化水平等因素的不同，不同的群体就会有不同的需求，相应地，对传播媒介及传播内容也就会有不同的选择和理解。

二、传媒消费心理及效应

传媒消费心理及效应既是消费文化的重要组成部分，也是消费文化蔓延的重要推动力量。在消费文化蔓延的过程中，大众传媒扮演着重要的推进角色，同时，传媒自身的结构和内容也具有消费主义的倾向。

当今时代，信息技术飞速发展和更新。大众传媒通过源源不断的信息供给和思想教化在社会生活中彰显出巨大的影响力。改革开放后，随着市场经济的启动和社会体制结构的迅速转型，中国的经济重心已从生产转为消费。消费刺激对拉动经济增长的作用日益显著，大众化消费蔚然成风，消费主义理念也渗透进文化领域并形成一种新的流行态势。

（一）传媒消费心理

消费是消费主体有意识地消耗消费资料和劳务以满足自身生活需要的行为和过程。一般来说，消费者在进行消费活动时要考虑：消费什么、消费多少、什么时间消费、在什么地方消费、以什么方式消费、消费后的自我感觉如何及社会评价怎样。这些是伴随着一系列有目的、有意识的复杂的心理思维活动。[1] 这种贯穿消费活动全过程的思维活动的总和就是消费心理，即消费者进行消费活动时所表现出的心理特征与心理活动的过程。[2] 不同的消费心理，会产生不同的心理效应，从而对媒体的传播过程和传播效果产生影响。

作为社会群体的一员，传播活动所针对的对象——受众，具有鲜明的群体性和社会性。在对受众的传媒消费行为作出考察之前，我们必须对受众的群体心理特征及其产生的心理效应有一定的了解和认知。

1. 求知心理

求知，是受众中最普遍、最常见的一种传媒消费心理。一方面，受众要

---

[1] 金宏奎：《浅析传媒消费主义倾向的动因》，载《今传媒》，2011（3）。

[2] 刘洪伟：《探求消费心理》，载《现代营销》（学苑版），2012（1）。

求传媒客观、真实地报道事实变动的新闻信息，以满足其对客观世界的认知需求；另一方面，受众希望传媒报道与最新的事实变动密切相关的各种类型知识信息以及最新的科学文化信息。

2. 求新心理

所谓"新"有两层含义：一是传媒产品在策划过程以及表现形式上的新颖；二是传播内容在信息时效和主题表现方面的新颖。超常规性的事物更容易受到关注，那些受众熟悉的事物及与以往截然相反状况或存在鲜明对比差异的事物形态的信息，最容易激发受众的兴趣。

3. 求美心理

随着社会的发展进步以及人们物质文化生活水平的不断提高，人们的审美观点也在与时俱进。这使得人们对于传媒产品"美"的追求也不断提高。从这个意义上讲，在传媒产品生产和营销过程中，进一步重视和提高报纸、书籍、节目、网站等传媒产品的版式、装帧、舞美、设计水平，是符合受众的求美心理的，对于推动传媒产业发展具有积极意义。

4. 求趣心理

与求美心理注重追求传媒产品的形式美不同，求趣心理以追求精神满足的享受为目的，即注重追求传媒产品的内容美。求趣心理既表现在对信息内容的趣味性要求方面，也表现在对版面设置、节目编排、网页互动等传播手段的趣味性要求方面。

5. 求奇心理

心理学研究表明，猎奇是人的一种主要的心理动机。求奇，是驱使受众购买某些传媒产品的一种重要因素。好奇心理大致是由以下这些因素引起的：一是由于传媒产品内容主题的特殊、特别、有趣或有争议而引起的；二是由于传媒产品出版过程中或出版后遭到查禁而引起的；三是由于传播方式的特别，如内部发行、限量发行等而引起的。

6. 求便心理

随着生活节奏的加快，受众大都有追求方便、快捷的求便心理，希望方便地获得传媒产品和传播服务。在传媒消费中，求便心理主要有两种体现：一是传媒产品本身的便利性，如报纸的版式是否便于阅读、图书的开本大小是否便于携带、光碟的格式是否便于存储浏览等；二是传媒产品在传播服务上的便利性，如购书送货上门等。

以上介绍的是传媒受众消费心理的几种主要类型。此外，传媒受众的消费心理还有求廉、求名等，不一而足。值得注意的是，受众在消费传媒产品和服务时，其消费心理往往不是单一的。受众的一次消费行为通常是受到几种心理的同时驱使，共同作用。

（二）传媒消费效应

大众传媒早已成为社会公共事务领域为受众所信赖的重要意见领袖，而其成为消费领域意见领袖的趋势也日益明显。大众传媒对消费的影响既体现在短期购买层面，也体现在长期认知层面。除了具体的消费行为，大众传媒还会在消费观念、消费习惯、消费偏好、品牌消费态度和消费心理等方面对受众产生不同程度的影响，在消费社会中充当了消费导师的重要角色。

第一，对消费需求的影响。随着时代的发展，消费环境发生了很大的变化，现代消费者的消费需求也随之得到了发展，主要表现为由物质需求到精神需求、由商品需求到劳务需求、由单一需求到多元需求等。

面对消费需求的变化，传媒从整体上把握消费者的心理状况，迎合其变化趋势，在了解现有需求环境并刺激消费需求上发挥了关键作用。

第二，对消费方式的影响。消费方式是消费者主体与消费对象结合的本位选择，简单来说就是人们使用各种消费资料的途径。在社会发展的过程中，传媒的发达程度与消费观念的散播息息相关。传媒产业越发达，消费观念的散播越广泛。传媒带来了新的消费方式，促使传统的消费方式转变为健康、科学、开放的消费方式。例如，为解决环境危机带来的困扰，传媒积极参与其中，通过各种渠道推行无氟空调、环保手机、太阳能汽车等绿色产品，帮助人们树立绿色消费观念，增强绿色消费意识，从而对新的消费方式的建立起到了重要作用。

第三，对消费结构的影响。消费结构是消费过程中不同消费资料的比例关系。合理的消费结构要求在人们消费水平不断提高的同时，消费质量也要不断提高，消费需求更要得到不断满足。在对消费结构由不合理的状态调整为合理的状态的过程中，传媒起到了相当重要的作用。传媒催生了更多的消费需求、消费文化、消费模式，促使人们更加追求享受需求和发展需求，从而拉动消费结构升级，促进消费结构的合理化。

三、受众消费行为

有什么样的社会文化就有什么样的消费心理，有什么样的消费心理就有什么样的消费行为，正如希夫曼所指出的，"在消费者行为方面，文化被界定为已习得的信念、价值观和风俗的总和。这些信念、价值观和风俗有助于规范具体社会中的消费者行为"。①

（一）受众的消费行为

美国学者 H·拉斯维尔在《传播在社会中的结构与功能》中首次提出了"5W1H 模式"，研究消费者行为就是研究谁是购买者（Who）、购买什么（What）、为何购买（Why）、何处购买（Where）、何时购买（When）以及如何购买（How）的问题。显而易见，传媒涉及了所有的问题。

（二）受众的消费过程

受众的消费过程包括 5 个循序渐进且相对独立的基本阶段。分析研究受众的传媒消费过程，掌握这一过程每一阶段的特点，有助于媒体采取有针对性的营销策略，更好地满足受众需求，取得理想的传播效果。

1. 需求认知

受众认识到自己有某种需要时，是其消费过程的开始。这种需要可能是由内在的心理需求引起的，也可能是受到外界的某种刺激引起的，或者是两者相互作用的结果。因此，媒体应注意不失时机地采取适当措施，唤起和强化受众的需要。

人的需求有多个层次，总体可分为物质需求和精神需求两大类。受众对传媒产品消费的需求总体而言是一种精神需求。作为精神需求的传媒消费需求，其形成较物质需求更为复杂，并且通常需要有一定的物质条件作为保障。

2. 信息搜集

受众产生并认知到自己对某种或某几种特定传媒商品的需求后，通常会通过各种渠道去搜集该商品的各种信息。

受众搜集这些信息的目的是为了评价待消费的传媒商品，为做出购买决策服务。在受众认知到其消费需求后，如果搜集不到他们需要的信息，对于其购买过程的延续是相当不利的。因此，媒体必须向受众提供尽可能多的信息，以便于指导和促进受众购买决策的形成。

3. 商品评估

受众搜集到的各种有关信息可能是重复，甚至矛盾的，因此还要进行分

---

① 参见陈蕾：《多元文化与消费者的消费心理与行为》，载《湖南工程学院学报》，2011（12）。

析、评估和选择。这是消费决策过程中的决定性环节。在受众对传媒商品的评估选择过程中，需要注意以下几点：第一，传媒商品的品质是受众所考虑的首要问题；第二，不同受众对商品品质的评估标准不同；第三，多数受众的评选过程是将实际商品同自己理想中的商品相比较。换言之，只有那些对受众来讲品质和效用最佳的传媒产品才有可能为受众所接受。

4. 购买决策

受众对传媒商品信息进行比较和评估后，已形成消费意愿。然而从购买意愿到消费意愿之间，还会受到内外因素的影响，其决策结果一般有三种情况：一是放弃消费，认为现有传媒商品的品质、效用或价格不能令人满意；二是推迟消费，认为现有传媒商品的某些方面尚不尽如人意，如品质欠佳或价格过高等；三是决定消费，认为待消费的传媒商品各方面都较理想，与自己的需要相吻合。

5. 购后评价

受众在购买传媒商品后，其消费过程并未立即结束。他对所购买的传媒商品及购买过程中所享受的服务的评价，直接关系到他以后是否会继续消费同类型的传媒商品或该媒体生产的传媒商品，并且还会影响到其他受众，形成连锁效应。因此，媒体必须高度重视受众的购后评价，将这一重要的反馈信息作为改善其传播工作的重要依据。

购买者对其购买活动的满意感（S）是其产品期望（E）和该产品可觉察性能（P）的函数，即 $S=F(E, P)$。若 $E>P$，则消费者会感到很满意；若 $E=P$，则消费者会感到满意；若 $E<P$，则消费者不会感到满意。

（三）影响受众消费行为的因素分析

受众的消费作为整个传媒经济流通环节的最后阶段，其实现与否关系到整个传媒再生产的顺利运行。只有明确了影响传媒消费行为的因素，才能使传媒消费决策的实现更进一步，从而促进传媒经济增长乃至整个社会的良性发展。

影响传媒消费行为的因素多种多样，总体可分为外部环境因素、内在心理因素和市场营销因素。外部环境因素包括消费者所处环境的文化和亚文化、社会结构、家庭状况以及其所接触的参照群体等；内在心理因素包括消费者的社会阶层、个性和自我认知以及影响消费决策的知觉、情绪、动机、态度等；市场营销因素包括传媒企业所开展的广告、公关等一系列营销传播活动以及日常提供的传媒产品的品牌、品质和服务等。

第三节 传媒市场调查

当传媒市场由卖方市场演变为买方市场，引入市场营销理念后，媒体的所有经营管理活动都在实质上转变为市场经济行为，围绕着传媒市场这个中心运作。传媒企业要想在传媒市场上站稳脚跟并不断发展，必须将企业的所有经济活动都建立在对传媒市场全面了解的基础上。传媒市场调查则是帮助传媒企业全面、系统、准确、真实地掌握传媒市场状况的重要途径。

一、传媒市场调查的定义与性质

随着传媒业从计划经济向市场经济的转变，传媒企业也面临着深刻的变革，即从依据经验、推测进行决策，转向以数字调查为基础进行决策；从以生产为导向，转向以市场需求和读者为导向。

（一）传媒市场调查的定义

在与一般调查类似的基础上，传媒市场调查以弄清受众的行为和态度，探究传播市场的现实结构及竞争者的状况为重点。

1. 市场调查

对于市场调查的理解主要有两种观点：一种观点认为市场调查是对狭义市场或广义市场的调查（相当于 Market Research）。狭义的市场调查主要是对顾客及其行为的调查研究；广义的市场调查主要是对整个商品交换关系的总和的调查。另一种观点认为市场调查是对市场运营的调查。它不仅以市场为对象，而且以市场运营的每一阶段，包括市场运营的所有功能、作用等都作为调查的对象。[1] 我们认为，市场调查是指企业或组织为回答某一特定市场问题，运用科学的方法，系统地搜集、整理和分析有关市场信息资料，对市场现状进行反映和描述，以认识市场发展变化规律，为科学决策提供必要的信息依据的过程。

2. 传媒市场调查

传媒市场调查是指传媒企业或传媒组织运用科学的方法，对传媒市场营销资料进行有系统、有目的的收集、整理、分析和解释的活动，旨在为传媒企业或组织的经营管理活动提供信息，帮助其做出正确的经营管理决策。

---

[1] 程秀花、姜东旭编著：《传媒市场调查》，34 页，广州，中山大学出版社，2011。

（二）传媒市场调查的性质

传媒市场调查是传媒企业或组织的一项重要工作，主要作用在于了解传媒市场的受众需求，监测传媒市场运营情况和预测传媒市场的未来，做到知己知彼、百战不殆。它是确定受众和潜在受众需求量的关键管理工具，是传媒企业或组织与受众建立长期关系的重要手段。

好的传媒市场调查需要具有以下四个方面的性质，从而保证和促进传媒企业或组织营销活动的顺利开展，为未来的生存和发展提供支撑。

1. 全面性

传媒市场上充斥着众多的偶然因素和必然因素。在传媒市场调研过程中，结论必须建立在获取充分的资料的基础上，否则就会以偏概全，出现偏差。因此，开展传媒市场调查工作，必须遵循全面性原则，尽可能扩大调查范围，采取各种调查手段，广泛、细致、充分地收集和积累有关信息。

2. 目的性

传媒市场信息量十分巨大。如果调查工作漫无目的，只能是劳而无功，浪费企业资源。因此，在开展传媒市场调查工作之前，就要有明确的目的，即调查必须针对某一特定问题进行。围绕该问题，编制调查计划，进行调查设计，开展抽样、访问、资料搜集、整理、分析等一系列工作，经过认真策划和实施，收集充分的、有代表性的数据，撰写出翔实的传媒市场调查报告。

3. 准确性

市场调查获得的信息必须具有准确性和真实性，才能反映出传媒市场的真实景象。一方面，传媒企业或组织在开展市场调查时，必须实事求是，深入市场营销实践进行认真细致的调查研究，切忌道听途说、偏听偏信；另一方面，对市场状况的分析判断，不能凭借个人经验或主观臆断，要遵循科学的原则和要求，对收集到的信息进行由此及彼、由表及里和多方面的分析论证，帮助传媒企业或组织准确地把握市场发展变化的动态，做出合理决策。

4. 时效性

市场唯一不变的规律就是变。传媒企业或组织能否在竞争中占据优势，一定程度上取决于企业能否先于其他竞争对手及时掌握市场信息并充分利用这些信息。传媒市场的信息可以称得上是瞬息万变，调查间隔时间越长，媒体就越难准确把握受众的需求，想通过调查一劳永逸是不可能的。媒体要把传媒市场调查视为一项常规性、持续性的工作，贯穿于日常的经营管理过程中，帮助媒体及时发现市场中存在的问题和机会，并为有效地解决问题、把握机会提供依据。

二、传媒市场调查的主要作用

传媒市场调查是一项科学性较强的社会实践活动，对于传媒企业或组织的营销活动有着十分重要的意义。如果调查工作的质量不高，甚至出现失误，不仅不利于传媒市场调查工作作用的发挥，而且会给企业或组织造成不应有的损失。

在经济飞速发展的今天，市场机制日趋成熟，企业的产品、服务差异日渐缩小。发掘和创造出令受众接受的与众不同的传媒产品或服务，树立个性化的企业特征与企业形象，成为传媒企业或组织经营管理的首要任务。传媒企业或组织需要与时俱进，根据市场变化情况随时调整其发展战略和经营策略，做出科学正确的决策，并创造和设计各种可行的行动方案。传媒市场调查的作用就是为传媒企业或组织的营销决策部门提供相关信息，帮助其做出正确的产品决策、价格决策、渠道决策、促销决策等。

（一）有助于产品决策

所谓产品决策是指企业对产品的生产与推广所做出的决策。

对现代传媒企业而言，不断满足传媒市场的现实需求，激发潜在需求，变潜在需求为现实需求并加以满足是其发展的原动力。传媒市场开发工作要顺利进行并获得较好的效果，关键在于实现传媒市场供给与需求的有效对接，即传媒企业需要提供适销对路的产品或服务。

产品定位的首要工作就是明确企业产品独具的特点，确定企业可能开发的竞争优势。传媒企业在进行产品决策时，要以市场信息为依据，对传媒产品或服务的选题、内容、设计、品质等进行全面的市场调查和分析，真正了解产品的特性和消费的需求，为产品开发提供依据。

（二）有助于价格决策

所谓价格决策是指企业对产品或服务的销售价格所做出的决策。传媒产品或服务的价格是影响受众需求的一个十分敏感的因素。所以，媒体在开展市场营销活动前，应对产品或服务的价格做适当的调查：以何种价格推向市场才能最大限度地为消费者所接受，同时企业又有最大的利润空间。传媒市场调查围绕价格决策可以就产品或服务实际成本、受众价格敏感度、价格影响因素等收集、整理和分析市场信息，然后选择恰当的定价方法，做出正确的价格决策。

（三）有助于渠道决策

所谓渠道决策是指企业对各种销售渠道所做出的选择。传媒企业或组织提供的产品或服务必须经过或长或短、或宽或窄的分销渠道才能到达受众，营销过程才能完成。因此，对分销渠道情况的及时了解和掌握成为传媒市场调查的重要内容。媒体只有掌握了各类中间商情况、各种运输系统效率以及使用情况、各渠道分销效率调查等，才能做出正确的市场营销渠道决策。

（四）有助于促销决策

所谓促销决策是指企业对其产品或服务的销售方式、产品推销手段和销售时间所做出的决策。促销在整个营销活动中是非常重要的一环，是企业达成营销目标最有效的策略之一，其主要方式包括广告、公共关系、人员推销以及各种有实效的促销推广活动等。由于企业在促销上要花费大量经费，而且有许多可供选择的促销方法，因此，促销活动前的市场、消费者、竞争等情况以及促销效果都必须通过市场调查的方式来明确把握市场信息，以便营销决策者对产品的市场促销方式做出正确的选择。

三、传媒市场调查的程序

传媒市场调查是一项具有科学性、系统性的工作，需要围绕特定的主题，有计划、有组织、有步骤地进行。虽然由于市场的复杂性，调查没有固定的程序可循，但总体来说可分为准备、设计和实施三个阶段。下面以《黄鹤楼周刊》改版的市场调查为例加以说明。

作为第一份面向零售终端的全国性报纸，《黄鹤楼周刊》以打造"中国零售第1传媒"为目标，努力将报纸办到零售户的家门口。

自创刊以来，《黄鹤楼周刊》伴随中国经济一路成长，伴随零售终端一起壮大，伴随企业和品牌一起发展，实现了从8个版到16个版，从20万份到80万份的跨越。其读者覆盖全国300余个地、市、州，成为期发行量最大、影响力最广的全国性零售行业大报。

为进一步贯彻"服务终端 引导终端 造福终端"的办报宗旨，不断提高办报质量，2012年3月，《黄鹤楼周刊》全新改版。围绕改版工作，《黄鹤楼周刊》项目组开展了一系列市场调查工作。

（一）准备阶段

传媒市场调查准备阶段的主要任务为界定研究主体、选择研究目标，并确定需要获得的信息内容。

1. 界定研究主体

中国零售第一传媒《黄鹤楼周刊》。

2. 选择研究目标

如何通过改版进一步提升《黄鹤楼周刊》的办报水平，更好地满足零售终端读者的需求。

3. 所需信息内容

版面规划、栏目设置、内容定位等。

（二）设计阶段

传媒市场调查设计阶段的主要任务为完成内容设计、方法设计、抽样设计、方案设计等设计内容，从而形成保证传媒市场调查工作顺利进行和取得圆满成功的指导纲领。

1. 内容设计

内容设计即根据调查的目的来设计确定调查的范围以及信息资料的来源。

根据《黄鹤楼周刊》的发行区域、读者群体及改版需求，《黄鹤楼周刊》项目组确定借助《黄鹤楼周刊》本身及关联网络（楼上楼网 www.hhll9196.com）的平台，面对全国零售终端开展调查，同时立足项目组所在地武汉进行多方面信息资料搜集。

2. 方法设计

市场调查的方法主要有观察法、实验法、访问法和问卷法等。项目组综合采用上述方法进行了全面调研。

（1）观察法

对《黄鹤楼周刊》网（www.hhlweek.com）的《黄鹤楼周刊》的电子版浏览量进行测评，观察各个版面、各篇稿件的浏览量增减。

（2）实验法

从第 280 期《黄鹤楼周刊》在头版显著位置打出"周刊改版你来定"口号到 287 期《黄鹤楼周刊》全新改版，《黄鹤楼周刊》项目组在前期进行了 7 期的实验探索，如改变版式风格、开辟微栏目等，并搜集了相关反馈意见和建议。

（3）访问法

访问法可分为结构式访问、无结构式访问和集体访问等。《黄鹤楼周刊》项目组一是编制了读者意见反馈表，按照统一的意见征集模式进行结构式访问；二是通过面谈、电话、QQ 等沟通方式，围绕《黄鹤楼周刊》改版这一调查主题进行广泛的、自由的无结构式访问；三是组织召开读者座谈会、专家座谈会，通过集体座谈的方式听取被访问者的想法，收集信息资料。

（4）问卷法

《黄鹤楼周刊》项目组设计制作了调查问卷，对全国零售终端进行发放，以让被调查者填写问卷的方式获得所需的调查对象信息及意见。

3. 抽样设计

所谓抽样设计就是根据调查的目的来确定抽样单位、样本数量以及抽样的方法。抽样方法主要分为概率抽样和非概率抽样。概率抽样的估计准确性较高，且可估计抽样误差；非概率抽样设计简单，可节省时间与费用。

围绕改版需求，《黄鹤楼周刊》项目组对逾十名媒体专家、逾百名高校师生、逾千名周刊读者进行了非概率抽样调查。

4. 方案设计

调查方案是对调查活动各个阶段主要工作的安排与部署，是保证传媒市场调查工作顺利进行的指导性文件。

《黄鹤楼周刊》项目组就改版工作出台了专门的工作方案，主要内容包括改版背景、调查目的、调查方法、调查阶段、调查分工、经费预算等。

（三）实施阶段

实施阶段是将前期调查准备和设计付诸实行的关键阶段。该阶段主要包括信息收集、数据分析、报告撰写等工作。

1. 信息收集

在通过信件、邮件、读者群等多种渠道收集读者反馈意见 1986 条的同时，《黄鹤楼周刊》项目组主动征求了各大媒体专家的意见，专门听取了新闻、出版等相关专业高校师生的意见。

2. 数据分析

《黄鹤楼周刊》项目组对征集来的意见建议进行数据分析，得出了调查结论，并将相关结论充分吸收并融入到改版工作中，以增强周刊改版的针对性和有效性。

3. 报告撰写

调查报告是对调查成果的总结和对调查结论的说明。《黄鹤楼周刊》项目组就改版工作的整体调查情况撰写了调查报告，在力求做到简明扼要、重点突出、文图翔实、讲求实用的基础上，说明了调查结果的局限性和下一步努力的方向。

四、传媒市场调查问卷设计

传媒市场调查在很多情况下要借助于调查问卷。掌握调查问卷的设计程序和设计内容，对于更好地完成传媒市场调查具有重要意义。

（一）调查问卷设计原则

要想有效获得所需的调研结果，在调查问卷的设计上需要遵循一定的原则。

第一，主题明确。根据调查主题，从实际出发拟定题目。问题目的明确，重点突出。例如，《经典》调查问卷（参见本章附录）从"进一步了解您的需求和建议，提高《经典》杂志质量"的主题出发，拟定了一系列题目。在了解读者日常阅读需求和习惯的基础上，第7～9题明确询问读者对于《经典》的意见和建议，为提升杂志质量提供支撑。

第二，结构合理。问题的排列应有一定的逻辑顺序，符合应答者的思维程序。一般是先易后难、先简后繁、由浅至深、由表及里，将复杂、敏感、容易引起应答者反感和厌烦的问题放在最后。

第三，简明易懂。一是要控制问卷乃至问题的长度；二是要通俗明了，符合应答者的理解能力和认识能力，少用或不用专业术语。

第四，便于统计。当调查项目确定后，需要将调查项目科学地分类、排列，构成调查问卷或调查表，方便调查登记和汇总。

（二）调查问卷设计程序

调查成功的关键是调查问卷的质量。要保证调查问卷具有较高的信度和效度，需要在问卷设计上遵循一定的程序。调查是一个系统工作，只有其中各个环节的质量都得到了保证，调查才能最终取得成功。

第一，确定调查目的。编制问卷前，要清楚调查的目的是什么，即通过调查要解决哪些问题、获得哪些资料。

第二，确定调查项目。明确要向被调查者了解的相关问题。例如，《经典》调查问卷重点了解的实际上是三个方面的调查项目：第1～6题调查的是读者总体的阅读习惯及需求；第7～9题调查的是读者对于《经典》的具体意见和建议；读者信息部分调查的是《经典》读者的个人基础信息。

第三，确定调查题目。这实际上是一个将概念指标化的过程，将要测量的主要概念具体化为可以度量的指标。问卷题目的形式主要有三种，即不提供选择答案的开放式问题、提供选择答案的封闭式问题以及既可以选择也可以在选项提供的答案之外自由回答的结构式问题。

第四，确定题目顺序。按问题所能提供的信息及被调查者能感觉到的逻辑性排列问题。关于调查对象个人资料的题目宜放在问卷的最后，否则很容易因为调查对象不愿回答而影响问卷主体部分的顺利完成。

第五，确定问卷版面。合理的版式安排有利于搜集到优质的答卷。问卷版面一定要做到层次清晰，问题之间、问题与答案之间、开放式问题的回答部分，要留足空间。对重要的部分，可通过改变调查字体、字号等方式予以强调。

（三）调查问卷主体结构

调查问卷一般由卷头、卷体、卷脚三个部分组成。

卷头包括调查问卷的名称、调查单位的名称或说明等。卷头上填写的内容一般不做统计分析之用，但它是核实和复查调查单位的依据。

卷体是调查问卷的主体部分，是调查主题的具体化，包括围绕各调查项目确定的调查题目。从形式上看，问题可分为开放式、封闭式、结构式三种；从内容上看，可分为事实性问题、意见性问题、断定性问题、假设性问题和敏感性问题等。

卷脚由三部分构成：一是被调查者的签名和调查日期等，其目的是为了明确责任，一旦发现问题，便于查找；二是填表说明等，其目的是为了便于正确填表、统一规格；三是致谢语等，表示对调查对象真诚合作的感谢。

第四节　传媒产品的市场价格

媒体进入市场，必须要遵守市场规则，否则就会在市场竞争中吃败仗。中国传媒产业还比较年轻，媒体普遍缺乏驾驭复杂市场与环境的能力和经验。很多媒体一旦遭遇竞争，首先想到的是压低自己产品的价格，似乎低价才是谋生的唯一出路。结果，在恶性竞争中，参战媒体个个遍体鳞伤，纷纷败下阵来。在市场经济环境下，传媒产品同样是商品，有自己独特的盈利模式和定价规则。[①] 一方面，传媒产品具有政治属性，需要作为舆论宣传工具；另一方面，传媒产品也具有经济属性，能够作为商品生产和商品交换。纯政治属性的传媒产品虽然属于公共产品，但在市场经济条件下受众也需支付一定费用才能消费，这类传媒产品的价格一般由政府或政党定价。[②] 纯经济属性的传媒产品属于私人产品，受众消费需要支付费用，即具有其市场价格，需遵循市场经济的定价规则。[③]

一、传媒产品市场价格影响因素

在传媒生产中，给传媒产品确定一个合适的价格是非常重要的。正确的价格策略能帮助传媒在市场竞争中赢得优势。根据政治经济学理论，商品的

---

① 骆正林：《传媒竞争与媒体经营》，30页，北京，中国广播电视出版社，2008。

② 关于纯政治公共宣传产品的价格问题较为复杂，有的是免费发行，有的则需按等价交换原则进行交换，至于某种公共宣传品是否付费、如何付费则要看具体情况。

③ 李松龄：《传媒经济理论研究》，35～36页，长沙，湖南大学出版社，2008。

价格是由商品的价值所决定的。同时，商品一旦进入流通领域，进入市场，它的价格还受供求平衡的影响。那么，传媒产品作为一种特殊的商品，其价格又受到哪些因素影响呢？

（一）成本因素

传媒产品的价格也是以价值为基础的。由于存在替代品及竞争者的原因，任何传媒都不可能随心所欲地制定价格。某种传媒产品的最高价格取决于目标市场需求，最低价格则取决于这种产品的成本费用。

一般来说，成本是媒介产品定价的最低经济界限。媒介产品价格只有高于成本，传媒才能补偿生产上的耗费，获得一定的利润；低于成本，传媒就会亏损，长此以往则生产难以为继。从长远来看，任何传媒产品的价格都要高于成本费用，否则就无法经营。但是由于传媒经营受"影响力经济"这一本质规定，传媒产品的补贴来自两部分，并因此形成两种收入结构模式——内生型收入主导模式和外生型收入主导模式。内生型收入主导模式的传媒定价较多地受到产品成本的限制，一般定价要高于成本。外生型收入主导模式的传媒定价则更多地低于成本或者和成本持平，主要靠广告收入得到回报。尽管有可能从发行中获利，也不会作为传媒的主导方向。产品成本在这里的意义在于衡量发行亏损的比率，将这一比率控制在较低的范围内。

总体而言，传媒产品的成本越低，市场定价的灵活性就越大；相反，成本越高，市场定价的灵活性就越小，不利于各种定价策略的灵活运用。

（二）需求因素

在社会主义市场经济条件下，人们的思想观念和包括传媒体制在内的社会经济体制发生了重大变化。传媒产品不再唯一被作为舆论宣传工具，也能够作为商品生产和商品交换。市场是商品实现的基本条件。自然，传媒产品价值的实现也离不开市场。因此，传媒产品定价也必须充分考虑市场需求这一重要因素。

传媒产品的价格与市场需求是相互影响、相互制约的。价格既能决定需求，需求也可决定价格。媒体在确定传媒产品的价格时，就必须充分了解该市场的供求状况。从总体上考察，传媒产品的市场供求关系不外乎三种，即供过于求、供不应求或供求平衡。所谓供求平衡，是指某类传媒产品的供给量与需求量在一定时期内处于基本吻合的一种状态。一般来讲，供求平衡是一种理论状态。在实践中，绝对的供求平衡是不可能的。在供求平衡这种理论状态下所形成的价格，营销学上称为均衡价格。① 当传媒产品的定价高于其市场均衡价格时，就会形成供过于求；相反，当传媒产品的价格低于其市场均衡价格，就会形成供不应求。反之，传媒产品的供求又会影响其价格。

因收入、价格等因素引起的需求相应的变动率，被称为需求弹性。从一定意义上讲，传媒市场需求决定了传媒产品价格能被市场接受的最高经济界限。了解传媒产品需求的价格弹性，有助于把握市场需求状况。

$$需求的价格弹性 = \frac{需求量变动的百分比（\%）}{价格变动的百分比（\%）}$$

一般来说，需求弹性大于 1 时，需求富有弹性，即价格变动，需求量有较大变化；需求弹性小于 1 时，需求缺乏弹性，即价格降低，需求量变化不大，总收益趋于下降；需求弹性等于 1 时，需求弹性中性，价格降幅和需求量的增幅一致。②

在以下条件下，传媒市场需求可能缺乏弹性：一是市场上没有替代品或者没有竞争者；二是传媒使用者对产品内在品质的重视高于价格因素；三是传媒使用者使用习惯的转换成本较高，也不积极去寻找较便宜的替代品；四是使用者认为产品质量有所提高，价格较高是可以接受的。如果传媒产品不具备上述条件，那么该产品需求就具有弹性。在这种情况下，媒体经营者可以考虑降价以刺激需求，促使更多目标使用者选择本产品。

（三）竞争因素

市场竞争是市场经济的基本特征。在市场经济条件下，企业从各自的利益出发，为取得较好的产销条件，获得更多的市场资源而竞争。通过竞争，实现企业的优胜劣汰，进而实现生产要素的优化配置。竞争影响定价，一般来说，竞争的程度不同，对企业定价的影响也就完全不一样。市场竞争按其程度来分，可分为完全竞争市场和不完全竞争市场。不同的市场竞争结构赋予传媒不同的市场权利，这些权利的大小决定了竞争者价格规划空间的大小。

完全竞争指一种没有任何外在力量阻止和干扰的市场情况。在完全竞争状态下，任何一个企业都不可能单独左右同类商品的价格。传媒产品的价格由整个市场的供求关系所决定，在多次交易中自然形成。

---

① 方卿、姚永春：《图书营销学》，256 页，太原，山西经济出版社，1998。
② 谭云明、包国强：《传媒经营管理新论》，280 页，北京，北京大学出版社，2007。

不完全竞争一般是指除完全竞争以外，有外在力量干预的市场情况。在这种竞争状态下，多数企业都能积极主动地影响市场价格，而不是价格的被动接受者。不完全竞争是市场竞争中最常见的一种状态，包括完全垄断、垄断竞争、寡头垄断 3 种类型。完全垄断指一家传媒可以完全控制市场价格，理论上可以在法律允许的范围内自由定价。垄断竞争指传媒价格规划空间的大小由传媒所具有的差异性大小决定。寡头垄断指传媒产品的价格由少数寡头通过协议或者默契所确定，或者是由一家最大的寡头先行定价，其他寡头跟随。

（四）心理因素

受众是传媒产品的消费者。自然，他们也是传媒产品的最终评判者。传媒产品的价格是否合理，要看目标市场的受众是否能够接受。一方面，如果传媒产品价格定得过高，不能为目标市场的受众所认同，甚至遭到他们的抵制，那么，显然这种定价是失败的；另一方面，受众有时会依据价格来判断传媒产品的优劣。"价高质优"的消费心理在现实生活中是存在的。所以，传媒产品的定价，要充分考虑受众的消费心理因素，避免因低价而被视为质劣。

（五）政策因素

在承认传媒产品的经济属性，致力于发展中国传媒经济的同时，我们不能忽视传媒产品的政治属性。传媒产品的市场价格既要遵循市场运行规律，也要执行国家的相关政策法规，如《合同法》、《反不正当竞争法》、《消费者权益保护法》等。

与此同时，传媒产品的市场价格还受到国家各项经济政策的影响以及国家和地方政府相关科学文化教育政策的制约。政府的干预一般可以分为两类：一是政府主管部门为了扶植某个区域市场的发展，而规定进入该市场的传媒产品的最低限价，以保证该区域市场的传媒获取扩大传媒产品线规模所需的资本积累。这一最低限价常常是高于市场供求平衡点的价格。二是政府等主管部门为了防止物价上涨而规定传媒产品的最高限价。这一最高限价往往低于市场供需平衡点的价格。

二、传媒产品定价目标

传媒产品的定价目标，是在一定时期内为实现传媒单位战略目标对价格制定提出的总的目的和要求。不同的传媒有不同的定价目标，同一传媒在不同时期定价目标也不同。媒体要慎重对待定价目标的选择。

　　任何传媒都不可能孤立地制定价格规划，而必须按照传媒的目标市场战略及其市场定位战略的要求来进行。由于所处环境及其自身实力的差异，不同传媒企业通常选用不同的定价目标。即使是同一企业，其定价目标也不是单一的或固定不变的，而是根据企业不同的传媒产品去选择不同的定价目标，并且随着企业整体营销策略的变化而随时调整。

　　一般来说，传媒产品市场价格规划目标主要有以下四种。

（一）利润目标

　　获取利润是传媒企业从事生产经营活动的最终目标，具体可通过传媒产品定价来实现。根据企业对利润追求的不同侧重点，产品定价的利润目标可分为以下三种。

　　第一，获取最大化利润。这是企业追求在一定时期内获得最高利润额的一种定价目标。利润额最大化取决于合理价格所推动的销售规模，因而追求最大利润的定价目标并不意味着企业要制定最高单价。最大利润既有长期和短期之分，又有企业全部产品和单个产品之别。有远见的企业经营者，都着眼于追求长期利润的最大化。当然并不排除在某种特定时期及情况下，对其产品制定高价以获取短期最大利润。这种目标一般为该传媒产品在市场上处于绝对有利地位时或传媒企业实力较强时采用。

　　第二，获取合理利润。这是传媒企业在补偿正常情况下的社会平均成本的基础上，加上适度的利润来确定传媒产品定价以获得正常情况下合理利润的一种价格目标。根据这一目标所确定的传媒产品价格水平较为适度，不仅受众乐于接受，政府积极鼓励，而且它对于避免恶性竞争，稳定市场供求等都有积极意义。

　　第三，获取预期利润。这是传媒企业以预期利润为传媒产品的定价基点，加上传媒产品的总成本和税金来确定其市场价格，从而获得预期利润的一种定价目标。总的来说，这一定价目标具有较浓的主观色彩，必须注意两个问题：一是要确定适度的投资收益率。一般来说，投资收益率应该高于同期的银行存款利息率。但不可过高，否则消费者难以接受。二是企业生产经营的必须是畅销产品，与竞争对手相比具有明显的优势。否则一旦受到更强有力的传媒企业的挑战或同类传媒产品的冲击，容易失去竞争的主动权，导致预期利润落空。

（二）份额目标

　　份额目标即把保持和提高企业的市场占有率（或市场份额）作为一定时期的定价目标。市场占有率是一个企业经营状况和企业产品在市场上竞争能力的直接反映，关系到企业的兴衰存亡。较高的市场占有率，可以保证企业产品的销路，巩固企业的市场地位，从而使企业的利润稳步增长。

如果传媒产品处于成熟期或者衰退期，传媒市场上产品趋向于饱和，竞争成本增高，有时候会威胁到传媒的影响力规模。在这种情况下，维持规模比利润增长重要得多，传媒必须制定较低的价格，并针对目标市场中的价格敏感者集中营销。许多传媒常常通过大规模的价格折扣，来保持对目标市场关系的维持，然后通过广告市场的交叉补贴实现利润增长。

（三）竞争目标

市场经济的基本特征就是竞争。当前，在市场竞争日趋激烈的形势下，传媒企业在实际定价前，都要广泛收集资料，仔细研究竞争对手产品价格情况，通过自己的定价目标去对付竞争对手。根据企业的不同条件，一般有以下竞争目标可供选择。

第一，稳定价格目标，即维护价格的相对稳定来保持竞争地位。传媒产业中的大企业或占主导地位的企业率先制定一个较长期的稳定价格，其他企业的价格与之保持一定的比例。

第二，追随定价目标，即以对市场价格有影响的竞争者的价格为定价依据。一般情况下，中小传媒企业的产品价格定得略低于行业中占主导地位的传媒企业的价格。

第三，挑战定价目标，为主动挑战竞争对手，扩大市场占有率或防止其他竞争者加入同类传媒产品的竞争行列，具备强大实力和特殊优越条件的传媒企业，可采用低于竞争者的价格出售产品。

（四）价值目标

当传媒企业以价值最大化为市场目标时，必须考虑传媒产品质量和服务领先于竞争对手，并在整个制作和市场营销过程中始终贯彻价值最大化的操作原则。这就要求用高价格来弥补高价值提供和研发的高费用，使传媒伴随高价值的提供获得高的收益。例如，《美国国家地理》、《世界时装之苑》等杂志，其高价不仅能在市场上树立一个高质量的形象，而且也是其利润的保证。

三、传媒产品定价方法

定价方法是企业为实现其定价目标所采取的具体方法。企业在制定市场价格时，要充分考虑传媒产品的成本费用、市场需求和竞争状况等因素的影响，据此产生以下三种基本的定价方法。

（一）成本导向定价法

成本导向定价法就是使传媒产品的定价覆盖成本，而后再追求一定的利润。对利润的追求可以是追求利润最大化，也可以是追求某个特定水平的利润目标。将成本作为定价的依据有两种具体的方法：以全部成本为定价基础和以部分成本为定价基础。

以全部成本为基础计算价格。其计算公式为：

完全成本价格＝成本×（1＋利润率）

　　　　＝［直接成本（每单位）＋间接成本（每单位）］×（1＋利润率）

以部分成本为基础计算价格，只将可变成本纳入计算，而不考虑产品的固定成本。其计算公式为：

部分成本价格＝间接成本×（1＋成本覆盖率）

（二）需求导向定价法

市场需求是传媒企业产品营销活动的中心。所谓需求导向定价法，即不考虑产品的成本，以市场上受众的需求为出发点，根据受众的收入水平、消费能力、消费态度、对传媒产品的价值感知等因素确定传媒产品的市场价格。

作为一种根据市场需求状况和受众对产品的感觉差异来确定价格的定价方法，需求导向定价法主要包括以下三种具体方法。

第一，理解价值定价法。根据受众对企业提供的传媒产品的理解价值（也称感受价值、认知价值）的高低来确定产品的定价，有利于贯彻名牌高价、优质优价的价格原则，促进名牌传媒产品、知名传媒企业的成长。

第二，逆向定价法。传媒企业根据市场调研和价格预测，先确定传媒产品的市场价格，然后以此为基础，推定产品的出厂价和批发价的一种定价方法。

第三，习惯定价法。按照传媒市场长期以来形成的习惯价格定价。

（三）竞争导向定价法

竞争导向定价法是指传媒企业不直接考虑产品的成本和需求因素，主要依据市场竞争因素，尤其是竞争对手同类产品的价格状况来确定商品价格的一种定价方法。竞争导向定价法包括多种形式，其中最主要的有以下两种。

第一，流行价格定价法。这是传媒企业根据市场上同类传媒产品的平均价格水平来确定自己传媒产品价格的一种方法。值得注意的是，流行价格定价法并不是采取完全和市场通行价格一致的定价，而只是把其作为一个重要的参照，再结合自身的实力和市场策略来制定合理的价格。最终确定的传媒产品价格可能与它的主要竞争者的价格相同，也可能高于或低于竞争者。

第二，价格领袖定价法。在传媒市场某一细分领域，由少数几个大企业掌握定价主动权，其他企业只好参考这几个大企业的价格来确定自己产品的价格。

四、传媒产品定价策略

价格通常是影响交易成败的重要因素，同时又是市场营销组合中最难以确定的因素。传媒产品定价策略是指传媒企业在分析传媒产品价格影响因素，确定传媒产品定价目标，选择科学定价方法的基础上，确定传媒产品市场价格的技巧和战术。

企业定价的目标是促进销售，获取利润。这要求企业既要考虑成本的补偿，又要考虑受众对价格的接受能力，从而使定价策略具有买卖双方双向决策的特征。

（一）价格策略

价格策略的正确与否直接关系到传媒产品能否在市场上立足，尽快地从产品市场生命周期的导入期进入到成长期。与价格水准的高、中、低相应，传媒产品定价的价格策略主要要有以下三种。

第一，撇油定价，又称取脂定价，指以较高的定价将传媒产品推向市场，迅速赚取利润收回投资。这种策略能够在一定程度上减少经营风险，提高经济效益，一般适用于某些被受众期望很高的传媒产品。

第二，渗透定价，又称薄利多销定价，指以较低的定价将传媒产品推向市场，利用受众的求廉心理实现销量和市场占有率的最大化。这一方法一般适用于竞争激烈、需求弹性大、市场寿命周期长的传媒市场，如都市报市场。

第三，满意定价，又称中位定价，指投入市场的传媒产品以适中的，买卖双方均感到合理的价格销售产品，通过销量的长期稳定增长获得平均利润。这一方法一般适用于需求弹性适中、销量稳定增长的传媒产品，如一些通俗书刊。

（二）心理策略

传媒产品的定价，不仅要考虑到广大受众的购买力，还要考虑到受众的购买心理。所谓传媒产品定价心理策略，指传媒企业根据受众购买心理因素对传媒产品价格进行微调的技巧和方法，包括尾数定价、整数定价、声望定价、习惯定价等。

（三）折扣策略

折扣策略是指对基本价格做出一定的让步，直接或间接降低价格，以争取市场，扩大销量。其中，直接折扣的形式有数量折扣、品种折扣、现金折扣、功能折扣、季节折扣等，间接折扣的形式有回扣和津贴等。

第五节　传媒市场促销

传统的文化业（包括传媒业）一直是国家事业单位编制，强调其作为党的宣传喉舌职能。但近年来国家出台了一系列关于文化发展的新政策和方针，意在采用积极的手段将僵化的传统文化经营机制逐步打破，将传媒业由"文化制造"阶段推向"市场营销"阶段。正如经济发展的市场规律是从"产品生产"阶段逐步转向"市场营销"阶段一样，这是方向，也是传媒改革的必然趋势。在这种改革的历程中，"酒香不怕巷子深"、"皇帝女儿不愁嫁"等传统的经营思路逐步被破除，市场促销成为传媒经营中不可或缺的手段，日益得到重视。传媒的市场促销是传媒企业市场营销活动的有机组成部分。传媒企业需要通过宣传促销来扩大和加速传媒产品的销售，受众也需要通过传媒企业的宣传促销来了解传媒产品的信息和动态。

一、传媒市场促销的定义

促销，其本质是信息沟通，即信息的传递与理解。按照美国市场营销协会定义委员会的解释，促销是"以人员或非人员的方式，帮助或说服顾客购买某种商品或劳务，或者使顾客对卖方的观念产生好感"[1]。菲利普·柯特勒指出，"公关为购买商品或享受服务提出了理由，而促销则提出了现在购买的理由"[2]。传媒市场促销，是指传媒企业以各种有效的方式向目标市场传递有关信息，以启发、推动或创造对企业传媒产品和服务的需求，并引发受众购买欲望和消费行为的综合性策略活动。

要把握传媒市场促销这一概念，需要掌握以下三个要点。

第一，传媒市场促销是运用各种有效方式的综合性策略活动。传媒市场

---

[1]　方卿、姚永春：《图书营销学》，318～319页，太原，山西经济出版社，1998。

[2]　谭云明、包国强：《传媒经营管理新论》，288页，北京，北京大学出版社，2007。

促销的方式主要可分为人员促销和非人员促销两类。其中，非人员促销又可分为广告、营业推广和公共关系等具体方式。

第二，传媒市场促销的实质与核心是沟通传媒产品和服务的信息。说到底，传媒市场促销就是向受众传递传媒企业传媒产品或服务信息的一项信息传播活动。没有信息沟通，也就没有促销可言。

第三，传媒市场促销的目的是引发受众购买欲望和消费行为。这一目标可分解为两个层次：首先是帮助受众了解传媒企业的传媒产品及其有关服务；其次使受众对传媒企业的传媒产品及有关服务产生好感，促使其萌发消费欲望。

二、传媒市场促销的作用

"市场的发展必然促进媒介产生对利益属性的自觉并且产生追求利益的行为。"[①] 从 20 世纪 70 年代末至今，中国的经济体制通过逐步改革，完成了从计划经济、有计划的商品经济到市场经济的巨大转变。在从计划经济向市场经济转化的过程中，传媒市场逐步走出经营理念上的一些观念误区，如只重生产、轻视营销，只重规模、忽视品牌等。

在传媒市场化的商品经济条件下，一方面，传媒企业不可能完全清楚何时、何地受众需要何样、何价的传媒产品；另一方面，广大受众也不可能完全清楚市场上现有的传媒产品以及由谁供应、何时供应、何地供应、何价供应等。

正因为传媒市场客观上存在着这种生产者与消费者间信息不对称的"产""销"矛盾，所以传媒企业必须通过沟通活动，利用人员推销、广告宣传等促销手段，把产品、服务等信息传递给受众，以增进其了解、依赖并消费本企业传媒产品或服务，从而扩大销售的目的。

随着当前传媒企业竞争的加剧、传媒产品的增多以及受众收入的增加和需求层次的提高，传媒市场已进入买方市场阶段。在买方市场上，广大受众对传媒产品和服务的要求更高，挑选余地更大。因此，传媒企业与广大受众之间的沟通更显重要。传媒企业需要加强促销，有效利用各种促销方式，加深广大受众对其产品或服务的认识，从而激发其消费需求和行为。

传媒市场促销的作用主要体现在以下四个方面。

第一，传递信息，强化认知。在现代市场营销中，信息流是商流和物流

---

① 黄升民、丁俊杰主编：《媒介经营与产业化研究》，51 页，北京，北京广播学院出版社，1997。

的前导。受众的传媒消费行为是要有一定的信息指导的。指导受众购买传媒产品或服务的信息来自多个方面。其中，传媒企业组织开展的促销活动所传递给受众的信息就是其中一个非常重要的来源，有助于沟通信息，消除传媒企业和受众之间由于时空和信息分离引起的矛盾。

第二，突出特点，诱导需求。传媒市场需求属于精神文化需求范畴，具有较强的隐蔽性和可塑性，有时连需求者本人都没有察觉到自己的潜在需求。现实生活中，人饥思食，寒思衣，都是很自然的事情；但当工作或生活中遇到具体或抽象的问题时，却不一定会想到去买本相关的书来看看，甚至不一定知道有相关的书存在。市场促销则正好能够起到刺激受众需求，引导受众消费的作用。

第三，强化优势，形成偏爱。传媒市场促销是以充分展示所宣传的传媒产品或服务的优势为主要内容，有助于使受众认识到该企业产品或服务与同类产品或服务之间存在的差异。通过确立其"差异优势"，促使受众对其所宣传的传媒产品或服务产生偏好，从而促进销售，增加盈利。

第四，树立形象，巩固市场。企业形象是指受众在对传媒企业单个或多个产品认知的基础上，形成的对企业组织的整体综合印象。企业形象是传媒企业的无形资产，直接影响着广大受众对传媒企业的信赖和感情，影响着广大受众的传媒消费行为。在产品极大丰富的现代传媒市场，很多时候人们选择购买哪个企业的产品不是取决于产品本身，而是在一定意义上取决于企业形象。心理学研究中的"移情效应"表明，受众总是会不自觉地将其对传媒企业的信赖和好感转移到该企业提供的传媒产品或服务上去，从而坚定其消费的信心。传媒企业如能有效开展宣传促销活动，对于树立良好企业形象，吸引受众持续消费，巩固市场具有极大的意义。

三、传媒市场促销的主要方式

传媒市场促销的方式有两类：一是人员促销；二是非人员促销。其中，非人员促销又可分为广告宣传、营业推广和公共关系等具体方式。

（一）人员促销

人员促销是一种既传统又现代的促销方式。它是指企业派出人员或委托推销人员，亲自对受众进行介绍、推广、宣传与销售，直接同目标市场的消费者建立联系，传递信息，促进商品和服务销售的活动。促销人员、促销对象和促销方式构成人员推销的三个基本要素，其中促销人员是促销活动的主体。

营业人员与目标受众面对面地进行产品或服务介绍，是一种针对性极强的促销方式。人员促销一方面有利于促销人员与受众从单纯的买卖关系向友好的沟通和交流方向发展，乃至建立一种长期的合作关系；另一方面，融传媒产品的宣传与销售于一体，可以及时了解市场信息和促销效果。这是其他促销方式所不能及的。然而，人员推销也存在支出较大、成本较高以及对推销人员的要求较高等缺点。

（二）广告宣传

广告宣传是指传媒企业以付酬的方式运用各种途径和方式，公开而广泛地向社会介绍企业的产品或服务品种、特点、优势等信息，从而唤起受众的消费欲望的一种宣传方式。

传媒广告主要由以下四个要素构成。

第一，广告主。作为传媒促销的一种手段，广告宣传总是为传媒企业的产品促销服务的。广告主决定了是否运用、如何运用广告宣传这一促销手段以及承担相关费用的支付。不同的广告媒介有着不同的特性，广告主必须在深入思考的基础上，做出正确的广告宣传抉择，才能起到应有的效果。

第二，广告费用。广告主必须为使用广告媒介支付一定的费用，同时还要向广告制作者支付相应的设计制作费。

第三，广告媒介。广告媒介是指在广告主与广告宣传对象之间起传播作用的媒体介质。传媒广告宣传媒介众多，既有广播、电视、报纸、杂志等大众传播媒介，也有书目、订单、节目单等行业媒介，还有海报、标牌等户外媒介。换言之，几乎各种商业广告媒介均可为传媒促销所用。值得注意的是，作为广告宣传必不可少的物质条件的广告媒介，并非是一成不变的，而是随着科学技术的发展而发展的。科技的发展，必然会使得广告媒介的种类越来越多。

第四，宣传信息。即广告所要宣扬传播的内容。传媒广告宣传信息主要有三类：关于某种（类）传媒产品或服务的内容、形式、特点、优势及其推向市场的动态信息；关于传媒企业有关促销活动的信息；关于传媒企业企业形象的信息。

（三）营业推广

营业推广，也称销售促进、特种推销。它是指企业在比较大的目标市场中，为刺激早期需求或强烈的市场反映而采取的能够迅速产生鼓励作用、促进商品销售的一种措施，旨在激发受众购买和促进经销商的效率。

同其他促销方式相比，营业推广具有推广方式灵活多样、推广效果直接明显的显著特点。传媒企业可以根据不同的促销对象、不同的市场状态，有针对性地采取产品陈列、样品赠送、价格优惠、有奖活动、主题活动等不同的方式。由于直接面向受众，融宣传与销售于一体，营业推广常能使受众在正常的购买行为中获得一些意外的惊喜，从而在顾客的心理上产生较强的诱惑力。只要选择运用得当，营业推广的促销效果能够很快在经营活动中得到体现。根据实施对象的不同，营业推广可分为消费者促销、中间商促销和销售人员促销 3 种类型。

（四）公共关系

公共关系，简称公关，英文为 Public Relation，简称 PR，是当代世界经济高速发展的产物。公共关系是指传媒企业利用传播的手段，促进企业与公众之间的相互认识和了解，使企业与公众建立良好的关系，达到树立良好企业形象，促进传媒产品销售的一系列活动的总称。在当代开放型的社会关系体系中，任何一个企业都处在社会关系网络中的一个节点上，要想顺利地生存和发展，就必须科学地、合理地建立和运用同自己相关的各种社会关系。

公共关系的本意就是社会组织、集体或个人必须与其周围的各种内部、外部公众建立良好的关系。它是一种状态，任何一个企业或个人都处于某种公共关系之中。它又是一种活动，当一个企业或个人有意识地、自觉地采取措施去改善和维持自己的公共关系状态时，就是在从事公共关系活动。

要科学地把握公共关系这一概念，需要掌握以下几个基本点：公共关系的本质是组织与相关公众之间的相互关系；公共关系的目标是创造良好的企业形象和社会声誉；公共关系的手段是信息的沟通与交流；公共关系的原则是真诚合作、平等互利、共同发展；公共关系的方针是着眼于长远，着手于平时。

四、传媒市场促销的组合策略

传媒市场促销组合就是传媒企业根据产品的特点和营销目标，在综合分析各种影响因素的基础上，对各种促销方式的科学选择、编配和运用，以提高企业促销的效益。

这一概念包括以下三个要点。

第一，促销组合的目标。传媒促销组合的目标是提高传媒促销的效益。传媒企业在促销过程中，必须从促销成本和促销目标的双重要求中来比较、优选，综合运用各种促销方式和促销策略，以达到促销成本的最低和促销目标的最大化，即提高传媒促销的效益。

第二，促销组合的影响因素。影响传媒促销组合的因素是多方面的，概括地讲，主要有传媒企业的营销整体目标、企业的财力状况；传媒产品的内容及形式特征及其生命周期的阶段特征；目标市场受众的需求特征、目标市场同类产品的竞争状况等。传媒企业在选择和确定其促销方式和促销策略时，必须进行综合考虑。

第三，促销组合的内容。传媒促销组合的内容就是综合运用各种促销方式和促销策略，使之成为一个有机整体，发挥其整体功能。其中，4 种促销方式如前所述，这里就简单介绍一下两种基本的促销策略，即推动策略和拉引策略。推动策略也称人员推销策略，是企业运用人员推销的方式，把产品推向市场，即从生产企业推向中间商，再由中间商推给消费者的一种促销策略。拉引策略也称非人员推销策略，是企业运用非人员推销的方式把顾客拉过来，使其对企业的产品产生需求，以扩大销售的一种促销策略。

这两种促销策略各有优缺点，必须根据其具体情况来选择运用。推动策略一般适合于单位价值较高的产品；性能复杂，需要做示范的产品；根据用户需求特点设计的产品；流通环节较少，流通渠道较短的产品；市场比较集中的产品等。拉引策略一般适合于单位价值较低的产品；流通环节较多，流通渠道较长的产品；市场范围较广，市场需求较大的产品等。

五、传媒市场促销的影响因素

传媒组织对促销方式及其组合策略的运用是一种整体行为，其目标和衡量标准是整体促销活动的高效率和低成本。为了提高传媒市场的促销效率，就需要了解影响促销方式及其组合策略的各主要因素。

（一）目标因素

所谓促销目标，是指企业促销活动所要达到的目的。传媒企业要明确促销的目的是什么，是为了短期内提高销售量、处理老产品库存或是新品上市促销等。例如，在一定时期内，某传媒企业的促销目标是在某一市场激发受众的需求，扩大企业的市场份额；而另一传媒企业的促销目的则是加深受众对企业的印象，树立企业的形象，为其产品今后占领市场，提高市场竞争地位奠定基础。显然，这两个企业的促销目的不同，因此，促销组合决策就不应该一样。前者属于短期促销目标，为了近期利益，宜采用广告促销和销售促进相结合的方式。后者属于长期促销目标，其公共宣传具有决定性意义，辅之以必要的人员销售和广告促销。

促销目标是影响促销组合决策的首要因素。在决策中，传媒企业还须注意，企业促销目标的选择必须服从企业营销的总体目标，不能为了单纯的促销而促销。每种促销工具——人员促销、广告宣传、营业推广和公共关系等，都有各自独有的特性和成本。传媒企业必须根据具体的促销目标选择合适的促销工具组合。

（二）产品因素

产品对传媒市场促销的影响主要体现在两个方面：一是产品的性质；二是产品的生命周期。

一方面，在制定传媒市场促销策略时，必须全面了解传媒产品的性质，即其内容与形式特征。例如，就图书的内容而言，通俗读物、普及读物等大众市场图书，尤其是畅销书，读者对象众多，且分布广泛，就可以考虑采用以广告宣传为主，以公共关系和营业推广为辅的一种促销组合策略；而对内容较专深、读者面较窄的学术著作、理论读物等，一般就不宜采取广告宣传这种高投入的促销方式，而可以考虑向目标读者寄发书目、订单等宣传品的方式进行促销，还可以在相关的专业性报刊上登载书介、书评。就图书的形式而言，大部头、高码价、精印精装的豪华版图书，可以考虑以人员促销为主，以其他方式为辅的促销组合策略；而那些低价位的普通版图书，就不宜采用人员推销。[①]

另一方面，在产品生命周期的不同阶段，受众对传媒产品的认知和态度有很大差别，因而各种促销工具的成本效应也有较大差异。一般来说，在导入初期，广告宣传和公共关系的成本效应通常最高；在整个导入期和成长期，广告宣传的成本效应逐渐有所降低，但相对作用仍然很重要；而在成长期向成熟期过渡及整个成熟期，营业推广的作用开始增大，广告宣传和人员促销的成本效应又有明显加强；在衰退期，除了营业推广的成本效应达到最高点以外，其他促销工具的作用都明显降低。

（三）市场因素

目标市场状况对传媒产品促销策略的影响包括两个方面：一是目标市场受众需求状况对促销策略的影响；二是目标市场竞争状况对促销策略的影响。

就目标市场受众需求状况而言，不同的受众需求，适用不同的促销策略。例如，个人受众同团体受众对传媒产品的需求就存在着非常大的差异。前者适用以广告宣传、营业推广为主，以人员促销、公共关系为辅的促销策略；后者则恰好相反，适用以人员促销、公共关系为主，以广告宣传、营业推广为辅的促销策略。此外，目标市场受众需求量的大小、目标受众的集中程度等，也会对促销策略产生相应的影响，如受众数量少而集中，宜采用人员推销策略；受众数量多而分散，宜采用广告推销等形式。

---

① 方卿、姚永春：《图书营销学》，330 页，太原，山西经济出版社，1998。

　　就目标市场的竞争状况而言，在目标市场同类传媒产品竞争非常激烈的状况下，公共关系方式在促销组合策略中的地位较为突出；相反，当目标市场竞争不那么激烈时，公共关系方式在促销组合策略中的地位就不那么突出了。同样，目标市场竞争状况也会影响到人员促销、广告宣传和营业推广等。

　　此外，影响传媒市场促销方式及其组合策略的因素还有很多，如企业因素、受众因素、预算因素等。传媒企业只有在客观分析自己所处内外部环境的基础上，才能制定出切合实际、切实可行的促销策划方案来。

【本章附录】

《经典》读者问卷

　　亲爱的《经典》读者：

　　感谢您一直以来对高端文摘第 1 刊《经典》的厚爱。作为定位于"成功人士的品位读本"的《经典》，一直坚持选编读者喜欢并有社会影响力的好文章，满足成功人士精神高度的"品位"阅读需求。

　　为进一步了解您的需求和建议，提高《经典》杂志质量，特推出《经典》读者问卷调查，您的任何有价值的意见和建议都是《经典》的宝贵财富，并将激励我们持续改善，提供更优质、更满意的产品与服务。阅《经典》，越经典。经典每月呈现，敬请持续关注。

　　感谢您参与本次调查，您填写的内容《经典》将会严格保密，请放心填写。请在选项的适当位置打"√"。

　　1. 您获取《经典》的方式是：（可多选）

■网站宣传

■会所/酒店/餐厅

■机场展示

■朋友/同事推荐

■会议/展览

■媒体广告

■公司传阅

　　2. 您较常阅读以下哪种杂志？（可多选）

■时尚类

■时事类

■财经类

■生活类

■综合类

■其他

3. 您平时看的杂志是：（可多选）

■《时代》

■《亚洲周刊》

■《城市画报》

■《新周刊》

■《知音》

■《读者》、《意林》、《青年文摘》

■《新民周刊》

■《中国新闻周刊》

■《财经》

■《国家地理》

■《凤凰周刊》

■《三联生活周刊》

■或其他杂志（请列出）

4. 包括您在内，通常有多少人阅读这本《经典》？

■1～2人

■3～5人

■6～9人

■10人以上

5. 您一般花多长时间阅读一本《经典》？

■几分钟

■20～45分钟

■45分钟～2小时

■2小时以上

6. 您一般在哪里阅读《经典》？

■书房

■办公室

■机场

■卧室

■车上

7. 您认为《经典》在各方面表现如何？

a. 选题

很好　　好　　一般　　不太好　　很差

b. 信息质量和数量

很好　　好　　一般　　不太好　　很差

c. 文章的质量

很好　　好　　一般　　不太好　　很差

d. 图片

很好　　好　　一般　　不太好　　很差

e. 封面

很好　　好　　一般　　不太好　　很差

f. 版式

很好　　好　　一般　　不太好　　很差

g. 印刷

很好　　好　　一般　　不太好　　很差

h. 订阅方便性

很好　　好　　一般　　不太好　　很差

i. 购买方便性

很好　　好　　一般　　不太好　　很差

8. 您最喜欢或者不喜欢《经典》什么栏目？

开场　　A. 喜欢　　B. 不喜欢

观场　　A. 喜欢　　B. 不喜欢

商场　　A. 喜欢　　B. 不喜欢

职场　　A. 喜欢　　B. 不喜欢

战场　　A. 喜欢　　B. 不喜欢

立场　　A. 喜欢　　B. 不喜欢

情场　　A. 喜欢　　B. 不喜欢

广场　　A. 喜欢　　B. 不喜欢

剧场　　A. 喜欢　　B. 不喜欢

图片新闻　　A. 喜欢　　B. 不喜欢

语录　　A. 喜欢　　B. 不喜欢

9. 您希望《经典》杂志加强哪方面的服务？

■增强读者与编辑之间的交流

■提供读者希望获得的广告信息资料

■构建企业与《经典》读者之间的互动交流平台

■举办各类研讨会、培训课程等

■运用多种沟通方式（短信/网站/电邮/直投等）为读者服务

■其他（请具体说明）

10. 您对我们的意见和建议。

为了能够把结论推论到和您类似的读者身上，我们还需要了解您的一些背景情况：

您的性别　男　女

您的年龄　24～29岁　30～35岁　36～41岁　42岁以上

您的学历　大专　本科　硕士以上

税前平均月收入　2000～3000元　3001～5000元　5000元以上

您的职位

■董事长、总裁、首席执行官、董事

■执行董事

■副总裁

■首席财务官、财务总管

■首席信息官

■总经理

■部门经理

■专业人员（会计师、律师、经济师、教授）

■总工程师、高级工程师

■其他

您所在的单位类型

■国有企业

■外资企业

■合资企业

■民营企业

■政府机构

■其他（请具体说明）

您在公司部门负责

■总公司管理

■财务/会计/司库/法律

■销售/市场/拓展

■业务运作/生产/分销

■信息系统/技术管理

■研究及开发

■业务发展

■人事/人力资源/培训管理

■行政管理

■其他（请具体说明）

目前您最关心的事情有哪些？（可多选）

■社会经济发展

■中国的国际地位和形象

■物价

■增加个人收入

■理想/信仰

■治安状况

■政府机构改革

■惩治贪污腐败

■住房改革

■下岗或失业

■股市/银行利率调整

■环保

■人文/艺术

■改善公共交通状况

■医疗改革

■国际流行时尚

■国际热点/国际大趋势

■祖国统一

■就业或谋求新职

■社会风气和生存状态

■教育改革

■中国传统文化

■打击假冒伪劣产品

□是　　□否

为方便《经典》及时通知您获赠情况并邮寄杂志，请您将以下基础信息正确填写完整。

姓名 _____

联系方式 _____

通联地址 _____

我们还未认识您，但我们谢谢您！

温馨提示：

读者资料敬请写全，以便与您联系。我们保证您的个人资料仅用于本刊改进工作。

本章参考文献

1. 程秀花，姜东旭编著. 传媒市场调查. 广州：中山大学出版社，2011

2. 方卿，姚永春. 图书营销学. 太原：山西经济出版社，1998

3. 黄升民，丁俊杰主编. 媒介经营与产业化研究. 北京：北京广播学院出版社，1997

4. 李松龄. 传媒经济理论研究. 长沙：湖南大学出版社，2008

5. 骆正林. 传媒竞争与媒体经营：传媒经营与管理研究. 北京：中国广播电视出版社，2008

6. 单波. 20 世纪中国新闻学与传播学——应用新闻学卷. 上海：复旦大学出版社，2001

7. 谭云明主编. 传媒经营管理新论. 北京：北京大学出版社，2007

8. 唐绪军. 报业经济与报业经营. 北京：新华出版社，1999

9. 郑兴东. 受众心理与传媒引导. 北京：新华出版社，1999

10. 周鸿铎等. 传媒经济. 北京：北京广播学院出版社，1997

11. Danis MeQuail. *Mass Communication Theory*. SAGE，London. 1966

本章思考题

1. 概述传媒市场定义，并列举 3 件有关传媒市场最新动态的新闻或事件。

2. 受众的传媒消费心理与消费行为之间有何内在联系？

3. 以《南方周末》为调查主体，试拟一份调查问卷。

4. 任选一本畅销书，分析其定价目标及采用的定价策略和方法。

5. 如果要对本书进行促销，应该采取什么样的促销方式或促销组合？为什么？

第八章 传媒经营环境

　　传媒是社会组织系统中的一类特殊组织，它是在政治、经济、社会等环境条件支撑下从事信息采集、生产、制作、传输等活动的组织系统。在全球经济一体化、大众传播全球化视野下，信息日益成为社会交往和人际沟通的重要中介，并成为经济社会发展的重要资源。传媒业是以大众媒介平台为纽带，专门从事信息产品售卖的创意产业。1992 年，党的"十四大"确定传媒具有"政治上层建筑和经济信息产业"的双重属性，中国传媒经营从此驶入"快车道"。中国传媒业经过了企业化管理、市场化开拓、产业化发展三个实践探索阶段，正在迈入公司化、集团化发展阶段。本章从生态学的视角，概述了现代传媒经营环境的生态特征，借助企业经营管理、公司化治理结构的理论观点，系统分析了中国现代传媒经营的宏观环境、中观环境和微观环境，引导传媒经营管理者能动应用 PEST 分析法、利益相关者分析法和 SWOT 分析法，科学把握外部环境因素和内部环境要素，为传媒经营者提供程序化决策依据，达到科学制定传媒经营战略策略，协调高效实施传媒经营活动的目的。

第一节　传媒经营环境概述

一、传媒经营环境的内涵

　　人类社会生产生活的一切活动都离不开环境。"广义的环境（environment）是指某一主体周围一切事物的总和。在生态学中，生物是环境的主体，环境指某一特定生物体或群体以外的空间以及直接或间接影响生物体或生物群体生存与活动的外部条件的总和。在环境科学中，环境是指围绕着人群的空间以及其中可以直接或间接影响人类生活和发展的各种因素的总和。"[①] 因此，环境是运动的，是相对某一个或某一群主体的参照系概念。相对特定主体而言，主体不同，环境对象和内涵也不同。即使是同一主体，由于主体所处的时间点和空间域不同以及对参照物界定的范围和尺度不同，环境的定义也不同。也有学者认为，"环境是相对一个主体而言，该主体以外

[①]　曹凑贵主编：《生态学基础》，12 页，北京，高等教育出版社，2012。

的一切事物的总和就是环境"①。综上所述，我们认为，环境是所有相对主体而言并见之于主体之外的客体参照系及其力量的总和。环境是相对的，没有主体，就无所谓主体之外的客体，又是具体的，相对每个具体主体及参照对象而言，有其特定的范围和内涵。

进入近代社会后，传媒作为人类社会文明发展的产物，是适应社会广泛交往和信息传输的需要应运而生的，并随着人类环境和社会环境的变迁而演进，成为社会信息系统中的信息生产部门和大众传播把关人。按照上述"相对论"原理，人类是自然和社会的主体，其周围一切事物的总和是人类环境。传媒环境则是传媒组织和传媒人周围一切事物的总和，包括外部环境和自身内部环境。外部环境是传媒赖以生存的客观条件，内部环境是传媒自主发展的主观条件。

传媒环境与传媒经营环境之间是以传媒组织为圆心，构成外圆与内圆类似同心圆的关系（图8-1）。传媒环境是传媒组织的外圆，是其赖以生存与发展的基础；传媒经营环境则是传媒组织的内圆，是其经营活动的空间。传媒经营环境是相对于传媒经营功能而言的，指存在于其经营活动周围，导向、决定或影响传媒经营管理活动发生、发展及其经营目标实现并获得经济价值的外部因素和内部条件的总和。

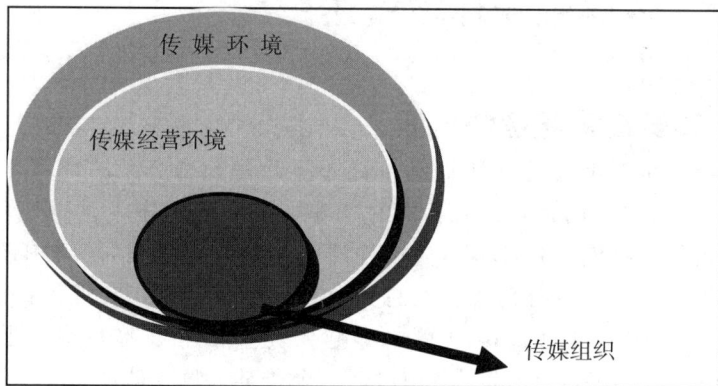

图 8-1 传媒经营与传媒经营环境关系图

根据环境的定义，传媒经营环境包括外部宏观环境、中观环境和内部微观环境（图8-2）。宏观环境主要包括政治环境、经济环境、社会环境和科技

---

① 戴星翼：《环境资源：现代文明的基石》，2页，北京，当代中国出版社，1997。

环境；中观环境特指传媒产业生态环境，包括文化体制和产业环境、竞争环境和受众需求环境；微观环境指传媒内部环境，包括体制机制、组织机构、管理制度、人力资源、信息资源、财力资源等因素以及主观工作状态。

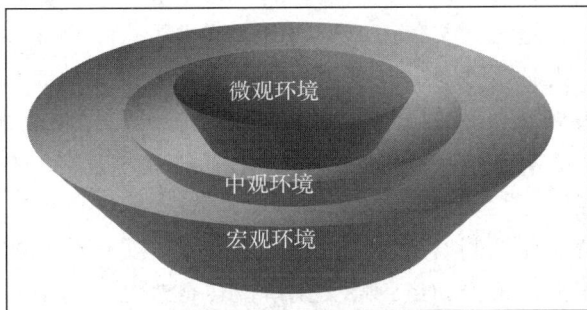

图 8-2　传媒经营环境圈层图

二、中国传媒经营环境的特征

中国传媒经营环境伴随着文化经营环境的开放而开启。目前，中国已经建立起一个由图书、报刊、广播、电视和动漫游戏、互联网、移动终端媒体等组成的大众传播网。

1979 年广告经营恢复以来，中国媒体的经营环境发生了深刻变化，其宏观环境由高度禁入到渐次放开，中观环境由事业管理到企业化管理，微观环境由经营空白到自收自支。特别是 1992 年邓小平同志发表著名的"南方讲话"以后，中国正式提出了建立社会主义市场经济体制的宏伟目标，以市场为导向，优化资源配置的经济体制改革导向确立，市场经济浪潮加速向文化事业领域渗透，新闻事业由事业体制向企业化体制改革方向迈进，传媒经营活动空间进一步扩大。传媒经营随着政策环境的放开、市场机会的准入，方兴未艾，经营收入持续增长。从 1994 年起，中国传媒产业连续十多年保持了高速增长，特别是自 2004 年以来中国传媒产业产值实现了翻番，连续 6 年保持了两位数的增长率。根据截至 2011 年 3 月的各种数据进行统计和推算，2010 年中国传媒产业的总产值为 5808 亿元，比上年增长 17.8%，不仅突破了 5000 亿元大关，而且增长幅度亦是 2007 年以来最大的，这个数字在 2005 年为 2460.5 亿元。6 年间，中国传媒产业规模翻了一番。① 综合看来，

---

① 崔保国主编：《2011 年中国传媒产业发展报告》，4 页，北京，社会科学文献出版社，2011。

传媒业产值不断攀升，占全国 GDP 的比重逐年提高，日益成为国家发展文化产业的新增长极。传媒业已经成为国民经济增长的一个重要引擎。

2000 年，《中共中央关于制定国民经济和社会发展第十个五年计划的建议》明确提出要"完善文化产业政策，加强文化市场建设和管理，推动有关文化产业发展"。"这是'文化产业'的概念首次写入中央文件，在我国文化产业发展史上具有标志性意义，文化产业属性有了定海神针，产业发展迎来了撑杆起跳的大好契机，文化产业界极为振奋。"①文化产业终于实至名归，拿到了官方令牌，有了市场利箭，各种文化要素活力迸发，市场主体随之风起云涌。

此后，随着文化体制改革的提出和实施，发展文化产业成为文化体制改革的重要组成部分，把推动经营性文化单位转企改制作为中心环节，着力培育文化市场主体。中国传媒业顺应文化产业发展的大好机遇，从 2002 年开始，迎来了加快改革、加速发展的新时期，党委、政府、行业到传媒自身都力推传媒机构由事业单位向企业单位转型。2005 年年底，中共中央、国务院下发了《关于深化文化体制改革的若干意见》，明确了深化文化企业改革，培育现代文化市场体系的必要性，首次明确提出广播电视广告、传输网络、影视剧以及电视节目制作销售等部门，可从事业体制中剥离出来，按照现代企业制度成立公司，开展市场化经营活动。

21 世纪的第一个十年，传媒经营伴随着经济发展，在市场经济体制改革浪潮中，顺应经济发展大势，顺乎大众信息需求，坚持市场化取向，坚持信息传播、舆论引导和产业促进齐头并进，创造了第一个黄金十年。这主要得力于和平稳定的政治环境、持续增长的经济规模、国泰民安的社会局面、日新月异的科技进步，更得力于传媒自身的改革创新，探索出了一条适应市场经济规律的传媒经营模式。传媒业在提供信息产品公共服务的过程中，初步实现了起步发展，产业规模从无到有，由小到大，产业基础由弱变强，扭亏为盈，产业实力由依靠输血到自主造血，家底逐渐厚实，其自主经营、自主发展的产业根基得到了夯实。

"十一五"以来，科学发展的主题和转变经济发展方式的主线贯穿经济发展始终，经济发展模式由注重总量向质量效益转型，中国经济在调整优化中稳定增长。在经济转型期，为了扩大内需，培植新兴产业，文化产业的改

---

① 孙若风：《机遇："文化产业"写入中央文件——十五届五中全会精神振奋文化产业界》，载《中国文化报》，2000-10-28。

革进程进一步提速。2009 年，国务院出台《文化产业振兴计划》，提出加快
发展文化创意、影视制作等重点文化产业。2011 年，十七届六中全会通过了
《关于深化文化体制改革　推动社会主义文化大发展大繁荣若干重大问题的
决定》，明确提出坚持推进文化体制改革，创新文化发展理念，解放和发展
文化生产力，推动文化事业全面繁荣、文化产业健康发展。到 2020 年文化
改革发展奋斗目标之一是文化产业成为国民经济支柱性产业，整体实力和国
际竞争力显著增强，公有制为主体、多种所有制共同发展的文化产业格局全
面形成。而传媒产业作为文化产业的核心组成部分，以其朝阳产业的潜在优
势，顺应实施文化产业振兴计划的政策机遇，迎来了发展的又一个黄金机遇
期，成为全面建成小康社会时期国民经济的重要经济增长点。

　　改革开放 30 多年来，传媒由过去单一的国家意识形态领域的宣传体到
经济社会领域的经济体，由党和国家的新闻事业部门到社会分工日益精细的
信息行业，再到今天市场经济条件下的传媒产业，成为集公共信息服务和文
化产业经营于一体的综合体。因此，同其他国民经济部门和社会经济组织一
样，传媒经济体的经营环境既受制于经济社会宏观环境和中观环境，又受制
于自身各异的微观环境，是一个复合型环境系统，呈现出客观性、交叉性、
复杂性、多变性和特殊性等特征。

　　第一，客观性。指见之于传媒生产经营活动周围的客观政治、法律、经
济、产业、社会、科技、文化、人口等物质因素以及存在于自身内部的资源
因素。各种因素作为社会存在的物质形态而客观存在，不以传媒组织和传媒
人的主观意志为转移。宏观、中观和微观环境，都是传媒必须面对而又要能
动适应的客观因素。

　　第二，交叉性。指各种内外环境要素编织成一张无形或有形的网，纵横
交织在传媒经营活动中。从媒介生态学角度来说，各种内外环境犹如生物群
体生长的土壤、阳光、水分等自然条件，任何一个条件的缺失或偏颇，都会
影响生物群体的生长。传媒经营的政治、法律、经济、社会、文化、科技等
环境构件交叉在一起，交织影响着传媒生产经营活动。

　　第三，复杂性。传媒组织所处的社会是一个大系统，传媒的外部环境与
内部环境又构成社会大系统体系下不同层次的子系统。构建传媒经营的内外
环境组成一个复杂的环境生态系，结构错综多层，利益主体多元，表现形式
多样，从不同的角度作用于传媒经营活动。影响传媒经营管理活动的内外环
境因素是多方面的，既有外部政治、法律、经济和行业环境，又有内部各种
人、财、物资源条件。

第四，多变性。环境复杂多变。传媒经营环境离不开赖以存在的全国性大环境和区域性环境，随着政治、经济、社会宏观环境的变化而变化，并受区域性环境宽松程度的制约，是一个与时俱进的动态系统。

第五，特殊性。传媒经营活动具有区域性、相对性，其政治意识形态属性和信息产业属性决定了其环境的特殊性，总是基于区域环境向外围辐射。面向目标受众、市场和客户的生产经营活动，是以有限的信息资源覆盖有限的区域和受众，并受制于当地政治经济环境、行业管制环境、受众消费环境和同业竞争环境。

三、传媒经营环境之于传媒经营活动的影响

纵观国内外传媒组织经营的卓越范例，其经营活动的开展及其经营目标和利益最大化的实现，固然依赖于区域性社会消费环境的受众需求量，但从根本上来说，离不开开放、宽松、民主的政治环境以及自由、活跃、充分的经济环境，这些为媒介安排经营活动，实现经营目标创造了先决条件。广州日报报业集团、南方报业传媒集团等利用开放开明的政治环境，依托区域雄厚的经济实力，开创了传媒产业经营的"南方模式"，成为引领中国传媒产业经营高地的旗帜。

环境因素尤其是外部环境一般都难以控制，唯有适者生存。"传媒经营管理者通过收集各种环境因素，对此进行系统评价，分析各种有利、有用、能用因素，对其加以利用，对显性或潜在的不利因素进行分析，对其可能造成的风险加以评估，采取有效措施规避，在进行选择评价、实施经营战略时，做到客观环境条条框框束缚下的主观能动性充分发挥，采取适应性措施以趋利避害。"[1] 因此，任何传媒组织都不可能脱离经营环境去安排生产经营活动，只有通过对其进行 PEST、利益相关者和优劣势、机会和威胁等方面的动态分析，以实现经营目标为指向，努力谋求外部环境、内部条件的最优排列组合优势，达到与经营目标的一致，从而充分发挥优势，扬长避短，实现经营价值。必须以外部环境为条件，通过识别外部环境构件及其变化方向，判断其对内部环境的影响因子，准确洞察传媒生产经营的利益空间和"政策红线"，确立传播经营的战略导向，做到顺势而为；以内部环境为基础，基于经营定位和市场目标定位，通过分析比较自身的经营优势与资源劣势，确立传媒经营的思路和策略，做到因势利导。

---

[1]　谭云明、包国强编：《传媒经营管理新论》，23 页，北京，北京大学出版社，2007。

因此，传媒组织的经营活动必须正视外部环境、内部环境，同时，又要能动适应各种环境因素的变化。经营管理行为依托动态变化的外部环境而生存与发展，既要受到自身内部环境的制约，又要受到外部环境的限制。只有能动、适时地使经营活动适应内外部环境变化，才能使经营活动在合理范围内以最优路线产生最平衡的效果，达到经营目标。

第二节　传媒经营环境的"PEST"分析

宏观环境指的是一个国家的政治、经济、社会生态及其社会发展变化的状况，是一切社会组织和人类生产生活实践存续的大环境。任何产业都处在一定的宏观环境之下，传媒产业更不例外，和市场经济中的其他产业部门一样，必须对自身所处的宏观环境进行科学缜密的分析。宏观环境分析法是一种基于宏观环境因素分析并制定企业经营管理战略的分析法，主要是基于对企业宏观环境要素的认识、分析，结合企业发展目标，综合利用有利环境，规避不利的环境风险，权衡利弊，进而制定符合企业实际又体现前瞻性、科学性的企业发展战略。宏观环境因素分析有着相对性和具体性，不同企业基于所处的行业环境，根据自身特点和经营目标，分析的具体内容会有差异，但一般都应对政治（Political）、经济（Economic）、社会（Social）和科技（Technological）四大类影响企业的主要外部环境因素进行分析，简称为 PEST 分析法。

中国共产党的新闻事业在中国革命和建设历史上做出了突出的贡献，也深深打下了新闻舆论事业属性的烙印。尽管在当前经济转型过程中，新闻事业正在由政党事业、公益事业属性向信息产业属性和经济属性转型，但仍然是一个政治性、事业性特征凸显的行业。当下，传媒产业被明确定位为国民经济第四支柱产业的重要组成部分，其生存和发展无疑受制于宏观环境，特别是国家政治环境、经济环境、社会环境、产业环境以及科技环境等。利用 PEST 分析法对当前中国传媒产业经营的宏观环境进行系统分析，对廓清传媒业的政治经济活动空间，推动中国传媒产业可持续发展是必要的。

传媒宏观环境分析，是指对传媒组织市场机会和各种外部因素的分析，包括政治环境、法律环境、经济环境、人口环境、自然环境、科学技术环境、社会文化环境。这些都是传媒组织不可控制的社会因素，但它们通过媒体内部环境进而对传媒活动产生影响。

一、政治环境因素分析

政治环境因素是指传媒及其经营活动所面临的上层建筑形态，包括国体政体、政党制度、路线方针、法令政策、政治管制和准入、政治局面和国际关系等。对政治环境因素的分析，旨在厘清政治环境与传媒经营的关系，观照政治环境因素变化对传媒经营活动的导向、影响，进而引导传媒组织以政治家办传媒的视角，洞察政治格局，把握政治方向，号准政治脉搏，不偏离政治轨道，始终沿着传媒政治属性的轨道经营传媒产业，拓展经营空间。

（一）中国传媒业的政治环境

近代传媒业发端于报纸。中西方近代报刊的诞生和勃兴，有其特殊的政治因素。从理论上说，大众媒体的"第四权力"是一种"虚拟权力"，即基于新闻传播的"舆论公器"，以关注政治为基础，政治活动始终是媒体传播内容的主线。同时，通过舆论力量作用于政治，通过新闻的边界和纵深扩散，形成新闻舆论，以新闻舆论聚合社会舆论，制造舆论漩涡凝聚社会民众声音，给政治制造舆论压力，以无形的舆论力量影响政治活动，从而左右统治阶级或政党的政治态度。不同时期，媒体与政治之间的互动运行规律表现为，媒体受制于政治的引力定律，犹如地球绕着太阳做公转运动，既环绕政治运行，又相对自转运行。"不管在西方还是中国，媒体都是政治活动的'展示窗口'，是政治权力伸展的'触角'，通过信息支流渗透到社会的方方面面，也通过行使舆论监督职能对政治形成牵制力，影响社会政治的发展过程。"[1]

新中国成立后，中国新闻事业在党的领导下，探索前进，跌宕曲折，总的来说，进一步加强了党对新闻事业的绝对领导，特别是强化了党报党刊党台的政治喉舌功能。"文化大革命"期间，传媒体制改革停滞不前，传媒的政治属性达到顶峰，传媒单一宣传功能达到极点，传媒经营活动被空前钳制。"中国的传媒业在20世纪70年代末实现社会转型之前是单一的事业属性，基本上按国家事业单位的规定和要求，承担党和政府赋予的宣传报道任务。"[2] 党委及其所属宣传、组织部门统一领导传媒组织，统领新闻意识形态引导工作、媒介领导体制工作和从业队伍思想政治工作。党委领导下的各级新闻出版、广播电视电影、工商等部门，对媒介许可、业务开展、事业发展、从业人员进行统一管制。传媒机构的政治属性空前加强，在行政体制上

---

①　宋小纯：《浅析媒体与政治的关系》，载《法制与社会》，2007（10）。

②　郑保卫：《事业性和产业性：转型期中国传媒业双重属性解读》，载《今传媒》，2008（8）。

实行事业编制，作为政府机构的一部分，普遍被行政化、部门化，列入政府事业机构的组成序列，实行党委领导、政府管理。媒体完全由党委政府主管、主办和主营，高层领导由上级党委考核任命，岗位编制、领导职数由党委编办部门统一核定，运行经费、劳资分配统一由财政拨款。这一时期，中国新闻事业作为社会主义改革和建设事业的组成部分，具有鲜明的政党属性，服从党的绝对领导，维护党的利益、国家利益和人民利益，始终坚持"听党的话，跟党走"的政治思想路线，坚持"以正面宣传为主"的宣传方针，积极宣传党和政府的路线、方针、政策，服务于国家政治建设大局。

国家的上层建筑环境决定了传媒特别是党报党刊党台的政治环境。新中国成立以来，党和国家的历届主要领导人先后对新闻事业的政党属性和政治观做出系列重要论述，形成了毛泽东新闻思想、邓小平新闻思想以及"三个代表"重要思想和"科学发展观"的重要组成部分。新闻的党性原则是毛泽东新闻观的重要原则。为了使新闻工作能够正确坚持党性原则，毛泽东提出了"政治家办报"的主张，"新闻工作要坚持党性，要政治家办报"。"他要求党的新闻媒体要在政治上与党保持一致，无条件宣传党的主张。在《延安〈解放日报〉发刊词》中毛泽东指出：'中国共产党的使命就是本报的使命'。这种使命的一致性决定了媒体工作对党的工作的服从性。新中国成立以后，毛泽东指出新闻舆论宣传必须坚持正确的政治方向。'写文章尤其是社论，一定要从政治上总揽全局，紧密结合政治形势，这叫做政治家办报。'1959年6月，毛泽东在对时任《人民日报》主编的吴冷西谈话时，强调了'搞新闻工作，要政治家办报'的思想的重要性。他说，办好报纸的根本问题是报社人员的思想革命化问题。"① 邓小平强调，党的报刊要"对安定团结的必要性进行更多的思想理论上的解释"，要真正成为全党全国安定团结的思想中心，党报党刊要无条件反映党的声音。"针对上世纪80年代初出现的形形色色的自由主义思潮，以及一些报刊上不负责任进行宣传报道和开展新闻批评的现象，他明确提出了'党报党刊一定要无条件地宣传党的主张'。他指出，开展批评也好，组织讨论也好，'要合乎党的原则，遵守党的决定。否则，如果人人自行其是，不在行动上执行中央的方针政策和决定，党就要涣散，就不可能统一，不可能有战斗力'。"② 1994年1月24日，江泽民在全国宣

① 付东晟：《毛泽东新闻理论的基本内涵》，载《新闻爱好者》，2011（12）。

② 郑保卫：《试论邓小平新闻思想的时代特征与历史地位》，载中华传媒网学术网，2005-11-28。

传思想工作会议上强调，宣传工作要以科学的理论武装人，以正确的舆论引导人，以高尚的精神塑造人，以优秀的作品鼓舞人。"正确引导舆论，是党的宣传思想战线非常重要的工作。""舆论导向正确，人心凝聚，精神振奋；舆论导向失误，后果严重。"同年，他在视察《人民日报》时再次强调舆论导向的重要性，指出"舆论导向正确，是党和人民之福；舆论导向错误，是党和人民之祸"，足见舆论导向在党和政府工作中的重要地位。党的十六届三中全会确立的科学发展观，是做好新闻宣传工作的根本指导思想。2008 年6 月 20 日胡锦涛在考察人民日报社工作时就党的新闻宣传指导方针做出旗帜鲜明的指示：必须坚持党性原则，牢牢把握正确舆论导向；必须坚持以人为本，增强新闻报道的亲和力、吸引力、感染力；必须不断改革创新，增强舆论引导的针对性和实效性；必须加强主流媒体建设和新兴媒体建设，形成舆论引导新格局；必须切实抓好队伍建设，增强凝聚力和战斗力。对于新闻报道，胡锦涛提出了贯彻党性和坚持以人为本和谐协调的方针，即把体现党的主张和反映人民心声统一起来，把坚持正确导向和通达社情民意统一起来。这些新的新闻价值理念，使社会主义新闻观的党性和人民性科学结合起来，达到了新中国成立 60 多年来新闻理论发展的新境界。

20 世纪 90 年代后，"我国新闻事业认真汲取东欧剧变中一些政党放弃媒体领导权造成政权丧失、国家分裂的沉痛教训，改进新闻舆论工作，毫不动摇坚持党对媒体的领导，旗帜鲜明地反对削弱党的领导的错误倾向"①，继续加强和改进党的领导，提高新形势下党对传媒业的领导水平。党从思想、政治、组织上加强对媒体的领导，坚持党管意识形态和管舆论导向的统一，要求媒体高举中国特色社会主义伟大旗帜，以邓小平理论、"三个代表"重要思想和科学发展观为指导，深入贯彻落实科学发展观，把握正确导向，提高舆论引导能力。把媒体作为重要执政资源，明确提出"党管媒体"原则，要求媒体始终同党中央保持一致，坚持导向牵引、组织领导、干部管理、资产管理和监督管理相统一。"加强党报党刊、广播电台、电视台领导班子的选拔、配备，掌握重要媒体的领导权。实施'四个一批'人才工程，重点培养传媒领域宣传、经营、管理、技术方面的领军人物。加大教育培训力度，对媒体领导班子、骨干人员开展常规化、经常化培训，持续多年开展'三项学习教育活动'，提高队伍素质。"② 这一系列领导文件、举措和方法，巩固并

---

① 葛玮：《中国特色传媒体制：历史沿革与发展完善》，载《中国行政管理》，2011 (6)。
② 葛玮：《中国特色传媒体制：历史沿革与发展完善》，载《中国行政管理》，2011 (6)。

强化了党管宣传、党管媒体、党管新闻、党管干部的"四个不变"方针。

在此背景下，党提出媒体必须正确处理好社会效益和经济效益的关系，在坚持社会效益第一的前提下自主经营，发展关联产业或非关联产业领域的多元化经营，搞活传媒经济。传媒组织在强化政治功能的基础上，按照"三贴近"的新闻报道原则，不断拓宽经济生活、社会生活、文化教育、体育娱乐方面的信息量，丰富了传媒的社会服务功能，更加贴近读者需求、贴近生活实际。同时，传媒内部实行内容业务与经营开发"两分开"，内容业务主管领导以及工作人员不干预、不介入经营；经营业务部门及其工作人员直接面对市场，较多运用市场法则和经济杠杆。采编业务、经营业务的相对分离，调动了媒体从业人员的积极性，添加了传媒的发展活力。

（二）政治环境决定了传媒经营的政治属性

政治的第一要义是国体和政体，是大众传媒开展信息生产经营活动的前提。《中华人民共和国宪法》第一条规定："中华人民共和国是工人阶级领导的、以工农联盟为基础的人民民主专政的社会主义国家。社会主义制度是中华人民共和国的根本制度。禁止任何组织或者个人破坏社会主义制度。"第二条规定："中华人民共和国的一切权力属于人民。人民行使国家权力的机关是全国人民代表大会和地方各级人民代表大会。人民依照法律规定，通过各种途径和形式，管理国家事务，管理经济和文化事业，管理社会事务。"

《中华人民共和国宪法》明确规定：中国共产党领导的多党合作和政治协商制度将长期存在和发展。中国共产党领导的多党合作和政治协商制度，是具有中国特色的社会主义政党制度，是适合中国国情的一项基本政治制度，是中国社会主义民主政治的重要组成部分。其核心要义是一党执政，多党合作。中国共产党是执政党，是中国革命和建设事业的领导核心；各民主党派是参政党，与中国共产党长期共存、互相监督、肝胆相照、荣辱与共。

由上可见，中国传媒绕不过"人民民主专政"、"社会主义制度"的"帽子"，决定了其鲜明的政治属性，属于上层建筑意识形态范畴。传媒既是党和政府的耳目喉舌，也是人民的耳目喉舌，传播党和国家的意志和声音，宣传党和政府的路线、方针和政策，代言人民的呼声，表达人民的诉求和愿望；传播信息主流价值，引导社会舆论，消解舆论误区，引导社会舆论向上，传递正能量。

中国的传媒经营是中国特色社会主义建设事业的组成部分，必须坚持党的领导，坚持为人民服务的导向，坚持社会主义制度导向，始终坚持宣传党和国家的路线、方针、政策，为社会文化事业繁荣发展服务。这就意味着中国传媒经营必须继续坚持政治家办报、办刊、办社、办台、办网，继承并发扬"政治家办报"的传统，坚持党的利益、人民的利益至上，经济利益服从于政党利益、国家利益和人民利益，不能像资本主义国家的传媒组织一样，标榜政治派别，充当政治利益集团斗争的工具，也不能打着政治家或企业家办媒的幌子，行资本家追求资本利益最大化之实。

（三）政治环境决定了传媒生产经营体制和管理制度

纵观世界传媒经营生态格局，政治环境决定了传媒经营体制和管理制度。欧美资本主义国家的传媒组织在资本主义制度统领下，从属于特定的政党和政治利益集团，实行以资本为导向的市场经营体制，追求经济利益最大化，代表投资人履行出资人职责。

中国实行一元多层次的传媒生产经营管理体制，媒介管理逐步建立形成党委领导、政府主导、协会参与、社会监督的管理体系。在中央和各级党委领导下，党委宣传部门统筹意识形态领域的管理，司职社会主义意识形态构建、思想宣传、理论建设工作，负责制定新闻舆论方针政策，运用审读制、审听制、新闻阅评制等手段对新闻媒体的舆论导向、价值标准进行审查和评价，指导新闻出版广电、文化等开展舆论工作；中央外宣办（国务院新闻办）和各级党委外宣办（政府新闻办）实行合署办公，主要负责党和政府对内对外新闻发布工作；中央和各级政府设立新闻出版、广播电视电影、文化、互联网信息办公室等行政部门，负责制定传媒行业发展规划、法律法规、规章制度及新闻出版、广播影视、文化、互联网等行政管理制度，依法对报纸、杂志、广播、电视、电影、网络等各类媒体实施行政管辖和行业管理，具体筹划媒体资源分配、注册登记、资质核准、年检评估、事业经营、业务审查、监督管理等业务；新闻工作者协会以及报纸、广播、电视、网络等专业协会对传媒及其从业人员进行业务培训、学术交流与争鸣、奖项组织评审、行为自律等方面的工作。

在传媒组织内部，主流的新闻传媒组织实行事业单位法人和企业单位法人的双重治理结构，兼具意识形态属性、产业经营属性、国有资产经营属性和公司化治理属性，党委会、社委会、编委会、经理层、董事会等决策机构以及监事会等监督机构相应俱全，坚持党委管方向和政治纪律监督，社委负责综合行政事务，编委负责新闻采写编评业务，董事会管媒介发展和产业促进，经理层负责广告发行经营的格局逐渐明朗，监事会对董事会民主决策和经理层的经营活动负责监督。在业务布局和组织内部管理体制上，采编和经营成为媒体的两个拳头，坚持两手抓，经营业务不再是媒体的"副业"，与采编业务一样置于同等重要的战略地位。近年来，传媒组织设计适应企业化经营需要，部分媒体单位在原党委书记、社（台）长、总编辑基础上设立主管经营的总经理，形成"四驾马车"管理体制架构。中国传媒组织发展到今天，有的按照现代企业制度进行完善传媒法人治理结构，设有董事长、总经理、监事会主席，有的地市级媒体组建了传媒集团，构建了事业法人和企业法人并轨运行的新格局。

综上所述，传媒与政治有着不可分割的关系。考量二者的关系，要基于特定的历史时期和时代背景，基于党和政府对传媒活动的政治意识态度、宽容度和容忍度。从中国现代传媒活动发生、发展和变革的历史轨迹来看，政党态度倾向、政治环境空间、政府管制程度是传媒经营活动的政治土壤，传媒经营管理者对此必须有清醒的认知。

二、经济环境因素分析

经济环境是传媒经营活动的土壤，是传媒经营目标实现的经济基础。传媒的经济环境指的是国家的经济制度、结构、产业布局、资源状况、经济发展水平以及未来的经济走势等，主要是指影响传媒市场营销方式和规模的各种经济条件、特征、联系等客观要素。经济环境主要包括宏观和微观两个方面的内容。宏观经济环境主要指一个国家的人口数量及其增长趋势、国民收入、国民生产总值及其变化情况以及通过这些指标能够反映的国民经济发展水平和发展速度。微观经济环境主要指企业所在地区或所服务地区消费者的收入水平、消费偏好、储蓄情况、就业程度等因素，这些因素直接决定着传媒经营的市场大小和传媒信息的消费空间。分析经济环境对传媒经营的影响，本质上是分析其对新闻产品发行售卖和广告经营收入的影响。其受社会经济发展水平、社会经济结构、经济体制、经济政策和社会购买力等主要因素的影响。

自 1978 年中国实行改革开放以来，社会主义市场经济改革取得了巨大进步，国民经济获得了长足发展，取得了举世瞩目的辉煌成就，一跃成为世界经济大国。中国经济规模总量连年攀升，GDP 在 2011 年跃居世界第二位，达 471564 亿元，超过日本，仅次于美国；人均 GDP 为 5414 美元（根据 2011 年 12 月 31 日的外汇牌价：1 美元兑人民币 6.3009 元，折合人民币 34113 元）增长 88.5 倍（图 8-3）。

2000—2011年中国GDP在世界的排名

年份	排名
2000	6
2002	6
2005	5
2009	3
2010	2
2011	2

2002—2011年中国的GDP

单位：亿元

年份	GDP
2011	471564.0
2010	401202.0
2009	340902.8
2008	314045.4
2007	265810.3
2006	216314.4
2005	184937.4
2004	159878.3
2003	135822.8
2002	120332.7

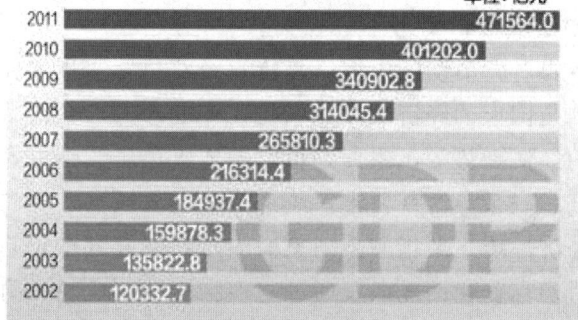

2011年世界部分国家人均GDP

单位：美元

国家	排名	人均GDP
卢森堡	1	113533
卡塔尔	2	98329
挪威	3	97255
美国	14	48387
日本	18	45920
德国	20	43742
中国	89	5414
伯利兹	100	4349

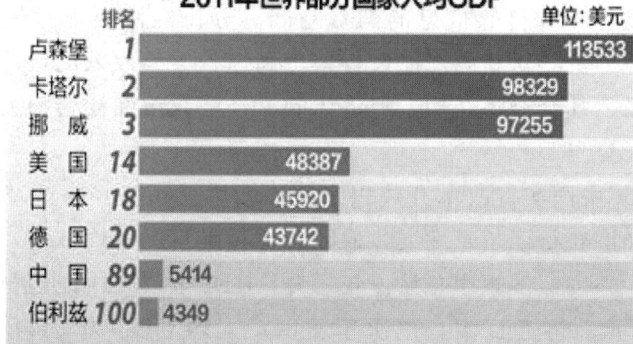

图 8-3 近年来中国经济指标

（数据来源：国际货币基金组织公布的数据）

经济发展总量的持续攀升，人均 GDP 水平的持续提高，为传媒经营创造了广阔的经营空间，为传媒消费创造了丰裕的受众市场，特别是为广告带来了丰厚的消费增量。传媒经营自 1979 年政府放开市场准入之门后，着力构建经营体制，探索自主经营之路，改革邮局代办发行模式，实行自办发行和邮局发行相结合，重点开拓广告市场，发展广告经济。特别是进入 20 世纪 90 年代后，中国传媒产业化之路更是以超常规速度延伸，除了开拓广告、发行等传统经营业务外，积极开拓多元化经营，实现了持续高速增长。跨地区、跨行业、跨媒介以及产业融合、媒介融合等一系列运作稳健推进，实现了市场资源、生产要素的"雪球式"融合，构建传媒产业集团的步伐加快推进。

在深入改革经济体制构建社会主义市场经济体制大视野下，中国传媒业正在经历一场脱胎换骨的转型之路，探索构建以市场为导向的传媒产业，由党政宣传系统向有部分产业功能的宣传系统转型，再向产业化功能日益增强的文化传播经营系统转型。当前，中国传媒经营正在构建起以广告和发行收入为主导、多元化经营共同发展、传媒经济崛起的产业化格局，并随着传媒经营体制改革的深入，逐步向传媒投融资和资本运作领域延伸发展。

（一）经济环境决定了传媒经营的生存活动空间

经济环境是传媒经营的活力源和润滑剂，没有肥沃的经济土壤，传媒经营就没有经济条件。纵观传媒经营业绩与经济环境的因果关系，从宏观上看，媒体的经营与宏观经济发展息息相关，呈现出正相关关系。国家经济环境好，经济类媒体的经营收益就走高。但如遇到金融危机、经济增长放缓的压力，媒体经营水平也不可避免出现增速放缓甚至萎缩下降的局面。可见，传媒经营一方面受限于全国性经济发展大环境；另一方面也受地域性经济发展水平的影响较大，一般表现为东部经济发达地区的媒体经营水平高于中西部欠发达地区的媒体。

（二）经济环境影响着传媒经营的多元化发展方向

经济发展水平是传媒产业发展的生命线，没有经济持续发展，传媒经营就缺乏经济杠杆撬动。三大产业是传媒产业的"传动带"，没有三大产业的协调、均衡发展，传媒产业发展就失去了牵引力。传媒经营与文化产业的环境和政策息息相关。2003 年 9 月，文化部制定下发的《关于支持和促进文化产业发展的若干意见》将文化产业界定为："从事文化产品生产和提供文化服务的经营性行业。文化产业是与文化事业相对应的概念，两者都是社会主义文化建设的重要组成部分。文化产业是社会生产力发展的必然产物，是随着中国社会主义市场经济的逐步完善和现代生产方式的不断进步而发展起来的新兴产业。"2004 年，国家统计局对"文化及相关产业"的界定是为社会公众提供文化娱乐产品和服务的活动以及与这些活动有关联的活动的集合。所以，国家对文化产业的界定是文化产品有偿生产销售、消费者有偿购买消费的集合，区别于国家具有意识形态性的文化事业。

党的"十六大"以前，计划经济体制下形成的文化体制和文化事业格局根深蒂固，逐步显露出体制性弊端，公共性文化事业资金投入严重缺口，导致文化产品或服务数量供给不足，质量不高，形式单一，而经营性文化事业尚未形成规模，其文化生产能力也受制于体制制约，难以满足人民日益增长的文化需求。"十六大"以后，随着改革开放的深入推进和文化体制改革成果的持续发酵，"文化建设各个层面和各个环节都发生了深刻变化：人们的思想观念发生明显变化，符合科学发展观要求的新的文化发展理念逐步确立；制约文化科学发展的深层次矛盾和问题逐步破解，有利于文化大发展大繁荣的体制机制初步建立；文化发展的思路日益清晰，文化事业与文化产业发展的政策逐步完善，'两手抓、两加强'的文化发展格局逐步形成……"①

传媒经营的多元化发展是现代传媒业市场化发展的方向。审视国内传媒发展的轨迹，呈现三种发展路径：一是基于传媒主营业务，向印刷复制、编辑出版、传媒教育等关联业务发展。例如，长江日报报业集团建设印刷产业园，引进一流印刷装备和人才，提升印刷实力，除了对内承接报刊印务外，还积极利用自身印刷资源优势，分别对外承接全国性报刊分印业务以及社会性大批量印刷业务。二是实施传媒投资，向文化创意产业、物业开发、酒店经营、房地产开发、文化地产和旅游产业发展。"如解放日报报业集团成立后，专门组建了解放传媒投资有限公司，充分开展资产经营，进行多元化经营，逐步在房产、教育、文化、金融等有发展前景的领域进行投资，实现了资产的快速增长，不少项目年回报率在 10%～20%，有的达到了 30%。"②湖北日报传媒集团以"楚天"为品牌，在印务、物业管理、宾馆餐饮等众多实业方面都创造出不俗的业绩，以办报和经营多元发展的传媒集团产业格局逐步形成。又如，湖北知音期刊传媒集团斥巨资投资文化创意产业，建设动漫文化创意产业园，打造东湖文化地产项目，相继组建了动漫公司、印务公

---

① 周玮、黄小希、白瀛：《党的十六大以来中国文化体制改革成就综述》，新华社，2011-11-12。

② 王平：《中国传媒产业发展历程》，载《今传媒》，2005（7）。

司、网络公司、影视公司、数字移动公司、文化公司、物业公司、木兰花家政服务公司、知音加拿大出版公司、武汉信息传播职业技术学院等 10 多个子公司和单位，拥有《知音》、《知音漫客》、《漫客·小说绘》、《漫客·星期天》、《漫客·绘心》、《漫客·童话绘》、《知音·海外版》、《知音·励志版》、《好日子》、《知音文摘》等期刊，《新周报》、《第 1 生活》两份报纸，一个大型情感网站，形成了以《知音》杂志为核心的期刊出版、广告经营、书刊发行、动漫开发、网络媒体、印刷制版、物业开发、影视制作、家政服务、高等职业教育等多元产业结构构成的产业格局，经济规模和综合实力在全国期刊行业居首位。三是走上市融资发展道路，进一步做大做强。博瑞传播（成都商报社控股）成为国内第一家借壳上市的纸媒，北青传媒股份有限公司（北京青年报社控股）成为国内第一家在境外上市的纸媒，凤凰出版（江苏）、长江出版（湖北）、中南出版（湖南）、时代出版（安徽）等成为区域性首批上市出版集团，人民网成为国内上市第一网媒等。

三、社会环境因素分析

传媒经营的社会环境，很大程度上取决于传媒消费的社会文化环境，影响最大的因素是人口环境和文化环境。人口环境主要包括人口规模、年龄结构、人口分布、种族结构以及人均收入水平等因素。社会文化环境包括一个国家或地区的居民教育程度和文化水平、宗教信仰、风俗习惯、审美观、价值观念等以及文化传统、文化心理和文化信仰。

（一）人口环境影响传媒经营的导向和重心

中国是世界上人口最多的国家，这是中国社会主义初级阶段的重要国情之一。人口基数大，新增人口较多，适龄人口受教育程度整体处于中等水平，劳动力资源相对过剩；受计划生育政策的影响，人口结构失衡，25 岁以下青少年增长放慢，婴幼儿出生增长率逐步下降，60 岁以上老年人口增长过快，老年化社会加速到来，这些是中国人口现状的基本特点。人口过多和过快增长，人均收入水平处于世界中下水平，农民直接收入总额过低，城镇居民可支配收入不足，导致依靠内需拉动经济增长乏力，直接影响中国经济发展动力和人民生活水平的提高，最终影响经济可持续发展。可见，人口资源问题是社会经济发展环境的一大制约因素。

传媒经营的市场空间和产业总量，与人口经济学密切关联，与人均收入水平、消费支出结构和可支配收入水平正相关，只有在人均收入水平较高的前提下，有文化消费方面的经济能力，传媒信息产品才有消费增长空间。受众具有一定的消费意愿，才能拉动传媒广告和其他资讯消费。因此，人口环境是传媒经营的基础环境，它决定了受众消费传媒信息产品的体量和结构，从而决定了传媒产品售卖的市场空间，最终影响传媒经营导向，并牵引着传媒产品生产经营的目标重心和营销侧重点。

（二）社会文化环境影响传媒经营的价值标准和尺度

社会文化环境，是一种社会心理和文化生态，从广义上讲，是指人类社会物质生产和精神生活的方式，是物质文明和精神文明的总和；从狭义上讲，是一种社会存在形式，指人类赖以生存和发展的土壤。文化教育水平会影响人们的文化需求动机、欲望和层次；宗教信仰和风俗习惯会推崇、抵制或禁止某些文化活动的进行；价值观念会影响人们对文化组织目标、组织活动以及组织存在价值意义的认可与否；审美观则会影响人们对组织活动内容、活动方式以及活动成果的态度，进而影响他们参与文化活动的积极性和主动性。

社会文化环境对传媒的影响是间接的，主要体现为影响大多数人的价值观和道德观。中国是社会主义国家，我们的价值观是以追求真善美为价值取向的观念，就是全面继承中华民族传统美德的精髓，发扬中国革命斗争和建设实践中所形成的社会主义核心价值观。社会主义传媒始终坚持以正面宣传为主的方针，在传播新闻信息和舆论信息的基础上，肩负社会主义精神文明建设的重任，有教育社会、树立典型、匡正秩序、弘扬道德的传播使命，引导主流舆论和价值的重要社会职责。因此，传媒经营的价值标准始终是坚持将实现社会价值最大化放在第一位，追求经济价值和社会价值的有机统一。传媒经营的经济价值尺度是通过适度可量的产业经营，为自主发展奠定物质经济基础。

四、科技环境因素分析

纵观世界传媒科技发展史，每一次传媒形态和业态的革新都发端于工业革命或科技革命带来的科技进步。传媒的发展离不开科学技术的革新。铅活字印刷技术的推广应用，推动了报刊诞生并大众化；有线电信和无线电信技术的应用和收音机的发明，推动了广播电台诞生并大众化；视频音频技术的应用和机械电视扫描盘的发明，推动了电视诞生并进入寻常百姓家。新闻传播技术和电信技术的结合，推动了面向报刊、广播电视播发新闻的通讯社诞生。这些传统大众媒介的出现，一次又一次见证了科学技术的力量。

20世纪50年代以来，第三次科技革命席卷全球，创造了史无前例的科技之光，成为推动经济发展和社会进步的决定性力量。在此次科技浪潮中，电子计算机技术的发明和应用，带来了一场信息制造、控制和传输技术革命，直接推动了计算机问世和1969年互联网的诞生，并由军用转为民用。

特别是 20 世纪 80 年代以后，计算机及互联网技术迅速向全球扩散普及，深刻改变了政治、经济、军事、文化和社会领域的信息传播方式，革新了传媒科技，推动了全球传媒纵深发展，拓展了新闻媒介，革新了信息传播路径，改变了传媒格局，使信息传播由单向、静态和平面向交互式、动态化、立体化演进，推动了人类社会经济、政治、文化领域的变革，影响了人类生活方式和思维方式，使人类社会生活和人的现代化向信息化境界发展。以互联网为载体的第四代媒介诞生后，进一步丰富了传播媒介，报刊社、电视台、广播台、通讯社、网站等媒介，已成为社会信息面向大众传播的主体。20 世纪 90 年代后，移动通信工具手机诞生，它嫁接互联网技术，推动了移动多媒体终端的诞生，手机媒介因此被誉为"第五媒介"。手机报、手机杂志、手机电视、手机广播、手机微博等新媒介形态层出不穷。可见，移动终端通信技术的进步，加速了媒介融合和全媒体时代的到来。

每一次传媒技术的进步，都创造了一系列新发明，给传媒业带来了革命性的洗牌，催生了与传媒业生产运行有关的新技术、新装备、新工艺、新材料、新手段的出现，并衍生了与传媒经营有关的新客户、新需求、新市场、新商机、新机遇，改变了传媒业发展趋势、方向以及产业发展前景。

传媒科技进步改进了传播手段，丰富了传播形式，增加了传输容量，变革了信息接收终端，不断提高信息传输频率、速度、效率和便捷度，显著降低了信息传输成本，改变了传媒形态和业态。21 世纪以来，传媒业更加重视新科技的导入，将科技作为传媒发展的"第一生产力"，又迎来了一场数字化技术变革。中国广电数字化改造从最早的青岛、佛山、杭州地区试点向全国更多地区推广，电视数字化改造后增加了数字频道、广播频率、各类文字资讯、电子游戏等，信息清晰度、还原度更高。2008 年奥运直播实现全部数字化是数字化改革成果的代表作。报业数字化变革从传统纸媒介质传播向变革受众阅读终端转变。2006 年 8 月 5 日，原新闻出版总署报刊司发起并组织实施的"数字报业实验室计划"启动，探讨数字化、网络化的内容显示介质技术、信息传播技术和运营模式，实现传统纸介质出版向数字网络出版的转型。2006 年 11 月 15 日，数字报业实验室第一届理事大会成立，确立《广州日报》、《解放日报》等 17 家理事单位，并达成数字报业发展 8 点基本共识。手机报、移动终端数字报阅读平台的诞生，使报刊业、广播电视业正在向数字业态转变。传统媒体与移动多媒体合作，或自创数字化多媒体传播的移动终端，成为数字化阅读终端的内容供应商，开始向数字化终端媒体售卖新闻信息。

传统媒介的受众被分流到网络媒介，并正在向手机媒介转移集中。2012

年 7 月 19 日，中国互联网络信息中心（CNNIC）在北京发布的《第 30 次中国互联网络发展状况统计报告》显示，截至 2012 年 6 月底，中国网民数量达到 5.38 亿，互联网普及率为 39.9%，增长速度更加趋于平稳，其中最引人注目的是，手机网民规模达到 3.88 亿，手机首次超越台式计算机成为第一大上网终端。2012 年上半年与 2011 年下半年相比，手机上网用户占网民比例由 69.3% 提升至 72.2%；台式计算机网民比例下降了 2.7 个百分点。

传媒形态的多样化，传媒业态的多元化，正在改变传媒生态环境。特别是网络媒介和手机媒介的大众化普及后，即时传播、互动传播成为信息传播新方式，大众传播由把关人传播向自媒体传播转变，人人都是"信息源"、"麦克风"，人人都可以是制片人、新闻人、广告人等传播主体。传媒媒体的受众群被分流，广告市场被分割，媒介经营呈现出群狼共舞的局面，传媒业之间经营竞争越加激烈。

为此，传媒经营者要顺势而为，顺应受众（用户）终端变革的形势，把握传媒科技发展趋势和方向，顺应全媒体传播时代的到来，把握媒介资源融合的机遇，由传统的广告、发行、电视剧经营模式，向新闻信息售卖延展，生产集图文资讯、互动游戏、视频、音频等一体化的信息产品，积极开辟网络资讯经营和电子信息商务，整合数字报刊、数字广播、数字电视、移动数字终端等多媒体领域的资源优势，按照"报网捆绑"、"台网捆绑"的理念，积极开拓多媒体经营的新领域、新形式、新路径。

第三节　传媒经营环境的利益相关者分析

作为传媒可持续发展的一种实现形式，传媒经营就是要在一定的经济条件下，在特定政治法律环境、社会环境、文化环境区域生产经营文化产品，获取经济利益，实现可持续发展。这就要求传媒信息生产经营面向受众或用户，为文化消费者提供文化消费体验，满足精神文化消费需求，同时要做到符合国家和行业政策、符合社会经济水平、契合文化消费能力、弥合文化环境和社会文化心理。传媒经营目标的实现，必须依赖与此相关联的多元主体消费行为来实现，即传媒组织与利益相关者的协调、合作、共赢来完成，其各自利益目标实现与否、实现程度，取决于以传媒组织为中心的所有利益相关者之间利益的协调程度和行为的协作方式。只有在合理的传媒经营制度安排下，建立稳定的利益平衡机制和行为协作机制，才能确保所有利益相关者的主观消费动机，与传媒经营的组织动机趋于协同，带来传媒组织及所有利益相关者各自获得利益满足，实现多个维度上的可持续发展。

一、传媒经营利益相关者的构成

根据布瑞森和柯思柏的定义，利益相关者是"受一件事的原因或者结果影响的任何人、集团或者组织"。传媒经营的利益相关者是指对其经营战略、活动过程、经营结果效用有影响的组织或个人。传媒经营利益相关者分析是指用于分析与传媒利益相关的所有组织和个人，帮助传媒经营者在战略制定时分清重大利益相关者对于经营战略影响的一种战略性分析。按此定义，传媒经营的利益相关者包括政府部门、广告客户、受众（用户）、中介商、传媒主管主办者、传媒管理层、传媒经营者。各利益相关者对传媒经营发展的影响程度是不同的，可以按他们参与的程度（重要性）加以区分。

二、主要利益相关者对传媒经营的影响

传媒经济利益的实现实际上是一个多方博弈的过程，是信息资源供给者与需求者之间的供求平衡，也是传媒组织掌控分配信息资源与传媒受众（用户）获取信息价值之间的利益平衡。传媒组织相对集中掌控信息资源，按社会经济秩序分配信息资源，社会受众则有表达信息的需求和利益诉求，基于自身需求欲望和购买能力，按照社会经济秩序购买信息资源。一方面，传媒组织既要满足受众（用户）的精神需求和文化消费，获得受众（用户）的使用价值认同和品牌认同；另一方面，又要从他们的文化消费者中获取利益。这就意味着传媒组织与利益相关者必须通过使用价值让渡获得等量价值，即通过利益交易、协调、让渡和成本分担而进行社会文化建设。国内外诸多案例说明，能否处理好利益相关者问题是关乎传媒经营成败的关键。因此，精准界定传媒经营的利益相关者，分析各自消费购买动机及其与传媒经营之间的关系，是建立合理的利益协调机制，确保传媒经营可持续发展的前提。

传媒作为大众传播组织，其信息传播行为对社会具有力强面广的影响，与社会各界有着多边联系和双向互动，与不同的利益主体形成各种形式的社会关系，其中包含的利益主体众多。传媒业日益成为众多力量博弈的竞技场以及众多利益主体逐利的生意场。确定主要利益相关者以及他们对传媒经营活动的影响力是分析的基点。

分析传媒的利益相关者的核心问题有三个：一是利益相关者的认定；二是利益相关者的特征；三是利益相关者的影响因子。利益相关者的认定可以从利益关联度来衡定，只要影响传媒经营战略制定、对传媒经营利益实现及活动取向有正负关联作用并能够产生实际影响的组织或个人，都可称之为利益相关者。利益相关者的特征可以从三个方面来分析：一是合法性，即利益主体是否有法律和道义上或是特定的传媒利益索取权；二是影响力，即利益主体是否有影响传媒经营决策的地位、能力和手段；三是紧迫性，即利益主

体的利益诉求和变动能否立刻引起传媒经营者的关注。根据利益相关者对三个属性的满足程度，可将利益相关者分为三类：一是确定的利益相关者，与传媒经营有密切的利益关联，同时满足三个属性；二是预期的利益相关者，与传媒经营有较紧密的联系，满足其中的两个属性；三是潜在的利益相关者，只满足其中一项属性[①]，如表 8-1 所示。

表 8-1　中国媒体组织利益相关者界定

利益相关者	合法性	影响力	紧迫性
确定的利益相关者			
党委与政府（各级党委及党委主管部门、政府及政府主管部门、传媒主管主办单位）	高	高	高
传媒经营管理高管人员	高	高	高
广告发行销售等一般经营人员	中	中	高
目标受众（用户）	高	高	高
广告商与广告主	高	高	高
传媒资本投资者	中（递增）	中（递增）	高
广告代理和广告中介服务公司	中（递增）	中（递增）	中
预期的利益相关者			
行业协会（记协、报协、电视、广播协会等）	中	中	中
媒体研究者与批评家	中	低	高
通讯员或新闻线人	中	低	中
目标受众（用户）外的公众	中	中	中
非本地党委、政府部门	中	中	中
新闻阅评、审读和审查员	中	高	高
潜在的利益相关者			
市场研究及调查机构	低	低（递增）	低
潜在目标受众	中	中	低
竞争对手	高	高	中
非竞争对手性传媒	低	高	低
银行、证监会	低（递增）	高	低
生产要素（如纸张）供货商	低	低	低

---

① 刘年辉、郭立法：《体制改革与报业集团的行动策略：一个基于社会关系的利益分析视角》，载《〈当代传播〉创刊 20 周年暨传媒产业化发展与媒体理论创新变革高峰论坛文集》。

利益相关者的影响因子是指其对传媒经营的影响程度，取决于利益相关者的关联度指标。一般来说，关联度越高，影响因子越大。而传媒经营活动及利益实现受到多维利益者的影响。在此，着重审视传媒经营的主要利益相关者，其构成包括传媒信息受众（用户）、广告客户、传媒经营管理者和传媒经营中介商，重点分析他们与传媒经营利益的相关度、影响因子，分析其与传媒经营活动和利益实现之间的双向互动关系。

（一）传媒信息受众（用户）

在信息社会背景下，传媒组织作为社会信息传输的中枢和桥梁，基于采集信息—加工信息—传播信息—售卖信息的信息流生产流通过程，有选择采集社会多元信息，有价值导向加工信息，有范围层次传播信息，有目标对象售卖信息。传媒经营在某种程度上就是进行三次信息售卖的过程：第一次是直接售卖新闻信息产品资源，满足受众的信息需求，直接把信息产品卖给消费者（受众或用户）；第二次是间接售卖受众资源，通过第一次售卖获得消费者数量以及他们的消费时间，由此形成传播效能，再把传播效果卖给广告商，满足广告商的市场需求，从而获得广告收入，形成利润；第三次是间接售卖品牌资源，依托传播效能构筑起的品牌势能，形成品牌比较优势或领先优势，获得持久的品牌影响力，满足受众和客户对信息品牌的追崇。总而言之，传媒经营盈利的根本在于：以出售信息产品盈利为基础，进而出售传播效能，获得持久的广告盈利和品牌盈利。因此，受众或用户是传媒经营的直接利益相关者。

可见，三次售卖的盈利模式决定了媒体必须为两类客户服务：消费者和广告商。其中，传媒受众（用户）是传媒经营的核心目标客户，是决定传媒经营能否可持续发展的物质基础。只有受众（用户）接触了媒体信息产品，传媒组织才获得了传播效能。这意味着必须坚持将出售信息产品作为核心业务。当然，信息产品本身的售卖对传媒盈亏平衡来说，是一次亏损甚至巨亏的过程，但信息产品具有使用价值和价值的双重性。媒体出售新闻信息产品的使用价值——满足受众（用户）的信息需求和信息消费，并为信息产品的生产者（传媒组织）获得了一部分价值——发行收入，弥补流通过程的成本损耗，同时，生产出售广告信息产品的使用价值——满足广告客户的市场需求，为广告产品的生产者（传媒组织）创造了价值——获取广告利润。正因这个双重性，传媒组织应更注意信息产品的生产、制作和服务。

因此，传媒经营始终要坚持以受众需求满足为中心，无论是新闻信息产品，还是广告信息产品的生产经营，要时刻关注目标受众（用户）的需求变化，精耕于受众的心理需求、精神需求和价值需求，创造稳定、持续的规模受众群，在广度上形成覆盖面，在深度上形成影响力，引导他们忠实于传媒品牌。

（二）广告商和广告主

从世界上第一条报纸广告（1624 年英国《信使报》上刊登了一条关于图书出版的公告）至今，广告一直在传媒自主经营中扮演着重要角色，仍然是大众传媒经营的主阵地，支撑着传媒的生存发展。因此，广告客户和广告主是传媒经营赖以生存的"衣食父母"，也是传媒经营活动的直接利益相关者。

广告是资本主义经济的产物，作为商品生产和商品交换的宣传工具，与商品经济、市场经济密不可分。1979 年后，在改革开放政策的引导下，中国广告业进入了复苏时期。当年 1 月 4 日，《天津日报》率先恢复商业广告——天津牙膏厂的"蓝天"牙膏广告，成为新时期中国第一条报纸广告；1 月 23 日，《文汇报》刊登第一条外商广告；1 月 28 日，上海电视台播出中国电视史上的第一条商业广告——参桂补酒广告；3 月 5 日，上海人民广播电台在全国广播电台中第一个恢复广告业务；3 月 15 日，上海电视台又播出第一条外商广告——瑞士雷达表广告；4 月 17 日，《人民日报》刊登了汽车、地质仪器等商品广告。当年 11 月，中共中央宣传部发出《关于报刊、广播、电视台刊登和播放外国商品广告的通知》，报刊、广告、电视广告得以正名，并获得了原国家新闻出版总署、工商总局关于广告经营政策的支持，由政府管制、放开到鼓励，其变革和创新方兴未艾，呈现出竞相发展、各显风流的局面。1979 年以前，中国报纸总数约为 250 余家，1979 年广告放开的当年，各类新闻媒体的广告收入仅 1500 万元。2010 年，全国共出版报纸 1939 种，报业广告经营额达 439.0 亿元，期刊行业广告经营额约合 30.8 亿元，广播电台整体广告收入 96.3 亿元，全国广播电视行业总收入 2238 亿元，首次突破 2000 亿元，4 个季度网络广告市场规模分别达到 63.6 亿元、87.0 亿元、100.5 亿元和 105.6 亿元。[①]

广告的直接利益主体是广告商和广告主，他们依托传媒的目标受众群定位、层次及传媒自身的传播力和传媒在目标受众心中的影响力、公信力，同时，结合广告产品或服务的目标消费群定位以及他们消费能力、消费水平、消费心理、消费习惯、消费行为特征，面向目标受众群和目标消费群投放广

---

① 崔保国主编：《2011 年中国传媒产业发展报告》，12 页，北京，社会科学文献出版社，2011。

告，借助广告的宣传桥梁，使两个目标消费群趋于吻合，最终达到广告精准投放、品牌或服务的精准营销，扩大广告标的物的宣传面，提升广告标的物的知名度和市场影响力，最终达到树立品牌形象、促进销售的目的。

可见，广告商和广告主的广告投放是基于有的放矢的原则，追求广告宣传的直击和直达，希望通过媒体实现广告宣传效果最大化，其准绳是传媒广告资源的稀缺和过剩性。稀缺的广告资源，是广告主体竞相抢购的优质资源，如中央电视台一年一度的"黄金资源"广告招标盛会，成为国内外商家和品牌竞相报价、抢占黄金广告段的"拼钱会"，体现了优质广告资源的稀缺价值所在。2012 年中央电视台广告招标预收总额 142.5757 亿元，创 18 年新高，比上一年 126.6870 亿元增加 15.8887 亿元。而过剩的广告资源，是指广告客户需求疲软、广告认可度低、市场价值不高的资源，则为广告主体所冷落或旁观，比如一些行业协会主管主办的媒体、文摘类媒体等。

在此视野下，传媒广告预售产品生产、制作和售卖应坚持"以客户为中心"的理念，按照"传递价值、成就你我、实现共赢"的价值观，要体现遵循传播效果好、竞争力强、考虑观众感受三原则，自觉遵循广告发布法律法规和行为自律、经营道德约束，严格广告内容合规审查，站在广告客户的角度，精心定制，量身定做，创新传播，努力实现广告宣传效果最大化。

（三）传媒经营管理者

改革开放以来，尽管中国新闻传媒业整体实力有了较大提高，但传媒业务尤其是经营管理人才依然缺乏。特别是加入世贸组织后，中国新闻传媒业既面临国际新闻舆论的挑衅和攻击，需要承担保卫国家传媒产业与民族文化的安全，提高中国新闻国际传播的话语权的繁重任务，又面临来自世界一流跨国传媒集团的竞争，需要承担传媒产业"走出去"的重任。新闻传媒业作为人才密集型和知识密集型产业，其核心竞争力在于人才竞争力，因此，加强新闻传媒业经营管理人才的培养塑造，提升传媒队伍整体素质，是关系到中国新闻传媒业未来持续发展的一项战略举措。

中国传媒业在改革开放前相当长的一段时期内是单一的事业属性，而传媒组织则按照事业单位属性核定编制，进行人、财、物的计划管理，沿用党政机关传统管理模式。媒介资产归属于党和国家绝对控制的国营资产，在领导体制上普遍采用党委领导下的总编辑（台长）负责制，沿用了党政机关运行的"党委领导制"和"政府首长负责制"的模式。在这种管理体制下，传媒管理者的身份是事业单位官员，由上级党组织或同级党委任命，拥有党政职级，带有浓厚的"官本位"色彩，被称之为"宣传官"或"新闻官"。这一阶段，传媒管理者只负责新闻生产和传播管理的使命，没有市场经营和产业发展的任务。

20 世纪 90 年代后，随着传媒运行依赖国家财政拨款的逐年减少直至"断奶"，中国传媒业开始寻求生存之路，其功能和属性逐步发生变化，由新闻宣传向媒介经营功能转型，由事业属性向产业属性转型。进入 21 世纪后，传媒组织全面告别输血时代，面向市场资源要素衍生的自主造血功能逐渐增强，产业经营属性日渐明显，并逐步形成了事业单位企业化经营的产业格局。提升传媒组织的产业功能、经济功能也成为传媒业界的共识。因此，传媒管理者不仅要把握正确舆论导向，履行新闻生产业务、舆论宣传和社会公共服务职责，还要肩负起媒介经营、实业开发和产业发展的三重任务。传媒经营格局取得实质性突破是在 2002 年以后。党的十六大明确提出了要大力发展文化事业和文化产业，作为文化产业重要组成部分的传媒产业也必将迎来了大变革、大调整、大发展。都市报、市场类、财经类、生活类、综合类、专业类媒体在传媒市场上群雄逐鹿，并取得了丰厚的经济效益，在探索媒体经营改革新路上取得了成功。以广州日报报业集团、南方报业传媒集团、成都日报报业集团、杭州日报报业集团为代表的传统媒体，在传媒经营领域走在了前列。

近年来，随着传媒经营体制机制改革的纵深推进，传媒经营产业化日益深入，市场化程度越来越高，传媒竞争尤其是经营竞争异常激烈。中国传媒走向市场之路乃大势所趋，也是传媒自主发展的必经之路。这对传媒经营管理体制机制提出了严峻的挑战，对传媒经营管理者提出了更高的要求。而随着加快文化体制改革步伐的深入递进，传媒组织正在被进一步推向市场，成为独立的市场经营主体。能否实现自主发展，传媒经营管理者作为传媒经营活动的掌舵人，其经营水平的高低直接决定了传媒经营实践的成败，直接影响着传媒组织的可持续发展。

但从目前的现实情况来看，传媒组织本质上仍然停留在"事业单位企业化管理"这种尴尬的运作阶段，所谓传媒经营管理者大多仍然是传媒官员兼任，由上级党组织部门任命或组织公开选聘。在传媒探索经营机制转型过程中，党政媒体经营管理者被推向媒介市场化改革实践前沿，但他们难以剔去"事业化"色彩，披着"行政化"、"官员化"的外衣，难以突破事业体制和身份界别。其市场化经营观念落后，相对缺乏独立的传媒职业经理人属性和职业精神，在经营管理方面存在"偏科"或"跛腿"现象，大多是半路出家的"外行"，真正适应中国特色社会主义市场经济的传媒职业经理人队伍尚未形成。这对传媒经营最终走向市场化，构建成熟的经营模式，是迫切需要解决的瓶颈。

从目前国内新闻传媒经营管理队伍实际状况看，主要存在四种类型的传媒经营管理者：一是总编辑或总经理或分管经营的副总编辑（副总经理）。此类人群由上级主管部门任免，总编辑或总经理全面领导传媒集团的经营业务，分管经营的副总编辑（副总经理）统筹每一类子媒的经营目标任务和经营实务。二是广告、发行、市场等部门主任（经理）。此类人员由传媒内部组织部门任命，主要指在传媒内部的广告、发行、印务等部门担当要职的人。他们以传媒的某一类经营和市场开发为职业，是当前接触传媒实际经营管理业务最多的群体。三是多元化经营、多种实业开发公司的经理。他们贯彻落实传媒经营发展战略，依托新闻采编优势业务和资金、资源优势，开发诸如物业经营、商业策划咨询、品牌管理、体育产业、文化创意产业、数字媒介、新媒介业务等主营业务之外的产业，甚至对外负责投融资经营。四是商业网站的运营者，被誉为"第四媒介"的网络媒介，实行公司化、市场化运作，经营属性凸显，经济功能强大，因此容易产生职业经理人。例如，新浪、搜狐、网易、腾讯等商业网站，具有显著的市场化特征，其管理者（总裁、首席执行官或经营总监）也可称为传媒职业经理人。

总体来说，中国传媒经营管理者从无到有，起步晚，属于市场经济催生的新生一代，底子弱、基础差、不平衡，表现为综合素质不高、专业主义精神不够、经营管理专业能力不强、开拓进取意识及拼搏奋斗精神不足，这些都可能影响到传媒做强做大。目前正在进行的中国传媒业的市场化改革，是培养造就传媒职业经理人的良好契机。一方面，市场化的传媒运营促进机制，会让传媒改革聚焦传媒市场，以市场需求为导向，拥有更广阔的政策空间和更高的经营自由度；另一方面，市场化的人才资源配置和激励机制，会让优势资源向优势媒体流动，为优秀的职业经理人创造更加广阔的发展空间，传媒职业经理人不再以工作时间为准，而以实现经营目标为中心任务，致力于推动传媒在激烈的市场竞争中创造经济效益，并在参与市场竞争中实现自身成长。

传媒职业经理人是同传媒产业化程度相联系的，是同市场经济的发达程度相联系的。随着传媒市场化的纵深发展，充分发挥传媒产业的经济发展作用，进一步做大做强传媒产业，有计划地培育传媒职业经理人变得更加迫切。一是传媒单位面向同行开办职业经理人培训班。2003 年，《南方周末》举办了首次媒体职业经理人培训班，为媒体行业培养职业经理人提供了范例。二是媒体联合高等院校、新闻学术研究机构，依托其经济管理和媒介经营智力资源，联合开设传媒经营职业经理人研修班。目前，清华大华新闻与传播学院、四川大学文学与新闻学院、中国传媒大学、中国人民大学新闻学院等院校面向传媒业界开展传媒经营职业经理人高级研修班。"早在1999年，深圳特区报报业集团就和北京大学光华管理学院、中国人民大学新闻学院建立了报业人才培养合作关系，先后开办过报业经营管理高级研修班、新闻业务高级研修班。该报社社长吴松营带队29名学员赴中国人民大学新闻学院进行了为期10天的业务培训。"① 三是传媒组织要联合新闻学界联合开办职业经理人基地班（试验班），以在校学生为主体，按照订单制培养传媒经营人才，学生一方面接受理论授课，掌握市场营销、传媒经营、经济管理方面的基本理论知识；另一方面，到媒体开展经营实习，接受媒体经营实务方面的实训。

第四节 传媒经营环境的 "SWOT" 分析

SWOT分析法（也称TOWS分析法、道斯矩阵）即态势分析法，是20世纪80年代初由美国旧金山大学的管理学教授韦里克提出并创立的一套分析模型，经常被用于企业战略制定、竞争对手分析等场合。"SWOT"分别代表优势（Strength）、劣势（Weakness）、机会（Opportunity）、威胁（Threat）。在现代企业战略规划报告里，SWOT分析是被企业界普遍接受和广泛应用的工具，对企业内外部条件各方面进行综合和概括，进而分析组织的优劣势、面临的机会和威胁的一种方法。

一、SWOT分析之传媒经营模型

按照企业竞争战略的完整概念，战略应是一个企业"能够做的"（即组织的强项和弱项）和"可能做的"（即环境的机会和威胁）之间的有机组合。传媒经营微观环境的SWOT分析，是基于经营战略确定后，围绕如何实现经营战略目标，落实战略思路和举措，从战略价值链的每个环节，对传媒经营所面临的环境机会和威胁、优劣势进行科学研究分析，对自身与区域竞争对手做详细对比，充分掌握竞争对手状况，综合评价传媒组织及其产品的综

---

① 陈玲：《深圳特区报业集团在京举办新闻业务高级培训》，载《新闻战线》，2000（7）。

合竞争优势，进而把握显性或隐性环境机会，有效应对外部环境威胁，并采取相应的经营策略。

这里，S、W 是内部因素，O、T 是外部因素。每一个因素具体构成如下：

优势：组织机构的内部因素，具体包括有利的竞争态势、传媒品牌形象和影响力、充足的资金保障、传媒技术人才力量厚实、传媒集团规模优势、市场份额、成本优势等。

劣势：组织机构的内部因素，具体包括传媒技术人才力量薄弱、内部管理混乱、媒介市场认可度不高、发展资金短缺、媒介经营不善、区域竞争力不强等。

机会：组织机构的外部因素，具体包括政策准入空间、需求和市场细分、新市场、新需求、竞争对手失误等。

威胁：组织机构的外部因素，具体包括新的竞争对手、传媒市场紧缩、行业政策限制、受众偏好改变、突发事件等。

根据对传媒组织内外部 4 个因素的分析，利用矩阵分析模型，相应形成 4 种传媒经营战略，即增长型战略、扭转型战略、防御型战略和多种经营战略，如图 8-4 所示。

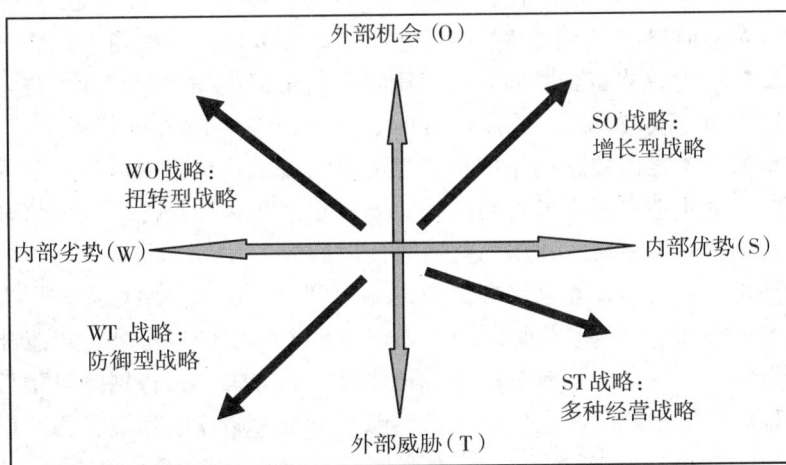

图 8-4　传媒经营微观环境的"SWOT"分析

二、SWOT 分析在传媒经营中的应用

1997 年后，随着经济社会要素的持续活跃，伴随科学技术的日新月异，中国经济社会全面迈入信息化时代。特别是世界经济全球化、信息一体化进程的加快，互联网的普及使全球化信息网络一体化联通。同时，社会信息需

求的多样化，文化消费的上升，传媒所处的环境日益开放，动态变化更为常态。传媒组织、大众传播活动及其生态环境正在发生深刻变化。这种变化对传媒经营产生了深刻影响。

　　传媒经营环境的优势劣势分析主要是着眼于传媒自身的实力及其与竞争对手的比较，而机会和威胁分析将着力点放在传媒外部环境的动态变化及对传媒经营战略、策略和举措的可能影响，进而影响传媒经营的目标和效用。在分析时，应把所有的内部因素（即优劣势）集中在一起，然后用外部的力量来对这些因素进行评估，将传媒看做一个信息产品生产经营的企业（或公司），对其进行机会和威胁、优势劣势分析。

（一）机会与威胁分析（O&T）

　　传媒经营所面临的环境生态分为两大类：一类表示环境威胁；另一类表示环境机会。二者之间在一定条件下可以相互转化。环境威胁指的是环境中一种不利的发展因素所形成的冲击和挑战，如果不采取果断的战略行为，这种不利趋势可能导致传媒的竞争态势发生逆转，竞争优势发挥受到限制，竞争实力地位受到威胁，甚至被削弱。例如，"国家广电总局 2011 年 10 月 12 日发布《关于进一步加强广播电视广告播出管理的通知》，对影视剧插播商业广告'痛下杀手'，这对主导电视广告经营的各级电视台均是一大重创。其中规定黄金时段（19 时至 21 时）电视剧每集可插播一次商业广告，时长不得超过 1 分钟；非黄金时间，电视剧每集中可以插播 2 次商业广告，每次时长不得超过 1 分 30 秒；插播广告时，应当对广告时长进行提示。另外，通知再次强调了之前禁止贴片广告的规定，在播出片尾画面以及演职人员表等内容时，禁止播出任何形式的广告，还规定禁止在片头之后、剧情开始之前，以及剧情结束之后、片尾之前插播任何广告。"[①]

　　环境机会特指传媒经营富有优势力量的机会，在这一领域中，该媒体将拥有资源优势和比较竞争优势。例如，国家广电部门的以上禁令，意味着电视台黄金广告时段受限，但对区域性其他媒介业态来说，特别是对于目标受众和广告目标客户趋同的竞争者来说，无疑是重大利好的环境机会。广告客户将广告投放相应转向报刊、广播或网络，这会给后者创造更多的客户资源。

　　因此，传媒经营者在判断分析环境机会或威胁时，应敏于传媒经营准入环境、产业政策环境的变化，善于把握其变化带来的机会或威胁，做到因势

　　① 吴敏：《黄金时段电视剧广告不超 1 分钟》，载《南方日报》，2011-10-14。

利导、扬长避短、趋利避害，将环境机会发挥到极致，将环境威胁降到最小。更重要的是，要善于捕捉受众需求特征、市场消费环境的变化，牢牢抓住目标受众需求特征，做到顺应需求和消费动机的动态变化，实行差异化需求满足，避开同质化竞争，实现市场份额最大化。例如，绿色健康文化、养生文化、休闲文化需求正成为都市人群的主流需求，传媒组织应进行针对性信息满足和引导，并以此为载体，在相应的健康、养生和休闲文化产品广告经营领域，力图开辟新的增长点。

（二）优势与劣势分析（S&W）

传媒环境机会或威胁，对其经营来说，只是传媒业经营环境中的一类客观因素，对每一个区域、每一类传媒组织的机会或威胁均等。所以，这并不能成为传媒之间的比较优势或竞争劣势所在。识别环境中有潜力的机会是把控竞争机遇的前提，而拥有在机会中取得成功所必需的竞争能力则是关键。处在竞争的生存环境中，传媒组织要剔除客观环境因素的机会或威胁，定期检查自己的优势与劣势，综合分析自身的品牌实力、媒介品质、运行机制、受众覆盖率、市场占有率、经营水平、盈利能力、管理能力、资金实力等构件。每一要素都要按照特强、稍强、中等、稍弱或特弱划分等级。

中国当前传媒竞争态势是省域范围内的同城媒体之间的区域竞争占主导。为此，传媒对自身优势劣势的分析，要选定同城范围内具有可比性的同类媒体作为参照物（如都市报之间的竞争），或者是目标受众群体定位相同或相近的两类媒体（如民生新闻视角下电视节目和广播节目之间的竞争），或者是广告客户锁定对象趋同的不同媒体（如房地产专业杂志和房地产类网站）。当两个传媒组织处在同一区域市场或者说它们都有能力向同类受众群体提供信息产品和资讯服务时，如果其中一家媒体有更高的盈利率或盈利潜力，那么，我们就认为这个媒体比另外一家媒体更具有相对竞争优势。换句话说，所谓竞争优势是指一个企业超越其竞争对手的能力，这种能力有助于实现传媒经营的主要目标——盈利。具有较强盈利能力的传媒，其竞争优势实际上指的是一个传媒比其竞争对手有更强的综合优势，其经济数据背后有着多种原因。毕竟，现代传媒是一个经营整体，而且竞争性优势体现在多个方面。所以，在做优劣势分析时必须在整个价值链的每个环节上，将企业与竞争对手做详细的对比，剖析每一个竞争要素的强弱点所在。只有这样，才能进一步明确优势传媒具有哪一个或几个方面的优势，因为只有这样，才可以扬长避短，以实击虚。

如果一家传媒在某一方面或几个方面的优势正是该媒体应具备的关键成

功要素，那么，该传媒的综合竞争优势也许就强一些，说到底体现在三个维度：传媒品牌的综合影响力、目标受众的忠诚度、目标广告客户的信赖度。

此外，传媒在维持三个维度的竞争优势过程中，必须深刻认识自身的资源和能力，采取适当的措施。因为一家传媒一旦在某一方面具有了竞争优势，势必会吸引竞争对手的关注和应对。一般来说，传媒经过一段时期的努力，建立起某种竞争优势后就处于维持这种竞争优势的态势，竞争对手开始逐渐做出反应；而后，如果竞争对手直接针对传媒的优势采取反击甚至攻击策略，或采取其他更为有力的策略，就会使这种优势受到削弱。因此，传媒立于竞争优势地位后，要善于巩固竞争优势，精心护卫品牌，诚心爱护受众，时刻为客户利益着想，不断培育优势资源，持续改进，持续变革，才能在动态的竞争搏击中立于不败之地。

本章参考文献

1. 范以锦. 南方报业战略：解密中国一流报业传媒集团. 广州：南方日报出版社，2005

2. 郭全中. 传媒经营变革——郭全中传媒经营管理论文自选集. 广州：中山大学出版社，2009

3. 李欣. 西方传媒新秩序——从独立传媒家族传媒到公司传媒. 广州：南方日报出版社，2008

4. 马建平，卞华. 媒介经营管理创新思维. 北京：中国传媒大学出版社，2008

5. 钱晓文. 当代传媒经营管理. 广州：中山大学出版社，2008

6. 世界银行. 中国：深化事业单位改革　改善公共服务提供. 北京：中信出版社，2005

7. 谭云明主编. 传媒经营管理新论. 北京：北京大学出版社，2007

8. 屠忠俊主编. 现代传媒业经营管理. 武汉：华中科技大学出版社，2007

本章思考题

1. 简要分析传媒信息产品面向受众（客户）进行生产经营的三次售卖及价值实现。

2. 以 PEST 分析法为工具，分析某党报经营的宏观环境。

3. 传媒经营环境的主要利益相关者构成及其特征。

第九章 传媒经营管理的法律规制

在现代社会，民众的法律意识日渐增强，社会的法治化水平不断提高，这就要求传媒的经营管理活动必须遵守所在国家或地区的法律法规，在法治的框架内运行。这既是传媒减少目前正在增多的法律纠纷的根本途径，也是传媒保障媒体权利，保持自身独立性的有效方式。从法律层面上讲，传媒不仅不享有凌驾于法律之上的特殊权利，而且必须在法律的框架之内运行。本章即在介绍传媒经营主体法律准入的基础上，对传媒生产和销售中的法律问题进行探讨。

第一节 传媒经营主体的法律准入

对于大众传媒的设立与准入，世界各国普遍建立了通行的登记注册制、许可证制、特许执照制等制度。在西方发达国家，法律规定传媒的所有权和经营权一般统一掌握在公民手中；在中国，传媒的所有权和经营权是由党和国家以及党和国家所属及委托的（传媒）组织行使的。

一、报刊书籍出版的法律准入

（一）国外报刊书籍出版的法律准入

在国外，一般承认媒体私人所有，绝大多数国家的法律都规定任何个人、政党和团体在履行简单的登记手续后，均可自由出版报刊和书籍。

在法国，法律上任何人都有办报自由，只要向居住地法院的检察机关提交一份简单的申报（注明报纸的名称、编辑和印刷者的姓名、地址、编辑的实际权限）以及将一定份额的报纸备案即可。对于所有传播发行的印刷品，印刷者要给国立图书馆 2 份，要给出版者 4 份，其中有一份作为版本备案。[1]

在瑞典，国民有权出版任何书面材料，不受任何部门或其他公共机构预先设置的障碍的限制。瑞典《出版自由法》规定："凡瑞典自然人或法人均有权单独或由他人协助利用印刷厂生产印刷品。任何生产此类物品的企业即本法令中所指的印刷企业。代表未成年人或他人经营印刷企业的监护人或受

---

[1] 中国社会科学院新闻研究所、北京新闻学会编：《各国新闻出版法选辑》，261页，北京，人民日报出版社，1981。

托人，根据本法令得被视为具有印刷者同样的责任。如有人要开办一印刷企业，他应于第一件印刷品发行前两周内将该企业在郡政府登记，同时就他的姓名或他意图经营的企业的商号名称、开办企业的地点、经营印刷品的种类等事项加以说明。"①

在芬兰，每个芬兰公民都有权出版印刷品，无须取得公共当局的同意，公共当局也不能对出版设置障碍。芬兰《出版自由法》第5条规定："每一个自任老板和享有充分公民权的芬兰公民都有权开办印刷企业。合法的企业、事业、合作社和团体，只要负责人有开办印刷企业的权利，都有权开办印刷企业。"第7条规定："凡企图开办新印刷企业者，或现有印刷企业的所有者或监察人，均须向市的登记官或秩序法庭填写企业登记表。如印刷企业设在农村，则向区公所填写登记表。此外，还要按第5条的规定，提交一份关于企业负责人的详细情况的报告和一份企业拟使用房产状况的声明。上述登记表及其附件均提交两份。"②

《埃及新闻法》（1980年7月10日通过）规定，政党、官方和非官方人士都可自由出版报纸。除政党、工会和团体外，个人出版报纸应当采取合作社或股份公司的形式，其股份在名义上和所有权上要全部为埃及人所有。该法第14条规定："打算出版新报纸的人，应向最高新闻委员会提呈书面报告，由报纸的合法代表签名，报告内容包括报主的姓名、别称、国籍和居住地及报纸的名称、使用的语言、出版方式和地点，总编辑的姓名和印刷该报的印刷所的地址。"第15条还规定："最高新闻委员会对出版报纸的报告的决定，在报告提呈后不超过四十天的期间内发布。在上述这段时间内不公布决定，则视为最高新闻委员会对报纸的出版无异议。在作出否决报纸出版的决定的情况下，在否定通知下达后三十天内，当事人可以向道德法庭提出申诉。"③

（二）国内报刊书籍出版的法律准入

在国内，各类媒体是党和政府的耳目喉舌，实行严格的设立审批制、企

---

① 孙旭培等编：《各国新闻出版法选辑（续编）》，29～30页，北京，人民日报出版社，1987。

② 孙旭培等编：《各国新闻出版法选辑（续编）》，51～52页，北京，人民日报出版社，1987。

③ 中国社会科学院新闻研究所、北京新闻学会编：《各国新闻出版法选辑》，145～146页，北京，人民日报出版社，1981。

业法人制和年检登记制，不允许私人创办报刊和出版社。

《出版管理条例》第九条规定："报纸、期刊、图书、音像制品和电子出版物等应当由出版单位出版。"第十一条还规定："设立出版单位，应当具备下列条件：（一）有出版单位的名称、章程；（二）有符合国务院出版行政主管部门认定的主办单位及其主管机关；（三）有确定的业务范围；（四）有30万元以上的注册资本和固定的工作场所；（五）有适应业务范围需要的组织机构和符合国家规定的资格条件的编辑出版专业人员；（六）法律、行政法规规定的其他条件。审批设立出版单位，除依照前款所列条件外，还应当符合国家关于出版单位总量、结构、布局的规划。"

对于申请设立出版单位的程序和申请内容，《出版管理条例》还做了详细规定。《出版管理条例》第十二条规定："设立出版单位，由其主办单位向所在地省、自治区、直辖市人民政府出版行政主管部门提出申请；省、自治区、直辖市人民政府出版行政主管部门审核同意后，报国务院出版行政主管部门审批。设立的出版单位为事业单位的，还应当办理机构编制审批手续。"第十三条规定："设立出版单位的申请书应当载明下列事项：（一）出版单位的名称、地址；（二）出版单位的主办单位及其主管机关的名称、地址；（三）出版单位的法定代表人或者主要负责人的姓名、住址、资格证明文件；（四）出版单位的资金来源及数额。设立报社、期刊社或者报纸编辑部、期刊编辑部的，申请书还应当载明报纸或者期刊的名称、刊期、开版或者开本、印刷场所。申请书应当附具出版单位的章程和设立出版单位的主办单位及其主管机关的有关证明材料。"

同时，中国对书号和版号的使用实行总量控制的原则，实行的是"一书一号"、"一刊一号"和"一版一号"的制度。出版单位在每一年度的11月份须向新闻出版总署上报下一年的选题计划，新闻出版总署审查选题计划后，向出版单位发放一定数量的书号、版号。如果因为计划变动，现有的书号、版号不能满足需要时，出版单位可以再次向新闻出版总署上报新的选题计划，经审查决定是否发放新的书号、版号。出版单位不得向任何单位或个人出售或者以其他形式转让本单位的书号、刊号或者版号、版面，禁止"一号多用"、"以书代刊"。新闻出版署1997年出台的《关于严格禁止买卖书号、刊号、版号等问题的若干规定》第一条指出："严格出版单位买卖书号、刊号、版号。凡是以管理费、书号费、刊号费、版号费或其他名义收取费用，出让国家出版行政部门赋予的权力，给外单位或个人提供书号、刊号、版号和办理有关手续，放弃编辑、校对、印刷、复制、发行等任何一个环节的职责，使其以出版单位的名义牟利，均按买卖书号、刊号、版号查处。"

二、广电影视的法律准入

（一）国外广电影视的法律准入

在世界范围内，各国通过发放广电影视许可证、广播电影电视执照、广播电视特许权协议等形式对广电影视实行比印刷媒介严格的法律管理。

在美国，对广电影视的法律准入建立在保护言论自由和公共利益的基础上。从 1934 年开始，由美国国会委托联邦通信委员会依据 1934 年《联邦通信法》对电台、电视台的设立实行许可制度。美国联邦通信委员会在首次颁发或重新颁发许可证之前，要考虑的因素主要有：设立该台是否符合公共利益，是否有成立的必要性，是否播放一定数量的非营业性节目，是否留有适当的时间用于讨论社会公共问题，广告数量是否过多等。[1] 1934 年《联邦通信法》第 307 条前两款规定："如果有利于公众的方便、利益或需要，委员会应在本范围之内，将本法规定的电台执照发给任何申请者。在对批准执照、修改执照和续延执照期的申请进行考虑的时候，只要有相同的申请，委员会即应在几个州和电台之中分配执照、频率、工作时间和功率，做到合理地、有效地和公正地向它们每一方分配无线电服务工作。"该法第 310 条还规定："根据本法需要申请的电台执照不得发给任何外国政府或其代表或由他们持有。"[2]

日本的广播电视许可制度属于频率使用和业主资格双重许可制度，许可证有效期一般不超过 5 年。政府对广播电视行业和广电媒体的行政指导与欧美国家的"非强制性行政行为"有相似之处。日本规制广播电视业的主要法律制度有《电波法》、《广播电视法》、《有线电视广播法》等。其中，日本《电波法》第 4 条明确规定，开设无线电台必须获得由总务大臣颁发的"许可证"。营业执照每 5 年更新一次。对于开设有线电视台，《有线电视广播法》第 3 条也规定实行许可证制。"一般广播电视事业者"开办收费业务，其收费价格等服务条款也必须报请总务大臣"认可"。利用电信服务开展广播电视业务也必须向总务大臣申请登记。对开办有线电视及"受托广播电视

---

① 国家广播电影电视总局发展研究中心课题组编著：《发达国家广播影视管理体制和管理手段研究》，18 页，北京，中国传媒大学出版社，2007。

② 广播电影电视部政策研究室编：《各国广播电影电视法规选辑》，288 页、290 页，北京，中国广播电视出版社，1988。

业者"提供服务，则实行备案制。①《日本有线无线电广播业务活动管制法》（1972）第 3 条还规定："凡开办有线无线电广播业务者，必须依照邮政省令的规定，向邮政相提交申报书。需要修改申报书上的记载时，也要照此办理。"②

此外，在电影准入方面，美国实行的美国电影协会推动建立的电影分级制度，把在美国发行的电影按照不同年龄观众群的适宜程度分为 G（大众级）、PG（辅导级）、PG-13（特别辅导级，13 岁以下儿童必须由父母陪同观看）、R（限制级）、NC-17（成人影片，17 岁以下观众禁止观看）五级。韩国政府则制定了"电影放映限额制"，法律规定每家影院每年至少放映 146 天的本国电影，并采取税收优惠等种种措施，扶植本土影片。老牌的电影输出强国印度在 1952 年重新修订了《印度电影法》，设立了中央电影许可证委员会（初名电影审查委员会，1982 年更为现名）。根据该法规定，任何一部影片都必须在公映前接受中央电影许可证委员会的审查，否则构成违法，将受到严厉的处罚。

（二）国内广电影视的法律准入

在国内，行政审批制度是中国广播电视管理的主要手段，电影许可制是规制电影的主要措施，二者均比较严厉。

在广播电视领域，中国实行的是行政审批制度。中国广播电台、电视台等播出机构以及广播电视发射台、转播台等无线传输发射机构均由国家开办经营，不对民营资本和外资开放；广播电台、电视台在确保节目终审权和播出权的前提下，可以与节目制作经营机构合作开办非新闻宣传类的节目、栏目。对于广播电视台的设立，《广播电视管理条例》（1997）第九条规定："设立广播电台、电视台，应当具备下列条件：（一）有符合国家规定的广播电视专业人员；（二）有符合国家规定的广播电视技术设备；（三）有必要的基本建设资金和稳定的资金保障；（四）有必要的场所。审批设立广播电台、电视台，除依照前款所列条件外，还应当符合国家的广播电视建设规划和技术发展规划。"第十条还规定："广播电台、电视台由县、不设区的市以上人民政府广播电视行政部门设立，其中教育电视台可以由设区的市、自治州以

---

① 国家广播电影电视总局发展研究中心课题组编著：《发达国家广播影视管理体制和管理手段研究》，47～48 页，北京，中国传媒大学出版社，2007。

② 广播电影电视部政策研究室编：《各国广播电影电视法规选辑》，507 页，北京，中国广播电视出版社，1988。

上人民政府教育行政部门设立。其他任何单位和个人不得设立广播电台、电视台。国家禁止设立外资经营、中外合资经营和中外合作经营的广播电台、电视台。"对于有线电视台的设立,《有线电视管理暂行办法》(1990)第四条规定:"机关、部队、团体、企业事业单位,符合下列条件的,可以申请开办有线电视台:(一)符合当地电视覆盖网络的整体规划要求;(二)有专门的管理机构,专职的采访、编辑、制作、摄像、播音、传输以及技术维修人员;(三)有可靠的经费来源;(四)有省级以上广播电视行政管理部门根据国家有关技术标准认定合格的摄像、编辑、播音设备;(五)有固定的节目制作场所;(六)有省级以上广播电视行政管理部门根据国家有关技术标准认定合格的传输设备;(七)有固定的播映场所。具备前款第(一)项、第(三)项、第(六)项和第(七)项规定条件的,可以申请开办有线电视站。禁止利用有线电视站播放自制电视节目。个人不得申请开办有线电视台、有线电视站。"同时,如果设立电视剧制作单位,应当经国家广播电影电视总局批准。制作电视剧必须持有电视剧制作许可证。《电视剧管理规定》(2000)第四条规定:"国家对电视剧制作、进口、发行等环节实行许可制度。禁止出租、出借、出卖、转让或变相转让电视剧各类许可证。"

在电影领域,中国实行的是电影制作、发行和放映的许可制度。其中,电影摄制主体设立许可包括电影制片单位、电影制片公司(内资)、中外合营电影制片公司等。国家对电影摄制、进口、出口、发行、放映和电影片公映实行许可制度。2001年通过的《电影管理条例》第五条规定"国家对电影摄制、进口、出口、发行、放映和电影片公映实行许可制度。未经许可,任何单位和个人不得从事电影的摄制、进口、发行、放映活动,不得进口、出口、发行、放映未取得许可证的电影片。"第八条规定:"设立电影制片单位,应当具备下列条件:(一)有电影制片单位的名称、章程;(二)有符合国务院广播电影电视行政部门认定的主办单位及其主管机关;(三)有确定的业务范围;(四)有适应业务范围需要的组织机构和专业人员;(五)有适应业务范围需要的资金、场所和设备;(六)法律、行政法规规定的其他条件。审批设立电影制片单位,除依照前款所列条件外,还应当符合国务院广播电影电视行政部门制定的电影制片单位总量、布局和结构的规划。"对于审批程序,第九条规定:"申请设立电影制片单位,由所在地省、自治区、直辖市人民政府电影行政部门审核同意后,报国务院广播电影电视行政部门审批。"同时,对于电影的发行和放映许可及审批,《电影管理条例》第三十六至第三十九条做了详细规定。其中,《电影管理条例》第三十七条规定:

"设立电影发行单位，应当向所在地省、自治区、直辖市人民政府电影行政部门提出申请；设立跨省、自治区、直辖市的电影发行单位，应当向国务院广播电影电视行政部门提出申请。所在地省、自治区、直辖市人民政府电影行政部门或者国务院广播电影电视行政部门应当自收到申请书之日起 60 日内作出批准或者不批准的决定，并通知申请人。批准的，发给《电影发行经营许可证》，申请人应当持《电影发行经营许可证》到工商行政管理部门登记，依法领取营业执照；不批准的，应当说明理由。"另外，根据《电影管理条例》的规定，境外组织或者个人不得在中华人民共和国境内独立从事电影片摄制活动。

三、互联网的法律准入

（一）国外互联网的法律准入

在国外，欧美发达国家对于方兴未艾的互联网大都是在现行的法律框架内进行保护和规范，通常是由传统的通信和广播电视管理机构来规制，大幅降低行业准入门槛，普遍采取"先发展后规范"的产业促进方针。

在美国，对互联网进行规制的主要机构仍是联邦通信委员会，主要法律法规有 1934 年《联邦通信法》、1996 年《电信法》、各州的相关法律及判例。其中，1996 年《电信法》放松了对电信业的法律规制，打破了市场进入的界限，开始鼓励行业竞争。根据美国《宪法第一修正案》的规定，任何人都有自由创办网站、出版电子刊物的权利。

在韩国，从事网络广播电视业务必须作为通信业者履行申报手续。网络广播电视运营事业者等同于《电信事业法》规定的附加通信业者，须向信息通信部申报。按照广播法的规定，已经取得资格的广播电视业者，要从事网络广播电视业务，也必须申报"附加通信事业者"资格。[①]

（二）国内互联网的法律准入

在国内，中国目前的互联网监管大多采用以业务准入为主的规制模式，重管理，少扶持。

电信业务领域实行的是许可证制度。《中华人民共和国电信条例》第七条规定："经营电信业务，必须依照本条例的规定取得国务院信息产业主管部门或者省、自治区、直辖市电信管理机构颁发的电信业务经营许可证。"

---

① 国家广播电影电视总局发展研究中心课题组编著：《发达国家广播影视管理体制和管理手段研究》，170～171 页，北京，中国传媒大学出版社，2007。

第十条还规定:"经营基础电信业务,应当具备下列条件:(一)经营者为依法设立的专门从事基础电信业务的公司,且公司中国有股权或者股份不少于51%;(二)有可行性研究报告和组网技术方案;(三)有与从事经营活动相适应的资金和专业人员;(四)有从事经营活动的场地及相应的资源;(五)有为用户提供长期服务的信誉或者能力;(六)国家规定的其他条件。未取得电信业务经营许可证,任何组织或者个人不得从事电信业务经营活动。"申请经营基础电信业务,应当向国务院信息产业主管部门提出申请,并提交该条例规定的相关文件。

在非经营性互联网信息服务领域,实行的是审批备案制。《互联网信息服务管理办法》(2000)第八条规定:"从事非经营性互联网信息服务,应当向省、自治区、直辖市电信管理机构或者国务院信息产业主管部门办理备案手续。办理备案时,应当提交下列材料:(一)主办单位和网站负责人的基本情况;(二)网站网址和服务项目;(三)服务项目属于本办法第五条规定范围的,已取得有关主管部门的同意文件。"第九条还规定:"从事互联网信息服务,拟开办电子公告服务的,应当在申请经营性互联网信息服务许可或者办理非经营性互联网信息服务备案时,按照国家有关规定提出专项申请或者专项备案。"

对于从事互联网出版活动的单位和个人,同样实行行政许可制度。从事互联网出版活动,必须经过批准。未经批准,任何单位或个人不得开展互联网出版活动。《互联网出版管理暂行规定》(2001)第七条规定:"从事互联网出版业务,除符合《互联网信息服务管理办法》规定的条件以外,还应当具备以下条件:①有确定的出版范围;②有符合法律、法规规定的章程;③有必要的编辑出版机构和专业人员;④有适应出版业务需要的资金、设备和场所。"

另外,对于网络视听节目,中国实行的是许可管理制度。根据《互联网视听节目服务管理规定》,国家广播电影电视总局对信息网络传播广播电影电视类节目的业务实行管理,业务指导目录由国务院信息产业主管部门制定。《互联网视听节目服务管理规定》(2008)第八条规定:"申请从事互联网视听节目服务的,应当同时具备以下条件:(一)具备法人资格,为国有独资或国有控股单位,且在申请之日前三年内无违法违规记录;(二)有健全的节目安全传播管理制度和安全保护技术措施;(三)有与其业务相适应并符合国家规定的视听节目资源;(四)有与其业务相适应的技术能力、网络资源和资金,且资金来源合法;(五)有与其业务相适应的专业人员,且主要出资者和经营者在申请之日前三年内无违法违规记录；（六）技术方案符合国家标准、行业标准和技术规范；（七）符合国务院广播电影电视主管部门确定的互联网视听节目服务总体规划、布局和业务指导目录；（八）符合法律、行政法规和国家有关规定的条件。"

第二节　传媒生产活动的法律规制

对于传媒的生产活动，世界上绝大多数国家都无一例外地对其进行了法律规制，以防止大众传媒滥用言论自由，威胁国家安全，危害社会秩序或侵害公民名誉权、隐私权和接受公正审判权等基本权利，不同之处只是宽严尺度而已。

一、国外对传媒生产活动的法律规制

在国外，现代民主国家对传媒生产活动的法律规制普遍是建立在保障言论与新闻自由的基础上的。各国法律首先强调言论与新闻自由是公民不可剥夺的基本权利，废除专制社会遗留的事前审查制度，然后才对公民和传媒滥用自由的言论活动进行事后追惩，惩罚的是违法行为。并且，对传媒产制活动的规制，欧美国家在多年的法律实践中发展形成了"限制必须由法律规定"、"明显而即刻的危险"、"最小限制替代手段"等重要原则，许多国家和政府普遍认可对言论和新闻自由的干涉和限制必须具备三个基本条件：第一，这种干涉或限制是"依据法律所规定"；第二，这种干涉或限制具有"合法目的"；第三，这种干涉或限制是"在民主社会中是必需的"。[①] 以下便围绕传媒生产活动中较有代表性（和较易产生法律纠纷）的国家安全、社会秩序和公民权利三大问题展开讨论。

（一）国家安全问题

在国家安全问题上，几乎世界上所有国家都特别敏感。任何国家，不论是民主政府，还是专制政权，都认为传媒有可能煽动颠覆政权或泄露国家秘密，大都通过立法和司法对传媒的活动进行规制，以保障国家安全。

在美国，《美国法典》第18篇对滥用言论、集会、结社等权利危害国家安全的行为规定了较为严厉的惩罚措施。其中，第2385条明文规定，"任何

---

① Emmanuel E. Paraschos，*Media Law and Regulation in the European Union*，Iowa State University Press，Iowa，1998，p. 46.

人蓄意或故意鼓吹、煽动、劝说或讲授"推翻或摧毁美国政府的行为，任何人企图为此而"印刷、出版、发表、传递、出售、分发或公开展出任何书写或印刷品"，"均应判处最高2万美元罚款或最多20年有期徒刑，或两者并罚。刑满后5年内不得被美国政府或其任何部门或代理机构录用"。[①] 美国1939年制定的《史密斯法》第2条规定："意图颠覆、破坏联邦政府，提倡、鼓吹、教唆或印刷、发行、编辑、出版、公布、出售、公开展示颠覆、破坏联邦政府的必要性、适宜性的书写品或印刷品"，都是被禁止的。这项法律制定发布后，虽然几经修订并缩小了适用范围，但目前仍然有效。长期以来，威胁严重破坏政府安全运转的言论一直都是《宪法第一修正案》保护的一个经典性例外。根据美国联邦法院历来在案例中的解释，言论自由的运用以不致妨碍美国宪法的规定为限，任何出版物的刊行以不得恶意诽谤政府或企图颠覆政府的存在为限。后来经过几十年的发展，美国联邦最高法院慢慢发展确立了判定言论自由例外的标准——"明显而即刻的危险"原则，该原则成为严格的煽动标准，由此缩小了前述例外的范围，并增加了政府在试图限制此类言论时的举证负责。几十年间，美国最高法院也加强了司法调查的任务，当宪法《第一修正案》权利处于危险之中时，它不再那么尊重立法机构和行政机构的判断。[②]

美国联邦现行保密制度建立在1995年发布的总统命令——《保密的国家安全信息》的基础上。这个命令将军事计划、外国政府信息、情报活动、外交活动、与国家安全有关的科技事项、美国政府保护核设施的计划、与国家安全有关的基础设施易受攻击的信息以及与大规模杀伤性武器有关的信息8类信息划为保密范围，在此范围之外的信息不能进行保密。但是，行政机关也不是对所有这8类信息都可以进行保密处理。行政机关只能对行政机关所拥有、产生以及控制的信息才可以进行保密。这就意味着，对于不处于政府控制范围内的信息，即使有可能危害国家安全，政府也不能简单地利用它的保密权力来禁止这些信息在公民间的传播。[③] 在美国，虽然联邦和州政府为维护国家安全提出了保守秘密的特权，但是美国对保密信息范围的划定比

---

① 1948年6月25日法案第645章，见《美国联邦法规汇编》，62卷，808页。

② ［美］约翰·D·泽莱兹尼：《传播法：自由、限制与现代媒介》，张金玺、赵刚译，81页，北京，清华大学出版社，2007。

③ 程迈：《美国联邦保密制度简介》，见姜明安主编：《行政法论丛》，11卷，440页，北京，法律出版社，2008。

较明确，且"公开是原则、保密是例外"，特别是在新闻媒体与政府力量长期博弈的过程中，政府除了能够进行战时的新闻管理和范围有限的立法禁止，在面对争议性诉讼时，政府还须承担繁重的举证责任。

在英国，凡是对女王本人、其后嗣或继承人或者联合王国的合法的政府部门和宪法，或下议院或法院，煽动人们的痛恨或蔑视情绪或激发人们的不忠思想的意图，或煽动臣民企图不通过法律手段改变教会或国家方面合法制定的制度的意图，或者在女王子民中煽动不满或不忠情绪的意图；或在不同阶级臣民之间制造恶意和敌意的意图的行为，都要处以监禁或罚金。①

英国 1911 年颁布的《官方保密法》（后经 1920 年、1939 年、1989 年三次修订）是世界上第一部完整的成文保密法。其中第一部分规定了重要秘密资料的保密，该法第一节曾被描述成"英国成文法中最严峻的法律"；第二部分包含了其他需要保密的一切资料。该法规定了任何公务员未经授权，不得透露他们所知道的资料，任何人（包括记者）收集这些资料都是违法行为，甚至连一个公务员在其所在的部门用了多少回形针都属于保密的范围。公务员在退出政府工作或退休之后泄露政府秘密的行为，也仍被视为犯罪。②

在社会各界的非议下，1989 年这一法律得到修改，称为《英国 1989 年官方秘密法》。虽然该法缩小了保密范围，并突出了应保守的核心机密，但仍然比较严格。该法规定，是或曾经是公务员或政府雇员的人，没有合法授权进行破坏性泄露任何与国防、国际关系、安全与情报相关的信息、文件或其他物品，而这些信息、文件或其他物品是他因为其身份或工作关系而持有或者曾经持有的，则构成犯罪。③ 根据犯罪情节、性质及后果的轻重，泄露国家秘密者将会被处以两年监禁或罚款（规定罚款最高数额为 2000 英镑）、6 个月监禁或罚款或两刑并处等处罚。④

法国法律也规定，煽动公民武装反抗政府属叛逆行为，处终身监禁。在《出版自由法》中，也有"煽动犯重罪和轻罪"的专项规定，其第 23、第 24、第 25 条详细规定了煽动军人违抗军令、在公共场所高唱煽动歌曲等违

---

① ［英］Ｊ·Ｃ·史密斯、Ｂ·霍根：《英国刑法》，马清升等译，864 页，北京，法律出版社，2000。

② 张超：《世界各国立法防泄密各有高招》，载《青年参考》，2009-07-04。

③ 谢望原、刘涛等译：《1989 年官方秘密法》，见谢望原主译：《英国刑事制定法精要（1351—1997）》，294～298 页，北京，中国人民公安大学出版社，2003。

④ 杨东录等：《秘密战争警报》，229～231 页，西安，陕西人民教育出版社，1992。

法行为及惩处方式。① 瑞典《出版自由法》在"关于滥用出版自由罪"部分第 4 条将煽动战争、以武力或其他暴力手段推翻政权、危及王国安全的谣言或错误言论等均列为违法行为而严加禁止。

【案例】

"五角大楼文件泄密案"

1971 年 6 月 13 日至 15 日，美国《纽约时报》连续在头版刊出一批美国国防部的绝密文件——关于美国政府越南战争决策过程的历史文件。这些文件反映了近 20 年来美国的核心决策层是如何用掩盖真相、编造谎言的方式误导和蒙骗民众，将美国一步步拖入越南战争的泥潭的。美国政府见状大惊，认为这些是被"偷"出来的"保密文件"，发表出来有害于"国家利益"，司法部通知《纽约时报》，要求立刻终止这一连载，并将文件交给政府。在这一要求遭到拒绝后，政府就此向联邦地方法院提出指控，地方法院听证后发出"禁制令"，要求报纸"暂停发表五角大楼秘密文件"。但与此同时，《华盛顿邮报》、《波士顿环球报》、《洛杉矶时报》等重要报刊亦相继刊出同类文件，法院禁不过来了。

案子就这样不断升级，最后上诉到美国联邦最高法院。1971 年 6 月 30 日，最高法院以 6∶3 的多数裁决：禁止乃至延迟报纸发表"五角大楼秘密文件"是对《宪法第一修正案》的"冒犯"，《纽约时报》和《华盛顿邮报》胜诉。恼羞成怒的政府要员们对媒体奈何不得，便转而追查泄密者。尼克松总统亲口说"要将这家伙送入监狱"，还要"把审判的所有细节都告诉媒体，我们要在媒体前摧毁他"。

事实上追查泄密者已经于事无补了。丹尼尔·埃尔斯伯格，这位前海军陆战队军官，美国国防部部长助理的高级助手，兰德公司关于越南问题的著名分析家，在将所有 7000 页绝密文件复印件分别交往各有关报社之后，于 6 月 28 日前往美国司法部"自首"。名誉扫地的尼克松政府试图以"泄露国家机密"等罪名起诉埃尔斯伯格，以期挽回些面子，但埃尔斯伯格最终因政府对其的非法调查而被法院撤销了起诉，从而未受法律惩罚。这就是当年轰动美国、震惊世界的"五角大楼文件泄密案"。②

---

① 孙旭培等编：《各国新闻出版法选辑（续编）》，203 页，北京，人民日报出版社，1987。

② 张艳明、刘婧：《"五角大楼文件"泄密案始末》，载《环球军事》，2007（5）。

（二）社会秩序问题

对于社会而言，大众传媒不仅有维持社会稳定和提升公序良俗的作用，而且还有可能通过传播淫秽色情内容、亵渎宗教和鼓吹种族（民族）仇杀的言论等，危害社会秩序。为此，许多国家都制定了一系列的法令来规制这类表达。

对于淫秽色情问题，英国于1959年修订通过的《淫秽出版物法》第1条第1款规定："为了该法的目的，对于在所有有关场合可能读到、看到或听到相关作品所包含或体现的内容的人而言，如果该物品或者（当物品由两部分或更多部分组成时）作为其整体的任何一部分，具有倾向于使人堕落、腐化的效果，那么该物品就应被认为是淫秽物品。"第4条还规定："如果针对相关物品的公开行为被证明是为了科学、文学、艺术或者其他公众关注的事项的利益，那么此种公开行为就具有有利于公共利益的正当理由，其不应被视为违法行为。"① 该法首先突出了从作品"整体上"判断的标准，并且增加了第4条的公共利益抗辩。这种将严肃作品和淫秽出版相区别的做法彰显了该法名称中宣称的保护文学艺术发展的立法宗旨。为了保护未成年人免受淫秽色情信息的侵害，1978年《青少年保护法》第1节规定："如果某人实施了下列行为，其行为将构成犯罪：给一个儿童拍摄任何有伤风化的照片，或者允许给一个儿童拍摄任何有伤风化的照片；或者散发或者展示此类有伤风化的照片；或者被告人或其他相关人员为散发或展示而持有此类有伤风化的照片；或者当相关广告可以被理解为其意在传达这样的意思……"在该法中，"儿童"是指未满16周岁的人，"照片"这个术语也包括照片的底片，包括有伤风化的电影，以及此类照片或者电影的拷贝。② 该法没有对"有伤风化"这一术语进行定义，上诉法院所采纳的标准是"文明社会公认的礼节标准"。另外，根据1988年《刑事诉讼法》第160节的规定："持有任何有伤风化的儿童照片，都可以构成犯罪。""在简易程序中，犯有此种罪行的人将被处以不超过6个月以上的监禁或者5000英镑以上的罚金。"③

---

① ［英］萨莉·斯皮尔伯利：《媒体法》，周文译，382页、386页，武汉，武汉大学出版社，2004。

② ［英］萨莉·斯皮尔伯利：《媒体法》，周文译，393页，武汉，武汉大学出版社，2004。

③ ［英］萨莉·斯皮尔伯利：《媒体法》，周文译，394页，武汉，武汉大学出版社，2004。

1973 年，美国最高法院在"米勒诉加利福尼亚案"中定义了淫秽，确立了"米勒标准"，并一直沿用至今。该标准由三部分组成：第一，对于普通人，根据当下的社区标准，能发现某作品从总体上看投合人们的淫欲；第二，作品对性行为的描写具有明显的冒犯性，违反了所在州相关法律的特别规定；第三，作品从整体上看不具有任何重要的文学、艺术、政治或社会价值。① 根据该标准，在法庭上，某材料被贴上淫秽的标签、被剥夺宪法权利并得到相应的惩罚之前，该标准的所有组成部分都必须被一一证明。

虽然"米勒标准"在美国已经被确立为一条区分被禁止的性言论和受保护的性言论的分界线，但是仍然存在一个例外。这个例外就是儿童色情材料。1982 年，美国最高法院在"纽约州诉费伯案"中判决，政府可以禁止传播儿童色情材料——表现儿童实施性行为的材料，无论该材料是否符合"米勒案"的淫秽标准。② 美国最高法院规定，各州在试图禁止向儿童出售或传播色情材料时或在阻止色情电影制片人强迫儿童拍摄性行为电影时，可使用更为宽泛的淫秽定义。但在制定并实施这类法律时务必谨慎，以免同时禁止了那些合法的材料。美国最高法院承认，禁止儿童色情材料的法律和淫秽法律一样，也可能会因为变得太过严厉而压制受保护的言论。但是，最高法院说，各州有权力在抵制儿童色情材料方面拥有更多的回旋余地。当然，这个领域内也有宪法限制。1996 年，国会通过了《抵制儿童色情法》，以对抗以计算机生成的形象代替真实儿童来发生性行为的侵犯材料。但是该法由于对淫秽的规定条款过于宽泛等原因，在 2002 年被最高法院宣布违宪。

在广播电视领域内，美国对涉性言论的控制更为严格。1927 年的《广播法》就有对猥亵言论做出禁止性规定：禁止"通过广播传播任何淫秽、猥亵或粗俗的言论"。1934 年的《联邦通信法》也遵循了这一规定："在美国司法管辖下的任何人不应通过无线电通信发出淫秽、猥亵或亵渎的语言。"虽然美国在广播电视业"解除规制"浪潮的影响下，取消了一些节目管制措施，但是联邦通信委员会对淫秽、猥亵内容的管制却毫不放松。除了推动电视进行自愿分级和采取"时段隔离"措施（即规定在少年儿童集中收看电视的时

---

① ［美］约翰·D·泽莱兹尼：《传播法：自由、限制与现代媒介》，张金玺、赵刚译，396 页，北京，清华大学出版社，2007。

② ［美］约翰·D·泽莱兹尼：《传播法：自由、限制与现代媒介》，张金玺、赵刚译，401 页，北京，清华大学出版社，2007。

段，只能播出适宜少年儿童收看的电视节目。例如，从早晨 6 点到晚上 10 点这段时间，任何电台或电视台不得播放含有下流语言的节目），还通过立法加强对节目内容的监管。例如，1996 年通过《电信法》提倡安装"童锁"，建立节目分级制度，以保障未成年人的视听权利。① 2006 年 6 月，时任美国总统布什签署了由国会批准的《净化广播电视内容执行法案》，加大了对色情节目的规制力度。根据这一法律，所有公共广播电台和电视台任何时间都不能播出淫秽节目，特别是早 6 时至晚 10 时青少年观众活动频繁的时段，更不得播出"不雅节目"。凡是内容越过"不雅界线"的节目将面临比以前高 10 倍的罚款，每次最高可被联邦通信委员会罚款 32.5 万美元，而此前这一数额只有 3.25 万美元。②

2004 年，女歌手珍妮·杰克逊在演唱会上的"突然露乳"就曾在色情杂志随处可见的美国引起轩然大波，并引起诉讼。当时，女歌手珍妮·杰克逊在哥伦比亚广播公司（CBS）实况转播的超级碗美式足球决赛半场间歇的表演中突然露胸。因为这昙花一现的"不雅"瞬间，社会舆论群起而攻之，甚至有家庭主妇以杰克逊的举动"深深地伤害"了她，而对杰克逊提起诉讼。联邦通信委员会也为此给了美国哥伦比亚广播公司一张 55 万美元的巨额罚单。哥伦比亚广播公司上告喊冤，一家联邦巡回上诉法庭裁决当局的处罚过于武断，宣布罚款无效。联邦通信委员会不服判决，后上诉到美国最高法院。最高法院在 2010 年 2 月推翻下级法院判决，责令其重审。同时，珍妮·杰克逊的"突然露乳"也使美国电视业的播出尺度和管理制度都做了调整，包括奥斯卡等各种娱乐颁奖典礼的电视直播，普遍采取了 5 秒钟"延时"措施，以便有时间删除任何可能引发争议的"不雅"声画。据媒体报道，此次"露乳"事件也成为《净化广播电视内容执行法案》立法的触发点。③

在加拿大，其最高法院认为，如果存在作品内容超过社会容忍的范围、卑劣地非人性地滥用"性"、没有艺术或实在内容的表达这三种情况，那么实行刑事制裁会优于保护表达自由的法律规定。

---

① 黄春平、杨世军：《简论美国广播电视内容监管政策的演变》，载《三峡大学学报》（人文社科版），2009（3）。

② 张天蔚：《美国为何立法整顿电视色情》，载《北京青年报》，2006-06-18。

③ 张天蔚：《美国为何立法整顿电视色情》，载《北京青年报》，2006-06-18。

对于宣扬邪教与禁止亵渎宗教问题，许多国家在保障宗教自由的前提下，也会依据相关法律对违法者进行惩处。1990年，新加坡议会通过了《维持宗教和谐法案》，该法案禁止任何宗教组织引发宗教争端，或者假借宗教信仰的名义反社会、反政府。违者由内务部处罚，轻者可剥夺其一定期限的集会权、出版权和在公共场所发言权，重者可判罚款1万新元或最高2年监禁。1992年，新加坡政府取缔了邪教"耶和华见证人"。因与耶和华见证人教会有关的判决就高达60多起，如1996年7月，一老妇因私藏其组织的出版物而被判处2年监禁。奥地利议会于1998年12月通过的新的宗教法规定"被国家认可"的教会至少拥有1.6万名成员（约占全国人口总数的0.2%），必须在奥地利存在20年以上，作为合法的宗教社团10年以上，"被政府合法承认"的宗教社团至少拥有300名成员，提出申请后需等候6个月时间；宗教社团被拒绝登记的条件为："年轻人将会受到不利影响，为传播宗教而不适当地采用心理学方法，或者出于公共安全、公共秩序、健康或道德考虑。"①

在英国，亵渎罪是一种严格责任原则下的犯罪，这意味着甚至在被告人没有诽谤基督教信仰的故意的时候，其就可能已经触犯了法律。为了证明相关行为构成亵渎诽谤犯罪，检察官必须证明存在两方面事实：在相关资料进行公开方面，被告人具有故意公开的心理状态；并且从客观上看，相关资料是亵渎性的。这并非一种主观性的测试——其结果并不取决于相关作者的主观故意和动机。在与亵渎有关的法律中，并没有与《防治淫秽出版物法》第4节所规定的公共利益辩护规则相同等的规定。

在意大利，自20世纪30年代以来，其亵渎法也只保护一种宗教：罗马天主教。后来，这项规定被意大利法院裁定违宪，将其适用范围扩大到所有宗教。这样，从1995年11月以后，禁止亵渎行为的规则对一切"宗教"提供保护。② 根据意大利的这类法律规定，亵渎宗教是违法的，任何传播和出版此类内容的人，都会受到起诉。2002年7月11日，意大利警方在意大利关闭5家"亵渎宗教宣传色情"的美国网站。据意大利警方称，这5家网站极度蔑视宗教，公然污辱"上帝和圣母"，并且张贴大量极端下流淫秽的色

---

① 卢勤忠：《中西处置邪教法律的比较与借鉴》，载凯风网 http：//kaiwind. com/llyt/200804/t79868. htm，2008-04-30。

② 《意大利对亵渎行为的压制》，载钟鸣宗教 http：//religion. 21voc. com/bencandy-104-185745-1. html，2011-03-08。

情图片。①

在伊斯兰国家，亵渎宗教是很严重的罪行。亵渎法对侮辱宗教领袖的人予以严厉惩罚，直到死刑。② 巴基斯坦的《亵渎法》就比较严厉。根据该法，任何人不得发表诋毁伊斯兰教先知穆罕默德的言论，否则将遭遇刑罚。

对于种族（或民族）仇视言论，国际社会向来坚决反对。1963 年 11 月 20 日，《联合国消除一切形式种族歧视宣言》第一次宣告，要迅速消除世界上一切种族歧视。该宣言第 9 条指出："一切宣传及组织，凡以某一种族或属于某一肤色或人种的人群为优越的思想或理论作根据，而意图为任何形式的种族歧视辩解或鼓吹者，概应严加谴责。"《公民权利和政治权利国际公约》第 20 条也规定："任何鼓吹民族、种族或宗教仇恨的主张，构成煽动歧视、敌视或强暴者，应以法律加以禁止。"③

在美国，法律没有明文规定电台、电视台不得发布种族问题评论，但是美国联邦通信委员会要求媒体自律，并通过行政手段，要求不得将电台、电视台卖给雇佣有种族歧视倾向的主持人的公司，社会集团也可以通过压力（广告公司撤除广告）迫使媒体解雇散布种族歧视的主持人。④ 2011 年 8 月，美国新泽西州一名新任共和党众议员帕特·德兰尼因他妻子珍妮弗·德兰尼向新泽西州一名非裔民主党参议员候选人发送了包含种族歧视内容的邮件而宣布辞职。珍妮弗在向 9 次夺得奥运会金牌的运动员、民主党参议员候选人卡尔·刘易斯的竞选团队发送的邮件中称："一个有着深色皮肤、名声在外的人，就等于他懂政治吗？"面对舆论指责，帕特不得不做出道歉并辞职。⑤

在英国，2008 年两名男子因借助网站煽动种族仇恨被起诉。他们在网上发布了包括被屠杀的犹太人图片以及嘲笑其他族群的卡通画和文章。法官认定他们的材料是"攻击性的和侮辱性的"并有导致"巨大社会危害"的潜力。该案历时两年审判，两人分获 4 年和 2 年的监禁。在新加坡，政府向来

① 《意警方关闭 5 家亵渎宗教宣传色情网站》，载北方网 http://it.enorth.com.cn/system/2002/07/11/000370378.shtml，2002-07-11。

② 世界银行本书编写组编：《讲述的权利——大众媒体在经济发展中的作用》，173 页，北京，中国财政经济出版社，2005。

③ 《公民权利和政治权利国际公约》，见刘海年主编：《〈经济、社会和文化权利国际公约〉研究》，318 页，北京，中国法制出版社，2000。

④ 吴玉玲编著：《广播电视概论》，130 页，北京，中国传媒大学出版社，2007。

⑤ 李金良：《美国 1 名议员因妻子发种族歧视邮件辞职》，载国际在线 http://news.163.com/11/0824/14/7C7T9B9K00014JB5.html，2011-08-24。

倡导种族与宗教和谐，禁止各类煽动族群仇恨的言论。2005 年 10 月，新加坡首次对两名在博客中发表种族煽动性言论的年轻男子判刑，旨在警告他人：种族之火玩不得，网上言论自由也有限度。根据新华社的报道，这两名青年被指控在 2005 年 4 月至 6 月分别发表了有种族性言论的网络日记，并在网民之间引发了激烈争论。其中一人被判处一个月监禁，另一人被判处一天监禁，并被处以 5000 新元的罚款。①

（三）公民权利问题

在传媒的生产活动中，从信息采集到内容制作再到信息传播，总会与特定的人发生密切联系，这样就会发生侵害公民名誉权、肖像权、隐私权和著作权等基本权利的情况。对此，欧美发达国家普遍采用利益平衡的方法规制传媒的产制活动。

对于名誉权，英国在 1952 年制定了诽谤法，该法认为名誉侵权就是"公布使普通人对某人评论下降的言论"。② 在此基础上，1996 年又对该法进行了修订，通过了《1996 年诽谤法》。2011 年 3 月 15 日，英国司法部公布《诽谤法修改草案》，准备再次修改诽谤法。在英国，诽谤他人将会被追究刑事或民事责任。足球运动员格雷姆·索内斯因前妻声称他是一个被牢牢套住的"脏老鼠"而获得了 75 万英镑的赔偿。《面孔》杂志因刊发一篇文章，称流行歌星杰森·多诺文否认自己是同性恋而将其称为骗子和伪君子，多诺文因此获得了 20 万英镑的赔偿。③

美国《侵权行为法重述Ⅱ》指出："如果某传播行为倾向于如此伤害另一个人的名誉，以至于降低了社会对他的尊重，或者阻遏了其他人与他交往或交易，那么该传播便具有诽谤性。"④ 在美国，原告负有最初的举证责任，在针对大众媒介或个人传播者的诉讼中，诽谤诉讼的原告通常必须证明 6 个要素：诽谤性内容、信息的虚假性、向第三方公布、原告的身份确认、传播

① 新华社电：《新加坡首次对博客判刑　初犯者将面临 3 年监禁》，载新华网 http://news. xinhuanet. com/it/2005-10/09/content_3595928. htm，2005-10-09。

② 刘迪：《现代西方新闻法制概述》，105 页，北京，中国法制出版社，1998。

③ ［英］萨莉·斯皮尔伯利：《媒体法》，周文译，52～53 页，武汉，武汉大学出版社，2004。

④ ［美］约翰·D·泽莱兹尼：《传播法：自由、限制与现代媒介》，张金玺、赵刚译，107 页，北京，清华大学出版社，2007。

者的过错（实际恶意或至少过失）、对原告造成的伤害。[①]

德国法律承认个人保护其尊严的权利，并将人格权作为一项私权来保护。《德国民法典》第 823 条规定："因故意或者过失不法侵害他人生命、身体、健康、自由、所有权或者其他权利者，对他人因此而产生的损害负赔偿义务。"日本《刑法》第 230 条第 1 款规定："公然散布事实，损害他人名誉者，处以 3 年以下徒刑或 50 万日元以内的罚款。"

对于隐私权，美国宪法《第四修正案》规定："公民有权保护其身体、住所、文件与财物等不受无理拘捕、搜查、扣押和非法侵犯。除有正当理由，经宣誓或代誓宣言，并详载搜查之地点、拘捕之人或收押之物外，不得向公民发出搜查证、拘留证或者扣押证。"[②] 在布兰代斯和沃伦的文章发表 13 年之后，即 1903 年，纽约通过了一项法律，规定未经许可为商业目的使用他人的姓名或肖像既构成侵权也构成轻罪（《纽约民事权利法》第 50、第 51 节），隐私权进一步确立。[③] 1974 年美国制定了《隐私法》，明确保护隐私权。发展到 2003 年，除 4 个州之外（明尼苏达州和北达科他州拒绝承认这种侵权行为违法，佛蒙特州和怀俄明州直到 2003 年仍没有隐私权案件的记录），其他州都承认隐私法。[④]

在英国，虽然一直没有法律对普遍的隐私权予以规定，但是英国法官援用《版权法》（CDPA）、《防治骚扰法》、《数据保护法》、《非法侵入土地法》等法律努力为可能划归隐私权的各种利益提供（间接或分散性）保护。例如，1997 年的《防治骚扰法》第 1 节规定了对相关骚扰行为的普遍禁止规则，此类行为可以是骚扰行为，也可以是被告人知道或者应该知道等同于骚扰的行为。这类定义可以扩展适用于媒体做出的骚扰行为，包括长时间的电话骚扰，"串门"或当别人明确希望中止联系时却拖延接触时间等情况。在此没有辩护理由可以支持，相关骚扰行为是为了公共利益而做出的。该法第 2 节规定了骚扰罪可以通过简易诉讼程序进行审判，其刑罚为不超过 6 个月

---

① ［美］约翰·D·泽莱兹尼：《传播法：自由、限制与现代媒介》，张金玺、赵刚译，107 页、153 页，北京，清华大学出版社，2007。

② ［美］爱伦·艾德曼、卡洛琳·肯尼迪：《隐私的权利》，吴懿婷译，1 页，北京，当代世界出版社，2003。

③ ［美］唐纳德·吉尔摩等：《美国大众传播法：判例评析》，梁宁等译，228 页，北京，清华大学出版社，2002。

④ ［美］唐·彭伯：《大众传媒法》，张金玺、赵刚译，236 页，北京，中国人民大学出版社，2005。

的监禁或不超过五级的罚款。①

1998 年，英国加入了《欧洲人权公约》，该公约第 8 条 "尊重私人和家庭生活权" 第 1 款即规定："人人享有尊重其私人和家庭生活、住宅和通信的权利"。② 如果英国公民不满英国法院判决，还可以向欧洲人权法院提起诉讼，英国公众从此多了一条维护隐私权的途径。2011 年，《世界新闻报》曝出曾雇私家侦探窃听失踪女孩米莉·道勒手机语音留言，导致警方调查受到干扰的丑闻，引起从首相到普通民众的一致愤慨。英国警方从 2006 年开始调查这家报纸窃听名人电话事件，记者古德曼和私人侦探马凯尔次年锒铛入狱。后由于外界对调查的彻底性提出质疑，警方于 2011 年 1 月重启调查，一度逮捕了前首席记者瑟贝克、前助理编辑埃德蒙森和另一名雇员（后被保释）。迫于压力，新闻集团老板鲁珀特·默多克于 7 月 10 日将有 168 年历史的《世界新闻报》停刊。③

1954 年，德国联邦最高法院在一份判决中，第一次承认了一般人格权（包括隐私权在内）属于《民法典》第 823 条第 1 款所规定的 "其他权利"。该法条规定："故意或有过失地不法侵害他人的生命、身体、健康、自由、所有权或其他权利的人，负有向该他人赔偿因此而发生损害的义务。"④ 1977 年，德国（当时的西德）制定了《联邦个人数据保护法》，规定在贮存、传递、修改、消除个人资料时，禁止对这些资料加以滥用，以此防止对个人利益的侵害。1997 年，德国通过了《多媒体法》，规定保护私生活的秘密和保护个人数据资料等隐私。

为了保护公正审判权，美国初审法院在谢帕德案之后，曾掀起了一波限制令浪潮。根据新闻出版自由记者委员会统计，1967—1975 年，大约有 174 个限制令被签署，其中 63 个针对涉案参与方，61 个是关于对媒体封闭审判程序或记录，50 个则是直接限制媒体的。⑤ 在 1975 年的弗罗姆枪击福特总

---

① ［英］萨莉·斯皮尔伯利：《媒体法》，周文译，291 页，武汉，武汉大学出版社，2004。

② 朱晓青：《欧洲人权公约》（修改版），见《欧洲人权法律保护机制研究》，318 页，北京，法律出版社，2003。

③ 郭瑞：《英国〈世界新闻报〉因窃听丑闻将停刊》，载新华网 http://news.xinhua-net.com/world/2011-07/08/c_121640070.htm，2011-07-08。

④ 陈卫佐译注：《德国民法典》，306 页，北京：法律出版社，2006。

⑤ Rick D. Pullen, *Major Principles of Media Law*. Harcourt Brace College Pulishers，Fort Worth，1994，p. 228.

统案中，臭名昭著的查尔斯·曼森"家族"成员之一莱内特·弗罗姆因为试图枪击杰拉尔德·福特而受审。由于担心陪审团受到偏见报道的影响，法官禁止播出关于曼森集团的一部纪录片。该项限制令拓展至审判地点加利福尼亚州萨克拉门托周围的 26 个县，而且直至陪审团封闭集中在一个无法通过电视看到这部纪录片的地方之后，限制令才被解除。① 但是，这项直接针对媒体的"钳口令"却不为最高法院所认可。1976 年，最高法院在"内布拉斯加州新闻协会诉斯图尔特案"中，一致判决该"钳口令"违宪。判决意见进一步声明了一条绝对规则：不得事前限制新闻界报道来自公开审判的信息。同时，多年来，美国的大多数法院系统一直严格禁止使用摄影摄像设备。今天，所有州至少是有限地允许摄像机出现在本州的审判庭。超过 35 个州允许电视转播全部或部分刑事审判。在这些州，摄像机获得法官许可便可进入审判庭。但是，联邦法院系统始终禁止使用摄像机。报道联邦刑事案件的媒体不得不依靠人们进出审判庭的照片或者美编绘制的审判场景素描。②

二、国内对传媒生产活动的法律规制

与欧美发展国家一样，中国对传媒生产活动也进行规制。相较发达国家而言，中国对媒体产制的规制侧重于管理，禁止性规定和条文多于授权性规定和保护性条文。以下仍围绕传媒生产活动中较有代表性的国家安全、社会秩序和公民权利三大问题展开讨论。

（一）国家安全问题

中国与绝大多数国家一样，都强调国家安全问题。中国《刑法》第一百零五条规定："以造谣、诽谤或者其他方式煽动颠覆国家政权、推翻社会主义制度的，处五年以下有期徒刑、拘役、管制或者剥夺政治权利。首要分子或者罪行重大的，处五年以上有期徒刑。"《刑法》第一百零二、第一百零三、第二百四十九、第二百七十八、第三百七十三条等均做了相关规定。《出版管理条例》第二十五条前三款规定："任何出版物不得含有下列内容：（一）反对宪法确定的基本原则的；（二）危害国家统一、主权和领土完整的；（三）泄露国家秘密、危害国家安全或者损害国家荣誉和利益的。"《广播电视条例》第三十二条前四款规定："广播电台、电视台应当提高广播电

---

① ［美］约翰·D·泽莱兹尼：《传播法：自由、限制与现代媒介》，张金玺、赵刚译，244 页，北京，清华大学出版社，2007。

② ［美］约翰·D·泽莱兹尼：《传播法：自由、限制与现代媒介》，张金玺、赵刚译，259～260 页，北京，清华大学出版社，2007。

视节目质量，增加国产优秀节目数量，禁止制作、播放载有下列内容的节目：（一）危害国家的统一、主权和领土完整的；（二）危害国家的安全、荣誉和利益的；（三）煽动民族分裂，破坏民族团结的；（四）泄露国家秘密的。"《电影管理条例》第二十五条前三款也规定，电影片禁止载有反对宪法确定的基本原则的，危害国家统一、主权和领土完整的，泄露国家秘密、危害国家安全或者损害国家荣誉和利益的内容。《互联网信息服务管理办法》第十五条也同样做了禁载规定。

对于保密问题，中国的传媒被列为主体。《保守国家秘密法》第二十条规定："报刊、书籍、地图、图文资料、声像制品的出版和发行以及广播节目、电视节目、电影的制作和播放，应当遵守有关保密规定，不得泄露国家秘密。"1992年，国家保密局、中央对外宣传小组、新闻出版署、广播电影电视部共同发布了《新闻出版保密规定》，用以专门规范新闻出版工作。国家科委和国家保密局1995年制定的《科学技术保密规定》第二十条还规定利用广播、电影、电视以及公开发行的报刊、书籍、图文资料和声像制品进行宣传或发表论文，不得涉及国家科学技术秘密。同时，为了进一步防止新闻媒体泄露国家秘密，中国的新闻单位还建立有一整套的保密制度。这种保密制度包括新闻出版保密审查制度、通过内部途径反映涉密信息的制度、采访涉密事项的批准制度和新闻发布制度。

在中国，新闻媒体属于党和政府的耳目喉舌，管理较严，主流新闻媒体违反保密法律法规，有意泄露国家秘密的事件从来没有出现过。"在实际新闻工作中，对于那些明确的制止性规范，我国新闻工作者很少有违背的，长期的党性训练使他们通常不会违背它们。"[①] 在中国出现的泄露国家秘密的情况主要是伴随着传媒市场竞争的加剧，出于对独家新闻的追求而造成的疏忽或失误而导致的泄密。还有就是禁载规定中的不明确或可操作性不强，导致新闻工作者在具体的新闻报道活动中出现无所适从而过失泄密。在这里主要介绍"《当代商报》记者师涛泄密案"。

【案例】

"《当代商报》记者师涛泄密案"

师涛曾是湖南省《当代商报》的记者。2004年4月，当代商报社在一次内部会议上传达了有关文件的内容摘要，并强调该文件属于绝密级，不得传播。时任该报社新闻中心和编辑中心主任的师涛参加了会议

---

① 孙旭培：《"入世"对我国新闻业的影响及对策》，载《国际新闻界》，2001（3）。

并做了记录。会后当天，师涛将政府文件《关于当前稳定工作的通知》以电子邮件形式向境外发送，并在海外网站民主通讯上刊登。此后又被多家境外网站转载。同年 11 月 24 日，《当代商报》记者师涛被湖南省国家安全厅拘捕。随后，控方出示保密局鉴定，声称文件属于国家机密。2005 年 4 月 30 日，长沙市中级法院认为，被告人师涛故意将其所知悉的属于绝密级的国家秘密提供给境外机构，危害了国家安全，情节特别严重，其行为已构成为境外非法提供国家秘密罪，根据《刑法》规定，长沙市中级法院判处师涛有期徒刑 10 年，剥夺政治权利 2 年。①

（二）社会秩序问题

在转型时期，中国特别重视社会稳定和公共秩序问题。与传媒相关的各类法律都将危害社会秩序的淫秽色情、宣扬邪教与亵渎宗教、民族仇视类言论列为禁载事项。

对于淫秽色情信息，1997 年《中华人民共和国刑法》专设"制作、贩卖、传播淫秽物品罪"一节，第三百六十三、第三百六十四、第三百六十五条规定了"制作、复制、出版、贩卖、传播淫秽物品牟利罪"、"为他人提供书号出版淫秽书刊罪"、"传播淫秽物品罪"、"组织播放淫秽音像制品罪"、"组织淫秽表演罪"5 种罪名。其中，《刑法》第三百六十四条规定："传播淫秽的书刊、影片、音像、图片或者其他淫秽物品，情节严重的，处二年以下有期徒刑、拘役或者管制。组织播放淫秽的电影、录像等音像制品的，处三年以下有期徒刑、拘役或者管制，并处罚金；情节严重的，处三年以上十年以下有期徒刑，并处罚金。制作、复制淫秽的电影、录像等音像制品组织播放的，依照第二款的规定从重处罚。向不满十八周岁的未成年人传播淫秽物品的，从重处罚。"《广播电视条例》第三十二条第六款规定广播电台、电视台禁止制作和播放含有宣扬淫秽、迷信或者渲染暴力内容的节目。《互联网信息服务管理办法》第十五条中有四款专门规定："互联网信息服务提供者不得制作、复制、发布、传播含有下列内容的信息：……（四）煽动民族仇恨、民族歧视，破坏民族团结的；（五）破坏国家宗教政策，宣扬邪教和封建迷信的；（六）散布谣言，扰乱社会秩序，破坏社会稳定的；（七）散布淫秽、色情、赌博、暴力、凶杀、恐怖或者教唆犯罪的。"

在中国，宣扬邪教，因情形不同而可能会以组织、利用邪教组织破坏法律实施罪、煽动分裂国家罪、煽动颠覆国家政权罪、扰乱公共秩序罪、侮辱

---

① 《泄密：湘报编辑囚十年》，载《文汇报》，2005-05-01。

罪或者诽谤罪处罚。1997年修订后的《刑法》第三百条规定："组织和利用会道门、邪教组织或者利用迷信破坏国家法律、行政法规实施的，处三年以上七年以下有期徒刑；情节特别严重的，处七年以上有期徒刑。组织和利用会道门、邪教组织或者利用迷信蒙骗他人，致人死亡的，依照前款的规定处罚。组织和利用会道门、邪教组织或者利用迷信奸淫妇女、诈骗财物的，分别依照本法第二百三十六条、第二百六十六条的规定（即强奸罪、诈骗罪——引者注）定罪处罚。"这是当今世界上第一部也是唯一一部明文规定"组织、利用邪教组织破坏法律实施罪"和"组织、利用邪教组织致人死亡罪"的刑法典。对于宣扬邪教的行为，还将根据《治安管理处罚法》、《互联网信息服务管理办法》、《互联网上网服务营业场所管理条例》等的相关规定，受到相应的行政处罚。2000年9月20日国务院第31次常务会议通过的《互联网信息服务管理办法》规定，互联网信息服务提供者不得制作、复制、发布、传播含有宣扬邪教内容的信息；违反者，构成犯罪的，依法追究刑事责任；尚不构成犯罪的，由公安机关、国家安全机关依照《治安管理处罚法》、《计算机信息网络国际联网安全保护管理办法》等有关法律、行政法规的规定予以处罚；对经营性互联网信息服务提供者，由发证机关责令停业整顿直至吊销经营许可证，通知企业登记机关；对非经营性互联网信息服务提供者，由备案机关责令暂时关闭网站直至关闭网站。

另外，对于亵渎宗教的传播行为，中国各类法律均严厉禁止。《刑法》第二百四十九条规定："煽动民族仇恨、民族歧视，情节严重的，处三年以下有期徒刑、拘役、管制或者剥夺政治权利；情节特别严重的，处三年以上十年以下有期徒刑。"第二百五十条还规定："在出版物中刊载歧视、侮辱少数民族的内容，情节恶劣，造成严重后果的，对直接责任人员，处三年以下有期徒刑、拘役或者管制。"1982年通过的《商标法》第十条第六款规定，"带有民族歧视性的"标志不得作为商标使用。1994年通过的《广告法》第七条第七款也规定，广告不得含有"民族、种族、宗教、性别歧视的内容"。2001年通过的《出版管理条例》（2011年修订）第二十五条第四款和2005年发布的《互联网新闻信息服务管理规定》第十九条第四款，都将"煽动民族仇恨、民族歧视，破坏民族团结"列为禁载内容。

虽然有相关法律法规的禁载规定，但是由于历史造成的民族隔阂与歧视，仍然有人不尊重少数民族风俗习惯以及很多人对少数民族并不了解和对国家民族政策的无知等，导致新闻传播领域还是出现了一些影响民族团结的事件。例如，1989年的《性风俗》一书所引发的风波。由于《性风俗》中含有丑化少数民族风俗习惯的内容，并引发了北京、上海、兰州等城市回族民众的抗议及示威，有关部门进行了严肃查处，责任人和作者停职检查并被行政拘留，出版社停业整顿，书籍全部收缴销毁。2000年，浙江电视台播放的电视剧《张文祥刺马》中，出现了清朝道光年间任两江总督的回民马新贻的家族祭祀供桌上供有猪头的镜头，伤害了少数民族的感情，引起了回族民众的抗议。2006年，杭州一家日本企业申请"三光"为商标，被指民族歧视，一家商标事务所和部分当地民众对此提出了异议。①

（三）公民权利问题

在平衡言论自由与公民人格权等基本权利的问题上，中国法律的做法与西方发达国家相差不大，普遍采用的也是利益平衡原则。

对于名誉权，中国《民法通则》第一百二十条规定："公民的姓名权、肖像权、名誉权、荣誉权受到侵害的，有权要求停止侵害，恢复名誉，消除影响，赔礼道歉，并可以要求赔偿损失。法人的名称权、名誉权、荣誉权受到侵害的，适用前款规定。"《出版管理条例》第二十五条第八款规定，任何出版物不得含有侮辱或者诽谤他人，侵害他人合法权益的内容。该条例第二十七条还规定："出版物的内容不真实或者不公正，致使公民、法人或者其他组织的合法权益受到侵害的，其出版单位应当公开更正，消除影响，并依法承担其他民事责任。报纸、期刊发表的作品内容不真实或者不公正，致使公民、法人或者其他组织的合法权益受到侵害的，当事人有权要求有关出版单位更正或者答辩，有关出版单位应当在其近期出版的报纸、期刊上予以发表；拒绝发表的，当事人可以向人民法院提起诉讼。"《广播电视管理条例》、《电影管理条例》、《电视剧管理规定》和《互联网信息服务管理办法》中均有类似禁载规定。

传媒侵害名誉权，除了要承担上述民事法律责任，还有可能承担刑事责任和行政法律责任。《刑法》第二百四十六条规定："以暴力或者其他方法公然侮辱他人或者捏造事实诽谤他人，情节严重的，处三年以下有期徒刑、拘役、管制或者剥夺政治权利。前款罪，告诉的才处理，但是严重危害社会秩序和国家利益的除外。"《治安管理处罚法》第四十二条规定："公然侮辱他人或者捏造事实诽谤他人的行为，处五日以下拘留或者五百元以下罚款；情节较重的处十日以上十五日以下拘留，可以并处五百元以下罚款。"

---

① 蒋慧玲、蔡国鹏：《杭州日企申请"三光"为商标被指民族歧视》，载《现代金报》，2006-08-10。

对于隐私权，中国《宪法》第三十八、第三十九、第四十条分别有"中华人民共和国公民的人格尊严不受侵犯"、"公民的住宅不受侵犯"、"公民的通信自由和通信秘密受法律的保护"的规定。在民法领域，中国法律是将隐私权划归名誉权而加以间接保护。2005 年修订后的《妇女权益保障法》第一次正式使用"隐私权"概念，其第四十二条规定："妇女的名誉权、荣誉权、隐私权、肖像权等人格权受法律保护。"一般而言，传媒不合理地公开他人隐私信息和侵入他人的私人领域，均属侵犯他人隐私权。

【案例】

"人肉搜索第一案"

2007 年 12 月 29 日，北京一白领女子跳楼自尽。事后，该女子的姐姐和网友将她生前写下的"死亡博客"以及心路历程披露在天涯论坛上。这名为痴情埋单的行为震撼了网民的内心，在同情和义愤的刺激下，一场规模庞大的"人肉搜索"在网上展开。当事人丈夫王某和"第三者"的照片、工作单位、家庭地址、家庭人员状况、个人电话号码等信息很快被不同的网友不断详细地披露在网上，后来这种个人隐私的示众逐渐发展到网络谩骂甚至转换成现实世界中直接的人身攻击和群体围堵。2008 年 3 月，当事人丈夫王某为讨公正，一举将天涯社区、大旗网站和"北飞的候鸟"网站等悉数告上法庭。法院认为，在王某婚姻不忠行为被披露的背景下，披露王某的姓名、工作单位名称、家庭住址等信息亦侵犯了王某的隐私权。该案最终在 2009 年 12 月尘埃落定，北京市二中院终审认定"北飞的候鸟"网站的注册人侵害王某名誉权的事实成立，判令其删除网站上的侵权文章、在其开办的网站上对王某赔礼道歉并赔偿精神损害抚慰金及公证费共计 5684 元；判决大旗网删除相关网页，并在其首页对王某刊登道歉函；赔偿王某精神抚慰金及公证费共3683 元。①

对于公正审判权问题，中国传媒确有操作不当的情况出现，这一方面是行政权力干预司法审判的结果；另一方面也有传媒对舆论监督功能的理解和操作不当的因素，最终致使舆论对政府施加压力，从而导致了传媒干预审判现象的出现。正是在这种情况下，中国司法界普遍强调的是司法独立，而不是公民接受公正审判权的问题。在这方面，中国司法对传媒的报道在程序和方式上都进行了限制。中国现行的法庭规则明确规定，在法庭上，旁听人员

---

① 颜斐：《"人肉搜索第一案"终审维持原判》，载《北京晨报》，2009-12-24。

未经审判长许可，不得擅自录音、录像，不得当场提问，不得当场批评。1999 年 3 月 8 日，最高人民法院为了进一步落实公开审判制度，颁发了《最高人民法院关于严格执行公开审判制度的若干规定》。该文件第十一条就规定："依法公开审理案件，经人民法院许可，新闻记者可以记录、录音、录相、摄影、转播庭审实况。外国记者的旁听按照我国有关外事管理规定办理。"2009 年 12 月 8 日，最高人民法院又印发了《关于司法公开的六项规定》和《关于人民法院接受新闻媒体舆论监督的若干规定》两份文件。在明确了立案公开、庭审公开、执行公开、听证公开、文书公开、审务公开六项原则后，最高人民法院在后一份文件中明确了媒体的报道界限。此外，2010 年最高人民法院发文指出，媒体恶意倾向性报道将被追责。《关于人民法院接受新闻媒体舆论监督的若干规定》第九条规定："人民法院发现新闻媒体在采访报道法院工作时有下列情形之一的，可以向新闻主管部门、新闻记者自律组织或者新闻单位等通报情况并提出建议。违反法律规定的，依法追究相应责任。（一）损害国家安全和社会公共利益的，泄露国家秘密、商业秘密的；（二）对正在审理的案件报道严重失实或者恶意进行倾向性报道，损害司法权威、影响公正审判的；（三）以侮辱、诽谤等方式损害法官名誉，或者损害当事人名誉权等人格权，侵犯诉讼参与人的隐私和安全的；（四）接受一方当事人请托，歪曲事实，恶意炒作，干扰人民法院审判、执行活动，造成严重不良影响的；（五）其他严重损害司法权威、影响司法公正的。"

第三节　传媒销售活动的法律规制

除了对传媒的内容生产进行法律规制，世界各国法律还对传媒的广告、发行和营销等各类销售活动进行规范。与此相关的《大众传媒法》、《广告法》、《商标法》和《反不正当竞争法》等基本是用于规制传媒市场运作中的违规行为和不当操作。

一、国外对传媒销售活动的法律规制

（一）发行规制

对于传媒产品的发行，许多国家都对发行主体、发行方式和发行场所等进行了规制。在瑞典，《出版自由法》（又译为《新闻自由法》）专设一章"印刷品的发行"，该章第 1 条和第 3 条规定："任何瑞典国民或任何瑞典法人，均有权单独或依靠他人帮助，推销、发送或发行印刷品。"但是，"印刷品上如无规定的关于印刷者、印刷地点或印刷年代的说明，或发行者知道该项说明不准确而发行时，对该发行者处以五十克朗以上、五百克朗以下的罚金。发行者知道印刷品已被查封，或已被宣布应予没收，或明显是一部违禁的印刷品而仍然发行时，应处以罚金；情节特别严重者，处以一年以下的监禁。"① 该法第 8 章第 4 条还规定："如果一个人发行不附有关于印刷企业说明的期刊，或者如果销售者知道这些说明是不正确的，以及如果印刷企业的身份证明不能确定时，销售者应代替印刷者负责。"②

在法国，1881 年出台的《出版自由法》（又译为《新闻自由法》，后经多次修订）对传媒产品的张贴、贩卖和街头叫卖行为做出了规范，该法第 15～22 条对此专门做了规定。其中，该法第 18 条规定："任何愿意在公共道路或在其他公共和私人场所从事贩卖和分送书籍、文章、小册子、报纸、图片、版画、石刻画和照片职业者，须就此向居住省的省政府申报，如贩卖报纸和其他出版物，仅向贩卖地所在的市镇政府或专区政府申报即可。在后一种情况下，申报在专区内各市镇有效。"③ 根据该法规定，申报应注有申报者的姓名、职业、住址、年龄和出生地，申报者即刻免费领取申报回执。偶然从事贩卖和分送活动者无须进行任何申报。同时，该法第 22 条规定，贩卖和分送者如故意出售或分送违法性质的书籍、文章、小册子、报纸、图画、版画、石刻画和照片，则按共同法追究责任，且不妨碍第 42 条的执行。经理和出版者将会被追究法律责任。对于外国刊物的发行，该法第 14 条还规定："在法国发行的外国日报和定期出版物只有在内阁会议做出特别决定后方可禁止。而对其某一期的禁令，内政部有权决定。如违禁而故意发行出售，将被处以五十至五百法郎罚款。"④ 在该法的基础上，1947 年颁布的《比歇法》最终确定了具有法国特色的发行模式：无论报刊大小都有自由、平等而公正的发行权，不管何种发行方式都要接受报刊销售委员会的规范和监管。尽管法国的报社往往没有发行部，但都设立了订阅部，集体或个人订阅直接同订

---

① 孙旭培等编：《各国新闻出版法选辑（续编）》，34～35 页，北京，人民日报出版社，1987。

② 孙旭培等编：《各国新闻出版法选辑（续编）》，39 页，北京，人民日报出版社，1987。

③ 孙旭培等编：《各国新闻出版法选辑（续编）》，202 页，北京，人民日报出版社，1987。

④ 孙旭培等编：《各国新闻出版法选辑（续编）》，201 页，北京，人民日报出版社，1987。

阅部联系。受此影响，法国订报人数在持续平稳上升，订报率由 1994 年的
30％提高到 2004 年的 35％。①

另外，《塞内加尔新闻刊物和记者职业法》（1979）第 5 节专门对报刊在
公共场合张贴广告、叫声和出售做出规定，其第 34 条规定："凡公开或在公
共或私人地点行使出售或散发机关刊物者，必须向其永久居住地或现居住地
所在的省政府提出申请。但是，出售或散发报纸和其他期刊者，可以向他所
属的村社办公处申请，也可以向县政府提出申请，在后一种情况下提出的申
请可以在全地区有效。凡义务散发和出售合法的政党的机关刊物者，可不提
出任何申请。"② 该法第 40 条还规定："报刊的每一期，必须注明上一期的发
行量。报刊检查委员会定期核实报刊发行份额。"③《芬兰出版自由法》第 51
条规定："从事由国外向芬兰进口供发行用的印刷品的书商或其他人，在海
关放行以前，须向海关呈报由本人签名的进口印刷品的清单，包括印刷品名
称、印刷年代、印刷地点和印刷品中注明的作者姓名。海关应将上述清单交
给司法部。"④《希腊新闻法》第 8 条还规定："报刊之发行、出售及组织由新
闻旅游部副部长负责批准。代理、分代理报刊亭出售报刊需由新闻旅游部副
部长批准。只允许专门出售报刊的人从事此职业，每次更换人员都必须经副
部长批准；如果售报人手段不正当，副部长有权在一个月内停止其出售报刊
的权利。违犯上述规定者罚款二百至一万德拉克马。"⑤

（二）广告规制

对于传媒的广告活动，许多发达国家普遍进行了法律规制，使得广告市
场秩序井然。作为世界经济强国之一的法国，市场经济起步较早，随之发展
的广告业也十分发达。但是，法国电视广告受国家控制，全国三家电视台只
允许两家发布广告，而每天的广告时段不能超过 20 分钟，电视节目中不能
插播广告。在这种情况下，报刊则成为最活跃的广告媒体，广告发布量占全

---

① 王芳：《法国报纸发行有三条腿》，载《环球时报》，2005-01-19。

② 孙旭培等编：《各国新闻出版法选辑（续编）》，177 页，北京，人民日报出版社，
1987。

③ 孙旭培等编：《各国新闻出版法选辑（续编）》，178 页，北京，人民日报出版社，
1987。

④ 孙旭培等编：《各国新闻出版法选辑（续编）》，62 页，北京，人民日报出版社，
1987。

⑤ 孙旭培等编：《各国新闻出版法选辑（续编）》，84 页，北京，人民日报出版社，
1987。

国发布总量的 70%。然而，法国没有一部专门的广告法，规范广告经营行为的法律，涵括在多个经济与市场的法律之中，但法国的广告法律非常完善，配套规章齐全，如制定颁布了《防止不正当竞争行为法》、《禁止不正当广告法》、《关于防止在商品销售中欺骗和防止食品、农副产品质量下降法》、《禁止带有赠品的销售法》、《消费品价格表示法》、《利用诱惑物销售及欺骗广告限制法》、《商业、手工业引导法》等十多部法律。在一系列的法律当中，凡涉及广告宣传的都有明确的是非界定标准和处罚办法。例如，《城市建筑法》中规定：在建筑物上设置广告，必须与建筑物同时设计出位置与结构，并与建筑物同时施工。未经事先设计、施工，在已竣工的建筑物上禁止做户外广告，否则，依毁坏建筑物论处，除恢复原貌外，按毁坏面积、程度的大小多少予以制裁。《国家新闻法》规定：文化体育等名人做广告，所宣传的商品必须给代言人真实使用，其使用效果与所宣传的效果相一致并取得公证认可。否则，以误导或商业欺诈论过。处以代言人酬金 5 至 10 倍罚款，造成消费者损失的由生产厂家及代言人共同赔偿。① 2006 年 9 月，法国足协曾发布声明，宣布禁止法国足球俱乐部为任何博彩公司做广告。② 2009 年，法国还发生了烟草广告法迫使著名喜剧演员余洛的海报取消了他的标志性道具——烟斗。巴黎的公交网络的宣传机构"都城"称，允许余洛（指广告上的余洛）在公共汽车和地铁平台上自由吸烟，将违反禁止酒类或烟草做广告的法律。③

在美国，法院将传媒的广告活动归为低价值的商业言论，在历史上曾将其列为不受《宪法第一修正案》保护的表达。直到 20 世纪 70 年代，这种商业性表达才获得保护。但是，美国法律仍然对传媒的广告活动限制颇多。这种限制主要针对的是不受欢迎的虚假广告和欺诈广告。全美 50 个州都各自制定了禁止虚假广告和其他欺骗性商业活动的法律。2002 年，美国联邦贸易委员会指控一被告，称其将女歌星布兰妮·斯皮尔斯的姓名稍作修改，注册了 51 个域名。一旦用户进入了被告的网站之一，被告使用一种"捕鼠器"技术让用户难以离开。点击关闭或后退图标会导致新的广告窗口打开。在该案中，联邦贸易委员

---

① 王正在：《文明规范的法国广告市场》，载《广告直通车》，2005 (7)。

② 《法国足协禁止为博彩公司做广告》，载新华网 http：//sports. sohu. com/ 20060930/n245610765. shtml，2006-09-30。

③ 《法国烟草广告法迫使喜剧演员海报取消烟斗》，载烟草在线 http：// www. tobaccochina. com/news＿gj/gusto/wu/20094/200942091924＿355292. shtml，2009-04-21。

会获得了永久性禁制令，制止这种欺骗性误导和阻挠的行为。一家联邦法院命令，被告需退还 200 万美元的非法得利。① 同时，为了治理网络上大量推送的垃圾邮件，避免给用户和商家造成损失。2003 年 9 月，美国加利福尼亚州通过一项法规，禁止未经互联网用户请求向其信箱发送任何电子邮件，同时允许网民个人向垃圾邮件制造者提起诉讼。根据该法，发送一条垃圾邮件可能被罚款 1000 美元，采用垃圾邮件方式所做的每次广告宣传也可能被罚款 100 万美元。同年 10 月，加利福尼亚州就自垃圾邮件问题立法以来做出了首例判决。该州一家发送垃圾邮件的公司被处以 200 万美元的罚款。2004 年 1 月 1 日，美国联邦颁布《反垃圾邮件法》。该法明确规定应该以何种方式和向谁发送。该法实行不久，美国在线销售网站 BobVila 就受到了起诉。网络服务提供商在向联邦法庭提交的诉讼中称，Blue-Stream 公司通过 BobVila 网站的国内时事通讯栏目向其顾客发送邮件广告，而这些读者已明确要求免收电子邮件广告。②

（三）竞争规制

国外许多国家还对传媒的市场营销与市场竞争进行规制，主要是保护版权和反对不正当竞争，以保证传媒的销售活动处于良性发展状态。

美国于 1790 年即制定了版权法，后经过大小 50 次修订。现行的版权法是 1976 年修订的，称为《1976 年版权法》。之后，该法还做了一些补充和修订，主要是增加了对计算机软件等的保护，通过了《视觉艺术家权利法》和《建筑作品版权保护法》等。这部版权法保护的传播载体包括文字作品、音乐作品、戏剧作品、哑剧和舞蹈作品、绘画、刻印和雕塑作品、建筑作品、电影和其他音像作品等。在美国，依法产生的编辑作品、演绎作品受保护。未出版的作品，不论作者的国籍、定居地如何，均受该法保护。《1976 年版权法》规定，只要有人侵犯版权所有者的任何专有权利，或违反该法规定进出口复制品与录音制品，就构成侵权。版权的合法所有者或受益所有权人可以持版权登记证或版权转移书（此种版权转移书来经版权局备案）向法院提起诉讼。③ 法院将会对侵权行为进行民事处罚或刑事处罚等。根据该法，如

---

① ［美］约翰·泽莱兹尼：《传播法：自由、限制与现代媒介》，张金玺、赵刚译，451 页，北京，清华大学出版社，2007。

② 赵洁、骆宇：《美国网络广告监管以及对我国的启示》，载《中国广告》，2007 (11)。

③ 王若军编著：《著作权法与著作权纠纷案例》，124 页，杭州，浙江大学出版社，1992。

果在半年内发行 1000 份以上侵权的录音制品复制品，或发行 65 部以上侵权的影视片，罚款可达 25 万美元或 5 年以下监禁。情节严重者，可二刑并罚。1992 年 11 月 18 日，美国国会又通过了关于版权侵权的刑事处罚的修定案，不仅将重罚（25 万美元与 5 年监禁）的范围从电影和录音录像作品拓展到所有零售价超过 2500 美元的版权作品，而且降低了重罚对复制数量的要求，即只需复制或发行 10 份以上，就可以给予严厉的制裁；同时对重犯或再犯的侵权行为，规定了更为严厉的制裁，最多可判处 10 年监禁。[①]

与此同时，美国法律还严厉制裁传媒的垄断行为和不正当竞争行为。1974 年修订通过的《谢尔曼法》对各类企业的横向联合兼并做出了限制。该法第 1 条规定："任何以托拉斯形式或其他形式的联合、契约或共谋，来限制州际间或与外国之间的贸易或商业，均属非法。任何人签订上述契约或参与上述联合或共谋，都是严重的犯罪。如果参与人是公司，将被处以 100 万美元以下的罚款；如果参与人是个人，将被处以 10 万美元以下的罚款，或 3 年以下的监禁，或由法院根据情况并科两种刑罚。"[②] 1975 年，联邦通信委员会颁布实施的《报纸/广播电视跨媒体所有权规范》进一步规定，禁止单一实体在同一市场上同时拥有报纸和广播电视台。现有的美国反垄断法不允许 ABC、NBC 和 CBS 联合起来，共享电视转播权，这样便保障了电视转播市场的自由竞争。自从《谢尔曼法》、《联邦贸易委员会法》、《克莱顿法》等反垄断法实施以后，好莱坞就难以在美国国内进行生产、发行和放映的垂直垄断，所以好莱坞就把向境外扩张作为其最重要的发展手段。赫赫有名的微软公司就曾被裁定为违反了反垄断法而遭到处罚。根据美国的反垄断法，一家公司占有某种产品 25% 以上的市场份额，即被认为具有垄断力量。公司通过提供更好的产品或因为运气好而获得垄断地位并不违法，但如果其利用优势地位保持垄断或在新的领域谋取垄断即是非法的。据此，美国地方法院认为微软公司的"视窗"操作系统占有个人用户计算机操作系统市场的 80%，其利用操作系统的垄断优势对公司的网络浏览器进行"捆绑式"销售，从而阻碍了竞争和创新，损害了消费者利益，因而，裁定其违反了美国的反垄

---

① 徐明华等：《知识产权强国之路——国际知识产权战略研究》，114 页，北京，知识产权出版社，2003。

② 倪振峰主编：《竞争的规则与策略——反不正当竞争法活用》，241 页，上海，复旦大学出版社，1996。

断法。①

与美国类似，英国也比较重视版权保护，反对传媒市场竞争中的垄断与各类不正当竞争行为。1998 年，英国制定了《版权、外观设计和专利法案》，对书面资料、音乐作品、戏剧版式、有线电视节目和多媒体作品等传媒产品的保护做出规定。根据该法规定，向公众未授权地出租或者出借版权作品的行为是一种受到限制的行为，因为这些行为将导致与原创性文学作品、戏剧作品、音乐作品或者艺术作品有关的主要版权侵权（但是不会导致与建筑作品或者应用艺术作品有关的版权侵权）。对于电影或者录音作品，此类行为也是受限制行为。② 2012 年 2 月，全球最大、运营时间最长的共享网站之一"海盗湾"（Pirate Bay）就因其向用户提供版权音乐，而被伦敦高等法院裁决为侵犯了版权。音乐公司称，他们多次要求"海盗湾"停止提供版权音乐，但"海盗湾"置之不理。法官也称："尽管海盗湾有能力这样做，但他们并未采取措施来阻止侵权。相反，他们还鼓励侵权行为。"其实早在 2010 年 4 月，瑞典法院就裁定"海盗湾"3 位联合创始人允许用户侵犯版权的行为有罪，分别被判处监禁 4 月、8 个月和 10 个月，合计支付 410 万英镑的罚金。③

二、国内对传媒销售活动的法律规制

（一）发行规制

对于报刊、图书、影视节目和音像制品等各类传媒产品的发行，中国同样制定了相关法律法规进行规制。《出版管理条例》第四十条规定，印刷或者复制单位、发行单位不得印刷或者复制、发行有非法进口的，伪造、假冒出版单位名称或者报纸、期刊名称的和侵犯他人著作权的情形的出版物。该条例第六十一条还规定："未经批准，擅自设立出版物的出版、印刷或者复制、进口、发行单位，或者擅自从事出版物的出版、印刷或者复制、进口、发行业务，假冒出版单位名称或者伪造、假冒报纸、期刊名称出版出版物的，由出版行政主管部门、工商行政管理部门依照法定职权予以取缔；依照刑法关于非法经营罪的规定，依法追究刑事责任；尚不够刑事处罚的，没收

---

① 金永生：《流通产业组织论》，351 页，北京，中国时代经济出版社，2002。

② ［英］萨莉·斯皮尔伯利：《媒体法》，周文译，235 页，武汉，武汉大学出版社，2004。

③ 李明：《英国高等法院裁定海盗湾违反版权法》，载新浪网 http：//tech. sina. com. cn/i/2012-02-20/23526746542. shtml，2012-02-20。

出版物、违法所得和从事违法活动的专用工具、设备，违法经营额1万元以上的，并处违法经营额5倍以上10倍以下的罚款，违法经营额不足1万元的，可以处5万元以下的罚款；侵犯他人合法权益的，依法承担民事责任。"触犯刑律的，依照刑法有关规定，依法追究刑事责任。对于电视节目的收费，国家计委于1995年对中央电视台新开办的电影、体育、文艺卫星（有线）电视节目的收费发文规范。当时发布的文件规定，以各有线电视台入网户数为计费基础，每户每月不超过2元，少数民族及边远地区每户每月不超过1元，由中央电视台与各有线电视台商定具体标准。①

对于电影的发行，《电影管理条例》第三十九条规定："电影发行单位、电影放映单位变更业务范围，或者兼并其他电影发行单位、电影放映单位，或者因合并、分立而设立新的电影发行单位、电影放映单位的，应当依照本条例第三十七条或者第三十八条的规定办理审批手续，并到工商行政管理部门办理相应的登记手续。"根据该法，出口、发行、放映未取得《电影片公映许可证》的，由电影行政部门责令停止违法行为，没收违法经营的电影片和违法所得；违法所得5万元以上的，并处违法所得10倍以上15倍以下的罚款；没有违法所得或者违法所得不足5万元的，并处20万元以上50万元以下的罚款；情节严重的，并责令停业整顿或者由原发证机关吊销许可证。

（二）广告规制

与发达国家一样，中国也对传媒的广告活动进行了法律规制，努力使广告活动能在法律范围内进行。中国法律明令禁止利用广播、电影、电视、报刊发布烟草广告，利用传播媒体发布药品、医疗器械、农药、兽药等商品的广告，应当提供有关批准文件。《广告法》（1994）第二十条和第二十一条规定，广告主、广告经营者、广告发布者之间在广告活动中应当依法订立书面合同，明确各方的权利和义务；广告主、广告经营者、广告发布者不得在广告活动中进行任何形式的不正当竞争。该法第二十七条还规定："广告经营者、广告发布者依据法律、行政法规查验有关证明文件，核实广告内容。对内容不实或者证明文件不全的广告，广告经营者不得提供设计、制作、代理服务，广告发布者不得发布。"对于违反法律规定，利用广播、电影、电视、报刊发布烟草广告，或者在公共场所设置烟草广告的，由广告监督管理机关责令负有责任的广告主、广告经营者、广告发布者停止发布，没收广告费用，可以并处广告费用1倍以上5倍以下的罚款。针对传媒的各类变相违法

---

① 魏永征、张鸿霞主编：《大众传播法学》，398页，北京，法律出版社，2007。

广告行为,《广告法》第十二条规定:"广告不得贬低其他生产经营者的商品或者服务。"该法第十三条还规定:"广告应当具有可识别性,能够使消费者辨明其为广告。大众传播媒介不得以新闻报道形式发布广告。通过大众传播媒介发布的广告应当有广告标记,与其他非广告信息相区别,不得使消费者产生误解。"

然而,面对"隐蔽性"的植入式广告和强制性的网络广告,这些法律规定在现实中似乎难以有效发挥作用。广播影视节目越来越多地出现了将节目演变为广告或将广告演绎为节目的违规行为,网络空间越来越多地出现弹出式广告、垃圾邮件广告等,有些窗口是全屏或半屏的、可关闭或不可关闭的,这些广告无疑侵犯了广大消费者的基本权利。这也体现了中国广告立法的滞后性。

(三) 竞争规制

随着法律制度的不断完善,中国已逐步建立了一套保护版权、反对传媒不正当竞争的法律体系。2001 年 10 月修订通过了 1990 年制定的《著作权法》(2010 年进行了第二次修订,2012 年 3 月 31 日,国家版权局在官方网站公布了《著作权法》修改草案,征求公众意见),在借鉴国际版权保护经验的基础上完善中国版权保护体系。该法对文字作品、口述作品、音乐戏剧及舞蹈作品、美术建筑作品、摄影摄像作品、产品设计图及计算机软件等传媒产品的版权进行保护。《著作权法》第四十八条规定,未经著作权人许可,复制、发行、表演、放映、广播、汇编、通过信息网络向公众传播其作品的,未经表演者或录音录像制作者许可,复制、发行录有其表演或制作的录音录像制品,或者通过信息网络向公众传播其表演的或作品的,应当根据情况,承担停止侵害、消除影响、赔礼道歉、赔偿损失等民事责任;同时损害公共利益的,可以由著作权行政管理部门责令停止侵权行为,没收违法所得,没收、销毁侵权复制品,并可处以罚款;情节严重的,著作权行政管理部门还可以没收主要用于制作侵权复制品的材料、工具、设备等;构成犯罪的,依法追究刑事责任。

对于传媒的兼并重组,中国虽然在 2007 年制定通过了《反垄断法》,但是中国在加入世贸组织之前至今一直鼓励传媒的兼并重组,一心想将传媒做大做强,以应对外来的跨国媒体,又欲打造强势的国际传媒集团,走出国门。但是,中国传媒在做大做强的过程中却常常出现恶性竞争,报业价格大战即为一例。从 1999 年南京报业大战开始之后,成都、武汉、西安、北京等城市相继出现了报业价格大战。在 2001 年武汉的报业价格战中,湖北日报报业集团旗下的《市场指南报》更名为《楚天金报》后，在出报初期的几个月内将当地都市类、晚报类的报纸 0.5 元的统一零售价改为 0.3 元，使其自身发行量急剧攀升。面对《楚天金报》的价格优势，同年 10 月份改版的《武汉晚报》选择了降价，每份零售价也改为 0.3 元。第二年伊始，《武汉晨报》便推出"贺岁价"，每份晨报 0.1 元。① 在 2002 年西安的报业价格战中，《华商报》采取强力手段尽力控制后起的《今早报》的上升势头，在其发行站点公开张贴布告，采用财物奖励的方式，限定他人购买指定的报纸，特别强调不准购买《今早报》，并派人上街检查，阻挠、限制零售人员出售《今早报》。当年 3 月 14 日，今早报报社一位发行员在市区销售《今早报》时，遭到《华商报》一个零售站站长的阻挠和殴打。② 在这种情况下，今早报报社当即以《华商报》不顾市场竞争法则、侵犯今早报报社的合法权益为由，将华商报社告上法庭。政府也及时出面干预，进行了调解。

　　从《反不正当竞争法》（1993）第六条和第十一条的规定来看，武汉报业价格战中低于成本销售报纸的做法和西安报业价格战中阻挠他人出售竞争对手报纸的做法，显然违反了法律规定。该法第六条、第十一条分别规定：公用企业或者其他依法具有独占地位的经营者，不得限定他人购买其指定的经营者的商品，以排挤其他经营者的公平竞争；"经营者不得以排挤对手为目的，以低于成本的价格销售商品"。③ 2012 年 6 月，京东商城、阿里巴巴、苏宁易购等"电商"为争夺中国互联网购物者而夏季促销，进且展开了一轮电商价格战。在这种情况下，传媒市场竞争的公平正当问题及网络交易规制问题再次引发热议。

　　① 王治国：《报业价格大战后的思考》，见周葆华、李晓静主编：《新经济时代的网络传播与媒介产业——复旦大学新闻学院第一、二届研究生学术年会论文集》，277 页，南昌，江西人民出版社，2003。
　　② 冯国：《〈今早报〉状告〈华商报〉不正当竞争》，载东方新闻 http：//news. eastday. com/epublish/gb/paper148/20010317/class014800018/hwz338703. html，2001-03-17。
　　③ 在传媒界，关于传媒经营者是否可以以低于媒介产品成本的价格销售问题存在争议。在报刊、广播电视等媒介产品经营中，由于存在"两次销售"原理，媒介产品的第一次销售中确实可能出现低于其成本销售的问题。但是，一般来说，在特定时空条件下，媒介产品销售有一个多方公认的常规价格，经营者一般不得低于该价格销售。

本章参考文献

1. 金永生. 流通产业组织论. 北京：中国时代经济出版社，2002

2. 倪振峰主编. 竞争的规则与策略——反不正当竞争法活用. 上海：复旦大学出版社，1996

3. 孙旭培. 新闻传播法学. 上海：复旦大学出版社，2008

4. 魏永征，张鸿霞主编. 大众传播法学. 北京：法律出版社，2007

5. 中国社会科学院新闻研究所，北京新闻学会编. 各国新闻出版法选辑. 北京：人民日报出版社，1981

6. ［英］萨莉·斯皮尔伯利. 媒体法. 周文译，武汉：武汉大学出版社，2004

7. ［美］约翰·D·泽莱兹尼. 传播法：自由、限制与现代媒介. 张金玺，赵刚译，北京：清华大学出版社，2007

本章思考题

1. 对于传媒经营主体的法律准入，国内外法律规定有何异同？

2. 国内外法律对传媒产制活动的规制理念有何异同？

3. 世界各国法律对传媒销售活动的规制主要集中在哪些领域？

4. 你是如何认识国内媒介产品销售中的"倾销"现象的？

第十章　传媒行业的伦理规范与奖励制度

对于大众传媒而言，除了遵守所在国家和地区的法律法规，还得遵守传媒行业的基本规范和社会的基本道德规则。不论是传媒行业的职业伦理，还是编辑、记者的个人道德，都是现代传媒不得不正视的一大问题。大众传媒必须运用普遍道德原则和职业规范去解决传媒生产和销售领域中出现的道德问题，坚守伦理底线。这也是传媒赢得尊重与信任的根本途径之一。

在现代社会，传媒业的发展不仅有赖于"刚性"的规制，如法律法规，违者必将承担法律责任，而且有赖于"柔性"的规制，如伦理道德规范，违者将受到伦理道德的谴责。在传媒行业的"柔性"规制中，一方面有约束性的理论规范，它主要告诉从业者"能够做什么，不能做什么"，通常就是指行业理论道德规范体系；另一方面有示范性的制度规范，它主要告诉从业者"应该做什么，要达到什么目标"，通常就是指行业的奖励制度体系。本章即对传媒经营管理中的伦理问题和奖励制度进行探讨。

第一节　传媒生产活动中的伦理规范

在大众传媒的生产活动中，传媒必须保证信息真实、保护秘密消息来源、避免侵害公民隐私权和促进社会公正。这既是传媒行业的职业准则，也是社会对传媒从业人员的个人道德要求。本节即围绕传媒生产活动中备受关注的真实性问题和隐私权问题展开讨论。

一、真实性问题

传媒报道事实是其文章或节目获得公认的一个标准。"事实上，无论什么道德准则，对于报人，在任何条件下都要陈述事实。语言准确对大众传媒事业是关键的。"[1] 但是，出于政治环境、商业压力、截稿时间、读者期望、编辑惯例和利己收益等多种因素的考虑，新闻真实总是难以得到有效保证。在现代化的职业操作中，传媒把关人必须从海量信息中迅速挑选部分内容报道，常常较少从道德上详察纷繁复杂的情况。这样就使传媒备受虚假信息之困。

---

① ［美］克利福德·克里斯蒂安等：《媒介公正：道德伦理问题真的不证自明吗？》，蔡文美等译，54 页，北京，华夏出版社，2000。

2009 年 6 月 19 日，《人民政协报》等报刊做了《调整收入分配格局不是"杀富济贫"》的报道。该报道称，中国财富的"集中度"在政协十一届常委会第六次会议专题讨论会上受到常委和委员的热切关注，并且在报道中援引政协委员蔡继明的话说，"我国在社会财富增长加速的同时，出现了财富向少数人手中集中的倾向。中国权威部门的一份报告显示，0.4％的人掌握了70％的财富，财富集中度高于美国。这种大部分社会财富集中在少数人手中的格局，导致了我国消费的不足，甚至产生了畸形的消费。根据调查显示，中国已经成为国际上奢侈品最大的市场。"后经调查，这篇报道采用的数据来源于海外网站，系人为编造。《人民政协报》未经核实，就将此虚假数据在报道中刊出，并将"国外一家研究机构"改成"中国权威部门"。同年 6 月 25 日，广东《时代周报》网络版刊发题为《贫富分化急遽扩大的危险》的报道，此文以《人民政协报》、《上海证券报》报道中的虚假数据等为基础展开述评。《时代周报》的报道刊发后被浙江《青年时报》及一些网站引用或转载。后来，新闻出版部门对上述 4 家报纸刊登虚假新闻提出严厉批评，下达警示通知书，并责成报社对相关责任人做出处理。[①]

2010 年 12 月 6 日，因在微博上误转一条"金庸去世"的失实新闻，《中国新闻周刊》及其官方微博不仅在网上引发了一场轩然大波，也将自己推上舆论的风口浪尖。面对读者和网友的批评，《中国新闻周刊》迅速做出回应，除决定关闭官方微博 1 个月，责令新媒体部门集中学习整顿外，还对相关责任人进行严厉追责。[②]

2011 年 6 月 29 日，石家庄市广播电视台"第三频道"《情感密码》栏目播放了雇人扮演的节目《我给儿子当孙子》。该栏目主持人明知内容系编造，但在节目一开始仍告诉观众："前一段时间，我们栏目组接到了一位家住休门（村）附近的年轻人打来的电话。他给我们讲啊，他们家里面现在呢，已经因为这房屋拆迁补偿款的问题呀，闹得鸡犬不宁了。甚至说，要和自己的父亲断绝父子关系。"通过渲染努力将娱乐类内容新闻化，对观众进行欺骗和误导。在节目中间，主持人还假装和"儿子"的扮演者许峰发生争吵，心理辅导嘉宾佯装讥讽"儿子"许峰和儿媳妇，以制造噱头。此后，该视频在

---

① 贾亦凡、陈斌：《2009 年十大假新闻》，载《新闻记者》，2010（1）。
② 年度虚假新闻研究课题组：《2011 年虚假新闻病理分析报告》，载《新闻记者》，2012（1）。

网上疯传，"不孝子许峰"遭众多网友谴责和"人肉搜索"。迫于舆论压力，许峰坦言自己是临时演员，节目中他的"妻子"、"父亲"也都是节目制作方花钱请来的临时演员。他的"父亲"和"妻子"在现实中是父女关系。妻子"王蓉"是一位在校大学生。这一消息被爆出后，引发了观众和网友的热议与批评。为此，2011年9月16日，该台播出《情感密码》栏目的影视频道被国家广电总局责令停播30天，并吊销了河北九天传媒有限公司的《广播电视节目制作经营许可证》。①

在这些案例中，我们可以看出，真实是传媒产品的生命。对传媒而言，丧失真实，就意味着丧失生命。对此，许多国家的传媒职业道德准则和新闻记者职业规范等文件中均有规定。在国际社会，《新闻记者权利和责任国际宣言》第1条即明确规定："尊重事实，无论这会给自己带来什么后果，因为公众有知道真相的权利。"② 当发现现有不准确内容时，要对已经发表的信息予以更正。《英国新闻投诉委员会的实践准则》（1997）第1条规定："报纸和期刊应特别注意不发表不准确的、误导读者的或被歪曲的包括图片在内的材料。一旦察觉明显不准确的、误导读者的、或被歪曲的报道已经发表，媒体应立即在显著位置予以更正。"③《俄罗斯新闻记者职业行为道德规范》第3条也规定："新闻记者只传播和评论他确信可靠及来源清楚的信息。新闻记者应尽力避免因报道不全面或不准确而给任何人造成损害。记者应避免有意隐瞒重要信息或散布虚假信息。"④ 美国近期的广播道德规范也强调虚构的故事不应作为真实事件宣传。⑤ 在中国，中华全国新闻工作者协会制定通过的《中国新闻工作者职业道德准则》（1991年制定，2009年修订）第三条规定："坚持新闻真实性原则。要把真实作为新闻的生命，坚持深入调查研究，报

---

① 《广电总局关于对石家庄市广播电视台违规问题的通报》，载国家广电总局网站 http://www.sarft.gov.cn/articles/2011/09/16/20110916165349740650.html， 2011-09-16。

② ［法］克劳德—让·贝特朗：《媒体职业道德规范与责任体系》，宋建新译，89页，北京，商务印书馆，2006。

③ ［法］克劳德—让·贝特朗：《媒体职业道德规范与责任体系》，宋建新译，91~92页，北京，商务印书馆，2006。

④ ［法］克劳德—让·贝特朗：《媒体职业道德规范与责任体系》，宋建新译，96页，北京，商务印书馆，2006。

⑤ ［法］克劳德—让·贝特朗：《媒体职业道德规范与责任体系》，宋建新译，60页，北京，商务印书馆，2006。

道做到真实、准确、全面、客观。1. 要通过合法途径和方式获取新闻素材，新闻采访要出示有效的新闻记者证。认真核实新闻信息来源，确保新闻要素及情节准确；2. 报道新闻不夸大、不缩小、不歪曲事实，不摆布采访报道对象，禁止虚构或制造新闻。刊播新闻报道要署作者的真名；3. 摘转其他媒体的报道要把好事实关，不刊播违反科学和生活常识的内容；4. 刊播了失实报道要勇于承担责任，及时更正致歉，消除不良影响。"显而易见，从国内到国外，传媒的造假行为在道德上普遍受到反对，而传媒保证信息真实的前提是深入调查和多方核实。

二、隐私权问题

隐私保护不仅是法律问题，而且也是伦理问题。并且，隐私的伦理基础比法律基础早得多，它出现在所有的文献资料中。大多数论述都坚持，隐私是我们作为人类所共同拥有的东西。[①] 在伦理学层面，隐私被视为一种权利，一种保护自己不受他人或机构行为侵犯的方法。当然，隐私范围大小常因人群不同而各异。包括政府官员、社会知名人士和各类影星、歌星、体育明星、诗人、作家等公众人物，由于他们的行为与社会公共利益密切相关，其隐私范围就要小于普通人。尽管这样，传媒如果侵犯这类人群的隐私权，同样须承担法律与道德责任。在国外，巨额的赔偿金可以让传媒避免类似行为再次发生；在国内，民事赔偿责任亦能让传媒注意自己的相关报道。但是，法律提供的解决方案常常令人产生不满。因为不论赔偿金额的高低，均不能归还被最初的侵犯带走的支配感。在这个意义上讲，在文章发表或节目播出之前进行伦理审视要比法庭诉讼有效得多。

为此，许多国家都在新闻职业道德规范或新闻记者伦理守则中对传媒生产活动中侵犯隐私权的行为进行了规范。在国外，《新闻记者权利和责任国际宣言》第4条、第5条分别规定："不得使用不正当的方法获取新闻、图片或文件；要严格尊重隐私。"[②]《英国新闻投诉委员会的实践准则》第3条对此做了详细规定："（1）每个人的隐私和家庭生活、住宅、健康和通信都应得到尊重。若未经许可而侵扰他人私生活，应公布理由来证明这样做是正当的。（2）未经当事人同意使用长焦距镜头私自拍摄他人照片的行为是不可

---

① ［美］菲利普·帕特森、李·威尔金斯：《媒介伦理学：问题与案例》，李青藜译，133页，北京，中国人民大学出版社，2006。

② ［法］克劳德—让·贝特朗：《媒体职业道德规范与责任体系》，宋建新译，89页，北京，商务印书馆，2006。

以接受的。"① 在英国，当新闻记者和摄影记者的要求被拒绝之后，不能继续使用电话、提问、跟踪、不停拍摄等方式侵扰他人；被他人要求离开时，新闻记者不得继续逗留在其私人领地，也不得继续跟踪他人。《俄罗斯新闻记者职业行为道德规范》第 5 条最后一款规定："只有在保护社会公众利益时，新闻调查侵犯人们的私生活才可能是正当的。当涉及置身于医院或类似机构的人时，新闻记者尤其应该严格遵守这些禁止侵犯他人隐私的规定。"② 中国传媒工作者职业道德规范同样强调尊重他人隐私。《中国新闻工作者职业道德准则》（1991 年制定、2009 年修订）第六条第二、第三款规定："维护采访报道对象的合法权益，尊重采访报道对象的正当要求，不揭个人隐私，不诽谤他人；维护未成年人、妇女、老年人和残疾人等特殊人群的合法权益，注意保护其身心健康。"

尽管有这样一系列的职业伦理规范，但是传媒不顾伦理道德，侵犯公民隐私权的情况在现代社会却屡见不鲜。特别是在中国，自传媒进行市场化运作之后，日趋激烈的市场竞争让不少媒体迷失了方向，公开他人私人信息，侵入他人私人空间的事层出不穷。

1998 年 6 月，湖北某报和襄樊某报分别发表了题为《校园惊梦》和《他只是想玩玩》的两篇纪实文章。两篇文章署名"程帆"，内容大致相同，讲述了一名女大学生和台湾一位男子的恋爱故事。文章称，该女大学生在上学期间曾在校外担任家庭教师，期间在雇主家中结识了台湾的一位未婚男士，两人建立了恋爱关系。但是，文章却虚构了以下内容：台湾男子表示过要给该女大学生 60 万元人民币以及曾自己说并没有和该女大学生结婚的想法，只是哄骗玩玩而已等。该女大学生大梦方醒之后，后悔不及。文章结尾还专门写明"考虑到隐私问题，主人公姓名系虚构"。然而，文章发表后，在当地引起很大反响。当事女青年收到同学、老师和邻居的来信，有人指责，有人愤怒。文章中牵涉的该女子和台湾男青年遂以侵害隐私权和名誉权为由提起诉讼。武汉市中级人民法院一审判决驳回了原告的起诉。理由是被告的两篇文章并非新闻报道，也没有直接报道原告，和原告的实际情况相差甚远。原告不服上诉至湖北省高级人民法院，湖北省高级人民法院做出了和一审法

① ［法］克劳德—让·贝特朗：《媒体职业道德规范与责任体系》，宋建新译，92 页，北京，商务印书馆，2006。

② ［法］克劳德—让·贝特朗：《媒体职业道德规范与责任体系》，宋建新译，98 页，北京，商务印书馆，2006。

院结果完全相反的判决。二审法院认为，被告的这两篇文章披露了原告二人的隐私且明显失实。并且，他们二人的交往是正常的恋爱关系，并不违反社会道德，不是抨击对象。文章的发表又没有征得原告等当事人的同意，显然是侵犯了他们的隐私权。最后，湖北省高级人民法院判定被告侵权成立，并告知这两家报社，两篇文章已经构成侵害名誉权。① 两家报社接受了法院的意见，采取补救措施刊登了消除影响的声明，被法院判定免于处罚，但文章作者被判令赔偿原告 28200 元。

　　2004 年的湖南电视台节目《寻根的渡船》侵犯隐私一案也较有代表性。2004 年 10 月，湖南电视台播放了节目《寻根的渡船》。节目讲述了贵州遵义某女子寻找亲生父母的离奇故事。节目播出后，该女子的母亲感到自己隐藏了 30 余年的隐痛被公之于众，因此将湖南电视台告上法庭，索赔 250 余万元。虽然湖南电视台声称，节目所反映的内容基本属实，没有诽谤他人。节目没有公布真实姓名不构成侵权。但是，法院认为，湖南电视台的行为应属于"未经他人同意，擅自公布他人隐私"。法院判决，电视台赔礼道歉，赔偿张女士 10 万元。②

　　对于电视媒体而言，近年来情感故事类节目之所以诉讼纠纷不断，其中一个重要原因就是涉嫌侵犯个人隐私。例如，2007 年 6 月，上海电视台生活时尚频道《大话爱情》播出了标题为《犹陷牢笼的婚姻》的节目，讲述了一位女士离婚前后的家庭纠纷与情感故事。节目播出后，该女士的前夫认为她在电视节目中泄露了他的个人隐私，且部分内容陈述与事实情况不符，节目标题使用"牢笼"一词，明显存在不妥，周先生与其父母诉至法院。③ 虽然上海市第二中级人民法院终审判决认定该女士和传媒公司在法律上不构成侵权，但是二者在道德上应是构成了侵权。因为《大话爱情》播出的这类节目其实是为了满足社会大众的某种不健康的"窥视心理"，以博取收视率和广告费。并且，当事人的这些隐私与公共利益也无多大关联，传媒这样做，其实是利用了普通民众对隐私权的一种无意识，是一种"隐性消费"。

　　从表面上来看，"人肉搜索"似乎是符合道德要求的，它的每一次激情

---

　　①　梅子：《恋爱真情别乱加醋》，载《北京青年报》，1999-11-12。

　　②　李婧：《电视台播出私生女寻母节目　被法院判定侵犯隐私》，载中国雅虎http://news. cn. yahoo. com/051205/72/2gctn. html，2005-12-05。

　　③　孙振、刘丹：《情感倾诉类节目为何屡陷"诉讼门"个人隐私是软肋》，载中国经济网http://www. ce. cn/culture/opinion/200804/11/t20080411_15122173. shtml，2008-04-11。

爆发都是因为其充当了实现正义的行为，被搜索的对象往往在道德上具有可非难性。但是，"人肉搜索"在道德上却是一点也站不住脚的，因为它违背了社会道德、社会公正所需的理性和中立。从伦理学上讲，如果以一种不道德的手段去惩治另一种不道德的行为，二者同样是不道德的，同样是错误的。并且，从严格的伦理学视角来看，任何揭人隐私的行为，不论是错误报道他人隐私还是闯入私人领地，不论是为了所谓的公共利益还是为了赚取眼球，都是违背道德的。因为与法律不同，所有的道德规则都是毫无例外的。何况国内许多传媒的产制活动均是在打法律的"擦边球"，并利用了普通民众对隐私的无意识。这正如柯特·拜尔所言的"出于某人的利益而使道德规则破例永远都不是正确的"。①

三、有偿新闻问题

不论西方发达国家，还是东方发展中国家，有偿新闻都是传媒职业道德所明令禁止的，是为任何社会制度中的传媒从业者都不齿的一种行为。在国际社会，1971年欧洲共同体六国新闻记者联盟代表通过的《新闻记者权利和责任国际宣言》明确提出：以任何形式接受贿赂去发表或压制某项新闻，属严重违反职业道德。《英国新闻投诉委员会的实践准则》第16条"有偿报道"部分规定："不得直接或通过中间人，采用付费或允诺支付费用的方式，从正处于诉讼程序中犯罪案件的证人或潜在证人那里获取详情或信息，除非发表这些材料符合公众利益和有绝对理由需要支付费用或允诺支付费用来获取信息。新闻记者应尽一切可能确保证人提供的证据不受金钱交易的影响。"②《俄罗斯新闻记者职业行为道德规范》第3条规定："新闻记者应认识到，在任何情况下，恶意歪曲事实，诽谤，收受钱财发布虚假信息或掩盖真实信息都是严重的职务犯罪。一般说来，新闻记者不应直接或间接从第三者那里收取任何形式的补偿和酬谢以作为发布信息材料或发表观点的交换。"③在国内，《中国新闻工作者职业道德准则》（1991年制定、2009年修订）第四条第三款规定："坚决反对和抵制各种有偿新闻和有偿不闻行为，不利用

---

① ［美］柯特·拜尔：《道德观点（节选）》，刘祥和译，见万俊人主编：《二十世纪西方伦理学经典（Ⅰ）》，439页，北京，中国人民大学出版社，2003。

② ［法］克劳德—让·贝特朗：《媒体职业道德规范与责任体系》，宋建新译，95页，北京，商务印书馆，2006。

③ ［法］克劳德—让·贝特朗：《媒体职业道德规范与责任体系》，宋建新译，97页，北京，商务印书馆，2006。

职业之便谋取不正当利益，不利用新闻报道发泄私愤，不以任何名义索取、接受采访报道对象或利害关系人的财物或其他利益，不向采访报道对象提出工作以外的要求。"

　　所谓有偿新闻通常是指新闻单位和传媒从业人员在新闻采访和新闻报道工作中收取被采访和被报道单位、个人及有关方面的报酬或费用而刊登新闻、揽取广告的行为。有偿新闻的形式一般可分为：接受劳务费、误餐费等形式的红包、礼金、礼品等；以新闻为诱饵换取广告、赞助或发行；以内参、曝光等为要挟，迫使对方提供钱物或赞助等；参加被采访单位、个人安排的在营业性歌舞厅、夜总会等公共娱乐场所的娱乐活动等；利用发布新闻报道向被采访或报道单位提出为个人、单位或亲友谋取利益及便利等。其中，有偿新闻最普遍的做法是前两种，即收取红包与收取刊播费用（即媒体根据占用版面大小和播出时间长短等因素，收取费用）。刊播费用的价格浮动比较大，最终成交价要看信息的不对称程度及谈判技巧。

　　有偿新闻是中国新闻界的顽症，也是痼疾。从20世纪80年代中期（媒体启动"事业单位、企业化运作"的市场化改革）开始出现，一直发展到今天，有愈演愈烈之势。2012年4月，《纽约时报》作了一篇题为《中国媒体有偿报道乱象》的报道，称腐败已渐成中国媒体的一种存在方式，几十年下来，有偿新闻不但不见遏制，反而不断蔓延，进而衍生出许多新的变种诸如"有偿不闻"的怪象。①《纽约时报》的报道虽有夸大之嫌，但现实确实不容乐观。自从有偿新闻出现以后，各级新闻出版管理部门三令五申，从中央到地方以及各级各类新闻单位在不同时期，针对不同的情况，先后下发了相关文件，严厉禁止有偿新闻。1993年5月上旬，中共中央宣传部发出通知，明确规定各媒介和记者个人均不得接受报道地区或单位的金钱（或实物）奖励。同年6月，中共中央宣传部在北京召开新闻工作座谈会，强调要进一步加强职业道德教育，杜绝有偿新闻。同年7月，中共中央宣传部、国家新闻出版署联合发出了《关于加强新闻队伍职业道德建设、禁止"有偿新闻"的通知》。该《通知》要求："新闻单位和新闻工作者不得接受被采访或被报道者以任何名义给的礼金和有价证券，不得向被采访者或被报道者索要钱物；各单位不得以任何名义向新闻单位和新闻工作者赠送礼金和有价证券，也不得以重奖办法吸引新闻工作者到本地区、本单位采访报道。"1997年，中共

---

　　① David Barboza, *In China Press*, *Best Coverage Cash Can Buy*, The New York Times, April 3, 2012.

中央宣传部、广播电影电视部、新闻出版署、中国记协在北京联合召开全国新闻系统电视电话会议,要求全国新闻界加强职业道德建设,禁止有偿新闻。3 年之后,上述四家又联合召开会议,再次强调要禁止有偿新闻。与此同时,各级新闻出版管理机构也曾对违规者进行处分,甚至将情节严重者移送到了司法机关。

尽管如此,有偿新闻这种严重违背职业伦理的行为并未得到根治。其中的原因比较复杂。一方面,体制内媒体(一般指党报、党刊、党台等)对惩戒记者收受贿赂等缺少积极性。学者王天定在调研中发现有家省级党报在版面上以刊登所谓"经济信息"的名义搞有偿新闻。这些所谓"信息",在版面上混杂在新闻中,没有标明是广告,但内容全是为某一产品或企业做宣传,该报还成立信息中心,专门负责处理记者写来的"信息稿",这些"信息"论字数收费,并且不同版面也有不同价格,见报后给记者按收费比例提成。[①] 上海电台将创收指标分到各个频道和部门,节目与播出广告挂钩,与本部门使用经费挂钩,完不成的扣部门使用经费。同时,电台有段时间将部分广告指标分到各部门,并明文规定了编辑、记者拉到广告的奖励率。[②] 这些做法显然是在事实上逼迫或鼓励记者搞有偿新闻。另一方面,体制外媒体(又称市场化媒体)虽然在有偿新闻方面更注意职业操守,但是也有一些媒体或多或少地从事有偿新闻。马杰伟在反思中国媒体研究时发现,媒体市场化之后,新闻工作者可以从有偿新闻中获取回报。[③] 禹建强在研究该问题时明确指出,一些媒体走向市场后,不是在报道内容上下工夫,以精彩的报道吸引受众的眼球,培育读者市场,而后开拓广告市场;而是急功近利、杀鸡取卵,或给编辑记者下达广告任务,或用新闻报道为客户做宣传,走上了内容差、广告少,广告少、内容更差的恶性循环。[④] 在一些经济不发达的地区,比较弱势的媒体或新办的报刊,迫于生存压力,比较容易走上有偿新闻的歧路。例如,在河南某地级市,新闻媒体竟然给记者、编辑规定有创收定额,实行"人人头上有指标"的内部政策。通常媒体给记者制定的创收底线是1.5 万元,电台按 20%～30%、报社按 15%、电视台按 8%的广告比例提

① 王天定:《根治有偿新闻:一个悲观主义者的反思》,见南方报业传媒集团、南方传媒学院主编:《南方传媒研究》,35 辑,90 页,广州,南方日报出版社,2012。

② 禹建强:《传媒市场化的陷阱》,123 页,北京,中国传媒大学出版社,2005。

③ 马杰伟:《反思媒体研究:以中国为例》,见[英]詹姆斯·卡伦、[韩]朴明珍编:《去西方化媒介研究》,卢家银等译,28 页,北京,清华大学出版社,2011。

④ 禹建强:《传媒市场化的陷阱》,122 页,北京,中国传媒大学出版社,2005。

成。如果不能完成任务，轻者扣发奖金，重者连基本工资都一笔勾销。[①]

正因如此，各类被采访、被报道对象，特别是企业老板们抓住部分媒体急于赚钱的心理，大量刊登有偿新闻，以达到欺骗消费者的目的。他们都明白，通过新闻报道所做的宣传比广告更能赢得受众的信任，效果会更好。例如，1993 年 2 月至 5 月，重庆某集团总裁花巨资让重庆 7 家媒体连篇累牍地宣扬他的"科学生存论"。这一"理论"含有不少非科学的明显谬误，而大多数受众却并不知道这股"舆论浪潮"背后的金钱交易。[②] 有学者还曾遇到过某公关公司一位主任，其名片业务栏内竟赫然印着"代理有偿新闻"。该主任还掏出多家媒体老总的名片，炫耀该公司与多家报纸、电台、电视台的有偿新闻合作关系。[③] 随着互联网的发展，近年来各类网络"删帖公司"大量出现，在网上公开叫卖替人删除负面信息服务，甚至连新闻监督报道也"包删"。

当然，对于中国新闻界而言，最让人痛心的是有偿新闻（或有偿不闻）的情况发生在灾难现场。2008 年 9 月，山西临汾霍宝干河煤矿发生一起井下安全生产事故，导致一名矿工窒息死亡。事故发生后，煤矿未向上级报告，而是采取对死者家属予以重金封口、私下赔偿的手段进行瞒报。在接下来的十多天时间里，上百名媒体记者争先恐后地奔赴出事煤矿，很多人不是为了采访报道，而是为了领取煤矿准备的"封口费"。矿方为闻风而来的各地真假记者发放"封口费"，多则上万元，少则几千元。9 月 25 日晚，《西部时报》记者戴骁军在现场拍下了上百名真假记者排队领"封口费"的惊人一幕。[④]

从伦理学的层面来看，有偿新闻严重违背了新闻职业伦理道德，是对社会公正和新闻真实性原则的践踏。传媒和新闻从业者应该尊重事实，捍卫真相，报道什么和不报道什么绝不能被政治权力和经济利益主导。如果传媒受利益驱使，长期从事有偿新闻，或对芝麻小事夸大溢美，或隐瞒关键大事，仅仅报道一些无关痛痒的问题，甚至颠倒黑白、混淆是非，对所谓的正面信

---

① 禹建强：《传媒市场化的陷阱》，122 页，北京，中国传媒大学出版社，2005。

② 转引自陈力丹：《舆论学——舆论导向研究》，250 页，北京，中国广播电视出版社，1999。

③ 禹建强：《传媒市场化的陷阱》，123 页，北京，中国传媒大学出版社，2005。

④ 张国、李剑平：《真假记者排队领"封口费"》，载《中国青年报》，2008-10-27。

息实行有偿即闻、无偿不闻，对所谓的负面信息实行有偿不闻、无偿即闻，不仅会造成极大的社会不公，而且导致媒体丧失公信力，传媒从业人员也会受到民众的唾弃。因此，除了要有法治意识和进行体制创新之外，传媒在生产活动中还需要多一重伦理审视，要珍视自己，有所为而有所不为。

第二节　传媒销售活动中的伦理规范

在大众传媒的销售活动中，传媒必须保证媒介产品销售信息的真实，做到不欺骗消费者，不参与不正当竞争，不强制发行或收视，努力为社会公众服务。这既是传媒行业的基本职业道德规范，也是传媒必须遵守的基本商业伦理。本节即重点探讨传媒销售活动中的欺诈问题与不正当竞争问题。

一、欺诈问题

传媒不是单纯的商业机构，而是社会公器。它所销售的产品不只是商品，而且是公共产品，具有文化属性。因此，传媒在销售活动中首先必须保证销售信息与产品的一致，不欺诈消费者。这不仅是一个法律问题，而且是一个伦理问题，除了在《商标法》、《广告法》和《民法》等法律中有明确的禁止性规定，在传媒行业的职业道德规范中也同样明令禁止。但是，多年来，不少媒体在销售活动中不断打法律的"擦边球"，传媒销售欺诈问题一直困扰着社会与民众。在这类问题中，广告欺诈属于最为严重和最具代表性的问题。

在市场环境中，广告本是一种向消费者提供多样信息和不同选择的服务方式，且能够帮助传媒获取收益、实现经济独立。但是，在现实生活中，一些无良和不法的经营者，却故意提供虚假或令人误解的销售信息，甚至违反法律规定欺骗广大消费者。这类行为，多年来一直屡禁不止。

2004年12月8日和15日，吉林某报上出现一条广告，该广告称"外用流感疫苗震惊问世"，"力比奇一喷，365天不感冒"，"一次治疗，安全365天，灿烂365天"，广告的大黑标题格外醒目。该广告还宣称"中国工程院院士、中国干扰素之父侯云德院士说：'一次治疗后能让您一年内不再感冒！力比奇将成为感冒治疗史上的一座里程碑。'"看着这样的广告，易患感冒的人能不动心？然而，当事专家侯云德院士对此却一无所知。当侯云德在看到"流感疫苗"的"惊人广告"后，他痛斥药厂和报纸的无德行为，称"这是一个大笑话"，"这是在欺骗全国人民，欺骗全国消费者"。①

　　从 2009 年年底开始，中央电视台等多家电视台上出现了某品牌洗发水的广告。广告借助影星成龙之口声称该洗发水具有"防脱发，解决脱发根源"之功效。因为成龙的影视形象和地位，再加上他一头乌黑、浓密的头发，使得该款洗发水迅速成为市场中的佼佼者。但是，2010 年《每日经济新闻》在调查采访中发现，该品牌防脱洗发液含有致癌物质二恶烷，而且产品在批件上有一些公众无法理解的问题，并且存在严重的夸大宣传成分。随后，该品牌集团还组织员工到每日经济新闻报社威胁、谩骂，冲击报社办公区。② 到 2012 年，又有消费者质疑该品牌洗发水广告涉嫌虚假宣传。据《法人》报道，一位广州的消费者彭先生向媒体投诉该品牌防脱洗头水。他自 2008 年就开始用该品牌防脱洗头水，然而前额的头发却越来越少，现在成了名副其实的"光头佬"。他向记者表示，如果产品没有显著的效果，就不应该在广告里吹得那么神乎其神。③

　　2012 年 6 月，中国商业联合会媒体购物专业委员会通报了 30 则违法广告，其中有某著名主持人参与的保健品黄金菌美电视购物短片广告。该广告号称"每天补充黄金菌美，就可以让体内增加 30%的养生菌"等内容，涉嫌违法。在该电视购物短片广告中，该主持人向观众推荐"全国各地好多人都在狂热追逐，据说每天补充黄金菌美，就可以让体内增加 30%的养生菌，就会大大增加免疫力，几乎不需百天，就可以让你换一副铁打的肠胃，百病不侵"。该广告还宣称，该产品比中药更快，比西药更安全，只要有肠胃病的人，不管病情轻重，病龄长短，都能吃一个好一个，谁用谁说好，百病不来找等含有不科学地表示功效的断言或保证。广告还采用主持人、患者与专家证言的禁播方式。④ 中国商业联合会媒体购物专业委员会通报的这些违法广告在宣传中夸大其词，无所不用其极。股骨康黄金组合的电视购物短片广告，宣称是 300 年前的惊世奇方，对治疗股骨头坏死，简单得就像治疗感冒一样；美国白金酒电视购物短片广告，宣称是 67 味名贵中药的大药方，"每天喝两口，百病都没有"。河北卫视发布 499 元办理业务送手机的电视购物

　　① 张魁兴：《欺骗性广告误导消费者　应查却何以屡禁不止》，载新浪网 http://finance.sina.com.cn/review/observe/20041221/09401239467.shtml，2004-12-21。

　　② 《霸王向〈每日经济新闻〉道歉》，载《成都商报》，2010-08-06。

　　③ 姚毅婧：《霸王广告涉嫌虚假宣传　中药世家防脱遭质疑》，载新华报业网 http://news.xhby.net/system/2012/06/07/013509292.shtml，2012-06-07。

　　④ 袁国礼：《主持人程前涉违法电视广告》，载《京华时报》，2012-06-14。

短片广告，宣称"中国通讯总公司、中国通集团联合推出 499 元办理套餐，全国范围内，两年 0 话费，两年可省 4380 元，免费送价值 1998 元卫星可视手机，内置美国最新研发可视接收芯片，实时接收全球 24 颗卫星导航信号"。① 显而易见，这些广告不是夸大效果，就是无中生有，都是在不同程度地欺骗消费者。根据国家工商行政管理总局的监测，2011 年部分都市类报纸广告的平均违法率为 40.46%，与 2010 年的 34.44% 相比有一定幅度的上升，有 10 种报纸广告严重违法率超 55%。②

对于传媒销售活动中的这种欺骗行为，著名的美国报刊评论家李普曼曾进行过批评，他说："无数例证说明美国的电视公司与厂商相勾结，主要目的是为了推销广告而欺骗大众。这种欺骗行为决非仅仅牵连到张三李四的个人问题，而是整个电视事业。电视为了吸引广大观众的注意借以推销广告利益外，根本没有竞争。结果，当一般人认为电视应当享受新闻自由权利时，而它本身实际上已经成为商业的傀儡、奴仆与无耻的娼妓……"③ 实际上，传媒的这种欺骗销售活动不仅是违法行为，而且在各国的媒体职业道德规范中也属禁止行为。我们的传媒及其从业人员只是不愿意或是有意绕开这些伦理规范。他们的这种欺诈行为，既违反了媒体职业道德准则，也违背了诚信无欺的商业交换伦理。在这方面，中国的各类媒体都需努力改进。

在美国，美国广播事业协会 1975 年订立的《美国电视广告规范》就对电视广告播映的基本标准做出了规定，其中，第 19 条和第 29 条分别规定："不得用欺骗，隐瞒的方式播映商品的内容，电视事业最好能收集充分之资料，证明商品所作的示范或介绍，全属真实"；"广告中提及有关研究、调查或试验之结果，其内容必须真实，不应在播映时，以虚伪的方式造成观众接受言过其实的印象。"④ 在美国，凡是证言形式的广告内容必须有真人真事为证，即向消费者推荐产品或服务的证人，无论是明星名人还是专家或普通人，都必须是产品的真实使用者，否则按虚假广告处理。加拿大广告同业公会——广告标准委员会颁布的行业规范性文件《广告标准法规》规定，如果有广告违反该文件规定，且拒绝改正，该委员会有权与相关单位采取措施，

① 袁国礼：《主持人程前涉违法电视广告》，载《京华时报》，2012-06-14。

② 《2011 年都市类报纸广告平均违法率上升为 40.46%》，载中央政府门户网站 http://www.gov.cn/gzdt/2012-02-24/content_2075666.htm，2012-02-24。

③ 转引自周伟：《媒体前沿报告》，265 页，北京，光明日报出版社，2004。

④ 颜伯勤：《广告学》，334～336 页，台北，三民书局股份有限公司，1985。

终止该广告的传播。该文件第 1 条规定："不准在产品服务性能或价格可靠性上说谎或欺骗。该委员会极为重视广告给人留下的总体印象，而不是广告制作者个人的意向表达。"该行业法规第 3 条还规定："不准在产品或服务价值上吹嘘行骗，广告中的'价格单'、'零售建议价'、'制造者价格表'和'公平市场价值'等术语，必须在广告出现的市场、地区有半年以上的先期合理销售。否则这些术语会被视为骗人的鬼话。"① 在日本，政府实行的是广告行业自律和消费者监督的机制。日本禁止在销售商品时进行欺骗性的、使人误解的广告宣传。1954 年 6 月，日本广告联盟制定的《日本广告伦理纲领》规定，广告对商品应避免做夸大不实的陈述，广告媒体主以及广告代理、广告主，都必须认清他们对广告的责任。② 1960 年 12 月，日本广告主协会制定的《公正真实广告协定》也规定，广告应当做到真实、高雅，不得使用有损广告信誉、欺诈、夸大、贬低他人、规避法律的行为和言辞。③ 同时，日本广告业为了加强与消费者的联系，便于消费者对广告进行监督，成立了由广告主、广告媒体和广告公司共同组成的广告审查机构。消费者可以将不实的广告、夸大的广告、虚假的广告向广告审查机构检举、揭发。④ 在中国，《广告活动道德规范》同样规定广告活动必须真实可信。该规范第五条规定："广告主应当自觉维护消费者的合法权益，本着诚实信用的原则，真实科学地介绍自己的产品和服务。"该规范还规定，广告发布者必须依照各类广告的发布标准和社会主义精神文明建设的要求，认真履行广告审查义务；市场中介机构的广告出证行为必须遵循诚实信用原则。在中国，刊播虚假广告，欺骗消费者的违法行为，将依据《刑法》第二百二十二条虚假广告罪的规定，追究法律责任。情节轻微的，会被国家工商行政管理总局等相关管理部门处罚。2010 年，卫生部新闻宣传中心承办的《卫生部公报》因骗取广告费 900 余万元，被令停止所有广告宣传活动。审计署指出，该报曾以编辑部名义向全国医疗机构等征订广告，并印制刊登广告和不刊登广告两个版本的公报和年鉴欺瞒领导，2007 年至 2009 年共骗取广告宣传费 900 余万元。⑤

---

① 王玉成等编著：《方圆广告战》，256 页，北京，中华工商联合出版社，1996。

② 陈培爱：《中外广告史》，266 页，北京，中国物价出版社，2002。

③ 张金花、王新明：《广告道德研究》，337 页，北京，中国物价出版社，2003。

④ 张金花、王新明：《广告道德研究》，339 页，北京，中国物价出版社，2003。

⑤ 周婷玉：《〈卫生部公报〉骗取广告 900 万》，载《新京报》，2010-06-25。

二、不正当竞争问题

在市场竞争中，为了争夺广告份额和受众群体，提高自身的经济收益，传媒之间出现了强制发行、盗用版权、垄断竞价和恶性价格战等各类不正当竞争行为。这些不正当竞争行为严重扰乱了市场竞争秩序，不断挑战传媒的市场伦理。

（一）强制发行

强制发行既是一种严重侵犯消费者权利的做法，又是一种不正当竞争的行为。在中国，20 世纪 80 年代传媒市场化改革以后，传媒市场上的党报党刊面对经济压力常常采用强制征订（一般是依靠"红头文件"）的方式保证和扩大发行。这对于市场化程度较高的都市报等非党报党刊来说，显然属于不正当竞争。对此，1992 年 8 月中共中央宣传部和邮电部、新闻出版署曾联合发出《关于制止报刊征订工作中不正之风的通知》，强调："必须坚持个人或单位自愿订阅原则，各级党政机关不得利用行政管理权力搞硬性摊派，不得颁发文件下达订阅指标。任何部门都不得利用职权强行扣款征订，不得以附加条件强迫征订，不得利用各种手段强迫党政机关和企事业单位超出报刊订阅费的额度，增加财政开支。"但是，正如该文件指出的，在实际操作中，有的地方、部门和单位在发行工作中不同程度地存在强行摊派、强迫征订、搞回扣、高奖励等不正之风。此举不但加重了基层单位和群众的负担，影响了报刊发行工作的正常进行，而且败坏了党和政府及新闻界的声誉。

2008 年，河南某地级市宣传部要求河南该市乡镇教师每人订阅一份《××日报》。当地乡镇教师的月工资大约 1500 元左右，而《××日报》订阅费全年 318 元，2009 年订阅费又涨了 90 元。校长在学校大会上强调："这是一项政治任务，你订也得订，不订也得订！"而当地宣传部门的逻辑是：教师是吃财政饭的，所以不能算是强行摊派，只能算是"公费订阅"。[①] 这当然不是特例，在很多地方都存在强行摊派发行的违规行为。

当然，这种强制发行的行为有时也会遭遇抵制。2011 年年底，中国联通渭南分公司发布了《关于 2012 年报刊订阅事宜的通知》（［2011］23 号），拒订党报党刊。这份文件要求"公司机关各部门和各县分公司一律不再订阅2012 年各类报纸、杂志、刊物，不得以各种名义申请费用用于支付报刊订阅。"渭南联通后辩解称，"现在互联网很发达，员工人手一台电脑，网上就

---

① 周华蕾：《乡镇教师自喻"唐僧肉"〈南阳日报〉强订到人头》，载《中国新闻周刊》，2008（48）。

可以阅览党报党刊"。此举迅速遭到了《陕西日报》和《渭南日报》的批评。《陕西日报》在 2012 年 1 月 8 日的头版上刊发了题为《党报党刊发行在渭南联通公司竟然受阻》的报道，批评了渭南联通不订阅该报的做法。[①] 同年 1 月 10 日，《渭南日报》也在其头版上刊发了题为《发文拒订党报党刊太离谱》的报道，对中国联通渭南分公司发文拒订党报党刊的举动进行批评。[②] 实际上，这种摊牌发行、强制发行不仅是一种不正当竞争，而且也是严重侵害消费者权利的行为。《中华人民共和国消费者权益保护法》（1993）第九条明确规定："消费者享有自主选择商品或者服务的权利。"

（二）盗用与攻击

盗用版权和攻击竞争对手，这种不正当竞争行为现在比较普遍。

盗用版权的问题在影视类节目销售中经常出现，这是中国传媒发展中的一大痼疾。影视节目内容和版式被大量复制和抄袭，各类同质化的真人秀、脱口秀、情感类节目风靡全国，节目版权争议与纠纷不断。2012 年，北京电视台播出了电视剧《神断狄仁杰》，该剧与《神探狄仁杰》仅有一字之差。该剧使用了与《神探狄仁杰》相近的片名、相同或相似的片名推出方式等，使观众误认为其是《神探狄仁杰》第四部。随后，《神探狄仁杰》的制作方将《神断狄仁杰》的制作方等告上法院。北京市第二级人民院一审判决《神断狄仁杰》构成不正当竞争。[③] 同样，2011 年 12 月，优酷网和土豆网因版权纠纷，互诉盗版侵权和不正当竞争。12 月 16 日，土豆网联合台湾综艺节目《康熙来了》的内容制作方台湾中天电视台向优酷网索赔 1.5 亿元，宣称"近一个月来，优酷网对《康熙来了》等土豆网独家热门版权，蓄意盗播，并在多次通知后仍不删除"。同日，优酷网宣布向土豆网展开全面维权，就百部长期被土豆网盗播的热播影视剧、综艺节目及优酷出品的原创内容提请诉讼，索赔金额累计过亿元。2012 年 1 月 12 日，土豆网、搜狐视频、乐视网联合宣布共同采取技术措施，针对优酷网的搜库搜索进行屏蔽，禁止优酷网搜索和抓取其视频内容。第二天，优酷网宣布正式提起对土豆网的不正当竞争之诉，称土豆网在尚未起诉巨额赔偿的前提下即发布索赔言论的行为属

---

① 李晓军、徐标：《党报党刊发行在渭南联通公司竟然受阻》，载《陕西日报》，2012-01-08。

② 陈志敬、牛纲：《发文拒订党报党刊太离谱》，载《渭南日报》，2012-01-09。

③ 裴晓兰：《都是"狄仁杰"〈神探〉诉〈神断〉法院一审判决后者不正当竞争》，载《京华时报》，2012-04-11。

于炒作与恶意竞争，造成优酷网股价下跌，因而索赔 480 万元。[1] 出人意料的是，优酷与土豆在两个月后宣布合并。

随着互联网的发展，以言语和技术攻击竞争对手的现象开始迅速出现。2009 年，"搜狗"状告"腾讯"不正当竞争，称在用户使用 QQ 拼音输入法时利用破坏性技术手段阻止了网络用户同时使用"搜狗拼音输入法"软件，同时对网络用户的输入法排列顺序进行人为干预，使"搜狗拼音输入法"排序位置始终处于"QQ 拼音输入法"之后。[2] 法院经审理认为，腾讯多次使用最高级词汇形容自家输入法的性能，构成虚假宣传。而软件安装中的诱导也致使用户计算机中已有的搜狗输入法软件的快捷方式被删除，构成不正当竞争。据此判决腾讯停止涉案行为，刊登声明致歉并赔偿 23.1 万元。在该案例中，两种输入法并非必然相互排斥，完全可以在计算机中同时存在且同时运行，让使用者自行选择，经营者间的竞争应通过提升软件的性能和完善服务来实现，而不能通过不正当竞争。与之类似，在奇虎 360 安全卫士软件检测计算机时，百度工具栏和百度地址栏两款软件被标注为"恶评插件"或"恶评软件"。在"病毒查杀"和"查杀木马"时，均出现在查杀结果中。百度公司认为奇虎无根据地对上述两款软件进行负面评价，诉至法院。法院经审理认为，360 仅根据部分网络用户的投票和负面评价，便使用极具负面含义的"恶评"一词描述涉案百度软件，损害了百度的商业信誉，构成不正当竞争。[3]

（三）垄断竞价

垄断竞价是近年来传媒市场竞争中又一不正当竞争行为，它对传媒市场竞争秩序的威胁极大。根据互联网实验室发布的《中国互联网行业垄断状况调查及对策研究报告》，垄断比较集中地分布在搜索引擎、即时通信、电子商务三大领域。腾讯、百度和阿里巴巴三大公司的总市值，在中国互联网上市公司市值总值中高达 70%。在搜索引擎领域，自从谷歌退出中国之后，百度成为龙头老大，在搜索引擎中占据垄断地位。2010 年 5 月，百度销售副总裁向媒体宣称，百度公司的市场占有率短期内有望从目前的 76% 升至 80%

[1] 《聚焦版权及不正当竞争 优酷土豆网战升级》，载《人民日报》，2012-02-06。

[2] 常佳、宁群：《"搜狗"状告"腾讯"不正当竞争索赔 2051 万》，载新华网 http://news.xinhuanet.com/legal/2009-06/23/content_11586489.htm，2009-06-23。

[3] 王维维：《"网战"考验反不正当竞争法 五大网络不正当竞争案》，载《北京日报》，2012-04-26。

以上。① 然而，百度居然滥用市场支配地位，通过竞价排名提供虚假网站或信息，欺骗民众，致使不少消费者上当受骗。此举后被中央电视台《新闻30分》节目曝光。根据中央电视台报道，百度"竞价排名"占据假药产业链75％的收益，造成搜索结果中充斥假药信息，侵害网民利益，并被业界喻为"勒索营销"。在这方面，史三八诉百度等不正当竞争案即是一个代表性案例。2009年，史三八美容院将百度和另一家美容院诉至法院，称二者侵权、参与不正当竞争。史三八美容院诉称，在百度网搜索自己的字号"史三八"，竟链接至竞争对手北京伊美尔美容院的宣传网站。他们认为，伊美尔医院的行为构成不正当竞争，百度助推了这种竞争，因此告上法庭索赔经济损失52万余元。一审法院判决百度败诉。尽管原告与被告经法官多番耐心调解，在二审时达成和解。② 但是，一个必须明确的问题是伊美尔医院的行为违反了诚信原则，构成不正当竞争，百度则没有尽到注意义务，构成了帮助侵权，同样需要承担责任。2011年2月，互动百科正式向国家工商总局申请对百度进行反垄断调查，请求依法对百度处以7.9亿元人民币罚款。对此，2011年"两会"期间，全国政协委员、民进中央常委蔡继明也建议国家工商总局对百度滥用市场支配地位的行为予以处理，对百度进行拆分，令其搜索引擎与其他产品独立运营。③

　　显而易见，不正当竞争已成为中国传媒市场面临的一大重要问题，它已经直接威胁到传媒市场的竞争秩序。这种行为不仅在法律上是被禁止的，而且在传媒职业道德规范中也属共同抵制的恶劣行为。加拿大广告同业公会制定的行业道德规范《广告标准法规》第6条、第9条规定：要讲公平竞争。不允许攻击或怀疑竞争者的产品和服务，也不能作贬低他人，提高自己的任何手脚；不准模仿其他广告的图片、标语或说明，以免消费者产生误解和混淆。④《中国新闻工作者职业道德准则》（1991年制定、2009年修订）第四条第四款也规定：尊重新闻同行，反对不正当竞争。

　　总而言之，在传媒产制与销售活动中，传媒及其从业人员应当首先对自己的所作所为进行伦理审视，努力做到不造假、不侵权、不做有偿新闻、不

　　① 张黎明：《百度市场份额将超80％》，载《北京晨报》，2010-05-31。

　　②《史三八美容院诉百度不正当竞争案达成和解》，载中新网 http://www.chinanews.com/fz/2010/07-05/2381200.shtml，2010-07-05。

　　③ 张意轩、李卓：《不正当竞争泛滥　互联网亟待明确"游戏规则"》，载《人民日报·海外版》，2011-03-26。

　　④ 王玉成等编著：《方圆广告战》，257页，北京，中华工商联合出版社，1996。

开展不正当竞争等，这不仅有助于传媒树立公信力，而且可以使传媒免遭法律的事后追惩。就中国传媒而言，要实现这一目标，可能还需要在体制创新的基础上从两个方面进一步努力与完善：第一，传媒及其从业人员要树立一种底线伦理的观念。这是对传媒生产与销售活动的最低伦理要求。所谓底线伦理是指现代社会中"要作为一个社会的合格成员、一个人所必须承担的基本义务"，主要表现为一些"己所不欲，勿施于人"的基本禁令。[①] 它是人人必须遵守的一些最起码或最基本的行为伦理规范、公共生活准则或最低限制的伦理共识。第二，建立和完善传媒同业组织，让同业组织在传媒职业行为规范方面发挥有效作用。例如，英国有报刊投诉委员会、广电投诉委员会、录像制品标准协会、英国电影分类委员会、英国广告商协会、独立电视公司协会、报纸出版者协会、室外广告协会等，日本有日本广告主协会、全日本广告联盟，印度有新闻委员会和新闻理事会等。这些行业组织能够在政府和传媒之间形成缓冲带，为传媒经营和管理提供咨询和仲裁，能及时发现和制止传媒违背道德和违反法律的行为，有利于促进传媒的自我管理和社会化管理。

第三节　传媒行业的奖励制度

　　各国传媒界通常设有新闻协会、记者协会、报业协会等行业组织，专门监督传媒行业伦理道德规范的实施，并就其具体执行情况加以评估。为调动传媒业从业者参与这项活动的积极性，通常要构建一套制度体系，采取一些具体的手段。设立行业奖励通常被认为是维护行业价值理念与规范体系的有效举措。

一、传媒行业奖励制度的缘起

　　美国科技奖励学的创始人默顿指出，奖励是某种功能强化所导致的产物，它一方面对最先在某领域做出独创性贡献的科技人员给予承认和肯定；另一方面又鼓励更多的人尊崇科学规范，从而推动科学的发展。[②] 在一般企业经营中，管理者通常运用奖励来激发人们高水平地从事某项工作，借此树立典型或模范，实现预定的组织目标。在心理学中，奖励是社会对人们良好

---

①　何怀宏：《良心论》，335 页，北京，北京大学出版社，2009。

②　姚昆仑：《国外有关科技奖励理论的评述》，载《中国科技奖励》，2006（8）。

行为或成果的积极肯定的信息反馈，促使人们将这种行为保持和增强，为社会创造更大的效益。① 由于奖励在推动人类生产发展和科技进步方面的重要性日益凸显，它逐步由民间的、自发的、随意性的非制度化模式演变为官方或半官方的、自觉的、规范的制度化模式，不管是微观的企业组织还是宏观的行业领域，皆是不可或缺的管理手段。是故现代社会，多数较为成熟的行业领域都设有若干奖励项目。

新闻传媒行业奖励的产生并非偶然，它是新闻业发展壮大的必然产物。自19世纪中期以来，以报业为先导的新闻业开启了大众化浪潮，新闻媒体逐步切入人们的生活逻辑圈，新闻传播的价值内涵逐步为整个社会所认同。与此同时，一种新的社会群体角色——新闻记者诞生，并在传播实务中逐步形成了该行业应遵从的价值规范——新闻专业主义理念。要使这种价值规范对从业者产生制约作用，促使他们为实现该目标规范努力，就必须建立一种相应的社会控制机制和动力机制作为维护系统。于是，作为行业"显性"规范的奖励制度就诞生了。新闻行业的奖励是为彰显和维护该行业的核心价值理念或最高目标规范而设立的荣誉评选制度体系，它对从业者具有刺激或引导作用，是现代新闻业发展中重要的"柔性"控制机制和动力机制。

在现代社会，奖励同权利、法律、道德等是现代社会人文管理体系的关键要素，亦是行业文明建设的重要表征。就影响范围而言，奖励有微观与宏观之分。微观层面的奖励，是传媒组织内部的管理手段，管理者为实现传媒经营目标而采取的激发从业者高水平地从事工作的手段；宏观层面的奖励，则是由政府或行业组织主持的、对某一行业或群体中的先进分子予以褒奖，以引导行业朝预定目标发展的手段。前者着眼于提升传媒组织的运行效率或服务水准，其影响限于某一传媒组织内部；后者则意味着行业标杆地位、至高无上的荣誉及可观的经济收益，具有更高的竞争性和关注度。进言之，宏观层面的行业性奖励被赋予更多的社会意涵，历来是行业成员及社会各界关注的焦点。其评选结果对激发新闻传媒从业者的激情，张扬新闻传媒业的专业主义精神，引导行业的健康发展具有重要意义。

二、国外传媒行业的奖励制度

（一）国外新闻领域奖励

发达国家和部分新兴国家已经形成了较为完善的新闻行业奖励制度，开

---

① 赵振宇：《奖励的科学与艺术》，2页，北京，科学普及出版社，1989。

启了规范化的评选模式。在世界范围内影响较大的是美国的"普利策新闻奖"。此外，法国的"阿尔伯特·伦敦新闻奖"（始于 1933 年）、意大利的"圣万桑新闻奖"（始于 1948 年）、日本的"新闻协会赏"（始于 1957 年）、英国的"英国新闻奖"（始于 1970 年）、加拿大的"杰克·韦伯斯特新闻奖"（始于 1986 年）及韩国的"韩国新闻奖"（始于 1964 年）等亦有一定影响。

1. 美国的普利策新闻奖

美国是全球最早建立新闻传媒行业奖励制度的国家，也是新闻传媒奖励制度最发达的国家。目前，美国有各种新闻传媒奖项 300 余种，但其中影响最大者当属普利策新闻奖，它早在 1916 年就开启了评选历程，是全球新闻传媒领域延续时间最长的奖项。

普利策是 19 世纪末 20 世纪初美国最著名的报人之一。他所经营的《世界报》和《世界晚报》是当时的著名报纸，经济效益甚佳。普利策也成为美国历史上为数极少的靠报业致富的大资本家，其个人资产达数千万美元。1903 年，普利策出资 200 万美元帮助哥伦比亚大学设立新闻学院，其中 50 万美元用于设立奖项，以鼓励公益服务、公共道德、美国文学和教育的发展，这就是现今普利策奖的起源。

普利策奖包括新闻奖和创作奖两类，尤其是新闻奖广受关注。普利策新闻奖主要面向美国报界和通讯社①，奖励在新闻报道方面做出杰出贡献的从业者。1917 年开始评选和颁发，并一直延续评选至今，现在已经发展成为美国新闻界的一项最高荣誉奖，在全球新闻传媒界亦有重要影响。普利策新闻奖建立了客观公正的评选规则，实行两级评审制。初评委员会共有 102 名评委，分成 20 个独立评审团对各单项奖进行评审，每个类别的评审团由 5～7 名评委组成（1964—1999 年间为 5 名），其中新闻奖共有 77 名评委（主要由编辑、出版家、作家、教育家等组成），负责对参评的新闻作品进行初评。复评由哥伦比亚大学的普利策奖评选委员会评定。该委员会成员来自哥伦比亚大学、其他高校及报界。其中，学术界代表超过一半。这种评选机制使得普利策新闻奖具有浓厚的"学院派"色彩，被誉为"学院奖"。正因如此，普利策新闻奖同由传媒协会评选的新闻奖或其他商业性奖项有重要区别，它保持了相对的独立性与公正性，具有较高的公信力。

普利策新闻奖的获奖者可以是任何国籍，但获奖作品必须是在美国周报（或日报）上发表的。普利策奖的奖项设置随美国新闻业的发展不断调整，

---

① 该奖不面向广播电视媒介，长期以来其颁奖典礼等活动也不在电视播放。

1922 年设立漫画奖，1942 年设立摄影奖，1968 年又分设现场新闻或突发新闻摄影奖和特写摄影奖。目前设立的奖项主要有优异公众服务奖（授予单位）、新闻报道奖、国内报道奖、国际报道奖、调查性报道奖、解释性新闻奖、专业性新闻奖、社论写作奖、漫画创作奖、现场新闻摄影奖（1968 年分为现场新闻和特写）、特写摄影奖（1942 年开始，1968 年分为现场新闻和特写）、评论奖、批评奖、特稿写作奖等。

普利策新闻奖之所以具有世界声誉，主要原因在于：第一，凭借美国强大的综合国力和新闻媒介的辐射力而名声远播；第二，它是对美国主流报界的一种检验；第三，数量众多的候选作品和多层次的严格遴选保证了获奖作品的高水准；第四，普利策新闻奖已成为美国新闻文化、社会文化中一道散射出异彩的特殊景观。①

2. 意大利的新闻行业协会及新闻奖

意大利记者公会是意大利全国性的新闻行业自律组织。该会成立于 1963 年，主要职责是制定意大利新闻工作者守则，规定新闻记者的责任、义务和权利，维护新闻记者传播新闻和进行批评的权利，保护新闻记者不受非法侵犯，在新闻工作发生纠纷时做出仲裁，对新闻记者的违纪行为做出处罚，在新闻工作出现黑白颠倒和欺骗行为时诉诸法律。意大利记者公会有权对违反新闻职业道德的记者分别做出警告、申斥、2 个月至 1 年的记者短期除名乃至取消记者资格的处分。记者公会地方分会理事会在处分记者后将写出书面报告。被处分的记者不服，有权向全国记者公会提出申诉，也可以向法院上诉。意大利记者公会在全国各大区、市有 17 个分会。分会负责注册所在地区的职业记者和时事评论员、自由撰稿人的会籍并履行分会机构所在地区的所有职能。全国记者公会和分会的领导成员分别由会员直接选举产生，每届任期 3 年。

意大利记者公会的一项重要职责是主办"圣万桑新闻奖"。该奖是意大利全国新闻界的最高奖，1948 年设立，下设 14 个单项奖，主要奖励国内优秀新闻作品和优秀新闻记者。近年又增加了国际奖项，以扩大奖项的国际影响力。该会分别于 2003 年和 2005 年授予中国两名记者"圣万桑新闻特别奖"和"新闻职业奖"。②

①　展江：《普利策新闻奖的历史演变》，载《国际新闻界》，1998（2）。

②　霍邪平：《访意大利新闻界》，载《新闻窗》，2002（6）。

3. 法国的新闻奖

法国新闻传媒领域的最高奖是"阿尔伯特·伦敦新闻奖",始于 1933 年,是以一位杰出的、富有传奇色彩的法国新闻工作者的名字命名的新闻奖。阿尔伯特·伦敦 1884 年出生于法国维希,1914 年开始从事记者工作,后成为法国家喻户晓的名记者。1932 年他来到中国采访,在离开上海返回法国途中,因乘坐的"乔治"号蒸汽轮船失火而遇难。同年,他的女儿弗洛丽丝·玛缇娜·伦敦为纪念父亲设立了"阿尔伯特·伦敦新闻奖",旨在每年奖励 40 岁以下、讲法语的优秀年轻记者在新闻记者行业中做出的杰出贡献。

1933 年阿尔伯特去世一周年之际颁发首届帕尔伯特·伦敦新闻奖,以后每年在他的遇难日颁发阿尔伯特·伦敦文字新闻奖,这项奖励起初只有文字记者可以获得。评奖在"第二次世界大战"期间曾中断了 6 年,1985 年评审团增设了阿尔伯特·伦敦音像新闻奖,每年为一位优秀音像新闻记者颁奖,主要针对杰出的新闻摄影作品。阿尔伯特·伦敦新闻奖对于法国的新闻记者而言,是对其职业生涯的最高奖励。获奖名单上的记者都是法国新闻界最知名的记者。阿尔伯特·伦敦新闻奖的评选极为严格,获奖人数极少,通常每年只有 2 人获奖,显示了该奖项的稀缺性和权威性。

4. 英国新闻奖

"英国新闻奖"创立于 20 世纪 70 年代,用以奖励英国最优秀的新闻记者,每年评选一次。英国新闻奖在英国具有较高的知名度和公信力,享有英国"新闻界的奥斯卡"之美誉。

英国新闻奖设置"年度全国报纸奖"和"年度国际报道奖"、"年度副刊奖"、"年度卡通漫画奖"和"年度头版奖"等奖项,其中"年度全国报纸奖"是一个集体荣誉奖,授予一家报社。英国新闻奖由一个评审委员会(由 80 名英国资深记者和 20 名无利害关系的媒体总编辑组成)投票选举产生,评审分两个阶段:第一个阶段在每个奖项下评出 5 名入围者;第二阶段评出最终决胜者。"年度副刊奖"、"年度卡通漫画奖"和"年度头版奖"由独立的专家评审委员会评出,"年度全国报纸奖"由一个学院派模式的投票系统选举产生。

(二) 广告领域的会展与奖励

与新闻领域的奖励有所不同,发达国家在广告传播领域的奖励通常是以节庆会展的形式展开的。其中,戛纳国际广告节、莫比斯广告节和克里奥广告奖等为较为著名的奖项。

1. 戛纳国际广告节

戛纳国际电影节创立于 1939 年，于 1954 年增设戛纳国际广告节。起初，戛纳国际广告节只有电视广告和电影广告两个类别的奖励。随着时代与广告业的飞速发展，广告节的范畴已经扩大到传播领域。到 2011 年，广告类别已发展到了 13 个，分别是电影、平面、户外、网络、媒介、直效、广播、促销和激活、设计、公关、影视后期制作、全场大奖和创意效果。戛纳国际广告节的组织者在 2010 年 11 月 20 日正式宣布戛纳国际广告节的定位由"国际广告节"过渡到"国际创意节"，反映出戛纳国际广告节由过去的广告界盛会向允许任何形式的创意传播成果转型。

戛纳国际广告节于每年 6 月下旬举行，广告节期间各国广告代表来访，其他各界来宾亦云集于此。广告界的客户、制作公司、策划部门、创意团队在此开设一系列的交流会，研讨专业、商洽业务，并参与广告大赛。每年大约 7000 多位代表、1 万多件作品逐鹿戛纳。评委会被分为独立的两组：一组负责评定电视广告；另一组负责平面广告。在比赛阶段，获奖标准是通过各公司作品在大赛上的表现来评定的，大奖得 10 分，金狮奖得 7 分，银狮奖得 5 分，铜狮奖得 3 分，入选作品得 1 分。与戛纳国际电影节同名的金棕榈奖，是戛纳国际广告奖专为影视广告制作公司设立的大奖。

在全球广告奖项中，戛纳国际广告节是商业运作较成功的一例，其在广告奖中的地位也是数一数二的。戛纳国际是商业化运营的典范，从奖杯到参赛费都是全球最贵的。尤其是让评审自费参与评审的做法，更是充满争议，但一直延续至今。经过几十年的积淀与发展，戛纳国际广告节的奖项已经具有了较高知名度和美誉度，戛纳国际广告节也成为世界各地广告业人士参与度较高的广告盛会。中国 1996 年开始组团参加戛纳国际广告节，2010 年的国际戛纳广告节上中国代表团共获得 3 座金狮奖、8 座银狮奖、6 座铜狮奖的优异成绩。

2. 莫比斯广告节

莫比斯广告奖是国际上最悠久的广告奖项之一，由 J·W·Anderson 于 1971 年在芝加哥创办，奖励形式是每年举办一次国际性的广告比赛，大赛的组织者是美国节目协会。"莫比斯"取名来源于莫比斯环，它是一个闪光的金色无限标志，被雅致地镶嵌在大理石底座上。它的名字和奖杯形状源于 20 世纪德国数学家暨天文学家莫比发现的莫比现象。一长条的纸扭半转，圈一个圆圈，再把两端相粘，就成了莫比圈。这个奖座也正象征沟通无限，创意无限。该赛事每年会从众多不同类型的参赛作品中评选出优秀的获奖作品，参赛作品由来自不同国家和地区广告专业从业人员制作，由来自世界各地的评委对参赛作品进行评定。莫比斯广告节秉持创意为先、宁缺毋滥的理念，对于奖项设置没有名额的限制，往往会出现某些广告奖项没有获奖的情况。

莫比斯的奖项设置主要有：（1）金奖，为每一广告类别作品的第一名颁发金奖。（2）杰出创意奖，为每一广告类别作品的最佳创意作品颁发杰出创意奖。（3）学生奖，为优秀的学生参赛作品颁发学生奖。（4）最佳效果奖，只从金奖和学生奖的优秀作品中评选出，名额不限。（5）特别奖，包括年度摄影、年度摄影师、柯达摄影奖、莫比斯最佳摄影。评委代表们来自不同文化背景及不同规模的公司，领导潮流的主题和国际化的创意表现常常更受青睐。莫比斯广告奖在一定程度上反映了一定时期内全球广告创作的发展水平、核心价值取向以及未来的发展趋势。

3. 克里奥广告奖

克里奥广告奖是世界上历史最悠久、规模最大的世界性广告大奖之一。1959年，美国人沃尔斯·罗斯创办了克里奥广告奖，"克里奥"名字源于希腊神话，寓意灵感的来源和天才的创意。1965年，原本只关注美国本土广告的克里奥广告奖转向对于全球广告佳作的全面关注，如今每年收到超过1万个广告，65%的参赛作品来自美国之外。

克里奥广告奖主要设置名人奖、内容及接触奖、设计奖、直投广告奖、创新媒体奖、综合活动奖、互动奖、户外广告奖、平面广告奖、广播广告奖、公共关系奖、影视广告奖以及优秀学生作品奖等奖项。每种奖项又都分为金、银、铜三个档次。有时，评委会还会给旷世杰作颁发"克里奥大奖"。

克里奥广告奖以拥有世界顶级评审组而著称，其评委会是由在本领域享有盛名的国际专家组成。每年，克里奥选定来自65个国家的115名顶尖的广告精英参与评审，评审团人员涵盖了各个领域的先行者，从而保证每一个评审团员能深刻地理解全球市场的发展动态和创新进展。每年5月，克里奥广告奖颁奖典礼在号称"世界广告之都"的美国纽约举行，随后，获奖作品将由每个国家和地区的克里奥奖代表组织赴世界38个国家和地区做巡回展览。1999年克里奥广告奖首次在中国举办获奖作品巡回展。

三、中国传媒行业的奖励

中国传媒行业的奖励制度建立较晚，但发展较快，目前建立了较为完善的新闻奖励制度。中国新闻界行业奖肇始于1979年。当年北京新闻学会联合《新闻战线》编辑部开评了新中国第一届"全国好新闻奖"31篇。1989年该奖停办，中共中央宣传部委托中华全国新闻工作者协会开评"现场短新

闻奖"。1991 年，"现场短新闻奖"并入新设立的"中国新闻奖"。同年增设
"范长江新闻奖"，1993 年增设"韬奋新闻奖"。由此形成了中国新闻界三大
奖项（中国新闻奖、范长江新闻奖和韬奋新闻奖）并存的格局。①

（一）中国新闻奖

中国新闻奖是经中共中央宣传部批准的全国性年度优秀新闻作品最高
奖，由中华全国新闻工作者协会主办，面向全国新闻媒体单位（包括报纸、
期刊、通讯社、广播电台、电视台和网站）。该奖项自 1991 年设立后开始评
选，每年评选一次，并延续至今。

参评中国新闻奖的条件是：有全国统一刊号的报纸、通讯社，经国家正
式批准的广播电台、电视台，经国务院新闻办批准的由新闻主管部门和新闻
单位设立、具有登载新闻业务资质的新闻网站刊播登载的新闻作品，有全国
统一刊号的报刊、图书发表的新闻论文均可分别经中央新闻单位、各省记协
与人大、政协、总政宣传部等相关部门组织推荐参加评选。评选会开始前所
有参评作品材料需在中国记协网公示。

中国新闻奖的评委由新闻主管部门、新闻单位领导、新闻院校、新闻研
究机构专家等 70 人组成（评委实行轮换制和回避制）。中国新闻奖采取评委
集中评议、讨论和无记名投票相结合的方式选出获奖作品，并经中国记协
网、新华网公示后正式发布评选结果。

中国新闻奖的奖项类型曾多次修订完善，目前设 28 个评选项目。其中
报纸、通讯社类设消息、言论、通讯、系列（连续）报道、新闻摄影、报纸
版面、新闻漫画、报纸副刊作品 8 个奖项，广播、电视类设消息、评论、新
闻专题、系列（连续）报道、新闻访谈节目、新闻现场直播、新闻节目编排
7 个奖项，网络类设评论、新闻专题、新闻访谈、网页设计 4 个奖项，综合
评选类设新闻摄影、新闻漫画、新闻专栏和新闻论文 4 个奖项。

（二）范长江新闻奖

范长江新闻奖是由中华全国新闻工作者协会主办的全国中青年记者的优
秀成果最高荣誉奖，是经中共中央宣传部批准常设的全国性新闻奖项。自
1991 年设立，最初每 3 年评选 1 次，前 3 届每届评选获奖者 10 名，提名奖
30 名。从 1998 年起改为每 2 年评选 1 次，并取消提名奖奖项设置。2005 年

---

① 中国新闻奖侧重于奖励优秀新闻作品，范长江新闻奖侧重于奖励中青年记者，
而韬奋新闻奖侧重于编辑和通联领域。这三个奖项各有侧重，互为补充，涵盖了整个中
国新闻传媒界。

根据中央关于《全国性文艺新闻出版评奖管理办法》的精神，把"全国百家工作者"、"范长江新闻奖"、"韬奋新闻奖"合并为"长江韬奋奖"，由每2年评选1次改为每年评选1次，每届评选"长江系列"和"韬奋系列"获奖者各10名。

范长江新闻奖评奖宗旨与范围：范长江新闻奖是以中国杰出的新闻工作者范长江的名字设立的新闻奖，它采取有组织推选参评者的办法。参评人员必须是在有国内统一刊号的报纸、通讯社，经正式批准的广播电台、电视台，经国务院新闻办批准的由新闻宣传主管部门和新闻单位主办的具有登载新闻业务资质的新闻网站，从事新闻采访工作、新闻播音、新闻类节目主持工作10年以上并持有新闻出版总署所发记者证的新闻工作者。

评奖特别规定：第一，参评者必须具备一定前提条件，即从业者必须有杰出的新闻报道作品，《管理办法》规定参评者须获得过中国新闻奖中的一项或2005年以前中宣部批准设立的全国性新闻作品奖一等奖（校对除外，少数民族语言文字的报纸、广播、电视作品获省级新闻奖一等奖）。第二，年龄条件。范长江新闻奖定位于中青年记者的最高荣誉奖，而范长江本人早在26岁已经是名记者，故而范长江新闻奖主要面向中青年新闻工作者。在该奖诞生之际，基金会常务理事会曾为怎样限定获奖者年龄而进行讨论，并在1990年6月发出的《范长江新闻奖评选办法》中规定："凡在评选年度不超过55周岁的中青年专业新闻工作者均可参加评选。"在2005年根据中央关于《全国性文艺新闻出版评奖管理办法》的精神新闻界"三奖"合并后，又把范长江新闻奖参评者年龄硬性规定为50周岁以下。而在2008年12月26日，中华全国新闻工作者协会公布的最新修订的长江韬奋奖评选办法中并未限定年龄界限。第三，职务限制。为防止奖项评选中官员滥用职权干预评选，中华全国新闻工作者协会做出特别规定：从第9届评选开始，厅局级参评者的获奖比例不能超过20％（2名）；曾获长江韬奋奖者、非新闻类采编人员、副部长（含副部级）以上的新闻单位负责人（包括社长或副社长、总编或副总编、台长或副台长等）不参评。此举是为抑制奖项评选中的"官本位"倾向，把更多在新闻一线、专业素养高的从业者评选出来。

（三）韬奋奖

民国时期杰出的新闻记者、出版家邹韬奋，以不屈而卓越的新闻出版经历树立了一座不朽的精神丰碑，他为劳苦民众谋福祉的人文关怀旨趣、坚守言论独立的"报格"意识、创新求精的新闻专业理念和竭诚为读者服务的奉献品格等精神气质具有超越个体、穿透时空的深层魅力，成为中国新闻界的理想原型。韬奋去世后，周恩来提议以韬奋为出版事业模范。

1987 年，中国韬奋基金会在中国新闻出版界、文化教育界的老前辈胡愈之等倡议下成立。1987 年中国出版工作者协会和中国韬奋基金会联合举办了第一届韬奋出版奖，主要面向图书、期刊出版领域开展评奖。"韬奋出版奖"是中国出版界高层次、高荣誉的奖励，每 2 年举办 1 次，每次获奖人数 10 人左右①，获奖者发给奖章、奖金和奖状。

1993 年中华全国新闻工作者协会同中国韬奋基金会联合主办了首届韬奋新闻奖，面向报纸、电视、广播等新闻领域。韬奋新闻奖成为经中宣部批准常设的奖励中国新闻编辑、新闻评论员、新闻性节目制片人、通联、校对等新闻工作者的最高荣誉奖。最初，韬奋新闻奖每 2 年评选 1 次，每届评选获奖者 10 名，提名奖 30 名。2005 年范长江新闻奖和韬奋新闻奖合并统称"长江韬奋奖"，改称"韬奋系列奖"，每届评选 10 名正式获奖者，不再设立提名奖。从此，长江韬奋奖成为每年评选的国家级大奖并延续至今。

综上所述，中国新闻传媒行业的奖励评选已经有 20 多年的历史，已经初步形成了相对稳定的、规范化、制度化的评选机制，从近年来的评选结果看，奖励评选坚守精英化取向，凸显了"宁缺毋滥"的原则，在凝聚行业核心价值，倡导行业规范，树立行业标杆等方面起到了重要的示范作用。但是，由于中国新闻传媒行业奖励制度的历史较短，因此还存在一些问题。第一，评选存在政治标准与新闻专业标准之间的矛盾，政治介入的迹象较为明显。今后在具体的评选中应更多考量新闻规律，彰显奖项的专业理念。第二，评选存在官本位导向和基层群众导向的矛盾，奖励官本位倾向较为严重。纵观多年来的新闻奖评选结果，普通新闻工作者获奖比例偏低，中高级职务的干部获奖比例较大。第三，评选存在传统思维框架与新闻行业变迁加速的矛盾，对媒介现实的反映不够。在受众中影响较大的市场化媒体、社会影响日益扩大的网络媒介等在奖励评选中尚未得到重视。②

需要说明的是，中国传媒界的奖励制度还不够完善，在广告领域尚缺乏各方公认的奖项。新闻领域的奖励制度已经较为完善，但缺乏国际影响力，与发达国家有一定差距。

---

① 近年来，韬奋出版奖的获奖人数有所增加，第 11 届（2012 年）获奖者已经达到 20 人。

② 吴锋：《范长江新闻奖评选 20 年的回顾与反思——基于 109 名获奖者信息的统计研究》，载《新闻记者》，2012（8）。

本章参考文献

1. 邓名瑛. 传播与伦理——大众传播中的伦理问题研究. 长沙：湖南师范大学出版社，2007

2. 禹建强. 传媒市场化的陷阱. 北京：中国传媒大学出版社，2005

3. ［美］菲利普·帕特森，李·威尔金斯. 媒介伦理学：问题与案例. 李青藜译. 北京：中国人民大学出版社，2006

4. ［法］克劳德-让·贝特朗. 媒体职业道德规范与责任体系. 宋建新译. 北京：商务印书馆，2006

5. ［美］克利福德·克里斯蒂安等. 媒介公正：道德伦理问题真的不证自明吗?. 蔡文美等译. 北京：华夏出版社，2000

6. ［英］詹姆斯·卡伦，［韩］朴明珍编. 去西方化媒介研究. 卢家银等译. 北京：清华大学出版社，2011

本章思考题

1. 传媒生产活动中的伦理问题主要有哪些？"有偿新闻"和"有偿不闻"有何区别？

2. 传媒销售活动中的道德问题主要有哪些？

3. 对于媒介生产与销售活动中的伦理规范，中国传媒业还可以在哪些领域进行完善？

4. 试比较中外新闻奖励的评选模式。

5. 中国新闻传媒的行业奖励有何特点？有哪些需要改进的地方？

6. 试分析"人肉搜索"带来的伦理和法律问题。

7. 搜集最新一届的普利策新闻奖评选结果资料，分析其特点。